前方後円墳に学ぶ

近藤義郎

山川出版社

はしがき

前方後円墳は実に不思議な造形物で、もう五〇年以上も接しているのに、見るたび登るたびに、「このような大がかりな墓をなぜ造ったのだろうか」という疑問を抱き続けてきました。何か手掛かりがつかめないかと思いながら登ったり巡ったりするけれど、いつも汗と吐息を出した挙げ句、たいてい空振りで調査を切り上げて、帰路につくことになります。それでも何年に一度くらいのわりで、鉱脈を当てたような「発見」をしたり、鬼の首をとったような「解釈」ができたように思ったりいたします。そうしますと、誰でもそうかもしれませんが、「発見」や「解釈」の一部を人様にお喋りしたくなります。

その一つが「撥形」前方部の発見で、一九六六年から一九六七年にかけてのことでした。しかしその解釈となると、いくつかの試行錯誤を経て、本書第三章の執筆まで、三〇年もかかってしまいました。また都月《とつき》型円筒埴輪の発見は一九五八年のことで、さらにそれと三角縁神獣鏡との共存の発見は一九八九年となり、その意義については一九九八年に金沢市で熱弁（第四章）をふるっております。それよりさらに第六章・第七章の「毛野と吉備」二編の由来は、人様の前でお話し執筆したのは一九九八年になってからでしたが、そのかなりの部分は、なんと一九四七年から一九四九年までの古墳巡りと足利市明神山古墳の発掘に遡ります。

野外調査や発掘の折、村人や見学者への説明にしろ対話にしろ、億劫《おっくう》というよりむしろ得手《えて》だったためでしょうか、一九五一年の津山市佐良山中宮1号墳や一九五三年の飯岡村月の輪古墳の発掘以来、率先して行なってまいりました。それらは、内容も折々の状況や感想めいたものであるため、まとまったものではなく、また携帯用の良質なテープやビデオも普及していなかったため、ほとんど残っておりません。またきょう日《ひ》ほど、古墳や遺跡が新聞やテレビで繁盛していなかったこともあってか、田舎の教師稼業には、遺跡とか前方後円墳とかの講演依頼はなかなか回ってまいりませんでした。

本書は、前方後円墳にかかわるそうした「発見」と「解釈」を基に、幾つかの考えを講演調にまとめてみました。一九八三年の信濃森将軍塚古墳についての一編を除いて、すべて定年退職後のものです。退職後には、暇らしいと思われたらしく、年に一、二度お呼びがかかるようになりました。そのうち、主に前方後円墳の墳丘観察に関する数本の講演は、補足的記載も含めて、『前方後円墳観察への招待』として別にまとめました。

本書には、「前方後円墳の誕生」にかかわる四編を第一部として、吉備・毛野・信濃・安芸・美作などの諸地域の前方後円墳、それに韓＝朝鮮の前方後円形古墳などの計七編を「地域と前方後円墳」と題し第二部として、本年五月に行なったやや総括的な講演一編を第三部として入れてみました。内容の釣り合いはうまくとれておりませんので、どこから読み始めても同じです。

僕は、講演がごく少ないこともあって、なけなしの力と時間をできるだけその準備にかけるようにしてきました。ですから、もちろん全部ではありませんが、講演の始まる前に原稿ができていて、それを先あるいは直後に雑誌や報告書の考察編に入れてしまうこともあります。第五章や第一〇章がそれであります。その際は、後から講演風の「ます」調に直しましたので、文章は硬く、注が羅列したままになっています。また、一般にもあまり馴染みなく眼に触れにくい地方誌などに書いた小編二、三も、講演と同じレベルのものとして採用いたしました。

講演を準備下さった方々や団体、テープやビデオ起こしにご尽力いただいた方、文献を教示され、またその複写をして下さった方、草稿を閲読し有益な助言を示して下さった方をはじめ、ご援助を賜った多くの方々のご芳名は、関係する各章の文末に記して感謝の意を表しました。さらに本書の全般にわたり、もと学生の乗岡実・亀山行雄・大橋雅也・田中弘志・安倉清博の諸君は校正を援助され、妻利子は文章の平易化に協力しました。ここに記して感謝いたします。

おわりに、山川出版社の内藤茂さん、山川図書出版の鴇崎信夫さんは、遠路陋屋にまでお越しになり、編集および刊行について種々ご助言を下さいました。またサンコー印刷には便宜とご尽力をいただきました。記して厚く感謝いたします。

二〇〇〇年九月一日　芥子山麓の仮寓にて

近藤義郎

目次

第三部　前方後円墳とは何か

挿図一覧（すべて一部改変）

前方後円墳に学ぶ

第一部

前方後円墳の誕生

第一章　前方後円墳の形成

只今ご紹介いただきました近藤義郎でございます。本日は韓国釜山考古学研究会のお招きで皆様の前でお話をする機会をもつことができましたことを、心から嬉しく思います。招請の労をとって下さった釜山大学校博物館長鄭澄元教授をはじめ諸先生に厚く感謝申し上げます。

本題に入る前に私は、日本帝国主義が永きにわたり貴国を植民地とし暴虐の限りをつくしたこと、その間当時の日本人考古学者等が貴国の遺跡・文化財の多くを破壊・略奪したことに対し、後輩の一人として謝罪かつ反省の意をここに表したいと思います。

さて、本日は「前方後円墳の形成」と題してお話を申し上げるのでありますが、貴国では前方後円墳に酷似した「長《ちょう》鼓墳《こふん》」を巡って韓国精神文化研究院の姜仁求先生、全南大学校の林永珍先生など何人かの学者がご研究なさっております。しかし私は貴国の墳墓の研究を致したことがございませんので、日本に限って、それも私が住む岡山を中心とした地域の資料を主に使って、お話させていただこうと思います。

一　研究の方向

前方後円墳の成立の研究はどのようになされてきたか、つまり研究の方向であります。二つ挙げます。

まず、古い型式の前方後円墳はどのようなものであるかを、突き止める必要があります。そのためには、墳丘の測量をしたり、石槨《せっかく》を調べたり、副葬品の比較をしたりして、つまり貴国の考古学者と同じように、古墳のさまざまな要素について検討し、それらを総合して慎重に決めていかなければなりません。新しい前方後円墳を間違えて古い型式のものといたしますと、よくご存知のように、その研究は役に立たなくなります。

次に、というのはこの研究が終わってからという意味ではなく、並行してでありますが、次の研究、つまり弥生時代の終わり頃の墳墓の実態を明らかにしていくことが必要となります。私は墳丘をもつ弥生時代の墓を、前方後円墳時代の古墳（前方後円墳・前方後方墳・円墳・方墳）と区別して、弥生墳丘墓あるいは略して墳丘墓と呼んでおりますが、その中でも前方後円墳の成立にごく近い頃の弥生墳丘墓の実体究明が大切になります。

さらに、両者、つまり古い型式の前方後円墳と弥生時代終末期の墳丘墓とのつながりを考えていきます。どの要素がつながっているのか、本当につながっているのか、つながりの意味は何か、などを考えていきます。しかしそれを考える中で、さまざまな意見が考古学者の中に出てまいります。東京のK先生、大阪のH先生、福岡のT先生、少しずつあるいは甚だしく意見が違います。資料を間違えているか、間違えて考えているかのどちらかであります。岡山のK先生の話を聴いたからといって、それで安心していてはいけないのであります（笑い）。

二　古い型式の前方後円墳

研究の長い過程をお話してまいりますと、それだけで何時間も、それこそ夜までかかるかもしれませんので、研究の結果だけを私なりにかいつまんで申し上げたいと思います。

1 墳丘

まず墳丘の形、前方後円墳というのは、平面円形で側面台形の主丘、それを後円部と呼んでおりますが、それに平面が撥形《ばちがた》・長方形・方形・台形などの突出部、ひっくるめて前方部と呼ばれているものが付く型式の墳墓であります。古い型式の前方後円墳は、後円部に対し前方部が低く、しばしば撥形をしております。撥形の程度はさまざまで、見た目には台形のような例もあります。また撥形だからといっても、すべてが古い型式ではなく、中期の例も後期の例もあります。後円部は新古を問わず大きく、高く強い傾斜で造られています。

後円部でなく後方部のものもありますが、それは前方後方墳と呼ばれ、前方後円墳より格が一段下と見られております。前方後円墳に較べると一般に小規模です。前方後円墳も前方後方墳も、石の山であるかのように、墳丘斜面には葺石が葺かれます。以下、図を説明いたします。

図1の①は箸中山《はしなかやま》古墳（箸墓《はしはか》古墳とも呼ばれています）の墳丘で、奈良県桜井市箸中にある墳長約二八〇メートルの古い型式の大形前方後円墳です。前方部は撥形に開き、向かって右の隅角は切られたように屈折しております。後円部は五段築成とも四段築成とも三段築成ともいわれております。等高線五本からなる最上の円形部は埋葬後の土盛りと考えられます。前方部の頂は、後円部に較べると低いけれど、それ自体としてはずいぶん高いもので、約一六メートルもあります。葺石がふかれ、宮山《みややま》型特殊器台、さらに埴輪《はにわ》の最古型式である都月《とつき》型円筒埴輪が発見されています。次の西殿塚古墳とともに「天皇陵」関係の「陵墓」として、日本政府は研究者を含め国民の立ち入りを禁じております。これは、考古学の研究を大きく妨げています。

②は西殿塚《にしとのづか》古墳の墳丘で、奈良県天理市西殿塚にある墳長約二一九メートルの大形前方後円墳です。斜面に横向けに造られているため、後円部下（西）側は三段築成をよくとどめています。前方部は微《かす》かに撥形をしています。前方部の

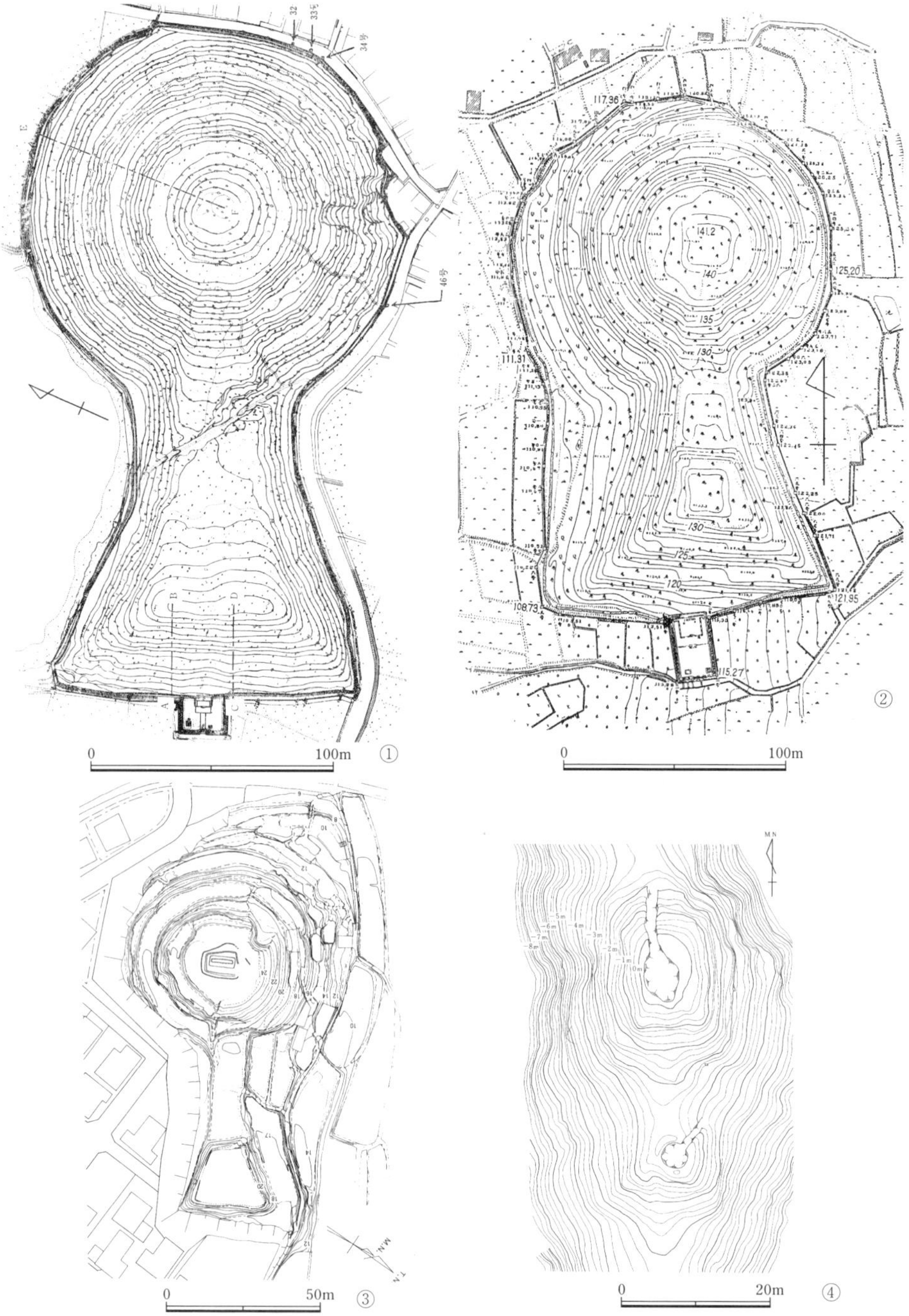

図1　古式前方後円墳の墳丘　①箸中山古墳　②西殿塚古墳　③浦間茶臼山古墳　④七つ坑１号墳

頂は大きな台形となり、その上には後円部頂と同じような方形の低い土盛りが造られています。おそらく後円部・前方部とも埋葬があったことを示しているようです。この古墳にも葺石がふかれ、宮山型特殊器台、都月型円筒埴輪、さらにその次に古い器台型埴輪が発見されています。

③は浦間《うらま》茶臼山古墳で、岡山県岡山市浦間にある墳長約一四〇メートルの中形前方後円墳です。箸中山古墳の二分の一相似形といわれていますが、前方部頂の形が西殿塚古墳に似ることや後円部段築の様子など異なるところもあります。後円部中央に長さ約七メートルの竪穴式石槨があり、鏡片・刀剣・鏃類・農工漁具などを出土しています。ここにも都月型円筒埴輪と特殊壺型埴輪が知られています。

④は七《なな》つ丸《ぐろ》古墳で、岡山市津島笹が瀬にある墳長約四五メートルの小形前方後方墳です。前方部は比較的短く造られています。後方部頂にも前方部頂にも竪穴式石槨がありますが、第二次大戦の折の対空兵器の陣地で破壊されています。鏡・刀剣・鏃・農工具などが知られています。都月型円筒埴輪と特殊壺型埴輪が発見されています。

2　祭祀用の土器

次に埋葬の祭祀に使う土器であります。最古型式の前方後円墳では、宮山型と呼ばれる特殊器台と特殊壺が使われます。それから間もなく、この土器が変化した都月型円筒埴輪と特殊壺型埴輪が使われるようになります。それは、普通の円筒埴輪や家形埴輪や武器形埴輪や人形埴輪などより古く、埴輪の先祖のようなものであります。そのほか壺形土器も使われます。特殊器台・特殊壺については、後に弥生墳丘墓のところでも説明しようと思います。

図2の①は宮山型特殊器台と特殊壺で、岡山県総社市の宮山《みややま》古墳から発見されました。なぜ特殊器台かと申しますと、日常の器台形土器に見られない筒形をして大形で、しかもよく飾られているからです。高さ一メートルほどもあります。特殊壺は頸が長く、二重口縁で、胴は張り、扁平な突帯を巡らしています。②は先の奈良県箸中山古墳の後円部から発

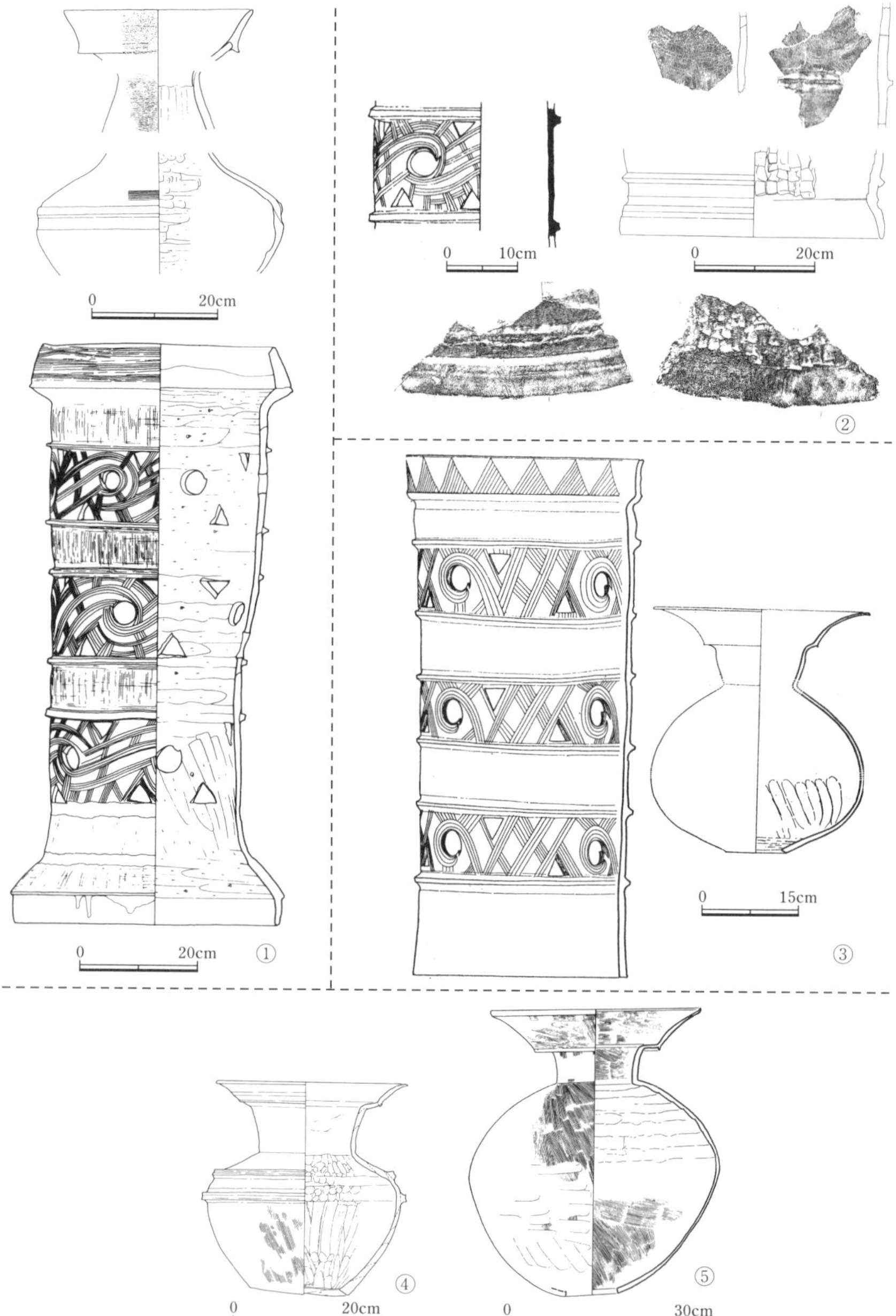

図2　宮山型特殊器台・特殊壺と都月型円筒埴輪と壺など　①宮山古墳出土
②箸中山古墳採集　③都月坂１号墳出土　④七つ𡋽１号墳出土　⑤箸中山古墳出土

見された宮山型特殊器台の破片です。③は岡山市津島都月坂《とつきさか》1号墳から発見された都月型円筒埴輪と壺形埴輪です。④は先の七つ丸古墳発見の特殊壺型埴輪、⑤は箸中山古墳前方部発見の二重口縁壺形土師器です。

3　棺と槨

棺と槨《かく》であります。一般に棺は丸太を割って中を抉《えぐ》ったような作りの木棺で、割竹形《わりだけがた》木棺と呼んでおります。非常に長いのが特徴で、短い棺で三、四メートル、長い棺では七、八メートルに達します。現在普通に使われている棺も多くが木棺でありましょうが、こんな長い棺は作りません。どうしてでしょうか。倭人の背の高さが三メートルもあったはずはありませんから、普通の人達の棺よりも長い棺を作って首長の身分や権威を示したのではないか、と考えております。棺が長ければ、当然それを囲む槨も長くなります。槨はご当地でもたくさん発見され調査されていますが、倭では一般には割竹形木棺を囲うように、主に平らな割石を積み上げた石槨であります。ほかに底の平らな箱形木棺を納めた

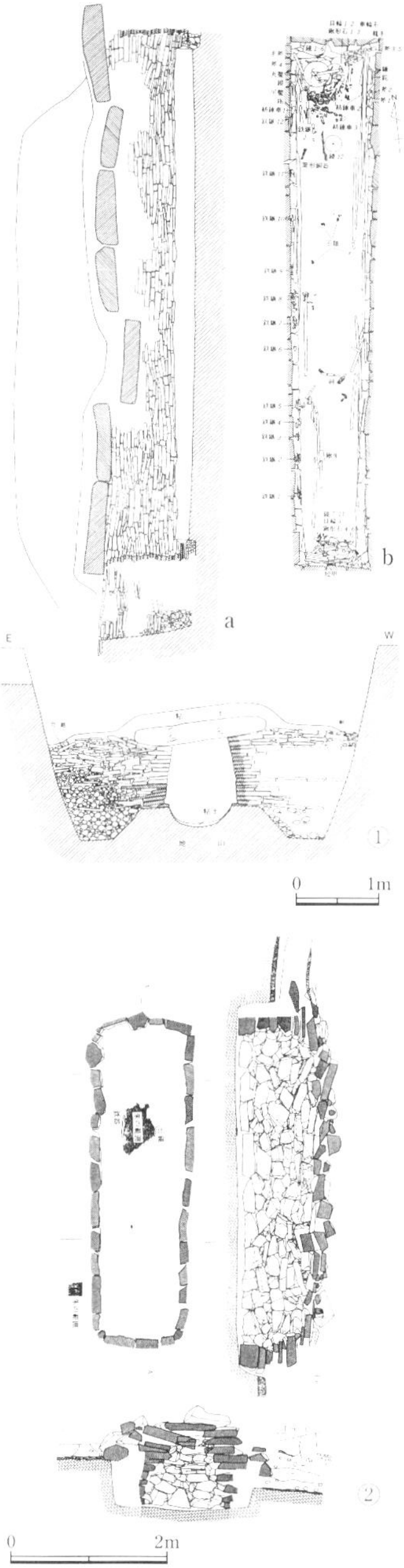

図3　竪穴式石槨　①紫金山古墳
②養久山1号墳

石槨もあります。

図3の①は竪穴式石槨《たてあなしきせっかく》で、大阪府茨木市宿久庄《しゅくのしょう》の紫金山《しきんざん》古墳後円部で発見された長さ約七メートルの石槨です。割竹形木棺が納められ、さまざまな副葬品が出土しました。②は、兵庫県揖保川《いぼがわ》町養久山《やくやま》1号墳後円部で発見された長さ約四メートルの竪穴式石槨で、棺は箱形木棺だったようです。

4　副葬品

最後に副葬品であります。持っているものを何でも入れているわけではなく、組合せ（セット）に一定の決まりがあったようです。その決まりとは青銅鏡・武器・生産用具の三者、やや遅れて石製腕飾類《せきせいうでかざりるい》（釧《くしろ》・車輪石《しゃりんせき》・鍬形石《くわがたいし》）などであります。鏡の主流は後漢《ごかん》から魏《ぎ》・呉《ご》などの大陸鏡であります。武器としては鉄剣・鉄刀・鉄鏃《ぞく》・銅鏃・槍先が主なものであります。馬具や挂甲《けいこう》はまだなかったようです。生産用具としては、鍬先や鎌などの農具、銛《もり》や釣針などの漁具、斧や鉇《やりがんな》などの大工道具が主なものであります。

玉類は入れたり入れなかったりです。土器は、ご当地と違って入れないのが普通です。副葬品とは呼べないかもしれませんが、棺内にはしばしば朱が置かれたり撒かれたりします。それは霊魂の復活や魂の力の高揚を願った儀礼的行為と思われます。古墳によって副葬品の種類や量が違います。ごく一般的に申しまして、大きな前方後円墳には多くの種類と多くの量の副葬品が入っており、小さな古墳では種類も量も少なく、古墳によって刀や銅鏃がなかったりします。

先の紫金山古墳後円部の竪穴式石槨の平面図（図3の①b）に副葬品の配置が図示されていますが、幅がやや広いほうが頭部方向で、その上方に鏡・貝輪・石製腕飾類・農工具・鏃・紡錘車《ぼうすいしゃ》・筒形銅器など、足下にも鏡・貝輪・石製腕飾類・短甲《たんこう》など、側には刀剣や矢鏃が置かれていました。また養久山1号墳の後円部竪穴式石槨では、頭部に朱の散布があり、付近に鏡・剣・鏃・鉇が認められました。

5　小　結

このように古い型式の前方後円墳は、墳丘の形、祭祀土器、棺・槨、副葬品において一定の決まりをもって現れたわけです。それは今のところ、大和《やまと》（奈良県）や河内《かわち》（大阪府の一部）を中心に瀬戸内・九州から山陰・東海・北陸・関東・東北の一部など倭のほぼ全土で知られています。後にも述べたいと思いますが、大和・河内・吉備《きび》など主に西国各地の、それに東方の一部の部族首長が集まり、前方後円墳秩序ともいうべき一定の決まりをもった埋葬方式を創出したものと考えられます。

三　弥生墳丘墓

順序は逆になりましたが、これから、弥生時代の後期に顕著となる弥生墳丘墓の話に移りたいと思います。弥生時代の終わり頃になると、さまざまな点で前方後円墳に近寄った、似てきた墳丘墓が造られます。

1　墳　丘

まず墳丘でありますが、一九六〇年代頃から、かなり大きな墳丘をもつ弥生時代の墓が知られてまいりました。径一五メートルの円丘、あるいは一辺二〇メートルの方丘です。径四〇メートルもある大きな墳丘さえ知られてきました。中には前方後円墳の前方部のような「突出部」が付くものも発見されてまいりました。つまり弥生時代の後期に、墳丘の「大形化」と「突出部の形成」が始まりました。ただし、広島県北部から山陰で盛んになる四隅突出型弥生墳丘墓の四隅に設けられる突出部の起源は、弥生時代中期後葉に遡ります。

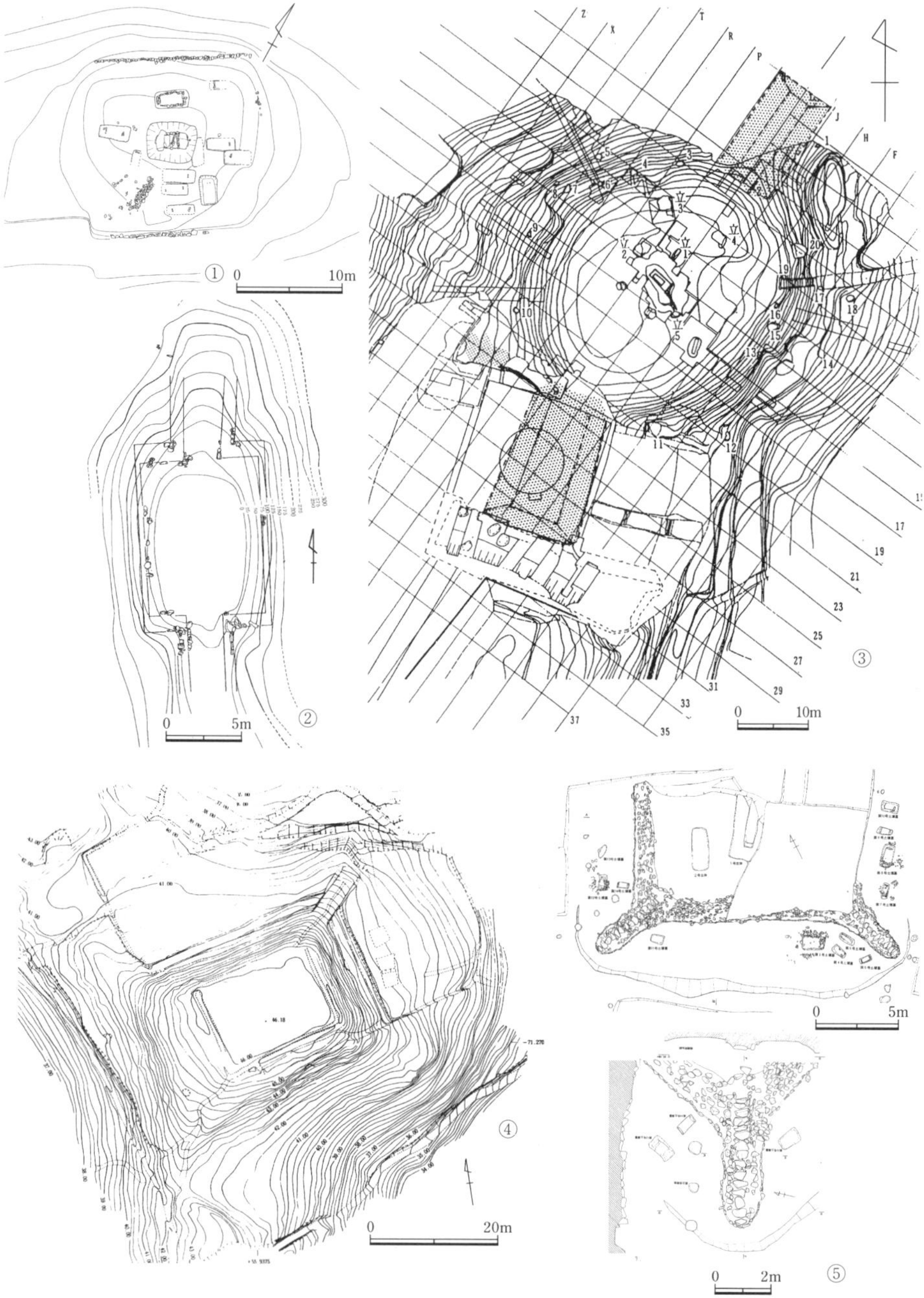

図4　弥生墳丘墓の墳丘　①都月坂２号弥生墳丘墓　②養久山５号弥生墳丘墓
③楯築弥生墳丘墓　④西谷３号四隅突出型弥生墳丘墓　⑤阿弥大寺１号四隅突出型弥生墳丘墓

図4の①は岡山市津島の尾根の鞍部に造られた都月坂2号弥生墳丘墓で、平面はほぼ方形、二辺に石を積んだ石垣が築かれています。おそらく石垣のない尾根の二辺から出入りしたものと思われます。辺約二〇×一七メートル、高さ約二メートルです。

②は兵庫県揖保川町養久山5号弥生墳丘墓で、墳長およそ二〇メートル、前後に突出部が設けられております。今は方丘の高さ約一メートルですが、もとは一・五メートルか二メートル近くあったと思います。上下二段に列石が残っていますが、突出部の先には置かれなかったようです。

③は岡山県倉敷市楯築《たてつき》弥生墳丘墓です。団地工事で二つの突出部（アミ部分）の過半は壊されてしまいましたが、辛うじて残った箇所から復原しますと、もと突出部には列石が二段に巡らされ、よく整えられた道のようでした。突出部を含めた墳長は約八〇メートル、円丘部の高さは約四・五メートルもあります。北は図の上方です。

④は島根県出雲市西谷《にしだに》3号弥生墳丘墓で、ご覧のように四隅突出型となっています。突出部を含まない長さで、東西の辺約四〇メートル、南北の辺約三〇メートル、高さ約四・五メートルという大きなものです。墳丘の他の斜面よりもかなり緩やかな突出部から、墳頂に登り降りしたに違いありません。

⑤は鳥取県倉吉市の阿弥大寺《あみだいじ》1号四隅突出型弥生墳丘墓で、北半分が工事で破壊されています。突出部が二つ残っていますが、もちろんもとは四隅にあったはずです。下の図はその突出部の一つを大きく示したもので、あたかも登り降りの道を示すように、平たい石が踏み石のように敷かれています。

2　祭祀土器——特殊器台・特殊壺——

瀬戸内に面した吉備《きび》、今の岡山県と広島県の東半を合わせた地域でありますが、そこでは弥生時代後期の後半に、特殊器台・特殊壺と呼ばれる土器が作られ、部族ごとの首長埋葬の祭祀《さいし》に使われるようになりました。賑々しく文様で飾り、赤く丹を塗った大きな筒形の土器と壺形の土器であります。

図5の①は楯築弥生墳丘墓の出土品で、最古型式の特殊器台と特殊壺と考えられます。綾杉文《あやすぎもん》や鋸歯文《きょしもん》で非常によく飾られ、また丈も高い特殊器台です。高さ約一・一五メートルもあります。これに特殊壺を載せますが、そうすると高さは約一・五メートルにもなります。特殊壺には酒を入れたものと思います。

②は立坂《たてざか》型と呼ばれる特殊器台の想定復原図と特殊壺です。特殊器台の文様に横に走る波のような帯文が見えます。岡山県総社市立坂弥生墳丘墓の出土品です。

③は岡山県落合町中山《なかやま》集合墓地遺跡の出土品で、立坂型の新しい型式です。

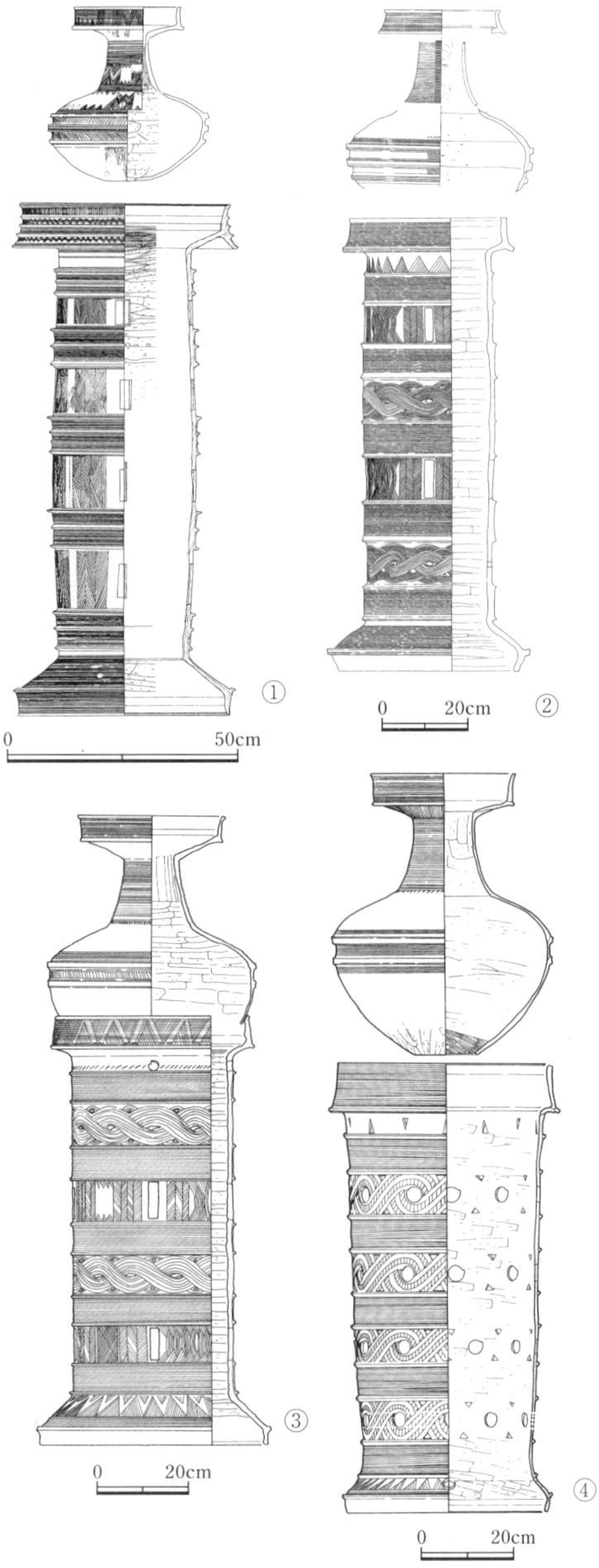

図5　特殊器台と特殊壺の変遷
①楯築弥生墳丘墓　②立坂弥生墳丘墓
③中山集合墓地　④矢谷弥生墳丘墓

④は広島県三次《みよし》市矢谷《やだに》弥生墳丘墓で発見された特殊器台と特殊壺ですが、特殊器台の文様はかなり形式化しています。口頸部も裾部も、楯築や中山のものに較べると縮小しています。この特殊壺の底は焼く前に大きく削りとられています。楯築のものが最古型式で、ついで立坂・中山、さらに矢谷と編年されます。

壺の中に酒、もちろんどぶろく、マッカリのようなものでしょうが、酒を入れ、器台に載せ、拝んで「神聖な酒」に変え、亡き首長の霊前で、新しい首長の候補を中心に皆してそれを飲み、亡き首長を讃え、その霊力を引き継ぐ祭祀を行なったのではないかと、私どもは考えました。もちろん反対する人もいて、水を入れたのかもしれないと主張される人も現れましたが、水で祭祀《まつり》をやる所はまずないのではないかと思います。皆さんいかがでしょうか。

酒が出て話が少々長くなってしまいましたが、特殊器台・特殊壺とはおよそそのようなものと考えております。すでにご推察のことと思いますが、これがやがて先にお話申しました宮山型を経て都月型円筒埴輪・特殊壺型埴輪として埴輪の先祖になってまいります。ところが、先に説明しなければならなかったのですが、実は矢谷の特殊壺もその直後の壺形埴輪も、焼く前から底抜けで、酒を入れることはできません。真似事の壺、形式だけの壺、つまり壺の一種の象徴となっています。この形式化・象徴化がさらにさまざまに進んだものが円筒埴輪、朝顔形埴輪であります。形式化イコール儀礼化、そして盛行となったようです。家形埴輪、器財形埴輪、人物・動物形埴輪などの源流は別に考えたほうがよいかもしれません。

3　棺と槨

弥生墳丘墓の棺は短く、内法《うちのり》で二メートル程度の組合せ箱形木棺が主流です。中には棺の底がカーヴをもつものもありますので、割竹形木棺への動きがあったのかもしれません。組合せ箱式石棺も北部九州などにあります。棺を納める槨も棺に相応《ふさわ》しい短さで、木槨・石槨があります。木槨と石槨は競合しますが、弥生時代最末期には石槨が勝ち残り、

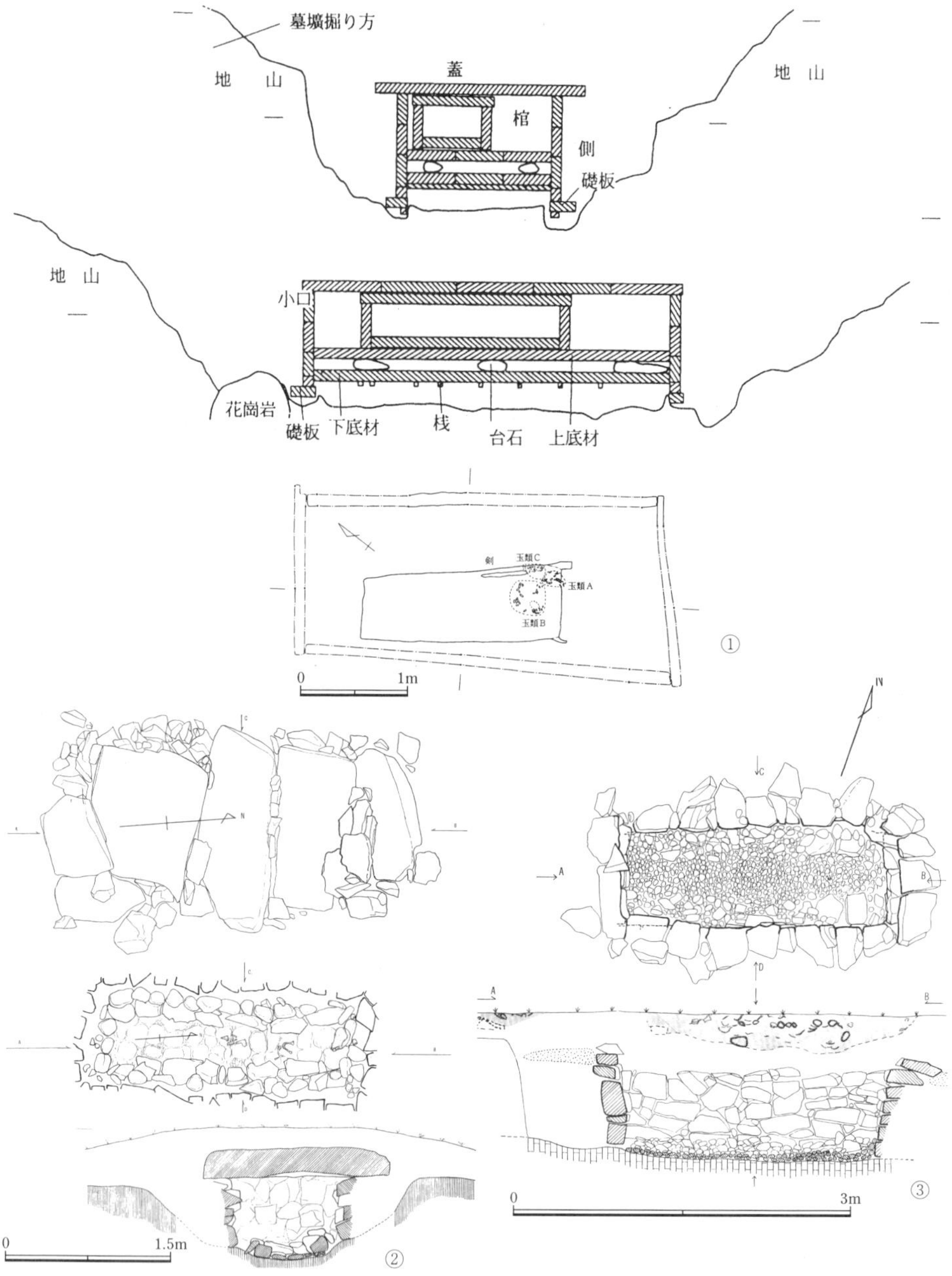

図6　弥生墳丘墓の木棺木槨・木棺石槨　①楯築弥生墳丘墓（上・中は模式図）
②井原市金敷寺裏山弥生墳丘墓　③真備町黒宮大塚弥生墳丘墓

前方後円墳の石槨につながるようです。槨がなく木棺を直接土中に埋める簡単な埋葬も、一般の人達の間で盛んに行なわれました。

図６の①は楯築弥生墳丘墓の木棺木槨の模式図です。木槨は長さ約三・五メートル、木棺の長さは約二メートルで、木槨は二重底になっています。

②は岡山県井原市笹賀町の金敷寺《かなしきでら》裏山弥生墳丘墓の石槨です。敷石のカーヴからみて丸みを帯びた底をもつ木棺が想定されます。槨の内法はおよそ二・四メートルです。副葬品は見られませんでした。槨はきちんとした石蓋で覆われています。

③は岡山県真備《まび》町黒宮《くろみや》大塚弥生墳丘墓の石槨です。おそらく木蓋だったと思います。

4　副葬品

種類も量もごく貧弱であります。先ほど述べた前方後円墳での決まりとはずいぶん違います。鉇《やりがんな》一本という場合も、ガラス小玉二、三個しかない埋葬も、鉄剣一本が添えられただけの墳丘墓もあります。一番多いのは副葬品なしの埋葬です。この時期最大の墳丘をもつ楯築弥生墳丘墓の中心埋葬でも、剣一、首飾り二連、小玉小管玉群一括が副葬されていたにすぎませんでした。

ここで注意したいのは、北部九州つまり倭の筑前や肥前、今日の福岡県や佐賀県の弥生時代前期末・中期の有力首長墓には、たくさんの韓製の銅剣・銅矛・銅戈などの青銅器や、大陸製の青銅鏡や璧《へき》、その他の玉類などが豊かに副葬されていることであります。ところが、ここで問題としている弥生時代後期後葉の首長墓になりますと、北部九州の首長勢力が何らかの、おそらく外的条件の変化のため弱体化したのか、韓半島や大陸から青銅器などが入ってこなくなったのか、それら青銅器を使用しなくなったのか、副葬の習慣が一時的に失われたのか、今日なおよく判りませんが、墓に副葬品をあまり納めないという点で、吉備や出雲と同じようになってまいります。

5 小結

この弥生時代後期後葉の動きは、実は倭の全土において同じように進んだわけではありません。吉備では、特殊器台と特殊壺を使う独自な埋葬祭祀が行なわれ、出雲を中心とする山陰では、平面方形の墳丘の四隅を突出させ、斜面に石を貼るという独特な埋葬方法をとり、北陸では墳丘の形は四隅突出型ですが、斜面に石を使わないというこれまた独自な方法をとります。つまり地域ごとに独自な祖霊の世界、祭祀的・政治的世界が形成されたのであります。

ところが、皆さんきっと不思議に思われるに違いありませんが、肝心の大和を中心とした地域（河内を含め畿内《きない》中枢）や北部九州では、この時期つまり弥生時代後期後葉には、独自性を明確な形では指摘できないのであります。北部九州ではことによると、後に碧玉製に変化する貝製の腕輪類と甕棺か箱式石棺がそれにあたるかもしれません。しかし、大和というか肝心の畿内中枢の独自なものはいったい何か、という疑問は解決されておりません。

ともかく弥生時代後期後半においては祭祀様式を共通にする世界、祖霊の世界は地域的にごく狭いものでありました。

四 弥生墳丘墓から前方後円墳へ

これから大詰めというか、これまでの話のまとめに入ります。

1 墳丘

墳丘は弥生時代後期にやや大形になってまいりましたが、前方後円墳時代になると、一段と巨大になってまいります。

突出部は明確な前方部に整えられ、それもしばしば撥形の前方部に変わります。墳丘の形と規模に格差が明瞭に現れてまいります。前方後円形・前方後方形・円形・方形という形の差が規模の差と絡み合って出現し、前方後円墳秩序というべきものを形成したようであります。出雲や北陸で盛んに造られていた独特な四隅突出型の墳丘は、新しい前方後円墳秩序に呑み込まれ、消えてなくなります。

2　祭祀土器

古い型式の前方後円墳では、初めは宮山型特殊器台・特殊壺で祭祀をいたしますが、続いて都月型円筒埴輪と特殊壺型埴輪でお祀りするようになります。三節の2でもお話しましたように、これらの壺は底抜けで、酒を注ぎ入れることはできませんし、形もかなり変わりますが、墳丘に並べ置く量は増えてきます。祭祀が形式的になるにつれ、かえって盛大になってきたことを示します。

3　棺と槨

棺は短い箱形木棺から長い割竹形木棺に変わります。長い中にも、少しずつ長短があります。箱形のままで長くなった例もあります。槨は短い木槨と石槨が競合した結果、まず木槨が姿を消し、最古型式の前方後円墳が造られる頃には、ほとんどが長い石槨に変わります。また弥生時代にしばしば見られた木蓋は、石蓋に変わります。棺にも割竹形・箱形の差が、長短の差と絡んで格差を示すことになります。

4　副葬品

ごく一般的にいって副葬品は種類・量・質とも豊かになってまいりますが、種類の多少、量の大小、質の程度など、おそらく階層や個々の身分による差を表現するようになります。鏡を一〇面以上ももち、各種の武器や道具を備える前方後円墳が出てくると同時に、刀一本とか刀子一本というような「貧しい」前方後円墳、副葬品なしの円墳・方墳も出てまいります。もちろん古墳に埋められない人のほうがたくさんおりました。

五　むすび——前方後円墳秩序の形成——

最後に、このような前方後円墳成立の歴史的意義について、述べたいと思います。

まず第一は、畿内中枢や吉備を中心とする倭の各地の進んだ部族首長達が、対内的・対外的必要から集まり、それぞれの狭い祖霊の世界、つまり地域ごとの祭祀的・政治的世界から抜け出し、前方後円墳の世界として列島の多くの部族集団を祭祀的・政治的に結びつけたことであります。つまり倭的世界を形成させたことであります。

第二は、前方後円墳秩序の創出によって、列島内各地の部族首長に明らかな格差を持ち込んだことであります。このことは単に首長間だけでなく、集団成員の中の階層差を促進させることになったと思われます。こうした動きを古代国家の成立の姿とみるか、あるいは部族間支配の全土的進展の姿、つまり部族社会展開の最後の姿とみるかは、意見の分かれるところでありますが、私はむしろ前方後円墳秩序の崩壊する六世紀末をもって古代国家が成立したと考えるものであります。

終わりにあたり、日韓両国の考古学の民主的交流の発展を心から念願いたします。ご清聴を感謝します。

小文は、一九九五年六月一七日、釜山大学校人文学部講堂での通訳付き約二時間の講演の全文に、若干の補足を加えたものです。通訳にあたられた李貞姫さんをはじめ、講演を準備された釜山大学校および釜山考古学研究会の皆さんに厚く感謝申し上げます。

第二章　特殊器台と最古型式前方後円墳

特殊器台と最古型式前方後円墳ということで話をさせていただきます。「最古型式前方後円墳などわが町にあるやないか」、「箸中山《はしなかやま》古墳がそうや」、ということで桜井市の皆さんの多くは、箸中山が一つの憧れ、あるいは誇り、そういうお気持ちで接しておられるに違いないと思いますが、その箸中山の話が最後のほうに出てまいりますから、お楽しみにしておいていただきたいと思います。

一　前方後円墳起源論の幾つか

初めに前置きとして、前方後円墳起源論の幾つか、「幾つか」というのは、これくらい紹介すれば、前方後円墳の起源について現在どのくらいの説があり、いかに百鬼夜行の趣であるかがお判りいただけるのではないかと思ったからです。

1　大陸や朝鮮からの伝播説

これは皆さんも、時々頭の中をかすめたりする考え方かと思いますが、韓＝朝鮮から伝播してきたのではないか、大陸から伝わってきたのではないか、大陸や朝鮮からでき合いの前方後円墳、あるいは半端にできあがった前方後円墳が倭＝日本に伝わった、そして倭の前方後円墳ができた、こういう考え方です。誰が一番熱心にこういう説を提唱しているか、過去に提唱していたかは申しませんが、著名な先生方の中にも何人かいらっしゃるようです。皆さんの中にもおそらく、一人や二人いらっしゃるのではないかと思いますが……。

2　北部九州や吉備の勢力の東遷説

北部九州の勢力が移ってきた、これは、神武東征《じんむとうせい》の復活というかそのままに近い説ですね。ここにいらっしゃるご年配の方の中には、神武東征の話を小学校・中学校時代に勉強されてきた、まだそういう頭のままの方も何人かいらっしゃるかもしれませんけれど、考古学者の中にも、神武東征とはかなり違いますが、北部九州から移ってきたんじゃないかとか、時には吉備から来たんじゃないかというような意見を出される方もあります。と申しますのは、肝心の奈良に前方後円墳に先立つ動きがほとんど何もないらしい。何もないと申したら語弊《ごへい》がありますが、ちょっとした動きはあるんですが、目立つような動きではありません。それに対して吉備には、なかなか動きがあるんですね。それから、北部九州はもっと前から、ご存知のように、弥生時代の前期から日本の新文化の旗振りをやってるわけです。

大和は、唐古《からこ》・鍵《かぎ》遺跡といっても、それほど、べらぼうに発達したということはないようです。二階建ての楼閣の線画ですか、ああいうものはあるんですけれど、それが前方後円墳と結び付くような形では指摘できないわけです。だから、吉備から来たんだ、また、九州の勢力がやって来て大和地方を中心とした近畿の中枢部を征服して、そしてその征服の記念碑の一つとして前方後円墳を造ったんだというと、ずいぶん魅力的な話でしょう。いや、奈良県の方々には魅力的じゃないか（笑い）。九州の一部の人達にとってはすごく魅力的ですよね。戦後では、僕の友人の故原田大六さんが中心になって唱えました。原田さんは古《いにしえ》の怡土国《いとこく》の中心、福岡県糸島郡前原《まえばる》町に住んでおりました。北部九州勢力が大和を征服した、それで箸中山を造ったんだ、箸中山古墳は卑弥呼《ひみこ》の墓だ、と述べられ、また『日本古墳文化』という本をお書きになりました。北部九州東遷説の代表です。今、それが良い悪いと申しているわけではありませんよ。こういう説がある、その説が良いか悪いかは、皆さんが材料を吟味してお考えになることです。

3　初めに在地型前方後円墳ができ、それから本式の前方後円墳が出現したという説

これはちょっと難しい話になりますが、「在地型」の前方後円墳がまずできる。例えば、奈良盆地の南東部にできる、あるいは吉備にできる、あるいは東海地方にできる、四国や九州にできる、これはどうも土地々の原初的な前方後円墳らしい、ついで畿内型の「本式の」前方後円墳ができる、その代表は箸中山古墳である。言葉を換えれば、「在地型」が先にあるいはほぼ同時にできて、それから畿内型ができる。つまり、前方後円墳というのはどこにでも発生できる、どこにでも出現できる、そういう考え方ですね。結局は、大和に中枢ができるわけですが、それまでは、あるいはそれと並行してあちこちに小形で簡素な前方後円形の墳墓が独自にあるいは相互に影響して自生し、それがいわば大和の大形前方後円墳に集約していくという説であります。

4　大和にあるはずの前方後円状墳丘墓からの誕生

大和に箸中山古墳より前に、つまり本式の前方後円墳より前に、箸中山古墳はもっとも古い本式の前方後円墳だと僕は思いますが、ああいうものが出てくる前に、この大和に前方後円墳じゃなくて、前方後円形の大形の墳墓が出てくる、弥生時代の終わりに出てくる。それが箸中山古墳のようなものに変化してくる、あるいは進化してくる。こういう説であります。3の説とややまぎらわしい説であります。

5　纏向型前方後円墳からの誕生

纏向《まきむく》という土地が箸中山古墳の北から西にかけてのほうにありますね、その纏向に、「前方部」をもった墳長約一〇〇メートルぐらいか、それ以下の古墳が幾つかあります。前方部がわりと短いのが普通だそうですが、纏向型前方後円墳という名前で呼ばれる場合もあります。こういうものが箸中山古墳より古くに現れて、それが箸中山古墳のようなものの出現に影響を与えた。このような考え方を採っている方も奈良県を中心にかなりたくさんおられます。

前方後円墳の起源についてのいろいろな説を要約してしまうと、だいたいこんなところです。皆さんの中にも「俺は1の朝鮮派」、「いや2の吉備派」、「私は3の在地四国派……」と、五派あるいはそれ以上の方がいらっしゃると思いますが、後ほどご意見をお聞かせいただければ、面白いしありがたいと思います。

ほかに別な議論もあります。人間が横たわって、砂をかけたら足のほうは長くて前方部になって、お腹のほうがこうやって後円部になった。そういう変な説を平気で出された方がいらっしゃいました。痩せた人はどうなるのでしょうか(笑い)。あと、皆さんは唐古第5様式の壺をご存知ですよね。あのような壺形土器や二重口縁の壺形土器などを横にして、半分埋めて横から見てご覧なさい、一寸見《ちょっとみ》では前方後円墳の格好です。しかし頂上に平坦部はないし、前方部の前は切り立っています。しかしそういうものが起源だと唱える方もいらっしゃいます。そういう説は以上の諸説の中には入れておりません。そういう種類の器物起源論や巨人偉人起源説はまだまだあるわけですが、今ここで挙げた五つの起源論と根底から違います。

6　手掛かりは特殊器台・特殊壺

五〇年、一〇〇年先のことは判りませんが、最古の前方後円墳はどれか、最古の前方後円墳はどこにあるのかを追求する手掛かりは、現時点では一つしかないと思っております。まあ、一つしかないといってしまうと、甚だ乱暴ですので、有力な手掛かりの一つといたしましょうか。それは特殊器台と特殊壺であります。

日常の壺・甕・鉢・高坏《たかつき》などの土器がありますが、土器の形態が多様なように、その編年や製作地についても議論百出ということで、何式、何式といわれても、皆さん何のことか判らないでしょう。庄内式の2式とか、布留《ふる》0式とか、布留1式とか……。奈良県の中だけでも研究者の間で意見がまだ一致していないようです。その出土状況にもなお問題があって、ある前方後円墳の築造前か築造中かあるいは築造直後か、どのようにかかわっていたのか、本当にかかわっていたのかどうか、必ずしもよく判らない状態ですから、今のところそういうものは決め手としては使いにくい、と考えております。誰にでも共通して認識できるようなものじゃないと、また対象の古墳との関係がきっちりつかめていないと、重要なことを決める材料とすることはできません。日常土器についても、これから共通認識が追々進むようになるとは思いますので、それに期待することとして、現時点での有力な手掛かりは、共通の認識がようやくできあがってきた宮山型特殊器台と特殊壺であろうと考えております。それだけでなく、宮山型特殊器台・特殊壺は、前方後円墳の祀りと密接に結びついたものであります（「あとがき」追記参照）。

二　特殊器台・特殊壺とは何か

1　器台（普通器台）は弥生時代中期に西日本に広く現れる、その用途は何か

a　器台と壺

特殊壺・特殊器台が出てくる前に、普通の器台、普通器台と呼んでも器台形土器と呼んでもいいのですけれど、それが出てまいります。それから壺、普通の壺ですね。これはもう弥生時代の最初から、器台は最初からは

ないかもしれませんね、高坏はありますけれど、器台はしばらく経ってから目につきます。とくに、弥生時代の中頃になりますと、壺とともに器台が各地に、奈良でも岡山でも、九州でも四国でも東海地方でも出てまいります。しかし、これらはここで申し上げる特殊器台・特殊壺ではありません。そうした器台や壺が何に使われたかと申しますと、もともと器台は壺や甕を載せるように作られています。壺を載せなくて、皿でも板切れでもいいんですけれど、載せようと思えば何でも載ります。ですが普通は、壺と組み合わされていると考えられています。

僕は、壺か、わりあい太った甕を載せるんじゃないかと思っております。今、あちこちで弥生の集落遺跡が発掘されていますね、ご当地でも盛んに行なわれています。しかし、なかなか器台は出てきません。壺が一〇〇個くらい出てきても器台は一、二個とか、高坏が二〇〇個くらい出ても器台は一個とか、その割合は非常に少ないんです。出てくるのが珍しいくらいです。ご当地でもそうですね。特殊器台の発祥地である吉備でもそうなんです。ということは、めったに使わない道具、しかも形がわりあい大きい、大和の器台でも（手で格好して）こんな大きいのがありますね。吉備でもそのくらいのがあります。それからわりに飾られております。それらのことから考えると、それに壺などを載せて、お祭りをやるときの道具にしたのではないかと思います。

b　相嘗祭祀　収穫祭とか、穫れた米で作った新しい酒、新米で作った粥《かゆ》を壺の中に入れて、それから高坏形土器や大きな木製高坏もあったでしょうから、そういう器物《うつわもの》に注いだり、ご馳走を載せたりしてお祭りをする。この頃のように仲間内だけのご馳走パーティーでなく、神様をお呼びして神様に願いごとやお礼のお祭りをしたのではないか、とひそかに考えてまいりました。「また来年も稔りを与えて下さい」、「来年もおまもり下さい」というようなことも拝んだと思いますけれど、そういうことは証明できない。「いやそうじゃない、俺はもっと魚が食べたいと拝んだ」（笑い）、そういう議論をしても、これは議論になりませんので、いたしませんが……。霊水といわれている水があちこちにありますね。奈良県の吉野のほうにも霊水があるそうですが、霊水を入れて拝んだら神様に喜ばれるだろうっていう人もいます。

神様はそんなわけないですよね、酒のほうを喜びます。僕らでも、「どうぞ」って水を出されるより酒がいいにきまってます。ある所での話で、酒を入れたに違いないと申しましたら、反対だという方がありました。その方は、霊験あらたかな霊水を入れたに違いないと……。後で判りましたが、その人はお酒を飲まない方なんだそうです。いや、さっきと同じような話になってしまいました（笑い）。

器台の上に壺を置いてその中に酒を入れる、あるいは酒を入れた壺を器台に載せる。そして、神様の前で、神様に来ていただいて、昔は神様がやってくるといったことがあったわけです。最近のおじいさん、おばあさんの中にも、神様は年に一度降りて来るとか、何年かに一度お出ましになるとかを信じている方がおられますよね。本当か本当でないかは僕には判りませんけれど、そういう考えがでてくるのは、別に悪いことでもないし、とくに良いことでもないけれど（笑い）、ごく自然な、とくに古い時代に遡るほどごく自然な考えだと思いますが、神様にお出でいただいて、神様の前で一緒にお酒を飲んで、一緒に食事をするんですね。

共に飲み、共に食べる、神人共食《しんじんきょうしょく》つまり古く相嘗《あいなめ》あるいは直会《なおらい》といわれた儀式をやるわけです。それで、首長が、今の市長さんみたいな、しかももっと威厳があり、血もつながっていると考えられ、もっと親愛な人物が、全体を取り仕切って、お酒を飲んだり、代表で食べ物を分けたり、神々との仲介をしたり、捧げたり、お祈りしたのではないでしょうか。で、このお祭りの道具立てとして器台と壺が、弥生時代の中頃、中期に、主に西日本で広く使われるようになるわけです。ですから、九州でも瀬戸内でも四国でも山陰でも近畿でも、そういうお祭りがかなり長い期間続いていたに違いないと考えております。これが、これからの話の前置きであります。

c　器台と壺の変遷　図7の①から④までが吉備《きび》中枢部発見の器台と壺の図です。広島県の東半分と岡山県全体を含んだ地域を、昔は吉備と呼んでいたようであります。これは文献に出てまいります。本当にそう呼んでいたかどうかは判りませんが、まあ、たぶん呼んでいたとは思いますが……。その中枢は備中南部から一部備前南部を含みます。①が

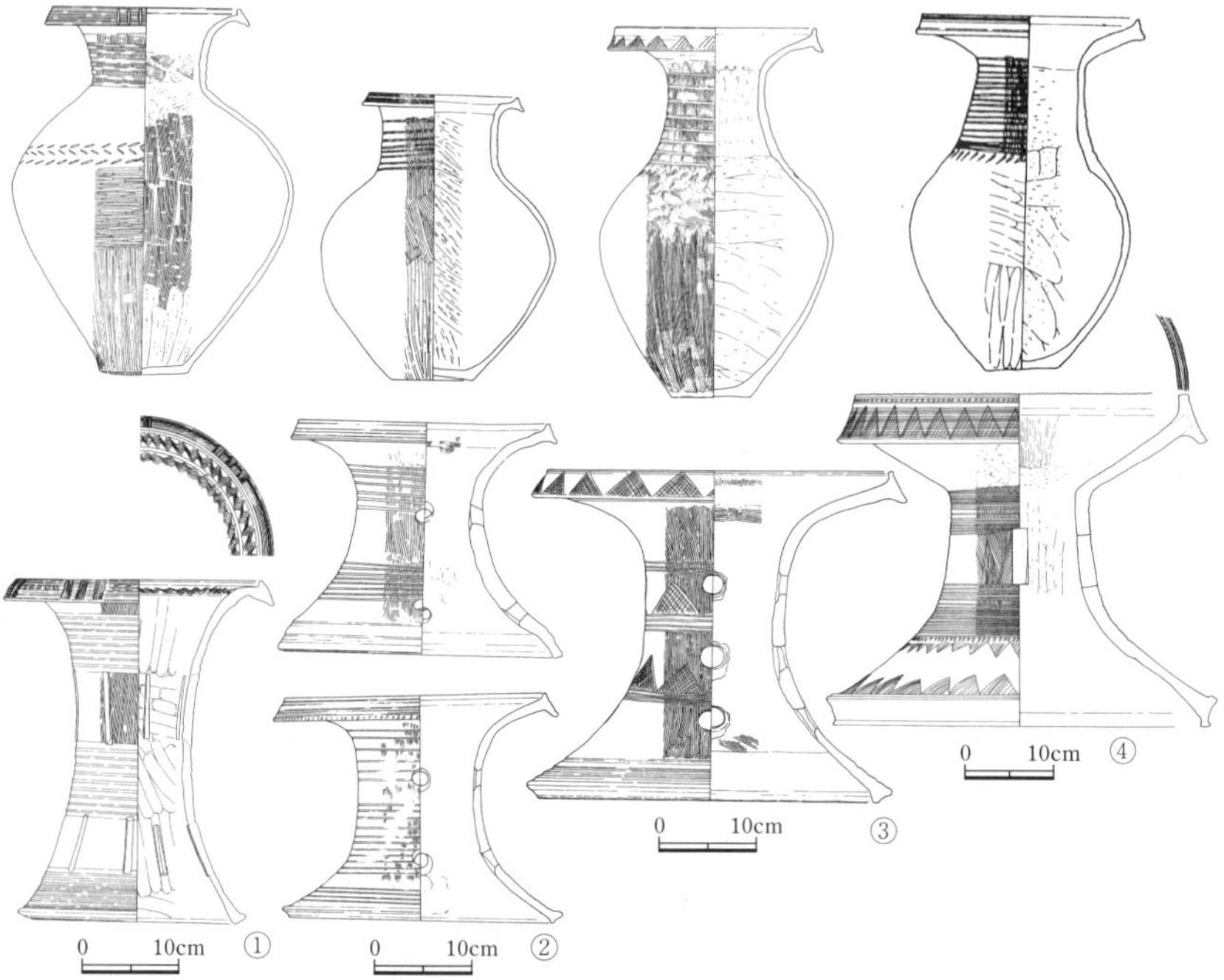

図７　吉備の器台と壺の変遷　①中期後葉　上：岡山市加茂B遺跡　下：岡山市津寺遺跡
②後期前葉　上：倉敷市上東遺跡　中・下：倉敷市矢部南向遺跡
③後期中葉　上・下：総社市窪木薬師遺跡
④後期後葉　上：岡山市百間川今谷遺跡　下：岡山市百間川原尾島遺跡

弥生時代の中期後半の壺と器台です。器台はわりに長くスマートです。それが、後期の前葉の②では、次第にずっしりとしたものに変化してまいります。しかし長めの筒形を維持するものも時に見られます。③が後期の中葉のものです。だいぶ装飾が増えてきて、安定した趣をもってきました。壺も吉備に特徴的です。この頃に長頸壺が出てまいります。

④は後期の後葉のものです。これが終わって間もない頃、前方後円墳が現れます。前方後円墳が現れる少し前です。器台は非常にずっしりして、全体に文様が描かれる。鋸歯文《きょしもん》や沈線文《ちんせんもん》が盛んに描かれます。方形の透し孔もしばしば見られます。それから壺ですが、壺も頸の部分が長めのハの字形になりますね。これは、特殊壺に引き継がれる要素の一つであります。③の後期中葉からこの④後期後葉に移る頃の器台と壺の

中から、特殊器台と特殊壺が生まれました。つまり特殊器台・特殊壺は、後期の後葉以前には知られておりません。

d　特殊器台・特殊壺の変遷　第一章の図5の①〜④が特殊器台です。①は倉敷市の楯築という遺跡から発見された特殊器台です。②は岡山県総社市立坂《たてさか》遺跡、③は岡山県落合町の中山遺跡、④は広島県三次市の矢谷《やたに》遺跡から出土しました。これらの特殊器台は、普通の器台と較べるとずいぶん違いますね。丈が筒状に高くてよく飾られています。一番古いのが①の特殊器台で、②、③、④の順です。①は高さが約一メートル一五センチもあります。これに高さ四〇〜五〇センチほどの特殊壺が載りますから、私どもの肩の高さよりもちょっと高いくらいです。このくらいが、お祭りするときに扱う土器の高さの限界でしょうね。これ以上高かったら、脚立《きゃたつ》を置いたり、足場を組んだりしないと上手《うま》いこと扱えません。だから、通常の人間が通常の感覚でお祭りをする土器の最大限の大きさです。

2　特殊器台・特殊壺は弥生時代後期Ⅲに備中南部に現れる

a　特殊器台・特殊壺は吉備生まれ　なぜ、吉備にだけ特殊器台・特殊壺が生まれたか、なぜ、畿内には出てこなかったのか、大和には現れなかったのか、なぜ、四国にはないのか。同じように普通器台が使われていたにもかかわらず、吉備だけが特殊器台と特殊壺を創り出しました。非常に重大なことですが、とても不思議な話です。なぜ吉備にだけできたのか、僕にはまだよく判りません。これから、少しずつ攻めていけば判るのかもしれませんけれど、今のところよく判らない。ほかにも播磨《はりま》の一部などでは後期Ⅱか Ⅲにあたる頃に、特殊器台・特殊壺めいたものを作っていますが、続かなかったようです。それから、なぜ、後期の後葉という時期に特殊器台と特殊壺が出てくるのか、それ以前に例えば弥生時代中期にどうして出てこないのか。これもよく判らないんですけれど、逆に、特殊器台と特殊壺がその時期に出てきたことの背景を解釈することはできそうです。特殊器台と特殊壺が後期の後葉に出てきたという事実、この事実にもとづいて、問題の解釈を試みることはできるかもしれません。

その手掛かりの一つは、特殊器台と特殊壺はお墓にしか出てこないことです。集落遺跡からも出ることは稀にあるんですが、お墓にもっていく前に壊れたものを集落に置きっぱなしにしたりした場合と考えられます。そういう意味では出てくるけれど、きちんと特殊器台と特殊壺を使って行なうのは、お墓の祀《まつ》りなんです。しかも、亡くなった首長の祀りです。吉備では弥生時代の後期後葉を前後する頃に、地域によっては、例えば備後北部ではもうちょっと前の中期後葉から、美作では後期前葉からですが、小規模ですけれどちゃんと盛土した墓が造られます。弥生時代の盛土の墓は大和ではあまり知られていないようです。吉備では楯築という大きな弥生墳丘墓が、倉敷市の東郊の低丘陵に造られてまいります。

b　特殊器台・特殊壺は首長埋葬用　その楯築の中心円丘の径は約四〇メートルで、両脇に一見前方部のような突出《とっしゅつ》が付いている。その全体を測ると、およそ墳長は八〇メートルほどあります。そういうものは首長を葬った墓であるとしか考えられません。もっと小さなものとしては、一辺五メートル前後の方形のものもあるし、一辺一〇メートル、二〇メートル前後の方形や長方形、あるいは同程度の円形の首長墓もあります。当時の一般の人の墓は、これもたくさん調査されておりますが、ほとんどが木棺直葬《じきそう》の集合墓地で、木の棺に入れて埋めるだけとか、あるいは木の棺を埋めて時にはちょっと石を載せておくというふうな、そういうやり方の墓でして、墳丘など造りません。ですから、墳丘をもつものは首長と親族の一部を埋葬した墓に違いないと考えております。もっとも、集合墓地の一角で特殊器台・特殊壺の組合せが発見されることもありますので、すべての首長が墳丘墓に葬られていたわけでもないようです。

首長の墓のお祀りに、特殊器台に載せて特殊壺が使われます。その壺は、普通の壺と較べますと、どっしりと胴張りした形で、その胴張りの補強でしょうけれど、箍《たが》（突帯）が巡っています。たいてい三本巡っています。二本の場合もあります。それから、いろいろ飾られています。特殊器台については先ほど少々お話いたしましたが、こういうものが亡くなった首長の霊前に供えられる。ということは、どういうことかと申しますと、今まで村々での収穫祭、神様をお呼びしてお祭りをしていた器台と壺が、亡くなった首長の祀りに使われるようになったわけです。で、少し短絡的ですが、首長の性格が神に近づいてきた、神格化してきたというふうに考えてみたりしているのですが……。特殊器台と特殊壺が出てくる頃になると、吉備では村々で普通の器台と壺はなぜかほとんど使われなくなります。代わって特殊器台と特殊壺が出てきて、それを使うお祭りは首長の墓に限られてまいります。ということは、祀られる首長こそが集団の中心であって、首長のさらに先祖、さらに先祖というふうに、それが神々の系譜になる、そういうふうに集団の考え方が少しずつ変わっていったと考えております。もちろん田の神、水の神、穀物の神なども祭られたと思いますが、それらのうちで首長を代表とする集団の祖先神の祭祀がもっとも重要になってきたのではないかと考えます。

c　見かけの違い　普通器台と特殊器台の見かけの違い、これは先ほどちょっとお話をいたしましたが、充分ではありませんでした。特殊器台のほうは、頸と裾の間が長い筒状をしていますね。円筒埴輪の筒のようになっています。ところが、普通器台にも長めのもの（図7の①など）は時にありますが、一般的には鼓《つづみ》形です。これが「異常に」長い筒になるんです。作りについて、ここでいろいろ話していると時間が大変ですから、一つだけ申しますと、岡山にお住まいの高橋護さんが若い頃に気付かれたことですが、製作の時、粘土の帯をのせるたびに丹《に》を塗っていくんです。だから作ること自体が一種の儀礼となります。あるいは儀礼の中で作られます。なぜ、そんなことが判るのかというと、後で内側を削って器壁を薄くしているのですが、その削り跡に丹の跡が何条も見えるわけです。それから、表面に丹を塗っているものが非常に多い、塗っていないように見えるものも、たいていは丹が後で剝げ落ちたと考えられます。丹は酸化鉄、いわゆるベンガラといわれている顔料です。だから、赤くなっている、赤茶色のものもあります。塗ってから焼くとまた色が少し変わります。これは、皆さんもご存知のとおり、大昔の人は、赤いものをすごく大切にしたようですね。とくにお墓の関係では、赤いものをずいぶん使ったわけで、塗ったり撒いたりして……。

d　朱　これは、日本だけではなくて、世界のあちこちで見られます。原始に遡って、あるいは古代でも、中世にも見られます。人間の命と赤い色というのは関係がある、赤い色は結局血の象徴だろうと僕は思います。人間が生きている証《あかし》は血です。死んだら血は黒く固まってしまいます。つまり、赤は生命活動そのものです。その象徴が、朱であり丹であり赤土ではないでしょうか。ランクがそれぞれ違うようです。朱は産地が限られ、製法も手間がかかりますので、丹つまりベンガラで我慢しよう。ベンガラはちょっと見つからないから赤土でいいだろう、ということになる。いずれにしても死んだ人の魂の復活を念じる時に使うと思います。そうとう原始的な昔の人も、一旦死が確認されたら、肉体はもう再生しない、復活しないということは百も承知なわけです。しかし、魂は復活するということ、今でも魂を復活させる妙薬やお祈りがあると信じている人がいますよね。昔はもっと広い範囲で、むしろそれが常識だったと思います。ですから、昔の人は、屍に魂を復活させるために血を意味する赤色を使ったと考えたらどうでしょうか。

3　特殊器台・特殊壺はどのように使われたか

a　特殊器台の文様と弧帯文石　図5（二六頁）

の特殊器台の図をもう一度見て下さい。筒には、文様がなく沈線だけ横に引いている部分があって、その間に文様があります。これは、間帯と文様帯という言葉で表されております。文様帯の文様が非常に面白いでしょう、複雑です。①の基本は、だいたい綾杉文《あやすぎもん》です。綾杉と三角の組合せです。銅鐸《どうたく》の鈕《ちゅう》や鰭《ひれ》にもよく付けられるし、弥生時代によく見られる文様です。②は、ちょうど毛糸の束を捻ったような、あるいは波が抽象的に描かれているような弧帯文様です。③は、それと縦に分割した綾杉の文様が交互に付けられていますね。④は、綾杉の文様はまったく施されず、横に展開する弧帯文様だけです。このように特殊器台には、縦分割の文様と横に走る文様との二種類があります。

そもそも特殊器台が最初に出現したのが楯築弥生墳丘墓であろうと、今のところ考えておりますが、楯築には横に走る文様は見られません。その代わり、図8をご覧下さい。これは昔、大正時代の初め頃まで楯築の頂に神社があった時に、そこに世々伝世《よよでんせい》した「御神体」で、現在でも墳丘墓の傍の収蔵庫に祀られておりますが、弧帯文石とも弧帯石とも呼んでいます。横分割の立坂《たてさか》型の特殊器台の文様を、図9の②③に展開図として示しておきましたが、弧帯文石が、この文様の原体になったと考えられます。これから、横に展開する立坂型の弧帯文が出てきたと考えます。図8の楯築の伝世弧帯文石、なぜ伝世弧帯文石というかというと、僕が助手の小野昭さんや岡山大学その他の学生諸君と楯築遺跡を発掘しましたら、一九七九年の発掘の折ですが、同じものが出てきたんです。ただし、だいぶ小さいもので、焼けて毀されていました。それで、伝世弧帯文石と出土弧帯文石とに分けております。この文様を分解しますと、基本は帯をぐるぐる巻きにしているんですが、帯を潜らしているところもある、それから帯を折って反転させている、帯を結んでいるところ、一昔前のテレビのチャンネルのようなものが付いていますね、これが、帯を結んだあるいは捩じったところを抽象化した箇所と考えています。帯を巻いて、そして潜らせて、裏返しにして、時には結ぶ捩じるという原体の作業があって、それを抽象化して文様化したのがこれである、というふうに理解しています。何人かの人がいわれるように、スイジガイの貝殻の形からこの文様ができたわけではないと思います。

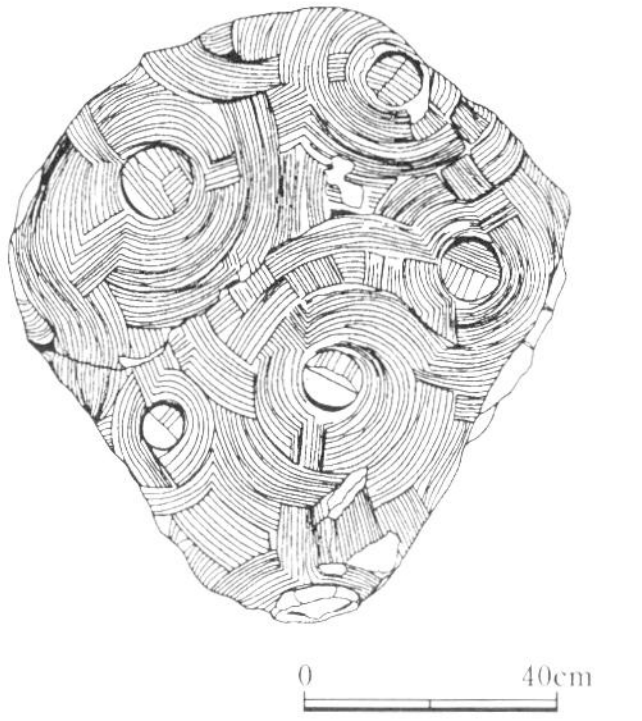

図8　伝世弧帯文石の上面模様図
（小野昭：写真おこし）

この弧帯文が特殊器台に付けられ始めるのが、図5の②の立坂弥生墳丘墓出土の立坂型の時期であります。①と②は、おそらく①がちょっと古くて、ほぼ同時あるいはやや遅れて②が出てくる、そういうふうな順番と思います。さて、その特殊器台と特殊壺は、弥生時代後期のⅢ（後期を四分してその第三の頃）に備中南部に出現します。先ほどお話しました、なぜ吉備で出現したか、なぜ備中南部で出現したかということについては、よく判りません。今のところ、吉備の地域性であり、備中南部がその中心地域であったというほかありません。こういう特殊器台と特殊壺の拡がりの中枢が備中南部で、拡がった範囲が吉備であるとお考えになられたらよろしいかと思います。

b　似て非なるもの　弧帯文は渡来人が運んできたのかもしれないという人もおりましたが、それじゃあ、その渡来人の元を尋ねたら、これがあるかというと、どこにもないようです。こういう弧帯文の文様そのものは、今のところですね、中国に似たようなものがありますけれど、こういう系統的な動きは追えないわけです。ですから、朝鮮からでも、中国からでもないようですが、まだまだそう決めることもできません。また、弧帯文のような文様が頻繁に使われている例としてアイルランドがよく挙げられます。それじゃアイルランドから来たのかというと、そんなことはありえないですよね。アイルランドのケルト文化の文様にあります。ケルトの文化や文様の本をご覧になると、「ああよく似てる」と思われるかもしれませんが……。ほかにも一八世紀のニュージーランドのマオリ族の船の長い舳先《へさき》飾りに宮山型特殊器台にそっくりな文様が彫り刻まれているのが復原されています。しかし、これらすべては似て非なるものです。

c　後期Ⅲの備中南部　後期Ⅲと申しましたが、一般に岡山のほうでは、ご当地に較べますと、弥生土器の編年、型式区分をわりと単純化・総括化しようと努めております。後期の前半がⅠ・Ⅱで、後半がⅢ・Ⅳです。それから後は前方後円墳時代に入ります。ご当地では、幾つぐらいに分けているのか私には判りませんが。限りなく分けるような傾向の方もいらっしゃるようですが、物事は総括化・単純化する方向と細分化・精密化する方向の両方が大事だと思います。細分化する人は、常に総括化つまり大きな分類を心がけ、大分類ばかりしている人は、やはりたまには細かく見たほうがいいだろうと、そういうことでありますが、口では言うけれど、なかなかできるものではありません。僕などもなかなかできず、いつも大雑把な議論ばかりしています。後期Ⅲつまり後期の中葉を過ぎた頃に特殊器台が出てくる。それも、大形の楯築墳丘墓に伴って忽然と備中南部に出てまいります。備中の中でもとくに足守川流域が当時よく開けていて、有力な首長が出て、瀬戸内を通じての東西や四国との交流や、河川を遡っての山陰との接触にも有利ないわば吉備の中枢の位置にあったからだろうと思いますが、さらに突っ込んだところはよく判らないのです。

d　相嘗は首長霊の継承　では、特殊器台・特殊壺はどのように使われたと考えられるか。先ほども述べましたように、やはり亡き首長、神格化したと考えられていた首長の亡骸《なきがら》を前にして、共飲共食つまり相嘗《あいなめ》の儀礼に使われたと考えられます。先に申しましたように、集落で行なっていた相嘗の祭祀が首長の墓に変わったわけです。かつての集落での祭祀の折に想念として現れてくる神々と、神格化してきた亡き首長とが、村人にとって重なって見えるようになったのではないかと思います。よく判りませんが、そこには「畏敬」とか「畏怖」とかの気持もはたらいていたのでしょう。とすればそれが進んで、集団の結合の中心にある首長、その首長の祖先こそ実は集団の祖先神であるという考えが強くなっていくのではないでしょうか。集落での祭りにきてくれる神々は、先にも触れましたが、穀霊・田の神・水の神・山の神など時にふれ折にふれさまざまだったと思いますが、次第に祖先神がその中心となり、そうなると亡き首長も祖先神の仲間に入れられることになっていくのだと思います。

精神の世界つまり霊魂の世界においても、首長霊と一般の普通の氏人《うじびと》達の霊とは現世と同じような上下の関係で結ばれて、神々の世界をつくっているというような理解をしていたのではないかと考えます。ですから、それは集団そのものの結びつきの中心にあった首長、その亡き首長の霊力を、代々のつまり祖先の首長の霊力をも含めて次の首長が継承する、首長の亡骸の前でさまざまな儀式を経て継承するのだと思います。特殊壺の中に入れられた酒はおそらく神聖な酒になると信じられていたのだと思いますが、こういうすごい文様を付けて、すごく努力して心をこめて作った、しかも運ぶときに壊れるかもしれないものを大勢してようやく墳丘の上に運んできた特殊器台の上に酒を入れた特殊壺を置く。それはおそらく神聖な酒になり、その酒を飲む中で、そのような祭祀が執り行なわれるのではないか、……とこれはまあ、想像でありますが。

人間の精神というものはあまり強くはありませんから、わりに強そうに見える人でも、いざとなったら酒の力や雰囲気の効果を借りるというようなことがよくありますね。どうもこういう話は苦手ですが、集団の人々は次の首長候補とともに、おそらく酒やご馳走や朱などの力も借りて、亡くなった首長の霊が集団とその新しい首長候補に引き継がれ、集団の秩序が変わりなく続いてくれるように祈ったり願ったりしたのではないでしょうか。宮山型特殊器台がはじめて知られた総社市宮山墳墓群の発掘後まもなく先ほどの高橋護さんは、特殊器台は「首長権の継承、日継を行なう」葬礼に用いられたと述べましたが、その後僕は、首長権ではなく首長霊の鎮魂祭祀こそ特殊器台・特殊壺の本来の役割であると考えるようになりました。

共飲共食儀礼つまり相嘗というのは、ただ単に飲んで騒ぐ呑み会や近頃はやりの金集めパーティーじゃなくて、やはり神と人、祖先神と現世の人々とが交錯する儀式でありまして、その儀式の根幹には、亡くなった首長の霊魂の力を、とりもなおさず代々の祖先の霊力を、次の首長世代が受け継ぐという観念があったろうと考えられます。赤い朱はそのために必要だったと思います。つまり、首長の魂を復活させ奮い立たせ、その奮い立った霊魂を引き継ぐというそういう儀式の場に、特殊器台と特殊壺による相嘗儀礼が一つの、しかしもっとも重要な役割を果したと考えてよいのではないかと思います。霊魂が次代の首長に引き継がれたからといって、それは使って擦り減るような「物」ではなく観念でありますので、亡き首長の霊魂が抜けて消えてなくなったわけではなく、生前が記憶されているもっとも近い祖霊として、畏敬・畏怖の祭祀対象となったと考えられます。このことは、後に箸中山古墳などの前方後円墳の祭祀に関連してもう少し具体的に述べようと思います。

三　特殊器台・特殊壺の変遷

1　特殊器台前期（立坂型）と後期（向木見型）

a　立坂型　これから、特殊器台・特殊壺の変遷について申し上げたいと思います。図9－1・2をご覧下さい。①～⑤の文様が立坂《たてさか》型です。⑥～⑲が向木見《むこうぎみ》型です。⑳・㉑が終末型で、㉒～㉕が後に触れる都月型円筒埴輪です。特殊器台の文様型式を三つに分けてみました。立坂型もさらに細かく分けることができます。立坂型は、最初に岡山県総社市立坂遺跡で注目されましたので、そのように呼ばれていますが、倉敷市楯築遺跡の立坂型（楯築）、総社市立坂遺跡の立坂型（立坂）、真庭郡落合町中山遺跡の立坂型（中山）に分けることができます。立坂型（楯築）には、横に走る弧帯文がまだ現れていないようです。向木見型は倉敷市向木見遺跡で初めて注目されましたので、向木見型という名前が使われております。立坂遺跡は一九五二年に僕達が確認し、一九七一年と七二年に岡山大学の考古学研究室が発掘をいたしました。向木見型というのは、先にも触れた高橋護さんが今から三五年ぐらい前に向木見遺跡で採集された土器片に付けた名称です。大きく立坂型と向木見型に分けていただいて結構ですが、立坂型も向木見型も細かく幾つかに分けられます。立坂型は、それぞれ少しずつ違いますが、その中での弧帯文様の変遷が立坂→中山とわりによくたどれます。綾杉文《あやすぎもん》系の縦分割文様は楯築に始まり、立坂を経て中山さらに向木見型、宮山型に続きますが、沈線や文様構成がしだいに粗くなっていきます。

b　向木見型　向木見型の場合は、それがなかなか難しい。例えば、三次市矢谷《やだに》弥生墳丘墓出土の特殊器台の文様をご覧下さい。五つ挙げています。一つの遺跡にこれだけ違う文様の特殊器台が使われているんですね。矢谷弥生墳丘墓

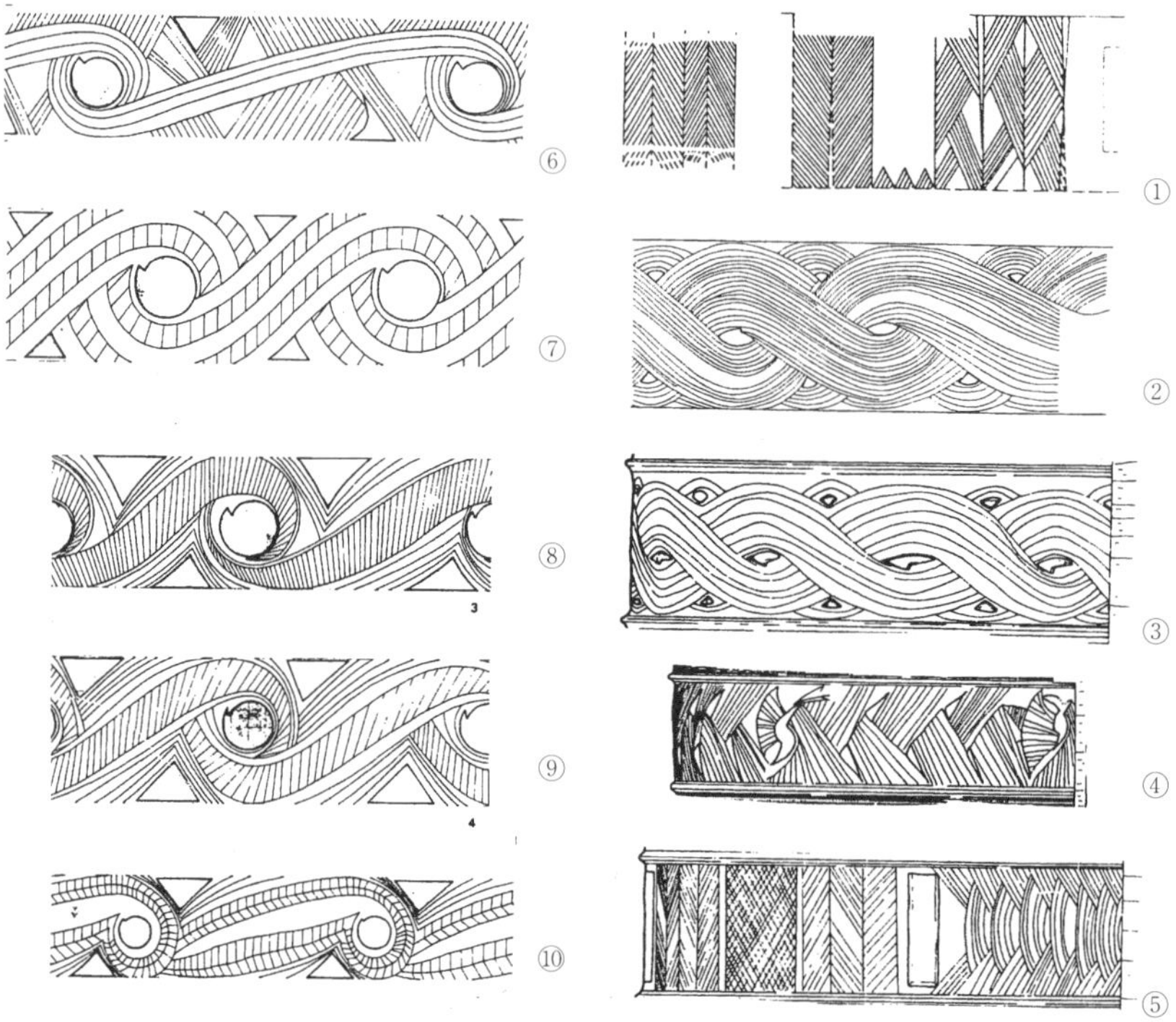

図9－1　特殊器台筒部文様帯の文様展開図（縮尺不同）
左：立坂型　①楯築弥生墳丘墓　②立坂弥生墳丘墓　③～⑤中山集合墓地
右：向木見型　⑥～⑩矢谷弥生墳丘墓

は広島県埋蔵文化財調査センターにより発掘され、誤って「矢谷古墳」という名で史跡になっていますが、四隅突出型の大小二つの墳丘墓がドッキングしたような形をしています。大きいほうに中心埋葬など六つの埋葬が集中し、小さいほうにかけて五つの埋葬が分散してなされ、特殊器台と特殊壺のほとんどは大きい墳丘のほうの東と北の周溝から、片付けられた形で発見されています。主に中心のやや大きい埋葬（五号主体）に供えられたと推定されますが、幾つかは傍らの埋葬にも使われた可能性もないことはありません。それから、岡山県哲西町西江《にしえ》遺跡のほうもずいぶん違いますね。三個体五種類の文様を挙げておりますが、五者とも少しずつ違います。岡山県真備町西山《にしやま》遺跡も二個体二種類ありますが、二者とも違います。それぞれ矢谷の二つの

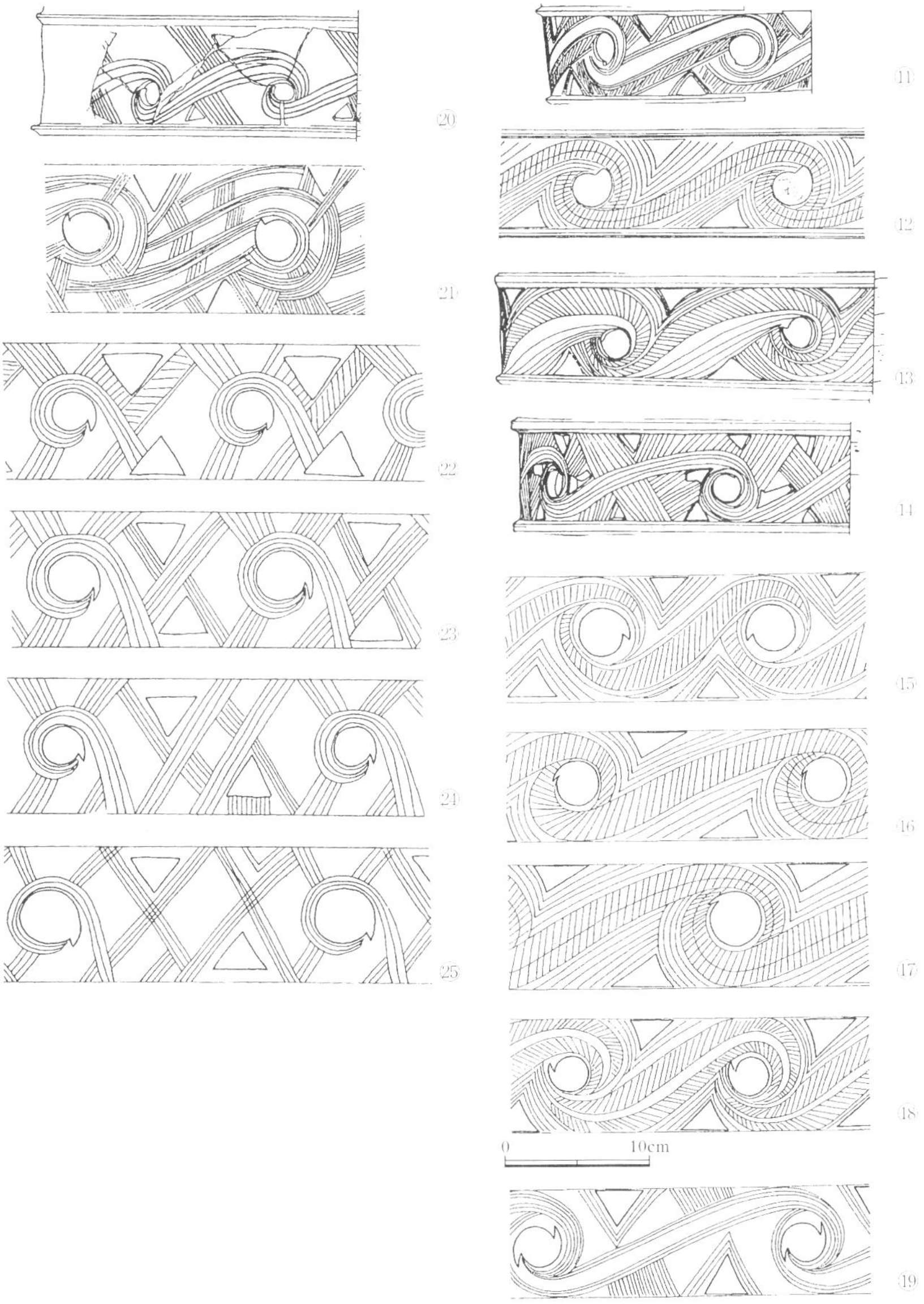

図9－2　特殊器台と都月型円筒埴輪の筒部文様帯の文様展開図（縮尺不同）
右：向木見型　⑪柳坪弥生墳丘墓　⑫向木見遺跡　⑬⑭西山遺跡　⑮～⑲西江遺跡
左：⑳矢藤治山型　㉑宮山型（宮山）　㉒～㉕都月型　㉒箸中山古墳
㉓権現山51号墳　㉔都月坂1号墳　㉕元稲荷古墳

文様にやや似ています。しかしそれに柳坪《やなぎつぼ》や向木見を入れても、一つとして同じものを指摘できません。ちょっと似たものがあって、同じものかと思われるかもしれませんが、すこし違うんですね。それでも（A）⑥⑭、（B）⑪⑲、（C）⑧⑨⑫⑮⑯⑰はそれぞれ似ています。そのうち（A）の二者と（B）の⑲が⑳の矢藤治山《やとうじやま》型に近いようです。この辺に向木見型の時期の謎といいますか、集団の関係、あるいは全体としての吉備の特殊器台祭祀集団における、それぞれの集団と全体とのつながりの関係を追求する鍵の一つがあるかもしれません。さらにまた、立坂型の文様に見られる初期の規制が崩れ始めたことを示しているのかもしれません。

c　立坂型と向木見型　立坂型から向木見型までを弥生時代であると考え、立坂型を特殊器台前期、向木見型を特殊器台後期と呼ぶことにいたします。両方合わせて、弥生時代の後期後半ということになります。後期後半のおよそ前半分（先の後期Ⅲ）とおよそ後半分（後期Ⅳ）ということになります。後期後半がどのくらい続いたかよく判りませんし、根拠もありませんが、仮に申しますと、長く見て百数十年、短く見て一〇〇年前後でしょうか。前期も後期も、それぞれ幾つかに細分できると先ほど申しましたが、立坂型は三つ、向木見型は三つか四つには分けられそうです。しかし変化の度合いは相当に早かったようですが、単に編年という視点だけでは捉えられないかもしれません。

二節の３ａで触れましたが、立坂型の特殊器台は楯築遺跡で出現します。楯築遺跡は、現在知られている日本最大の弥生墳丘墓で、倉敷市と岡山市の境に近い丘の上にあり、東下方に足守川が作った流域平野を臨んでいます。その楯築には、縦分割で綾杉文や鋸歯文《きょしもん》とか三角形の文様で文様帯を作っている立坂型（楯築）の特殊器台・特殊壺と、図8に示した弧帯文石とが祀られていました。

ところが、総社市立坂遺跡では、弧帯文石から採られたと思われる横に巡る文様が、必ずしも主ではありませんが、かなりの数を占めるようになります。それから、やや文様が崩れて中山遺跡、これは美作の落合町にあった集合墓地遺跡で、今は工事で破壊されています。しかし中山遺跡の特殊器台には変な文様が付いています。水引きのような文様が

図9の二例に付いていています。近世や近頃の水引きに、これと同じようなものがあるかどうかは知りませんが、あってもいいですね。あれも細い縒《よ》り紐《ひも》を並べて固めて作った帯を折ったり巻いたりしているわけで、八本ぐらいの紐でできた帯を、こうやって折り巻いているわけですから、原理的には同じような作業です。こういう形をとるものが出てくるようになると、立坂型でも新しいほうです。

向木見型は、横に走る弧帯文がさまざまに崩れて形式化して展開するのですが、縦分割の綾杉の文様も併存いたします。ただ、立坂型と較べて線がやや太めで硬直していますが、さほどの変化はありませんので、図には示しておりません。図10に、楯築の特殊器台を大きく示しましたが、大きくてごつい、文様もすごいものです。これでもか、これでもかといった具合で、とくに口縁部などは一〇センチくらいの幅があり、そこに突帯が幾つも巡り、突帯と突帯の間に文様を施しています。皆さん、もしこの手の土器をご覧になったら、是非とも連絡して下さい。箸中山から持ってきたんじゃないか、というふうなことにならないとも限りませんから……冗談ですが(笑い)。

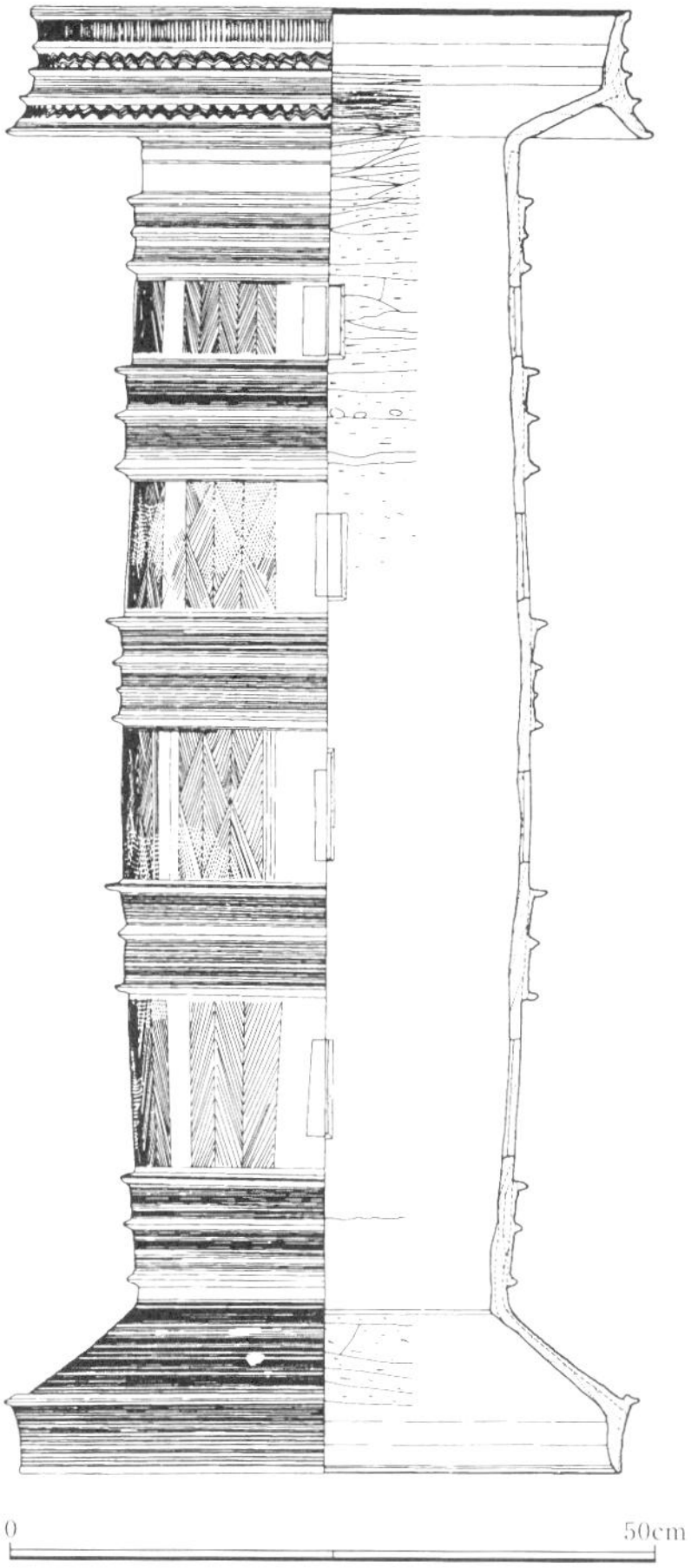

図10　楯築弥生墳丘墓出土の特殊器台

2　特殊器台終末型

さて、こんどは終末型の文様を見て下さい。特殊器台の終末型、図9の⑳㉑です。終末型には二つの型式がある。一つは矢藤治山《やとうじやま》の型式、もう一つは宮山の型式。矢藤治山の型式も宮山の型式も、只今のところ吉備ではそれぞれ一遺跡にしか知られていません。向木見型は、今や三十数遺跡から発見されています。数もおそらく一〇〇個体を優に越えています。立坂型もやはり二十数遺跡から発見されています。ところが、矢藤治山型は岡山市矢藤治山遺跡でしか発見されていません。宮山型も宮山遺跡でしか発見されておりません。そのあたりが、問題を解く一つの鍵になろうかと思います。もっとも宮山型にしろ矢藤治山型にしろ、僕が類例を知らないだけなのかもしれませんが。

a　矢藤治山型　矢藤治山型は、向木見型のなれの果てのような感じですね、向木見型が崩れてとことん省略されている感じでしょう。それでも、西江の⑲、矢谷の⑥などはよく似ていますね。ですから、どうやら矢藤治山型は、向木見型がある程度の変遷をした後、その変遷の最後にくるのではないかと考えられます。つまり終末型の一つの型式が矢藤治山型でありまして、しかも、この矢藤治山型は矢藤治山遺跡ただ一カ所からしか発見されておりません。もっとも、向木見型の文様は一つ一つ全部違いますから、そういう点で申しますと、一カ所なのは当り前だという意見も出せるかもしれませんが、ちょっと違うんですね。例えば向木見型の矢谷墳丘墓では、埋葬が一〇回以上もなされていることもあってか、先ほども述べましたように、いろいろな文様の亜型式が一緒に出てまいります。矢藤治山では埋葬は二カ所で判っていますが、この型式だけしか発見されておりません。三個体か四個体が判っておりますが、この型式のものだけしか見られません。西江では一つの遺跡から三つ四つの亜型式が出ています。もっとも西江遺跡は広く、二、三の墳丘墓が含まれていますので、その辺りの違いかもしれません。

b　宮山型　ところで、その下にある宮山型、これはまたすごいでしょう。矢藤治山型と対蹠《たいしょ》的に文様が非常に華麗です。これでもか、これでもかと飾り付けた感じです。それでは、これはどこから出てきたのでしょうか。向木見型のどれに似ているのでしょうか。似ているものはほとんどありません。弧帯文が横に展開するという点では似ておりますが、矢藤治山型が向木見型のあるものに似ているという程度にも似ていません。新しい種類、新しく苦労して考え出さ

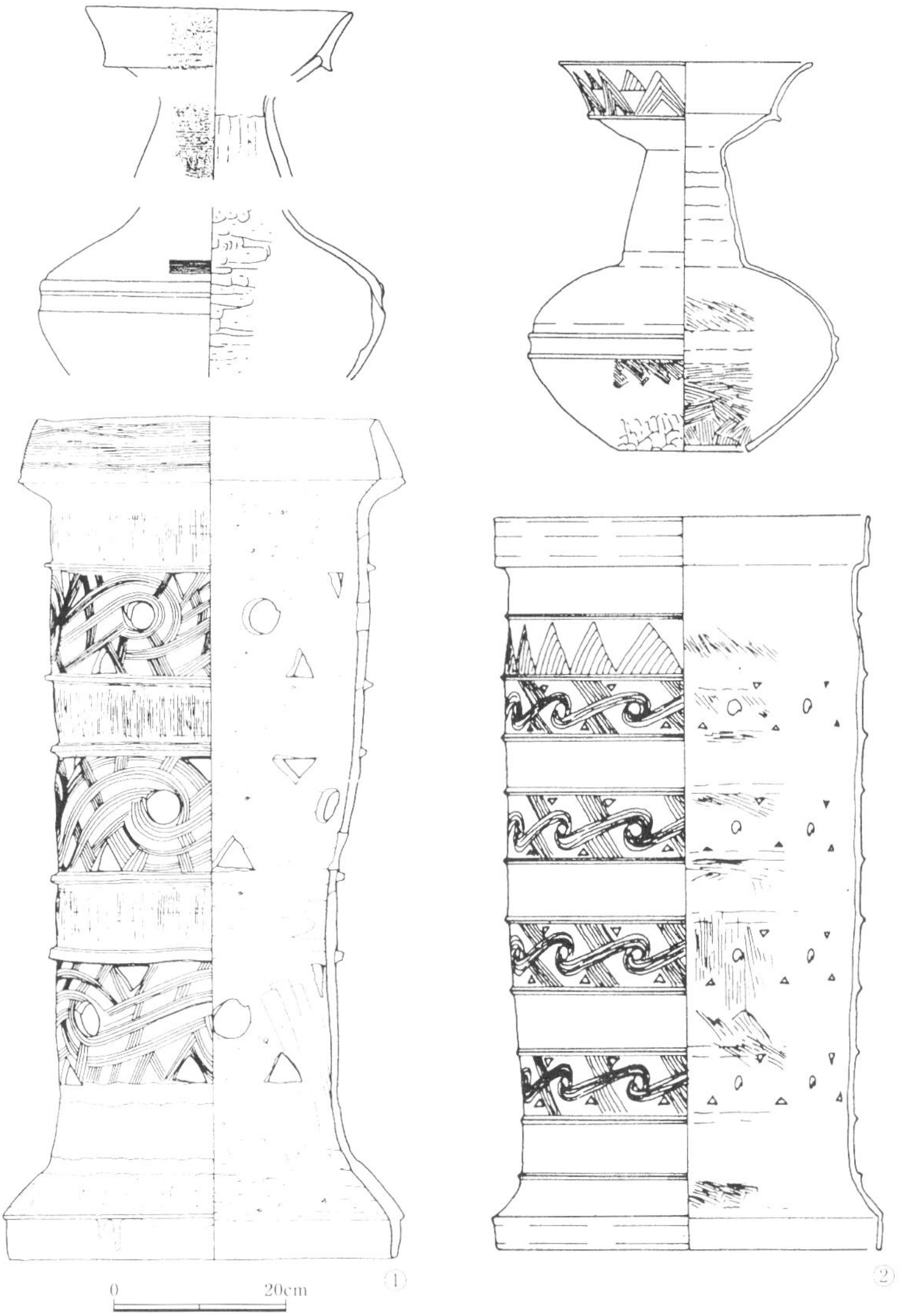

図11　終末型特殊器台と特殊壺　①宮山古墳　②矢藤治山古墳（復原模式図）

れ創り出された、そういう感じの文様であります。ずっと前の立坂型にもない、すぐ前の向木見型にもありません。しかしよくよく見ると、矢藤治山型の文様から導き出された、少なくとも深くかかわりあって生まれたとしか考えられません。矢藤治山の文様帯の幅をぐっと拡げて、同じような弧帯文の線を二本、三本と平行に重ねて横へ展開させて、それを短い直線で結んでいる、幾つも結んでいる、そういう型式です。矢藤治山型の文様をはではでに賑やかにしたと見ることができます。したがってその間にどこかで重大な何かが起こったことをうかがわせるものです。

矢藤治山終末型の型式と宮山終末型の型式が図11に示してありますから、ご覧下さい。図11の右が矢藤治山の特殊器台と特殊壺です。岡山市矢藤治山遺跡から出土した矢藤治山型の土器であります。図11の左が宮山型の特殊器台と特殊壺です。総社市の宮山遺跡から出土した宮山型の土器であります。両方合わせて終末型と呼びますけれど、同じ終末でも片方は向木見型のなれの果てで、片方は新事態の到来を告げるかのように創り出された文様をもった土器であります。しかし時代がほぼ同じであることは、伴った特殊壺を見たら判ります。両方の特殊壺は、ほとんど同一型式といってよいものです。立坂型や向木見型の特殊壺と較べて見て下さい。

終末型の特殊器台に伴う壺は、二重口縁の土師器壺にかなり接近してきておりますが、例えば図2の⑤の箸中山古墳で発見された二重口縁の土師器の壺よりは、なお古い面影をもっております。矢藤治山型の場合には、口縁帯に鋸歯文が描かれておりますけれど、宮山型の場合には、そこに刷毛目《はけめ》が施されております。頸にも刷毛目が施されています。このように特殊壺のほうは、形態その他から見てほぼ同時期で、また吉備で作られたとみられます。その点特殊器台のほうも、宮山型と矢藤治山型は、とくに裾の部分ですが、裾から脚の末端にかけての部分はかなりよく似ています。口縁部はかなり違います。宮山の口縁部は分厚く、先が内傾しており、今のところほかに見られないちょっと特別な口縁部です。矢藤治山のほうは、これまでの伝統を引いた、ただし寸詰まりの口縁部です。個々の特徴を全体として見ますと、矢藤治山型のほうが型式としては、ごく僅かに先行するかのようです。

3　都月型円筒埴輪から円筒埴輪

特殊器台・特殊壺の変遷について、立坂型、向木見型、終末型と述べてまいりましたが、次は特殊器台・特殊壺から何が生まれてくるかの問題です。すでにご存知の方は多いかと思いますが、都月《とつき》型円筒埴輪というか特殊器台型の埴輪というか、そういう筒形の埴輪と、壺形埴輪が出てまいります。やや遅れて壺形埴輪と筒形埴輪がひっついた朝顔形埴輪が生まれます。これら特殊器台・特殊壺から円筒埴輪・朝顔形埴輪に至る変遷の基本は、僕ともと学生で当時岡山大学助手の春成秀爾氏とによって二〇年ほど前に研究され「埴輪の起源」と題して発表されています。

a　埴輪の起源

筒形埴輪とほぼ同時かやや遅れて家形、続いて器財《きざい》形、盾《たて》とか靫《ゆき》とかの武具形や道具形、そういうものが作られます。それらは、都月型円筒埴輪から円筒埴輪への系譜とは別の可能性があります。それから、最後に動物形埴輪・人形《ひとがた》埴輪が出てきます。人形や動物形が出てくると家形や器財形の埴輪が消えてしまうのではなくて、新しくこういうものが出てくるという意味であります。筒形埴輪は一番初めに、つまり都月型として出てきて、最後まで続きます。そういう意味でありまして、交代しているという意味ではございません。ただ都月型円筒埴輪や特殊壺型埴輪そのものは、後に触れる器台型埴輪、さらに円筒埴輪や朝顔形埴輪が出てくる頃には姿を消してしまいます。

図12をご覧下さい。「埴輪の変遷」とあります。①が、最古の埴輪といわれている都月型の筒形埴輪です。都月型と呼ぶのは、一九五八年岡山市津島の都月坂1号墳で友人の水内昌康さんと僕とが最初に発見したからです。つまり都月坂1号墳が名祖《なおや》遺跡になっているわけです。のちに特殊器台型埴輪とも呼ばれるようになりましたが、正確ではないけれど間違いでもありません。つまり、文様や口縁部の一部はまだ特殊器台の面影を残しておりますが、裾が埴輪の脚になっています。壺のほうには、特殊壺型埴輪と呼ぶべき胴部に突帯をもつもの（図2の④）と、二重口縁の壺形埴輪あるいは土師器《はじき》と呼んでもよいようなもの（本図）がありますが、型式としては前者がやや先行すると考えられます。前者

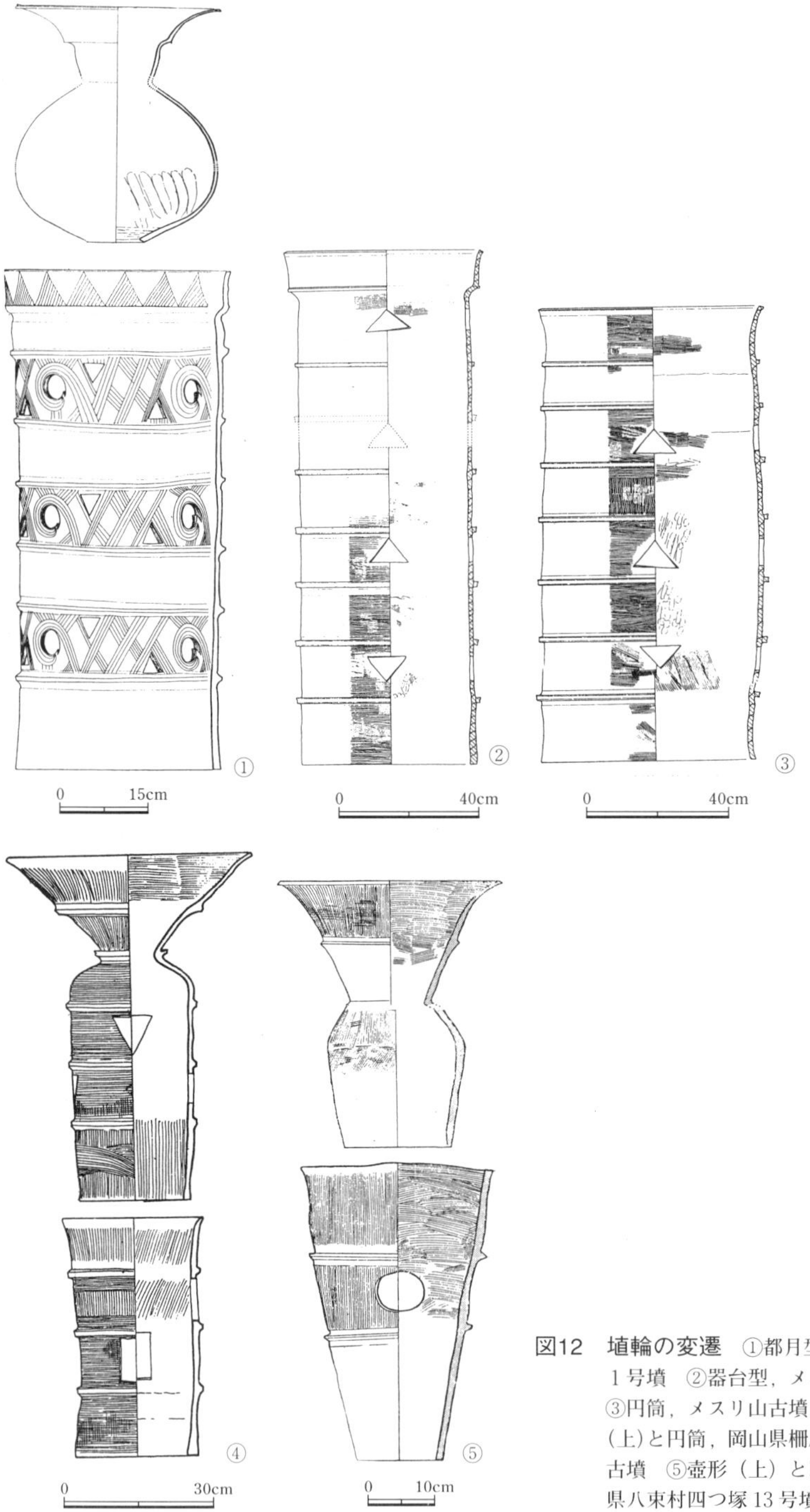

図12　埴輪の変遷　①都月型，都月坂1号墳　②器台型，メスリ山古墳　③円筒，メスリ山古墳　④朝顔形(上)と円筒，岡山県柵原町月の輪古墳　⑤壺形（上）と円筒，岡山県八束村四つ塚13号墳

は、宮山型や矢藤治山型の特殊壺から変形・変遷したと思いますが、後者は別途、日常使用の壺から生まれたのかもしれません。

②は器台型埴輪で、都月型埴輪と普通の円筒埴輪の中間のような筒形埴輪です。ご当地のメスリ山古墳や天理市の西殿塚古墳などから出土しています。メスリ山古墳のものは特別大きく作られていて有名ですね。

③は普通の円筒埴輪ですね。同じくメスリ山古墳出土のもので大形品です。

④は朝顔形埴輪と円筒埴輪です。岡山県柵原《やなはら》町月の輪古墳から出土したものです。

⑤は壺形埴輪と円筒埴輪で、岡山県八束《やつか》村四つ塚13号墳の出土品です。

ご当地の箸中山古墳は、宮山型特殊器台をもっていますから、その段階に築造されたとみて間違いありません。ですから、特殊器台・特殊壺の終末型の段階から前方後円墳時代に入ったと考えられるわけであります。

ここで宣伝をしておきますと、僕は古墳時代という言葉を使わないように努力していますが、学生の時分からもう五〇年も使っていますので、ついつい口を滑らして古墳時代といってしまうこともあるんですけれど、正確には前方後円墳時代というべきだ、と考えております。なぜか賢明な皆様はすでにお判りかと思いますが、七世紀に入ると前方後円墳が造られなくなり、円墳や方墳、間もなく八角形の古墳なども造られます。それら飛鳥時代の古墳と前方後円墳は、本当に同じと考えてよいのかどうかです。

b　前方後円墳秩序　一九八四年の日本考古学協会山梨大会での講演の折に、「前方後円墳体制」「前方後円墳秩序」という用語を併用的に初めて使ったのですが、前者はその後、僕が考えていたことと別な意味に使われるようになってしまいましたので、その後は使うのをやめて、「前方後円墳秩序」とだけ呼んでおります。その前方後円墳秩序が、おそらく箸中山古墳の被葬者あたりを先頭として生まれます。その頃には前方後方墳もできたらしいし、円墳も方墳もできたようです。現実には地域の力関係や地域性などいろいろ複雑に入り込んで現れるのですが、基本として一番格上なのが前方後円墳、次が前方後方墳、次が円墳、次が方墳という一応の順番になっていたと考えられます。しかし、前方後円墳以下の序列が、すべての地域で具体的にきちんと証明されているわけではありません。地方に行くと、大きな前方後方墳が初めに出てきたりすることがあります。しかし地域を広くとると、やはり前方後円墳が最大でもっとも力を込めて造られています。つまり前方後円墳、前方後方墳、円墳、方墳という一つの階層秩序をもって生まれてきたと考えられます。

それらのうち、前方後方墳はいち早く消えていきます。しかし出雲などでは、松江市の山代二子山古墳《やましろふたごやま》のようにしばらく残る、後期まで残ります。ところが大和とか吉備などでは、中期、しかもわりに早い頃に造られなくなってしまう。つまり、前方後方墳だけが大部分の地域でいち早く、前方後円墳秩序から姿を消していきます。それから、六世紀の終わり頃になると、こんどは前方後円墳が消えてしまいます。前方後円墳がない前方後円墳秩序なんてないですよね。秩序の残映ならあるかもしれませんが。前方後円墳が生まれた時の、墓の格付け秩序がそれで壊れたわけです。このあたりで申しますと、最後の前方後円墳に近いか、あるいは最後そのものが橿原市見瀬丸山古墳《みせまるやま》です。少なくとも大形前方後円墳としては最後のものでしょう。ですから、その頃、前方後円墳の築造によって保たれてきた政治秩序が崩れて、国家体制が歩み出すわけです。推古朝の内だと思いますが、国家体制が歩みを始め、前方後円墳社会と決別してしまう、とこのように考えております。こういうことで、極力、前方後円墳時代という言葉を流行《はや》らせようと努力しているんですけれど、なかなか流行らない。僕がこういう話をした後でも、根強い習慣がありますので、「あの、古墳時代は……」ってなことに（笑い）、どうしてもなってしまいます。しかし、それでも僕は性懲《しょうこ》りもなく、前方後円墳時代という言葉を流行らせようと努力しています。流行らせるのではなくて、これこそ本当に正しい理解だ、と思っておりますので、どうぞご検討おき下さい。

四　最古型式前方後円墳と特殊器台・特殊壺

1　大和における宮山型特殊器台出土の前方後円墳四基

いよいよ本日の主要論題に入ります。最古型式前方後円墳と特殊器台・特殊壺とは関係するのかどうかということです。先ほど、宮山型特殊器台の出土遺跡は吉備に一例しか知られていないと申し上げましたが、一例というのは総社市宮山遺跡で、その宮山遺跡では八個体ほどの特殊器台が知られております。宮山遺跡は、高橋護さん主導で発掘され、僕を含め岡山の多くの考古学徒が参加しました。吉備では、公表されているかぎり、宮山型特殊器台は宮山遺跡以外の遺跡からは知られておりません。しかし仮りに一、二の類例が加わっても以下の論旨はあまり変わりません。ところが、それほど一生懸命に探したとも思えないにもかかわらず、大和では四遺跡から出てまいりました。不思議ですよね。

大和では宮山型特殊器台の出土古墳が四基も知られております。吉備の四倍です。一つは、ご当地の墳長約二八〇メートルの箸中山古墳。それから天理市の西殿塚古墳も最古型式の前方後円墳の一つで、墳長約二一九メートルといわれております。さらに、その西方にある同じ天理市の中山大塚《なかやまおおつか》古墳、墳長約一二〇メートルです。もう一つは橿原市の弁天塚《べんてんつか》古墳。これはどうも、墳形や墳長は不明といわざるをえませんが、かなり大きいものだったようです。おそらく一〇〇メートルか、あるいはもう少し大きかったと推定される方が多いように思いますが、そういうものから発見されています。それらは、宮山型特殊器台を出土したという意味での最古型式の前方後円墳です。

a　撥形前方部　それらの古墳の図を見てみましょう。第一章の一八頁の図1と本章の図13に三基を並べて示してあります。縮尺は不同です。図1の①が箸中山古墳で、前方部の側面が撥形です。②が西殿塚古墳ですが、これも前方部の前のほうが撥形というか、僅かにカーヴをもって開いています。最古型式の前方後円墳は、こういう撥形の型式の前方部をもっていることが多いようです。

ちょっと横道にそれますが、岡山市東郊の山の尾根に備前車塚《びぜんくるまづか》古墳という古墳（図16の③）がありまして、今から三〇年余り前に、岡山大学と岡山理科大学とで備前車塚発掘調査団（代表は故鎌木義昌氏）を組み、発掘しました。これは、大陸鏡の三角縁神獣鏡一一面、大陸鏡あるいは中国鏡と申しますと、そうではないとおっしゃる方もおりますが、加えて内行花文鏡二面、全部で大陸鏡が一三面あるいはそれ以上出土した墳長約四八メートルの小形前方後方墳です。鏡は盗掘で出ました。僕らが掘るとなかなか出てこないんですね。盗掘の人が掘ると、わりに出てくる（笑い）、あれは不思議です。それで私ども調査団は、どんな構造の古墳かを知るために盗掘の痕の竪穴式石槨と墳丘を手分けして調査いたしました。もちろん鏡は出てきませんでした。石槨内外の調査実測と墳丘測量の後、調査団の一人の春成秀爾氏が岡山大学の考古学研究室の学生を指導して、長期間かけて墳丘と葺石の関係を実測しました。

前方部は開いて、典型的な撥形で、また低く造られていました。前方部が後円（方）部に較べて低いことと撥形とは、どうやら古い前方後円墳・前方後方墳の要件のようです。前方部のほうが後円部に較べてずっと低くなり、両側、とくに片方はやや顕著に撥形に開きます。箸中山古墳もよく見ると、そうなっています。西殿塚古墳の前方部も微かな撥形ですが、開きの度合いは箸中山古墳に較べるとごく弱い。ちょっと見ると、ほとんど真っ直ぐに伸びているように見えますが、僅かに撥形を呈しています。

図13の①が中山大塚古墳で、これもほんの僅かに撥形、図面で見るより実際に見たほうが撥形に見えます。「この古墳は撥形だろう、撥形だろう」と思って測ると撥形になるんですけれど……（笑い）。「よく判らないなあ」くらいですと、真っ直ぐになってしまう傾向があります（笑い）。中山大塚は実物を見ると、撥形のように私どもには見えるのですが……。この大和の三基の古墳から、宮山型の特殊器台が発見されています。先ほどの備前車塚古墳では、場所が岡山にあ

っても宮山型はおろか都月型埴輪も認められませんでした。

b　宮山古墳と矢藤治山古墳　問題は図13の②の宮山古墳と③の矢藤治山《やとうじやま》古墳で、この二基は岡山県にあります。両者発見の特殊器台・特殊壺については先ほど述べました。僕はこの両者を長い間、弥生時代の墳墓だと思って「弥生墳丘墓」と呼んできましたし、先ほどから宮山遺跡・矢藤治山遺跡などと呼んできましたが、このたび改名して、宮山古

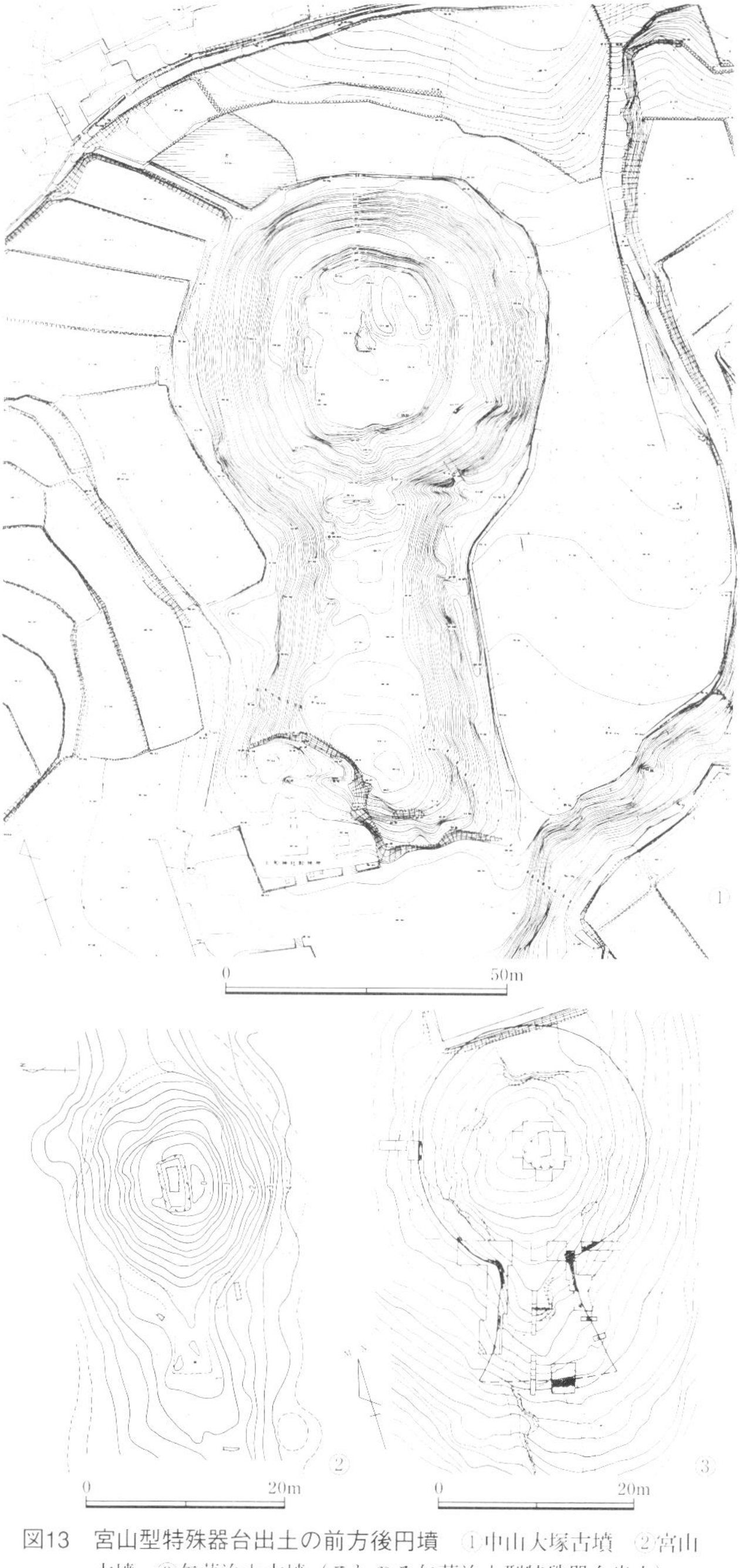

図13　宮山型特殊器台出土の前方後円墳　①中山大塚古墳　②宮山古墳　③矢藤治山古墳（これのみ矢藤治山型特殊器台出土）

墳・矢藤治山古墳と呼びたいと思います。やや躊躇《ちゅうちょ》もあるのですが、そのことについては今日は述べません。②の宮山古墳は現在まだ、墳丘がよく見えます。当時のままかどうかは判りませんが、とくに前方部の左（北）側が、外にむしろ開く傾向で残っています。それから、③の矢藤治山のほうは、括れ部にちゃんと石垣状に葺石が葺いてあります。これは、ごく最近一九九〇年から三年の間に、遺跡観察会の僕達老年・熟年の面々や学生諸君が力を合わせて発掘しました。最後の年は土・日発掘で、雨が降ると仲間の年寄り達が出かけていって水をかいだして、若者達がやってくる土・日を待つわけですが、そんな発掘をいたしまして、つい先だって「立派な」本にまとめました。ただし本の書名は、僕は「古墳」を主張しましたが、発掘に参加したもと学生の面々の強い押しで『矢藤治山弥生墳丘墓』となっています。いずれ変えなければと思っています。地元（岡山市花尻）の人々は、古墳の麓にあたるところに説明板を立てて大切に保存しております。

　この矢藤治山の図をご覧になったら、撥形の前方部が付いていることがお判りになりますね。後円部頂と前方部頂の高さの比もずいぶんあります。後円部が非常に高くて、前方部が低い。前方部の前端にも葺石が敷かれていました。そして、こういう撥形をたどると、箸中山古墳とか西殿塚古墳とか、そういうものの前方部の影響を受けて造られたんじゃあなかろうかと思わざるをえません。逆であるとはとうてい思えません。先ほど楯築弥生墳丘墓について、本体の円丘を挟んで北東と南西の両方に突出部があり、墳長約八〇メートルと申しましたが、箸中山古墳や矢藤治山古墳とはずいぶん違います。楯築の二つの突出部のあらかたは、三〇年近く前のことですが、図面にもとられないままに団地造成で破壊されてしまいました。当時の僕の観察では撥形ではないと思います。見学に行かれた方はご存知だと思いますが、北東突出部は切り落とされて僅かにその根本《ねもと》部分が残り、南西突出部は現在の地下約三・五メートルの箇所に埋もれている先端石列を除いて、給水塔工事によって根こそぎ壊されてしまいました。その先端の石列は辛うじて幅約一五メートルくらいで残っていました。もちろん最近の僕達の発掘で判ったのでして、今は地下深くに埋めてあります。その左右の端のほうが丸みをもっておりまして、ですから、最古型式の前方後円墳の前方部前面とは形がやや違います。
楯築の突出部は、円丘部中央の埋葬箇所に近づくための儀式的な通り道、出入り口だったと思います。おそらく前方後円墳そのものは、弥生墳丘墓のこのような通路をさらに大形に整えるとともに、ごく狭い一部の出入り口を除いて、外界と遮断したところに成立したのだろうと考えております。前方部は、何か魔術的な暗示で誕生したのではなくて、そういう弥生墳丘墓の通路から生まれたと見ております。前方後円墳の前方部は、前方後円墳自体を外界から切断して、後円部に至る一種の通路を確保する造形物として、意識的にまた儀式的に整えられたものだと思います。宮山も矢藤治山も、大和で誕生したそうした最古型式の前方後円墳の影響を受けているに違いありません。

2　宮山型特殊器台は畿内中枢勢力と吉備勢力の連合の証

a　宮山型はどこでどう生まれたか　宮山型の特殊器台は、向木見型の伝統から見ますと、少なくとも文様に関しては華麗さが際立っています。これは先ほどから述べておりますように、今のところ吉備では一例、一遺跡にしか見られません。大和には四遺跡あります。どちらが初めに創り出したか、そういう問題が出てまいるわけでありますが、確かな解答をどなたもまだ引き出せておりません。これから申し上げるのも一つの推定にすぎません。

これは合作ではなかろうか、と私は思います。吉備の勢力と大和の勢力というか、いや河内や摂津の一部を含めた畿内中枢勢力と申したほうがよいかもしれません。なぜかと申しますと、弥生時代の古い頃から大和と河内周辺は密接な関係をもっていたといわれていますし、その後も大形前方後円墳が両者に造られております。ですから、ここではとりあえずこの畿内中枢勢力と吉備勢力との合作であろう、というふうに考えておきます。最古の前方後円墳を生み出す力になった母胎は、ことによると畿内中枢にあったのかもしれませんが、いっぽう吉備の力がなかったらできなかったともいえるようです。吉備勢力と畿内中枢勢力が連合していた証《あかし》としては、それまで吉備の伝統の中に首長の埋葬祭祀の道具立てとして展開してきた特殊器台、その終末型の宮山型が両方にあるという事実が挙げられます。新しい特殊器台、つまり宮山型特殊器台を大和の職人と吉備の職人とが、おそらく職人よりも政治的にもっと上の人物が付いていたのでしょうけれど、こういう賑々しい文様を作って、吉備の祀りや、祀りに使った道具を大和でも作ったら、ということになったと思われます。それを最終的に決断したのは、畿内中枢勢力おそらく大和にいた大首長で、吉備の大首長がそれに応えた、というところでしょうか。あるいは逆だったかもしれませんが、いずれにしても、決定的な証拠はございませんが……。

b　吉備はいつも第二勢力　そういうことですから、吉備は常に、前方後円墳時代を通じて第二勢力を保持しています。大和というか畿内中枢が常に第一勢力です。そこが第二勢力になったことは、おそらく一度もないと思います。「和泉に大山陵《だいせん》が、河内に誉田山《こんだやま》古墳があるじゃないか、大阪が第一勢力で、当時の奈良は第二勢力になったのではないか」なんて思うかもしれませんが、そうじゃないと考えます。あれも大阪の勢力だけで造ったのではなく、大和、いや畿内中枢地域の大首長勢力が造ったものと思います。未墾の荒れ地に大古墳を造った、古市《ふるいち》丘陵の土地、百舌鳥《もず》丘陵の地域のような、当時の用水技術では容易に開墾しがたいような土地、そういう未墾の荒れ地に、大首長達が大形古墳群を造ったのではないでしょうか。

韓半島や大陸から訪れる人達に前方後円墳築造にかけた倭の威容を示すために、大阪湾から大和への道沿いに築造したという意見もあるようですが、いくら当時の人でも、立派な美田や用水や家々を潰してまで古墳を造らなかったでしょう。大和では初め、桜井市から天理市の辺りの未墾の山際に、大形前方後円墳が盛んに造られました。大きいのをつぎつぎに造って、回りに中小の前方後円墳も造って、造るところがなくなってから奈良市北西の佐紀盾列《さきたたなみ》へ墓地を移したのではないでしょうか。あそこも大部分が丘陵性の未墾地で森林原野だったと思われます。その次に大古墳群造りに出ていった先が、大阪の古市や百舌鳥などの低丘陵です。本拠は大和にあったのではないかと考えております。そう考えると辻褄が合うわけです。

大阪が第一の勢力になれるはずはない、大阪の人がおられたら後で来て、噛みついていただいて結構ですよ。吉備は常に第二の勢力です。吉備の最大の前方後円墳がどのくらいのものかはご存知だと思いますが、大和にあんな大きいのは多分ないでしょう。大和最大の前方後円墳と吉備最大の前方後円墳とを較べたら、吉備のほうが大きい。岡山市造山《つくりやま》古墳は墳長が約三六〇メートルあります。こちらでは、墳長約三一〇メートルの橿原市見瀬丸山古墳が最大ですね。もちろんご存知のように造られた時期にはずいぶん差があります。しかも五〇メートルの違いは大きいですよ。「だとすると、大和は吉備よりも下か」、そんなふうに思うのではなくて、必ずしも大首長の墓のすべてが大和の内に造られたわけではなかった、大和でも田を潰したり、用水網を壊したり、村を動かしたり、無理したら造れると思いますけれど、やはり、それほどの無理をしないで造れた場所が、大和と深い関係にあった河内・和泉の荒れ地だったということです。

ですから、ああいうものを含めて、第一勢力としての大和、むしろ畿内中枢、大和と河内を核とする畿内中枢勢力が常に第一勢力でありました。そういう意味で、やや早い時期に丹後で特別に大形の前方後円墳一、二基が造られることはあっても、吉備は第二勢力でした。おそらく前方後円墳誕生の時期から吉備と大和というのは即《つ》かず離れずで、少なくとも造山古墳、作山《つくりやま》古墳（両方ともツクリヤマなので、ゾウザン、サクザンとも呼んでいます）の頃まではそれで、それ以後ももちろんですが、畿内中枢の大首長がいつも主導権を握っていたというふうに考えます。その最初の証《あかし》こそ宮山型特殊器台だったと思います。今のところこの宮山型特殊器台を媒介としないと、吉備と大和との関係は判らないわけです。ですから、大和における最古の前方後円墳を指摘するには、宮山型の特殊器台を通してつかむことが現在ではもうほとんど、唯一有効な方法ではなかろうかと思っています。本日の一番肝心な話はこれで終わります。

3　前方後円墳での土器（埴輪）祭祀は一度だけか

a　底抜け特殊壺による祭祀　さて、前方後円墳での特殊器台や埴輪を使った祀りは、一度行なわれただけだったのでしょうか。ちょっとこの点説明が不足していましたので、ここで補います。実は向木見型のある時期から、もう壺には酒が入らないことになっていました。宮山型の特殊壺も焼く前から底抜けです。矢藤治山型の特殊壺も底抜けです。埴輪の壺も底抜けです。

向木見型の初めから、あるいは途中からかもしれませんが、製作する時に壺の底を抜きっぱなしにしています。儀式の一部が形式化・象徴化してきたんですね。酒が入らないのに酒を入れたものと思う、そういう状態で首長と共飲共食の相嘗の儀礼を行なっていたようです。弥生墳丘墓で特殊器台・特殊壺に伴う供献・分配・飲食用の大小の高坏や小形器台・直口坩《ちょっこうかん》や鉢などを調べたことがありますが、立坂型の遺跡では、数十個体の小形高坏をはじめ八〜九種にものぼる多くの中小の土器類を伴うのが普通です。向木見型の段階では、よい資料が少ないのですが、三次市の矢谷墳丘墓の場合では、底抜けの特殊壺と特殊器台のほか普通の壺と甕があり、それらは小形器台と鼓形器台に載せられたとみられますが、そのほかは高坏二個、低脚坏一個だけです。これでは実際の相嘗祭祀はとうていできそうにありません。しかしことによると、木製品を使ったか、使った土器を各自が持ち帰ったのかもしれません。しかし肝心の特殊壺が底抜けではどうにもなりませんね。

宮山古墳と矢藤治山古墳ともなると、それがさらに激減またはなくなってしまいます。宮山古墳では、底抜けの特殊壺三・特殊器台七ないし八以上に対し、同時期とは考えられない高坏と思われる僅かな小片、矢藤治山古墳では、底抜け特殊壺五・特殊器台七ないし九に対し、一種の普通器台かと思われる破片一・甕一・形の判らない小形品一片にすぎません。底抜けの特殊壺と一〜二器種、二〜三個体の小形容器では、特殊器台をいくら並べても実際の飲食儀礼をどう

表1　弥生墳丘墓など出土土器の器種別個体数（各報告書による）（数字は個体数）『新本立坂』78頁（総社市文化振興財団，1996年刊）

器　種	立板（一部）	楯築（一部）	黒宮大塚（一部）	芋岡山（一部）
特殊壺	7	10数個～	5～	4
特殊器台	9	30～	7～	3
脚付細頸壺	6	?	4～	
脚付直口坩	3～4	47～	11～	2?
(装飾) 普通器台	～3～	10数個	6～	5～
小形器台	7か9～	3～	6～	9
高坏	16～	47～	56～	35
装飾高坏	4～6	13～	?	
壺（装飾壺）	9～	数個	5～	8
小形壺		1		6
鉢	2	若干	2～	2
台付き鉢	?		3	
甕	12～	若干	3～	21
器種　計	11	11	11	10

特殊器台出土遺跡の土器の器種別個体数（各報告書による）（数字は個体数）『新本立坂』80頁（一部の数字訂正）

器　種	中山のB空間周辺	矢谷	宮山	矢藤治山（一部）
特殊壺	3	8～	3～	5～
特殊器台	5	9～	7～	7～9
台付直口壺	4			
坩				
(装飾) 普通器台	3			1
小形器台	10?			
高坏	22	2～	(1)	
鼓形器台	2～	16～		
壺	15	(注口4) 10～		
甕	15	10～		1
低脚坏		1～		
形態不明品				1
器種　計	9	7	2(1)	5

やって行なうか、甚だ疑問です。

b　相嘗祭祀の形骸化と埴輪祭祀の盛大化　それらのことは、共飲共食の相嘗がほぼ完全に近く形式化ないし形骸化・象徴化していたことを示しています。としますと、おそらく相嘗が儀礼の重要な一部として伴ってなされたと考えられる首長霊の継承儀礼自身も、形式化・形骸化・象徴化が進んでいた可能性が高まります。しかし、ここが大事なところですが、形式化・象徴化が進んだからといって、祭祀儀礼そのものが衰退したわけではありません。かえって盛んに、儀式的に盛大になっていきます。だからこそ、都月型円筒埴輪を経て、やがて象徴の極致ともいうべき円筒埴輪や朝顔形円筒埴輪が生まれるのだと思います。壺形埴輪もむろん底が抜けています。そういうものをしかも多数作り、墳丘に立て巡らしていくようになります。また当初からすべてが抽象と象徴の産物である各種形象埴輪の盛行も、起源は別であったとしてもその延長で考えることができると思います。少なくとも箸中山古墳・西殿塚古墳・中山大塚古墳では、その首長霊継承にかかわっての「相嘗」祭祀が行なわれたとすれば、まずはじめは形式化・象徴化した宮山型特殊器台と特殊壺をもって

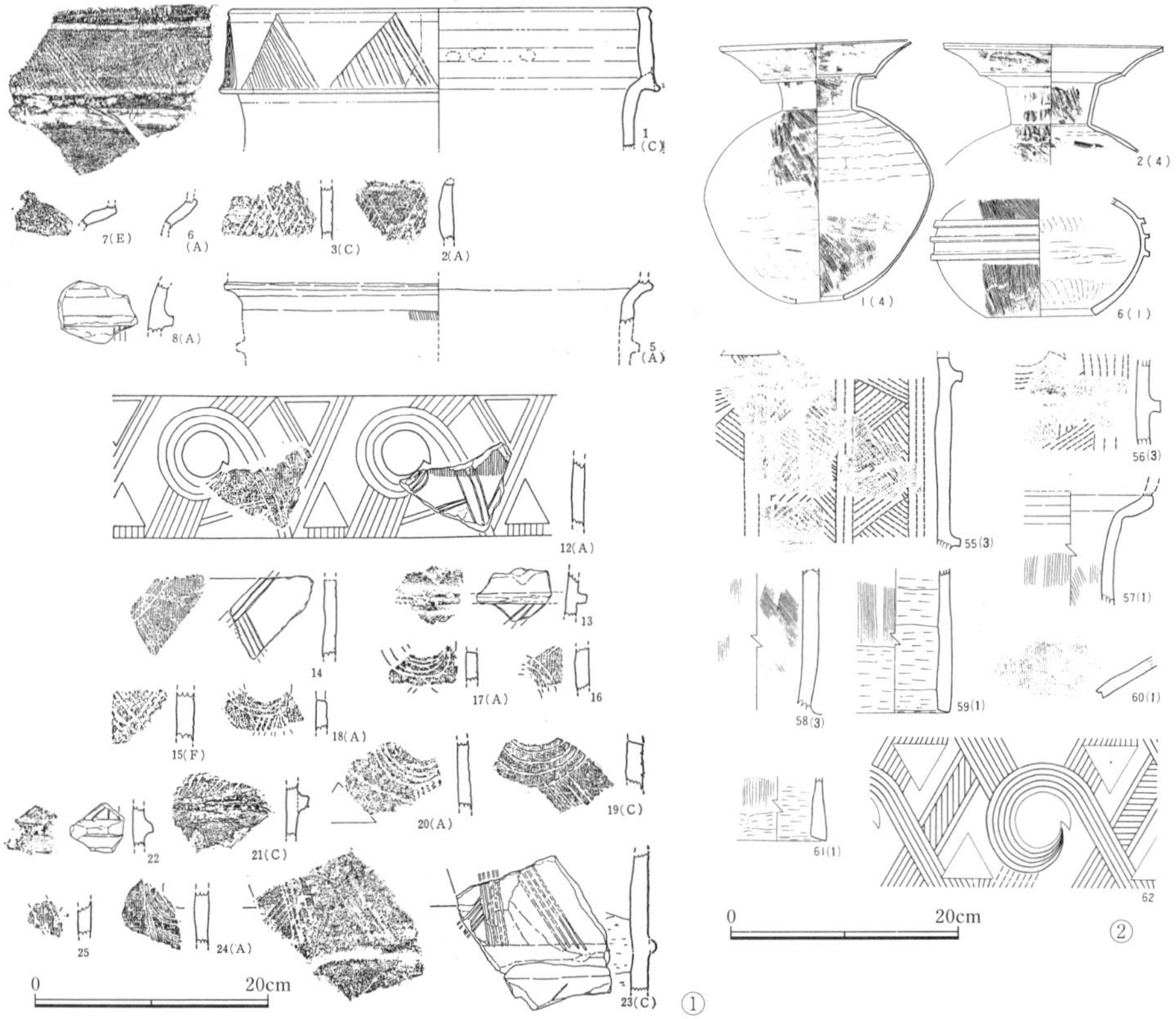

図14　大和の前方後円墳発見の都月型円筒埴輪など　①西殿塚古墳　②箸中山古墳

行なわれたと見られます。

ｃ　祭祀は一度だけか　ところが、これら箸中山古墳・西殿塚古墳・中山大塚古墳などでは、それで祭祀が終わったわけではなく、図14に示すようにいっそう形式化・象徴化した都月型円筒埴輪と特殊壺型埴輪や壺形埴輪による祀りが引き続いて行なわれております。この時期の墳頂にはごく僅かの土師器壺などが遺されることはありますが、もはや実際の呑み食いの相嘗は、まったくどうかは判りませんが、少なくとも次第に行なわれなくなっていたように思われます。

箸中山古墳の祭祀は、この都月型円筒埴輪の段階で終わるようです。あるいは、次の祀りも行なったのかもしれませんが、今日知られている資料からは、だいたいこの段階で終わっているようです。西殿塚古墳では、宮山型特殊器台に続いて都月型円筒埴輪で祀りをやる、それからさらに器台型埴輪の祀りをやる、つまりおそらく時を違え、少なくとも三型式の土器や埴輪を使って祀りをやっています。あるいはもっと祀っているのかもしれません。形式としては祭祀が続いてなされたわけです。少なくとも土器で追求できるかぎり、それぞれ型式の違う三種類の祭祀土器を使って祀りをやっています。もっとも、西殿塚古墳の場合は前方部頂にも埋葬がなされたと考えられますので、三種の土器（埴輪）祭祀のうち器台型埴輪による祭祀は、その折になされたのかもしれません。西殿塚古墳に見られた器台型埴輪は、桜井市メスリ山古墳にも見られますが、そこではさらに円筒埴輪も使っております。埼玉県埋蔵文化財センターの若松良一さんは、二〇年ほど前に関東の埴輪研究からほぼ同様な趣旨の発言をなさっておられます。先見の明というべきでしょう。

その日で見ていきますと、墳長約一四〇メートルの岡山市浦間茶臼山古墳、これは先にもちょっと触れましたが、平面形が箸中山古墳によく似た撥形の前方後円墳ですが、前方部頂は西殿塚古墳の前方部隆起と同様な趣で、そこへの埋葬を示すようです。この前方後円墳からは都月型円筒埴輪の破片は少量出ていますが、宮山型特殊器台は今のところ採集されておりません。そういう点で浦間茶臼山古墳が、箸中山古墳や西殿塚古墳の一番目の祀りと同じ時期に、同じ都月型円筒埴輪や特殊壺型埴輪を使って祀りをやっていることは確かです。しかし、これからの探索によって宮山型特殊器台あるいは器台型埴輪が絶対に見つからないとはいえないかもしれません。だいたい前方部については、発掘をまだ実施しておりません。そういうように、前方後円墳では祀りを一回やってそれで必ずしも終わりではなくて、二回、三回とやっている場合が少なからずあるのではないかと考えます。しかも、祀りに使う土器はある時間のうちに変わり、実際に宮山型→都月型→器台型→普通型という型式変化、さらに型式内変化さえたどることができるわけですから、土器（埴輪）が変化するぐらいの期間をおいて祀りをやるか、あるいは祀りを繰り返すたびに土器（埴輪）を変化させていることになります。確信はありませんが、ある期間が過ぎると、もはや祭祀は少なくとも墳頂では取り止めとなり、前方後円墳自体への出入りが閉ざされ立ち入りを禁じられることになるように思えてなりません。

いろいろと仮説を組み立ててまいりましたが、そういうことで、本日の主題の「特殊器台と最古型式前方後円墳」の話は、ひとまず終わることにいたします。

五　混乱の原因の幾つか

前方後円墳起源論はあちこちで非常に混乱しているように見受けられますが、その原因は幾つか挙げられます。そのうちの主な原因について四つほどお話して終わりたいと思います。

1　弥生墳丘墓と最古型式前方後円墳の認識の混乱

第一は、弥生墳丘墓といわれているものと最古型式前方後円墳の認識が、混乱していることだと思います。弥生墳丘墓とはいかなるものか、何をもって弥生墳丘墓というのか、最古型式前方後円墳というのは何をもって最古型式というのか、ということについての認識が、人によってさまざまで混乱しているから、前方後円墳の起源論もさまざまで混乱するわけです。実はこれから申し上げる2・3・4は、1と同じことを別な言葉で表現しただけですから、2以下は1を理解していただければ、だいたいすむ話でありますが、簡単に説明しておきます。

2　前方後円墳以前にも前方後円墳があるという考え

前方後円墳以前にも前方後円墳みたいなものがあるとする考えです。前方後円墳以前にも前方後円墳あるいは「みたいなもの」があるということをいう方がいます。これは困ったことです。人類の前に人類みたいなものがいる、猿の前に猿みたいなものがいる（笑い）……。しかしまじめに議論しようとすると、こういう議論も出てきてしまうんです。こういうことをおっしゃる方も大まじめなんです。私もそういう考えは駄目だということを申しているのではありません。いろんな混乱の原因を整理すると、やはり前方後円墳以前に前方後円墳や「みたいなもの」があるという考えは、今の資料ではちょっと具合が悪いんじゃないかということを申しているだけです。

3　常に小形素朴なものから大形整備なものが出現するとする考え

常に小形で素朴なものから、大形で整備されたものに変わっていくという考え方、つまり一昔前の生物進化論ですね。そういう考え方ですと、前方後円墳が出てくる前に小さな前方後円墳があるんじゃないか、小さな前方後円墳はどれかと探していくと、だんだんと小さくなっていくようなことにもなるかもしれません。それがだんだん大きくなって箸中山古墳が出てくるようになる、こういう考え方です。やはりものごとの変化というのは、ゆっくりと進む場合と突発的に始まるように見える場合とがあります。考えはほんの少しずつしか進まないのが普通ですが、個々人の考えでも、ものごとでも突然変化する場合があります。前方後円墳の最初の築造には、劇的なものがあったのではないかと思います。すべてがすべてゆっくりゆっくり変化していくものではないということも、考えておかなければいけないのではないかということです。

4　地域性（個別）と普遍性（抽象）との関連についての理解不足

地域性と普遍性との関連についての理解不足、これも先ほど申しました前方後円墳以前に前方後円墳や「みたいなもの」があるという考え方を、やや難しい表現で申し上げただけです。

長々と早口で申し上げましたが、居眠りされる方がほとんどいらっしゃらない（笑い）……敬服いたしました。ご清聴どうもありがとうございました。

付　質疑・応答

〔司会　清水真一〕　先ほどの先生のお話の中で、こういう点が問題だというお考えやご意見でも結構ですので、せっかくの機会ですから、どうぞ自由にご質問なさって下さい。

〔質問者A〕　宮山型の特殊器台を大和勢力と吉備勢力の連合の証《あかし》とされましたが、大和勢力の物証といいますか、つまり古墳直前の墓関係の遺跡や遺物というのは、どんなものがあるのでしょうか。

〔近藤〕　ほとんど判っておりません。奈良でのそうした時期の墓の研究がそんなに進んでいるとは思えません。あるいは弥生時代末頃の大和が、いわれるほど進んでいなかったのかもしれません。奈良にお住まいの方は、大和が一番進んでいたと思われているかもしれませんが、そんなことは決められません。箸中山古墳直前の墳丘をもった墓を、これがそうだ、こういう類がそうだ、と確信をもって指摘できるでしょうか。纏向石塚《まきむくいしづか》がそうだという説もあります。しかし、そうではないという説もあります。双方ともそれほどしっかりした根拠があるわけでもありません。箸中山古墳以前に、つまり最古型式の前方後円墳以前に、何らかの盛土をもち前方後円墳に近寄ったような墳墓が奈良県にあるかどうか、ということになると指摘は困難じゃないかと思います。榛原町に大王山墳丘墓がありますが、あれは弥生時代の終わりくらいかもしれません。墳丘は長方形で、前方後円墳とは似ても似つかないものです。ああいうものはあると思いますけれど、少なくとも前方後円形はないし、前方後円形でやや小形のものもないと思います。ないなんて断言はできませんので、知らないと申し上げることにします。吉備の場合は、前方後円墳が出現する前にはいろいろ出てまいります。弥生時代の後期の半ばを過ぎると、墳丘をもった墓がはじめ忽然と、やがて盛んに造られます。墳丘をもっているものはもちろん、墳丘をもたない普通の集団墓地でも、埴輪の先祖にあたる特殊器台と特殊壺が、埋葬祭祀の道具立てとして使われます。墳丘も突出部を入れた長さが約八〇メートルのものから十数メートルぐらいのものまであります。質問のご主旨はそういうことでしょうか。

〔質問者Ａ〕　連合というようなことをいう場合にはですね、やはり大和のほうの物証というのがですね……。

〔近藤〕　ないんです。いや判らないんです。大和にあるのは箸中山古墳で、箸中山古墳を造るために、吉備から人が来たのではなくて、少なくとも作業労働という点では大和の人がやはり中心になって造ったに違いない、と普通は考えられています。大和自体の物証がないから、吉備との連合じゃなくて、吉備の勢力が箸中山古墳を造った、これは一つの考え方で、あり得るかもしれませんけれど……。

〔質問者Ａ〕　そうすると、先生が連合と考えられる根拠というか、論理というのはどういうふうになるんでしょうか。

〔近藤〕　前提として、大和で箸中山古墳のような大前方後円墳が、小さなものからだんだんできてきたのではなくて、あれは各地で行なわれていた弥生時代の墓、弥生時代の地方ごとの祀りをやめて、新しい祀りを創ろうじゃないかということで、そのイニシアチブを執ったのが大和というか近畿中枢勢力であり、それを後押ししたもっとも有力な勢力が吉備だったと、確たる自信のないままに今のところ考えています。で、そのほかの幾つもの勢力も集まって、そして首長の霊魂を祀り継承する新しい形式として大袈裟に整えたもの、それが大前方後円墳で、だから、現象としては突如として出てきたと考えています。あんな馬鹿でかい墓は、やはり何らかの、例えば首長層の結集の新しい象徴というようなものとしてしか造らないのではないかと思います。大和にその素地がなくても、いっこうに差し支えない。しかし大和の弥生時代を通して、やはり大和自身の経済・政治・社会の前進がなかったら駄目だと思いますよ。だから、大和において弥生時代を通しての経済的な前進、あるいは社会的な前進がどの程度あったのかどうか、ということについての見通しを早急に奈良の方々が、僕達に判る言葉で、あるいは難しい言葉で申されているのかもしれませんが、説明していただきたいと思います。私の勉強不足もあるんでしょうけれど、現段階ではまだよく判らない。しかし、素地はあったのではないでしょうか。そのうえで、やはり吉備その他との連合があったのだろうと思っております。大和や畿内中枢に、本当にその素地がなかったとなると、ことは重大です。

〔質問者B〕　先ほど先生が指摘されたことで、祭祀についての重要な項目があったと思うんですけれども、それは特殊壺で、焼成前に穴が穿たれているのか、焼成後に穿たれているのかということです。それが祭祀の変更ということで非常に重要なことだと思っておるんですけれども、まず弥生の普通壺の底はどうなっているんですか。

〔近藤〕　この壺がこの器台に載せた壺である、と指摘するのはとても難しいことです。ですから、正確には判りませんけれど、だいたいにおいて普通は弥生の壺の底や下腹部には穴は開いておりません。壺棺などには、焼成後に開けているものもありますが、特殊器台が出てくる前の段階には、原則として壺には穴は開いていないようです。しかし少ないけれど、例外的なものはあるようです。

〔質問者B〕　それから宮山型のことなんですけれど、先生の例の本『前方後円墳の時代』（一九八三年刊）には、焼成前穿孔のものも現れてくるとお書きになっていらっしゃったんですが、今日のお話では……。

〔近藤〕　以前には、宮山型の資料をじっくり見るチャンスがなかったものですから。最近見ました。すべて焼成前穿孔です。ちなみに立坂型は焼成後穿孔です。向木見型の一部または大部分は焼成前穿孔です。とくに向木見型の図5に一個だけ示した矢谷の特殊壺は、判っているかぎりすべて焼成前穿孔です。ところが、他の西江遺跡とか向木見・西山その他の遺跡では、壺がかけらで、検討できるような底の部分がなかなかなくて、穴が開いてるかどうか判らないんです。

〔質問者C〕　先ほど、前方後円墳起源の話で、いわゆる器物模倣説は珍説の類だとおっしゃっておられましたが、そういう考え方は、まったく荒唐無稽なものなのか、その辺のところをもうちょっと説明していただきたいんですけれども……。

〔近藤〕　器物模倣説は、江戸時代から明治時代にかけて盛んに唱えられた説です。宮車・瓢・お銚子の形に似ているという考えで、車塚とか瓢塚とか銚子塚とか前方後円墳の俗名にもなっていますね。壺模倣説も、おそらくそうした類の一つと思いますが、最近になって、二〇年以上も前ですかね、何かの本で、壺を水平に置いて上から見れば前方後円墳になるなんてことをいった先生がいました。壺の体部は、上からみても横からみても丸いものですが、前方後円墳の頂上には、狭広はあっても平坦な部分があります、あれがどうして壺から出てくるんでしょうか。そういう問題もあります。それから前方部の頂上も後円部の頂上ほど大きくないけれど、しばしば平坦です。三段築成もそうですね。また前方部前面は壺の口のように切り立っていませんよね。そういう形は、壺からは導き出されるはずがないんじゃないでしょうか。壺起源説を含めて器物模倣説は、ただ似ているからというだけでしょ、それじゃあ駄目ですよね。

〔質問者C〕　だけど壺が何らかの意味を持っていたということが、先生の今日のお話などと整合性をもってくれば何とかなりますか。

〔近藤〕　何ともならないでしょう。壺の中に道教の世界、神仙思想を考える方もおられるようですが、もっと具合が悪いかもしれません。道教の世界は倭よりも大陸で花開いたと思いますが、大陸では前方後円墳はついに造られなかったようです。おそらく造ろうともしなかったのではないでしょうか。しかし、学問というのは多数決では決まらないんで、貴方はいま少数派でしょうけど、貴方のほうが正しいかもしれませんので、一つ支援する方はどうぞ支援してさしあげて下さい。

〔質問者D〕　今日お聞きしましたお話の中にはなかったんですけれども、纏向遺跡から出ている、弧帯文の文様の弧文円板というのがございますね。これについての先生のお話を伺いたいんですが……。

〔近藤〕　弧帯文を縦横に巡らしているようなものの中で、一番古い型式は今のところ吉備の楯築弥生墳丘墓の弧帯文石だと思います。何かの象徴の文様としての弧帯文はあちこちの土地でもっと古くからあったのかもしれません。しかしまだ発見されていないようなので、楯築の弧帯文石から述べようと思っているにすぎません。あれからいろいろに変化していくように見えます。一つは特殊器台の文様になっていきます。立坂型から向木見型へ、それから宮山型に変化しますね。宮山型自身の由来は、大変難しい問題で、先ほど吉備の勢力と大和の勢力の結合の証と評価してもいいんじゃないか、という話をいたしましたが、それが次には都月型に変化していきますね、こういう蕨手《わらびて》のような文様です。図11の②は矢藤治山型、①は宮山型、図12の①が都月型です。楯築の弧帯文からこういう変化をする道が一つあるわけです。それで、もう一つの変化の道が直弧文のほうへいく。直弧文へいく直前あるいは直弧文へ足を一歩踏み出した時期のものが、纒向石塚出土の弧文円板だろうと思います。ですから、楯築のような弧帯文石は今のところ楯築にしかありませんけれど、ああいう象徴的な文様自身は大和でも、おそらく岐阜でも、それから岡山でも共通に抱かれた、個々人全部が抱いていたという意味じゃなくて、ああいう象徴的文様は鋸歯文や綾杉文などと同様に、集団の思考の中に伝統的に保持されていたものだと思います。ですから、それがおそらく大和では直弧文の方向に変化し始めた最初の頃のものが、弧文円板だと思います。

立坂型特殊器台と弧文円板のどっちが古いかというと、立坂型のほうが古いのではないかと思います。よく判りませんが、弧文円板は、最古の前方後円墳に伴うぐらいのものではないでしょうか。ですから、二つの変化の道があって、一つの道は絶えてしまうんです。特殊器台から埴輪のほうに移っていった文様は、そこで終わるわけです。直弧文のほうは、文様の構成が次第に崩れていきますが、六世紀の終わり頃までは続きます。その早い頃に、弧文円板が出てくるのかもしれませんし、あるいは弧文円板は、自身の歩みを止めてしまって、直弧文のほうだけが残ったのかもしれません。直弧文と弧文円板は非常に似ているけれど、ちょっと違うようですね。

〔質問者D〕　弧文円板というのは、大和で創られたということですが、吉備からもってきたと考えることはできないんですか。

〔近藤〕　吉備には、ああいう文様の系統はありません。吉備では、ああいう方向には発展していないんです。吉備では、立坂型、向木見型という方向で展開するわけです。というより、図9の立坂型の文様の展開と向木見型の文様の展開を見ると、弧文円板の展開の方向とはそうとう違います。全然違うといってもいいですね。

〔質問者D〕　立坂型、向木見型、宮山型という吉備で変化しておる文様の中で、弧文円板も捉えられるのではないですか。

〔近藤〕　決め手がないので何ともいえませんが、弧文円板は宮山型と並行あるいはその直後の頃に出てくるだろう、ということになります。ただし両者の関連はよく判りません。

〔質問者E〕　この間、橿原考古学研究所の寺沢薫さんが前方部裾部分を発掘されました箸墓（箸中山古墳）ですが、布留《ふる》0式の間に造営が始まって、そして終わったであろうと推定しておられるんですが、そうしますと、纏向石塚なんかがちょうど箸墓の直前のものになる、というふうなことになるんですが……。

〔近藤〕　先ほどから、そうではないだろうという話をしてきたんです。それではちょっと困るんですが……。あと一時間半ほど我慢して聞いて下されば、もう一度お話申しますが……。そうではなかろうと私は思うんです。やはり、宮山型の特殊器台を使って、箸中山古墳で最初の祀りをやってるわけです。続いて同じ宮山型の特殊器台を使って西殿塚古墳でも祀りをやっている。都月型の埴輪を使った祀りはその後です。残念ながら、纏向石塚では宮山型の特殊器台は出ておりません。他の特殊器台も都月型埴輪も出ておりません。この辺の最古の古墳であると自他ともに認められている箸中山古墳・西殿塚古墳・中山大塚古墳、この三者から宮山型の特殊器台が出ておりますが、纏向石塚からもホケノ山からも出ておりませんので、本当を申しますと比較の仕様がございません。

〔質問者F〕　弥生の後期前葉では、器台が集落から出てくる。後葉になってから墳墓で祭祀が行なわれるようになった、というお話でしたが、西播磨の原・田中の墳丘墓はどうも後期前葉に編年されています。ここで見ますと、立坂型のような感じの壺ですから……。そういう壺とか器台を用いて墓上祭祀をするというのは、むしろ西播磨のほうが早かった。ということになると、その影響があって、吉備のほうでも行なわれるようになった原因といいますか、流れとしては、そういうことも考えないといけないんじゃないかと思うのですが……。

〔近藤〕　そういうことを吉備のほうでもおっしゃっている方がいますよ。じゃあ、播磨でどうして続かなかったのか、原・田中で一度だけ出てきて、後が判らないんですね。本当かどうか判りませんが、類例もないといわれています。しかし、発想としては大変面白いし、検討してみる価値はあると思いますが、原・田中の一例しか知られていないんで、材料不足です。考古学というのは、型式でものをいいますから、一例の場合では何もいえないんです。幾つか例があって、それらを通じた共通の特色があって、それが初めて型式になって、他の型式と比較することもできるわけです。例えば、先に最古型式の前方後円墳の特徴として挙げた、前方部が低くて撥形で、後円部が高くて、できれば宮山型の特殊器台をもっている、というふうなものが最古型式の前方後円墳の要件と考えています。最古型式の前方後円墳の中にも幾つかの段階があって、Ⅰ型式・Ⅱ型式と分けられるようになると思いますが、やはり一例ではなかなか議論ができにくいと思います。将来はある程度、個々の前方後円墳の築造順序が考えられるようになるかもしれませんが……。

今のお話は、非常に面白いと思います。岡山に近い兵庫県赤穂市の国道二号線沿いにある原・田中遺跡は、径が二〇メートルか三〇メートルくらいありますかね、発見時にすでに墳丘は崩れ均されていたようですが、ただ墳丘墓だと言い切るにはちょっと難しい。というのは、削平されていて埋葬主体がはっきりしないんです。ですが、幅が三〜四メートルの浅い濠ですけれどその中からこんなに大きくて、非常に飾られた器台と壺が出てきたんです。ただし、吉備でいう特殊器台や特殊壺と同じものではありません。で、それが後期の前半といわれていますが、後期Ⅱでしょうか。ですから、今ご質問なさった方は、後期の前半に播磨で発生したものが吉備に影響を与えて、吉備の普通器台をぐっと大きくさせた原動力になったんではないかというご発言なんですが、それはあり得るかもしれませんし、頭の中に入れておく必要があると思います。しかし、播磨自体の中でまったく展開しなかったものが、どうして播磨以上に強大になっていた吉備に影響を与えることができたか、という問題もあるわけです。ですから、考古学の問題として、非常に大事な問題点だと思いますけれど、現状ではそこから先へ進めないんです。

〔質問者G〕　大和に宮山型の特殊器台が四例あるということですが、ある考古学者が箸墓（箸中山古墳）のものを一部の考古学者に見せたという裏話を聞いたんですけれども、先生は実物をご確認されましたか。

〔近藤〕　宮山型の特殊器台は、ほとんど自分で手に取って観察しました。誰から見せていただいたかは申しませんけれども……（笑い）。図2と図15をご覧下さい。そういえば、この図の説明がまだでしたね。これが大和発見の宮山型特殊器台の資料です。図2の②は、箸中山古墳採集といわれる筒部の破片や復原図、それに脚裾部の図面と拓本です。同じ図の①の吉備の宮山型の土器と文様などよく似ていますが、だいぶ違うところもあります。どこがどう違うか、例えば一つ申し上げますと、②の脚裾部拓本の右側、これは内面ですが、ヘラのような物で押しながら調整しているんですね。こういう調整は吉備の特殊器台には知られておりません。大和には他にも類例があるのかもしれませんが、私は存じません。図15の①は天理市中山大塚古墳のもので、橿原考古学研究所に保管されており、実物を拝見して一時間ぐらい検討してみましたけれど、宮山型に間違いない。ただこれには、胎土に角閃石が混入されています。それは吉備の立坂型・向木見型に普遍的な胎土です。これは意図的に入れられているようです。ところが、問題の宮山古墳の宮山型特殊器台にはない、矢藤治山古墳のものにもない、そして箸中山古墳のものにもありません。中山大塚のものにだけ入っています。しかし、これをもって新古や系統を議論することはできません。それから同じ図15の②が天理市の西殿塚古墳、これは宮内庁で見せていただきました。口縁部はありませんが、上右に二重口縁の受け部がありますね。それからその下の③が橿原市の弁天塚古墳で、これも橿原考古学研究所で見学しました。この特殊器台は一番簡略化されています。図はちょっと太りすぎです。文様は三本線または二本線で構成されています。一番複雑というか丁寧な文様を付けているのは箸中山古墳と岡山の宮山古墳のものです。箸中山のほうが宮山よりちょっと丁寧かもしれません。

そうすると、弁天塚古墳のものは形式化・略式化していて、おそらくちょっと新しいと思います。それ以外の宮山古墳と、箸中山古墳・中山大塚古墳・西殿塚古墳の四者のうち、どれが古いかということになりますと、それを決めることが果たしてできるかどうか、という問題があるわけです。それぞれ等距離にあって、今のところ縦には並びそうもありません。吉備の宮山型に一番似て古そうなのが箸中山古墳例です。文様帯が非常に広くて、文様も複雑に付いている

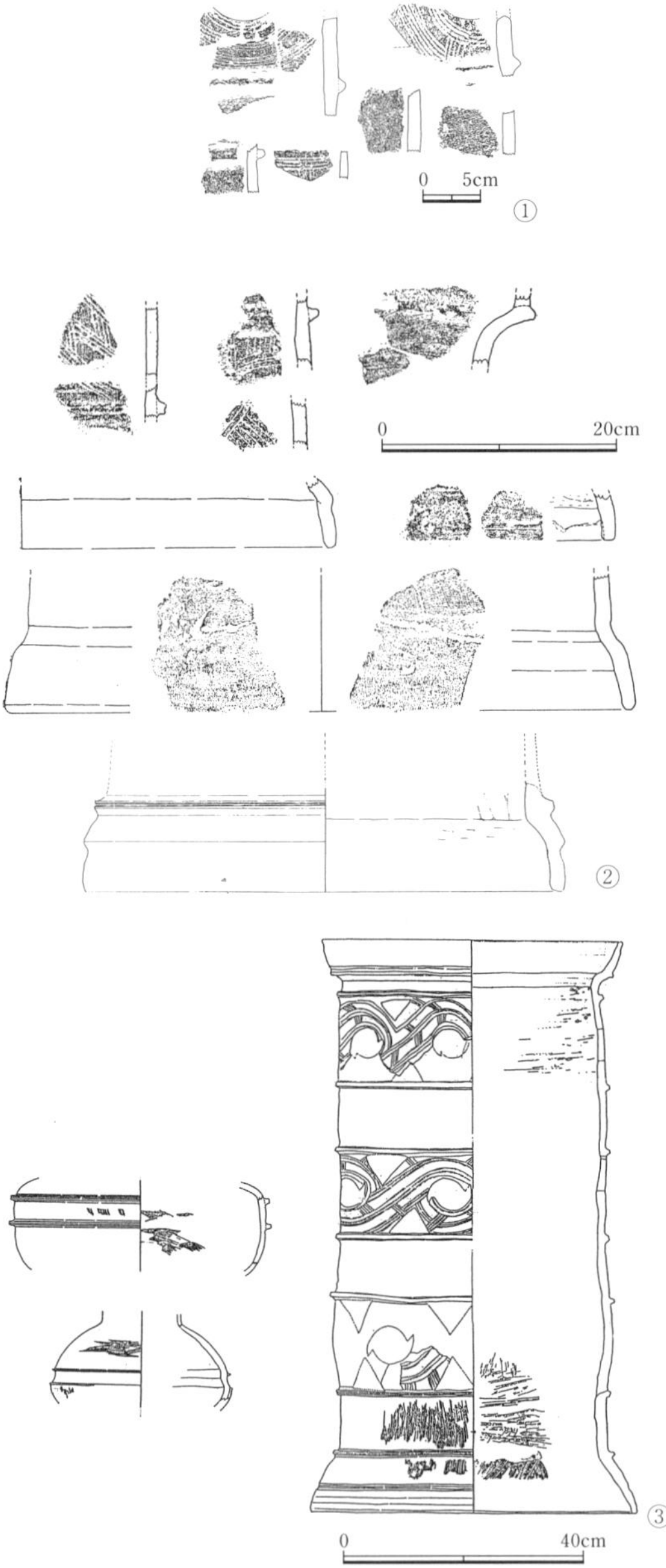

図15　大和の前方後円墳発見の宮山型特殊器台
①中山大塚古墳　②西殿塚古墳　③弁天塚

のが箸中山古墳例と宮山古墳例です。その他、脚の形でいいますと、西殿塚と中山大塚にちょっと古そうなものがある……と、まあいろいろございまして、どちらが古いかというのはまだ決めかねております。ですから、現在のところ、大和における最古の前方後円墳の候補は、箸中山古墳と西殿塚古墳と中山大塚古墳の三基あることになります。やはり陵墓であるという問題がどうしても壁になっていますね。陵墓だから入れない、とても発掘はできない、僕は箸中山古墳を発掘している夢をときどき見るんです（笑い）。

〔質問者H〕　吉備地方には、最古型式前方後円墳から始まり、全国でも第四位の規模にあたる造山古墳や作山古墳があるんですが、あれが短期間に衰退していくのはどうしてですか。

〔近藤〕　短期間で衰退してないですよ。

〔質問者H〕　墳長二〇〇メートル以上の古墳が案外少ないと思うんですが……。

〔近藤〕　案外少ないといっても、大和だって墳長二〇〇メートル以上の古墳は、吉備の造山古墳・作山古墳にあたる時期以後、案外少ないですよ。どうでしょう、大和に幾つありますかね。橿原市の見瀬丸山古墳を除くと一、二基ですよね。河内でも羽曳野市の河内大塚古墳を除くと二、三基です。

〔質問者H〕　大和の延長である河内には、大きいのが幾つもあります。

〔近藤〕　吉備は第二勢力と申し上げましたけれど、大和＋河内は群を抜いて大きいんですよ。それに較べたら吉備の古墳は小さいですよ。しかし、造山古墳は墳長約三六〇メートルです。その次にくるのは墳長約二八五メートルの作山古墳ですよ。その次にくるのは墳長約二〇〇メートルの両宮山古墳ですよ。大和＋河内以外の土地の古墳と較べると、そんなに小さくはありません。それから、石舞台《いしぶたい》古墳よりやや古い時期の前方後円墳が墳長約一〇〇メートルのこうもり塚古墳ですよ。石室も石舞台に匹敵するようなものがあります。その他箭田大塚《やたのおおつか》、牟佐大塚《むさのおおつか》……、ですから、まだ第二勢力として大和にひっついているんです。大きいからといって、岡山の人達や私が威張っているわけではありませんよ。

こんな話をしても仕様がありませんがね（笑い）。

〔質問者H〕　吉備の範囲を、備前・備中・備後・美作とお考えになるのですか。

〔近藤〕　弥生時代において一つの政治的なまとまりができるのは、だいたい律令規定の四カ国ぐらいが単位です。初めは、言葉もかなりよく通ずるし、相互の交通も容易だったからでしょうね。畿内は大和・河内・山城・摂津の四カ国で、和泉は後に河内から分かれたんですね。先ほど近畿中枢などと申したのは、これを指し、畿内中枢と申しましたのは主に大和・河内のことです。越《こし》の国というのは、越前・越中・越後、そのうちの越前から加賀と能登が分かれますね、だいたい四カ国ぐらいです。山陰というか、四隅突出型墳丘墓の集中地域が因幡・伯耆・出雲・石見、だいたいそのぐらいの範囲が一つの政治的・祭祀的な圏域になる。で、それぞれが独自の墓を造っています。吉備では特殊器台と特殊壺を埋葬の祭祀に使っている。山陰では石を葺いた四隅突出型を、越では石を葺かない四隅突出型の墳丘墓を造っています。それぞれが独自の墓をもっていました。特性がなく、よく判っていないのは、大和・河内・摂津・山城という近畿中枢ですね。不思議な話ですね、あるいは特殊化していない地域だったからこそ、前方後円墳が創れたのかもしれませんね。四隅突出型ばっかり造っていた所では前方後円墳は生まれそうもないですから……。

〔質問者I〕　ある学者によると、韓国の松鶴洞（舞妓山）古墳あたりが、前方後円墳の起源じゃないかという人がいるんですけど、それについてはどうですか。

〔近藤〕　今のお話の松鶴洞1号墳というのは、釜山の西のほうの慶尚南道固城郡固城邑にあるものですね。見たことがありますが、あれがどのくらい古いか私には判りませんけれど、戦前に盗掘されていて、短甲とおぼしき鎧《よろい》がだいぶ出ているというんです。それを鳥居龍蔵先生が撮ったという写真を、徳島大学の東潮さんに見せてもらいました。おそらく竪穴式石槨があって、その中に幾つかの鎧を副葬していたと推定できるわけです。竪穴式石槨と複数の鎧の結合ということを考えますと、日本でいう中期のような感じもしないこともないですね。その他に、前方後円墳といわれているものが、韓国の普通のちゃんとした学者が認めておるのは七〜八基で、一〇基足らずでしょうか。あばたもえくぼ式に前方後円墳を見つける人もいるんですけれど、その人にかかると何十基も出てくるそうです。

また、朝鮮北部が前方後円墳の発祥の地だと、こういう意見があるようですが、日本でも韓国でも通用しておりません。朝鮮北部には前方後円墳はないと申してよろしいかと思います。似たものはあるんでしょうけれど、似たものだったらオランダにだって、イギリスにだって、ドイツにだってあるんですから。そういうものを根拠に議論はできない。やはり僕は、朝鮮で前方後円墳が発生したとは考えません。なぜかというと、前方後円墳の素地は、先ほどから繰り返して申してまいりましたように、弥生時代に形成されたわけですから。朝鮮には弥生文化の源流はありますが、弥生文化はありません。弥生文化がない所に前方後円墳は生まれない、と思っています。前方後円墳というのは、墳形が前方後円形だというのが一番大事な要素ですけれど、それに埴輪が伴うとか、長い木棺を入れる竪穴式石槨であるとか、鏡をたくさん入れる風習があるなどの全体が、前方後円墳という概念ですから、その中から墳形の類似だけを取り出して議論しようとしても仕方ありません。

実は、この間釜山大学校で講演しました。釜山考古学研究会に呼ばれまして、前方後円墳の起源について二時間ほど話してまいりました（本書第一章）。今日の話とは少し違う話なんですけれど、そしたら質問が出るわけです。「韓国の前方後円墳をどう思うか」というような。「皆さんのご意見のほうをお聞きしたい」と申して、私はご遠慮申し上げたわけです。その翌日、全羅南道光州市に飛行機で行きまして、発掘中の前方後円形古墳を見せていただきました。それは、前方部の前面が後円部よりも拡がる時期のものでありまして、これはご当地の本日司会されていらっしゃる清水真一さんにいろいろ教えてもらったんですけれど、石見《いわみ》型の栢形埴輪が数個体出ていました。それから、木製の石見型や蓋《きぬがさ》形の「埴輪」もちゃんと出ています。刷毛目の代わりに叩きの痕を残す円筒埴輪も朝顔形埴輪もあります。しかし、時期は古く見て中期末で、新しく見れば後期初めくらいのものでしょうか。だいたいそのくらいの時期の、とくに全羅南道つまり百済《くだら》南部の地域を中心に前方後円形古墳が幾つか造られているということは、ほとんど確実であります。しかしその中に日本人つまり倭人が葬られているのか、韓＝朝鮮人つまり百済人が葬られているのかは判りません。どっちにも解釈できるし、もっと難しく解釈することも可能です。そのためにはまだ材料が貧困で、あと一〇年か二〇年経ったらそういう議論が、日朝の考古学者の間で始まるだろうと期待します。

〔質問者Ｊ〕　前方後円墳に宗教イデオロギーが認められますか。例えば、蘇《よみがえ》りとか……。

〔近藤〕　蘇りの思想とかですね。霊魂の復活の思想は、別に宗教とは関係ないと思います。宗教というのは、やはり教義の体系というか、系統的な理論をもっているものですが、前方後円墳に関しては、そういうものを知ることができないのではないかと思います。ほとんどの人が字も書けず読めもしなかったと考えられる弥生時代や前方後円墳時代に、一般にはそういうものはなかったと思いますけれど、いろんな霊魂を崇拝するとか、霊魂が移るとか、そういう信念といいますか、精神の世界を人々はもちろんもっていたと思いますし、後のいろんな思想、例えば天皇崇拝の思想なども、萌芽として中に抱き込まれていたかもしれませんね。

〔司会〕　それでは、講演会をこれで終わらせていただきます。どうも先生、長時間ありがとうございました。（拍手）

小文は、一九九五年一一月二六日の奈良県桜井市「古代大和を考える会」（会長芝房治さん）での講演記録です。文章化にあたり間違いや不適切な箇所の訂正、さらに大幅な補足・削除などを行ないましたが、趣旨は変更いたしておりません。テープ起こしの労をとられた田中弘志さん、講演会を主催された芝房治さん、司会進行された清水真一さん、質問を下さったＡ～Ｊの皆さんに対し厚く感謝します。（一九九六年五月二一日記、二〇〇〇年六月二六日追加補訂）

〔追注〕　小文「象徴化の話」『古代史の海』二一、二〇〇〇年九月。

第三章　前方部——撥形前方部——の誕生

一　撥形前方部の発見と当時の見解

1　撥形前方部の発見

一九六六年春から一九六八年春までの二年間は目まぐるしく過ぎていきました。六六年三月二九日から四月五日まで、考古学研究会姫路研究会の是川長・松本正信・加藤史郎の皆さんとともに、岡山大学その他の大学生諸君や町教育委員会をはじめ地元内外の皆さんの協力をえて兵庫県新宮《しんぐう》町吉島《よしま》古墳（前方後円墳）の発掘を、「古式古墳所属の土器の解明と前方部の性格の検討を意図して」（一九八三a）実施しました。翌一九六七年三月二三日から五月九日までと同年八月一六日から九月一日までは上記三氏およびその春岡山大学助手となった春成秀爾氏とともに、同じく兵庫県揖保川《いぼかわ》町養久山《やくやま》1号墳（前方後円墳）と同5号弥生墳丘墓を発掘しました。目的には「古式の前方後円墳の実態究明」（一九八五）を掲げ、地元の揖保川町教育委員会の援助をうけ、岡山大学考古学研究室の学生諸君を中心に幾つかの大学の学生や地元内外の有志の皆さんとともに実施しました。さらにその年の暮れ一二月二一日から翌六八年一月二四日、さらに二次として同年三月六日から四月八日まで、岡山市竜《たつ》の口《くち》・四御神《しのごぜ》の境にまたがる備前車塚古墳（前方後方墳）の発掘を実施しました。それは、吉島古墳で充分果たせなかった「古式古墳所属土器の検出と多数の三角縁神獣鏡が盗掘された前

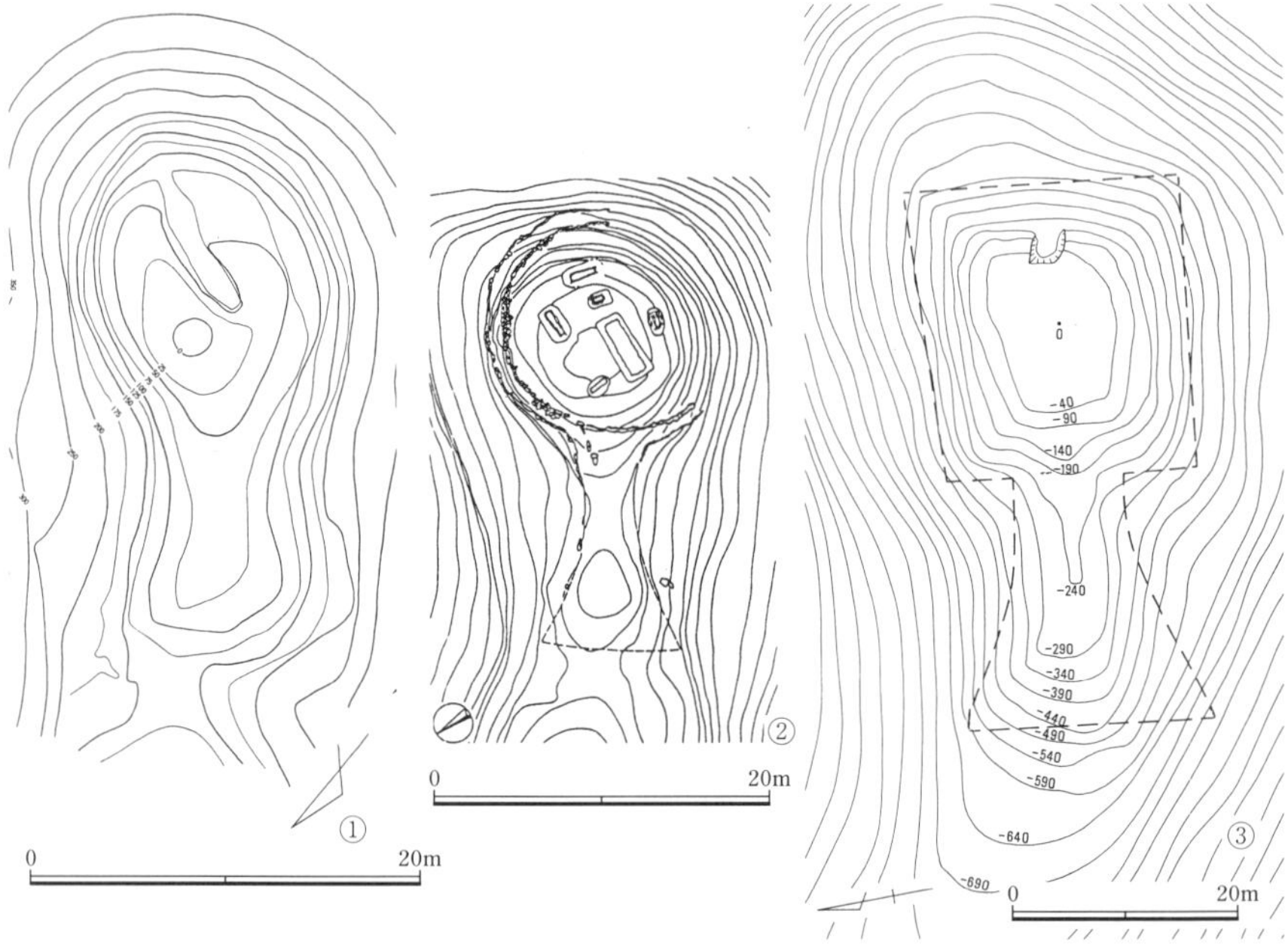

図16　古式前方後円（方）墳　①吉島古墳　②養久山１号墳　③備前車塚古墳

方後方墳の実態究明と」（鎌木・近藤一九六八ａ・一九八六ｂ）を目的としたもので、僕と春成氏の両名が所属した岡山大学考古学研究室と岡山理科大学鎌木義昌研究室・同考古学研究部との共同で行ないました。以上の発掘のいずれもが、個別具体的な課題を抱えながらも、大局的には前方後円墳の起源の問題を探るためでした（図16）。

　前方部がどうやら撥形を呈していることについては、吉島古墳、引き続く養久山1号墳の発掘の折に気付いていました。僕達は、その両者とも最古の古墳の一つであろうという見通しの下に発掘を始めたのですが、それらの前方部はそれまでいわれてきたように真っ直ぐ伸びる形態ではなく、その前半は左右に開いていました。そこで、浜田耕作先生・小林行雄先生以来いわれてきた〈後円部に較べ低く幅狭くほぼまっすぐ長く伸びる前方部が最古型式である〉という、それまでもっとも普遍的だった説（浜田一九三六、小林一九五九）は、どうもおかしいと感じるようになりました。そうしたところに、備前車塚古墳の発掘を行ない、前方部の前面幅が後方部の幅にほとんど匹敵するほど開いていることが判りましたので、確信をもってこのほうが古式であると考えるようになりました。

その当時は撥形という名称を思いつかないままに、「前方部のほぼ前半分がひらく型式」（一九六八b）などと呼んでいましたが、その目で見ますと、当時大陸製三角縁神獣鏡の配布元ともされていた京都府山城町椿井《つばい》大塚山古墳の前方部も、かなり原形を失ってはいましたが、先のほうが開いていることに気付きました。とすると当然のことながら、桜井市茶臼山古墳や茨木市紫金山《しきんざん》古墳のような、低く幅狭く、前面に向かってほぼまっすぐ長く伸びる前方部は次の段階のものであろう、ということになりました。桜井茶臼山古墳や紫金山古墳は、倭製三角縁神獣鏡や碧玉《へきぎょく》製腕飾類を含む、小林先生のいう「あたらしい相の鏡群」（小林一九五六）を出土しており、その点でも大陸製三角縁神獣鏡だけの「古い相の鏡群」をもった播磨吉島古墳・備前車塚古墳・椿井大塚山古墳の前方部の形状のほうが、より古式であることは確かであると思えました（図17）。

上：1960年代の墳丘外形変遷図
下：1960年代の墳丘外形変遷模式図

図17　1960年代の前方後円（方）墳墳形変遷図
①椿井大塚山古墳　②紫金山古墳　③石山古墳　④墳形変遷模式図

2　撥形前方部と前方部祭壇説

そういうこともあって、前方後円墳の前方部の形態認識が進み、また編年操作も変わってまいりました。しかもそれだけでなく、それとの関係の中で前方部の機能にかかわる重大な問題に眼を向けることになりました。前方部の機能というか起源というか、それに関して当時最有力であった説は前方部祭壇説でした。その説は、古くはウィリアム・ガウランドさん以来、梅原末治先生を経て小林行雄先生に至り、一部では今なお有力であります（ガウランド一八九七、梅原一九二一、小林一九五九）。

僕らは吉島古墳と養久山1号墳の前方部頂のほぼ全体を発掘して、祭壇痕跡あるいは祭祀に使った土器その他の道具立てや焚き火痕などを探しましたが、僅かな土器小片以外は発見できませんでした。また埋葬の痕跡も見られませんでした。しかしそのような祭祀痕跡が見つからなくとも、あるいは埋葬痕跡が見つかっても、そこが祭壇に使われなかったとは言い切れるものではないことにも同時に気付きました。祭壇がどのようなものかは皆目見当がつきませんし、祭祀の後に埋葬することもありうるからです。ですから、「祭壇説は無敵なのであります」（一九六八ｂ）と述べたほどでした。

そこで僕は、前方部が円形でなく方形に造られていることに注目し、その頃関東から九州までようやく知られ始めた「弥生方形墓」を取り上げ、それが首長を葬る円丘部の前方に据えつけられたのではないかと考えました。今日では突拍子もない思いつきと思われるかもしれませんが、当時知られていた弥生墳墓の内外における多数の追葬の存在や各埋葬への土器祭祀、とくに吉備での中心埋葬に伴う特殊器台・特殊壺の発達という諸事象からみまして、弥生方形墓は「首長個人の権威を誇示した墳墓というより、首長にたいする共同体的な祭祀儀礼の場であったと考えるほうが妥当」（一九六八ｂ）と思っていました。すなわち、当時の首長達は「集団の共同体的諸機能をなんらかの形で掌握していたからこそ、特定墓域に共同体による祭祀儀礼を伴って葬られたと考え」、だから「共同体の祈りが込められた場であったと推定」していました。要するに、階級関係を強め権力を飛躍的に高めた段階で、首長は集団における唯一最高の神人的支配者として後円部に葬られ、共同体的祭祀の場つまり方形墓が象徴として付設されたのが前方部であると理解していたわけです。それは、形を変えた一種の前方部祭壇説でした。

3　通路と祭壇

その頃備前車塚古墳発掘の見学にみえた田中琢《みがく》さんの示唆もあって、撥形前方部を前後の二つの部分、つまり括れ部から備前車塚古墳のように僅かに開いてほぼ直線的に、あるいは養久山1号墳のようにいったん狭まったのち緩く曲線的に伸びるいわば後半部分と、前面に向かって左右に開く前半部分とに分け、後者を本来の意味の前方部、前者はそれを後円部（後方部）につなぐ連絡部にあたるものと考えました。そのうち前半部分を、先ほど述べた弥生方形墓を象徴化した祭壇と考えたことはいうまでもありません。まことに稚拙な「理論」でありました。

備前車塚古墳ではこの前半部分は単に開いているだけでなく、墳裾線が次第に下っており、前面および両側面が作る斜面には葺石が置かれています。それに対して後半部分では葺石はむしろ石垣状をなしており、また前方部頂から後方部頂に至る箇所には石垣も葺石も見られず、緩やかにつながり、それらの点でもいかにも連結部＝通路の趣を呈していました。養久山1号墳の場合は、いったん後円部のぐるりに巡らした上段の石列を、おそらく引き続いて前方部を設ける際に、前方部方向では取り除いていると判断しました[注1]。この古墳も前方部頂から後方部頂に至る箇所には石垣も葺石も見られず、緩い傾斜で連なっていました。

このようにして一九六八年の僕の拙《つたな》い前方部起源論が展開されたわけですが、理論的にも実際の資料の点でも、数年のうちに立ちいかなくなってしまいました。一番の基本は、前方後円墳の出現が階級社会の成立を示すという当時の考えに、筆者自身が迷いを抱き始めたことです。その迷いは、考古学研究会一九七二年度総会研究報告「前方後円墳の時代について」(注2)(共同報告者今井堯氏)に始まり、「古墳以前の墳丘墓」(一九七七a)「前方後円墳の成立」(一九七七b)を経て、『前方後円墳の時代』(一九八三)において一応の決着をみました。つまり階級社会＝国家の成立は、前方後円墳の出現と重なるのではなく、前方後円墳の消滅に継起することを一定の構想のうちに論ずることができるようになったわけです。こうなりますと、先の2で述べた考えは立ち往生せざるをえません。さらに加えて、一九七〇年から一九七二年にかけての観察によって、破壊以前の倉敷市楯築遺跡を両側に突出部をもつ弥生墳丘墓と認識し、その突出部が備前車塚古墳や養久山1号墳のように撥形に開くことも、その項が高まることもないことを知りました。

二　弥生墳丘墓の突出部

1　楯築弥生墳丘墓の突出部

それでは突出部とは何か、ということになります。弥生墳丘墓の中で突出部をもつものは、当時知るかぎりでは楯築弥生墳丘墓・養久山5号弥生墳丘墓・加古川市西条《さいじょう》52号弥生墳丘墓の三基です(注3)。他にもまだまだあるかもしれませんし、四隅突出型弥生墳丘墓の突出部を入れると、俄然その例数を増します。これからその三基を検討していこうと思います。

今の楯築しか知らない人には想像できないかもしれませんが、一九七二年暮れまたは一九七三年初めに行なわれたとみられる両突出部の調査なしでの破壊以前には、その墳丘墓はほぼ完存していて、両突出部は疎らな叢林の中に姿を見せておりました。円丘部から北東へ伸びた突出部は、大字矢部字向山と大字日畑字西山を結ぶ小径として使われていた深い掘割《ほりわり》(一九九二年文献では大溝)を隔てて、ほぼ同じ高さの丘に相対し、その丘はやや凹凸をもちながら同じく北東方向に下降しながら約一二・五メートルほど伸び、足守川に臨んでいました（図18）。今は過半が消失して団地の造成法《のり》面《めん》と化していますが、各種地図と写真、それに村人と筆者の記憶に残っている証拠から、もと続いていた丘を切断して切り通しを作り突出部と掘割（大溝）を造成したことは確実です。一九七六年に始まる発掘調査時には、すでにその突出部前面と西側は破壊されていて不明でしたが、東側には上下二段の石列が配置され、その間の斜面には小円礫が葺かれていたことを突きとめました。また幅二メートル強の突出部上面は盛土によって平坦に整えられていました。突出部の長さは短くみて一六・五メートル、長くみて一九・五メートルと推定復原されました。

南西突出部は、戦前の陸軍大演習の折の散兵壕《さんぺいごう》掘削（字西山の古老の談）などによって上部が多少破壊されていましたが、形そのものはほぼ維持されていました。これも突出部前面、その先の丘との間にやや幅広の掘割（大溝）があり、土地の西山の人達によりますと、これもまたかつて字西山と字向山を結ぶ小径として使われていたといいます。丘は南

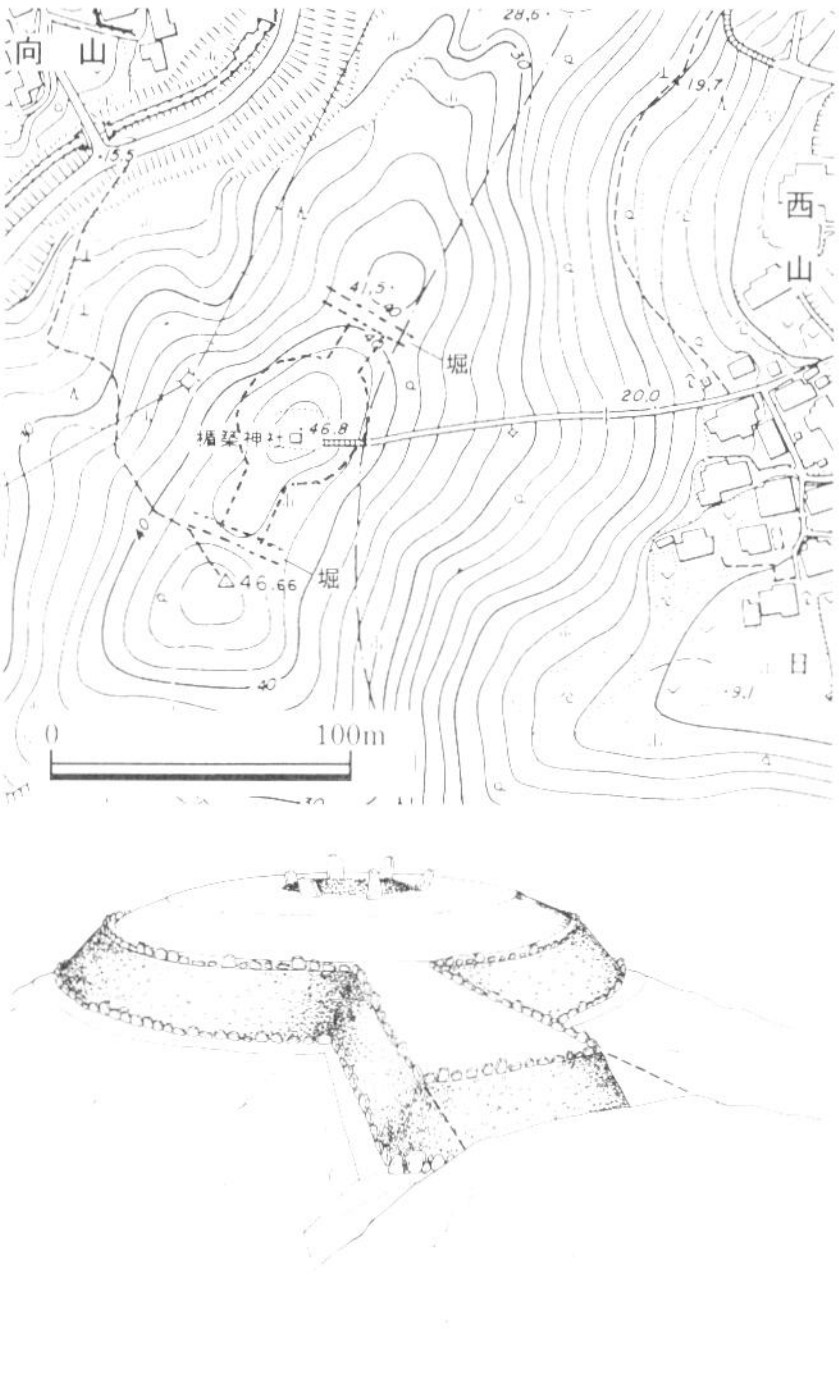

図18　倉敷市楯築弥生墳丘墓付近地形と突出部の想定復原（地形は団地造成による破壊以前）

西方向に伸びたのち東・西・南の三方向に拡がります。突出部そのものの大部分は、団地用の給水塔の工事で同じく未調査のまま破壊されてしまいましたが、一九八五・八六年の発掘で突出部前面下方の石列と掘割（大溝）を回復させることができました。石列は大掛かりなもので、使われた石のうち大は高さ約一・一メートル、幅約九〇センチ、厚さ約六〇センチ、多くは高さ七〇～九〇センチ、幅四〇～五〇センチ、厚さ

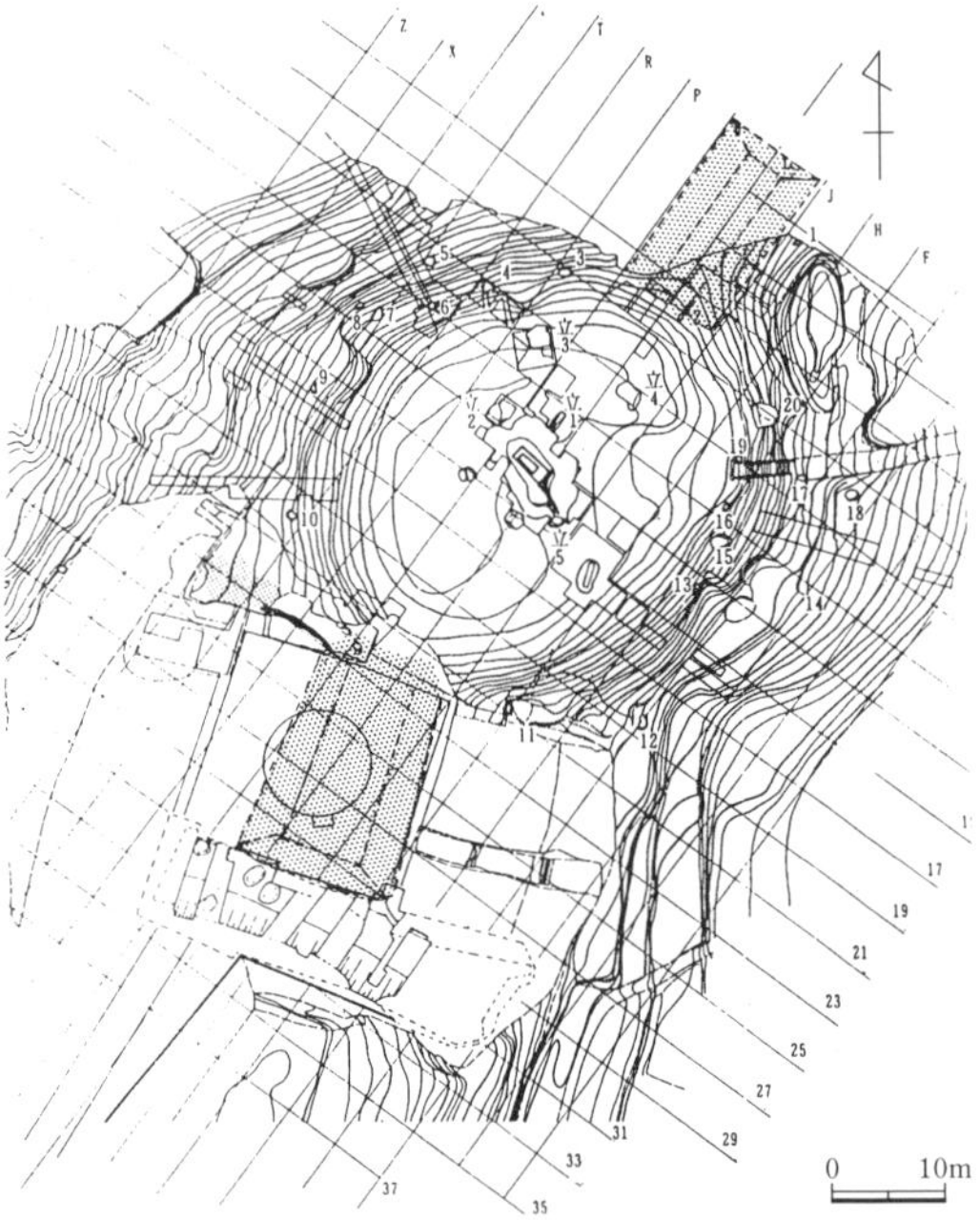

図19　楯築弥生墳丘墓（アミ部分は突出部想定復原）

二五~四〇センチもありました。石列が示す前面の幅は一四メートル強、掘割の底幅は約四メートルないしそれ以上、深さは円丘頂からマイナス五メートル、丘側の推定掘削箇所からマイナス四・三メートルという規模でした。突出部の長さは約二二メートルです。北東・南西の両突出部とも前面下底に向かってやや開く程度とみられましたが、撥形を呈していたとは考えにくいものでした。円丘部の径が約四〇メートルですから、もとの墳長はおよそ八〇メートル、掘割（大溝）を入れますと、総長一〇〇メートル前後に復原されます（図19）。

このように楯築弥生墳丘墓の両突出部とも、もとその先に伸びていた自然の丘に連なっていましたが、円丘部での埋葬祭祀の実施までには、おそらくその両側は削り出され整えられ、上面には盛土が、さらに側面に石列と円礫帯が配置されていたと考えられます。つまり葬列は自然の丘から、整えられ用意された突出部を通って祭祀の場へと赴いたのです。そして円丘部での埋葬祭祀の後、「整えられた」突出部はその前面に深い掘割が穿たれ、また石列によって墓域内に取り込まれました。このように突出部は、その背骨の大部分は自然の丘ですが、主丘に至る一種の〈道〉であることはほとんど疑いありません。しかし単なる「道」ではなく「主丘を中心に展開された埋葬祭祀の一部または一過程を担う場でもあったとみるべき」（一九七七ａ）だろうと思います。楯築の南西突出部上に埋葬が行なわれたことは、そこから伸びると判断される排水溝の発見など種々の点から推定されますが、その場合でも「一種の祭祀的な〈道〉としてまず構築され、しかるのち埋葬の場としても使われることがあったと考えるほうが妥当であろう」（一九九二）と考えました。楯築突出部の造成は、丘尾とは必ずしもいいがたいのですが、丘陵尾根部の切断によってなされています。

2　養久山5号弥生墳丘墓と西条52号弥生墳丘墓

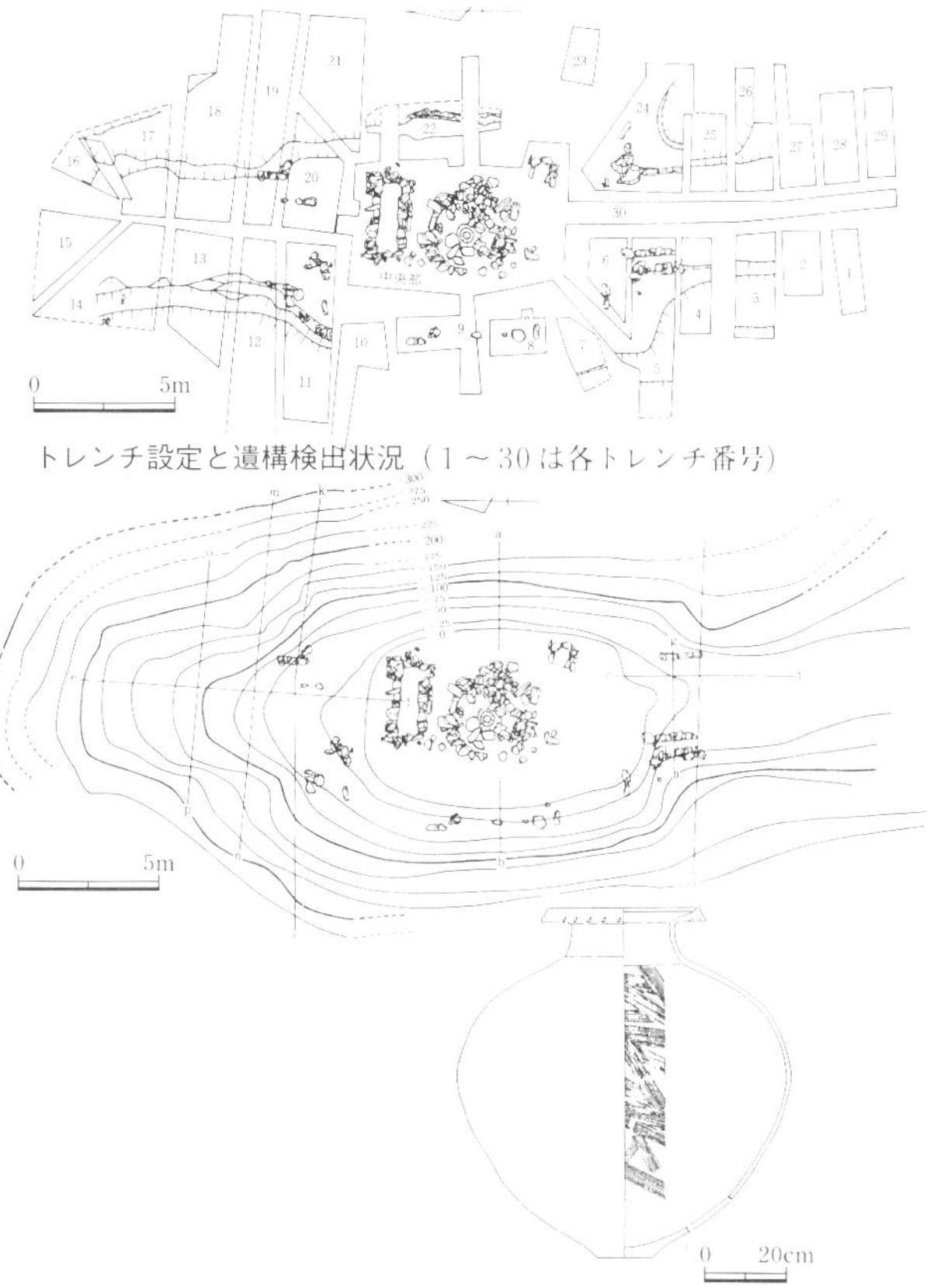

トレンチ設定と遺構検出状況（1〜30は各トレンチ番号）

図20　兵庫県揖保川町養久山5号弥生墳丘墓と伴出弥生土器

a　養久山5号弥生墳丘墓

養久山5号は、狭い尾根いっぱいに造られた長辺約一三メートル、幅約八・五メートルの長方形主丘の南北に突出部がつくもので、一九六七年に発掘されました（図20）。突出部はともに上下二段の列石で画されていますが、保存状況はあまりよくありませんでした。山土による盛土は残りのよいところで厚さ四〇〜五〇センチにすぎず、北突出部では、下りの斜面にあたっているためか長さ二メートル未満の、南突出部では長さ五メート

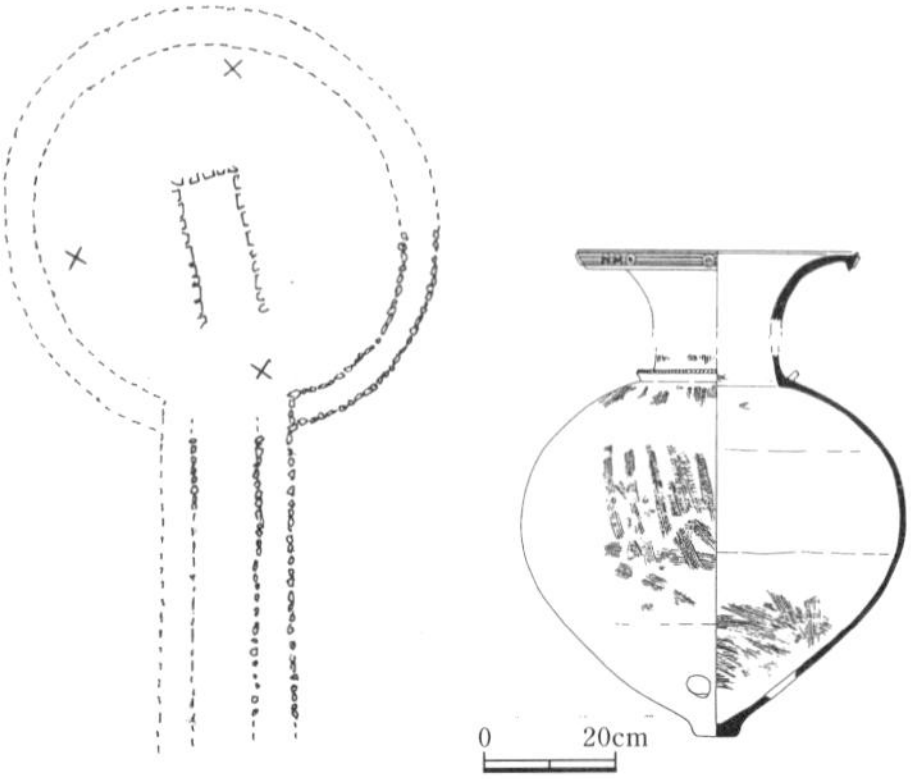

図21　加古川市西条52号弥生墳丘墓の復原模式図と伴出弥生土器
円中心に竪穴式石槨（木蓋か），×印は弥生壺形土器推定発見箇所，点線は列石不明のため推定復原。

ル未満の範囲に辛うじて認められました。付け根の幅は、南で約三・六メートル、北で約三メートルです。調査時、突出部前面には列石も溝も認められませんでしたが、もと列石が置かれなかったとはいいきれません。残存列石の先を追求したところ、尾根の地山がほぼ列石の幅で削り整えられているような状態を見出しましたが、これまた断定はできません。なお列石は、主丘に僅かに残った列石も含め、付近の山石を使い、後者と大きさもほぼ同じですから、突出部を整え画すものとして意図的に配列されたものであることは確実です。あらゆる点から考えて、葬列はこれら突出部を通らざるをえないし、そのためにこそ少なくとも両側が上下二段の石列をもって整えられたのであります。

b　西条52号弥生墳丘墓　この墳丘墓は兵庫県加古川市の加古川にほど近い台地と山塊の境の辺りにありました。径約一五メートルの円形の墳丘のほぼ中央に幅広の竪穴式石槨が造られ、その中軸線よりやや外《ず》れた方向の円丘外に石列が突出して並べ据えられていました。団地造成に伴う事前調査として、一九六三・六四年に関西学院大学の故武藤誠先生を代表とする調査団によって発掘が行なわれましたが、のち破壊され、今はありません（図21）。52号墳丘墓については一〇〇〇字ほどのごく簡単な略報が書かれているだけですが、その略報によりますと、墳丘の「円形の土盛が明らかに存在し、その裾部殊に盛土の東半分には二段に葺石様の石列があり、下段の石列から二本□約一〇メートル程の石列が一メートル程の巾をあけて東に並行してのびていた。この石列の石は何れも主体部の石と同質のものであった」（西条古墳群発掘調査団一九六四）ということです。欠字□はおそらく

「の」と思われますが、石列の状況の記載には不明な箇所があります。

そこで上記の略報と、調査に参加された喜谷美宣さん・松本正信さんなど何人かの方の記録や岸本道昭さんのお話や、調査を見学された難波《なんば》俊成さん撮影の写真によって判断しますと、二本の石列は突出部右側の上段・下段の石列で、左側では石列の石の多くは脱落していて僅かに上段とおぼしい数個の石からなる列が残っていたにすぎなかったようです。また、下段の石列間は約五〜六メートル、やや高い位置に置かれた上段石列の間には盛土がなされ、その間は約三〜四メートル、それが突出部上の「通路」となっていたようです。石列を構成する石は大人一抱えほどの割石（一部ではより小さい石）で、一重にやや疎らに据えられていたといいます。この石列の突き当たりよりややずれた箇所に石槨があり、ほぼその方向にあたる小口部分には壁は築かれていませんでした。実際にどのようになされたかは推察するほかありませんが、上段石列間を通る葬列はそのまま石槨方向に至ったようです。なお石槨壁面はかるい上開きで、蓋石は見られず、多くの弥生墳丘墓の場合と同様おそらく木蓋だったと推定されます。

このように、楯築弥生墳丘墓・養久山5号弥生墳丘墓・西条52号弥生墳丘墓の三者とも、その突出部の第一の機能は「道」であることが判明しました。しかもそれは、単に「通過するだけ」の場ではなく、両側に上下の石列を配し、あるいは前面に石列を並べ掘割を作る場合も、あるいは盛土によって一定の高さと形を整える場合もあり、明らかに意識された「墓道」です。だからそこに入った時には、はや「墓域」＝「聖域」に入ったことを意味したに違いありません。いっぽう石列も土盛りも置かれなかった「道」もあったと思われますが、木列や人列だけの場合は、証明は困難かまたは不可能です。ともかく弥生墳丘墓に、石や土を盛って整えられた「墓道」が知られたことは重要であると思います。

3　四隅突出型弥生墳丘墓の突出部

ここで誰しも思い起こすのは、中国山地から山陰、さらに後には北陸にかけて知られるようになった四隅突出型弥生

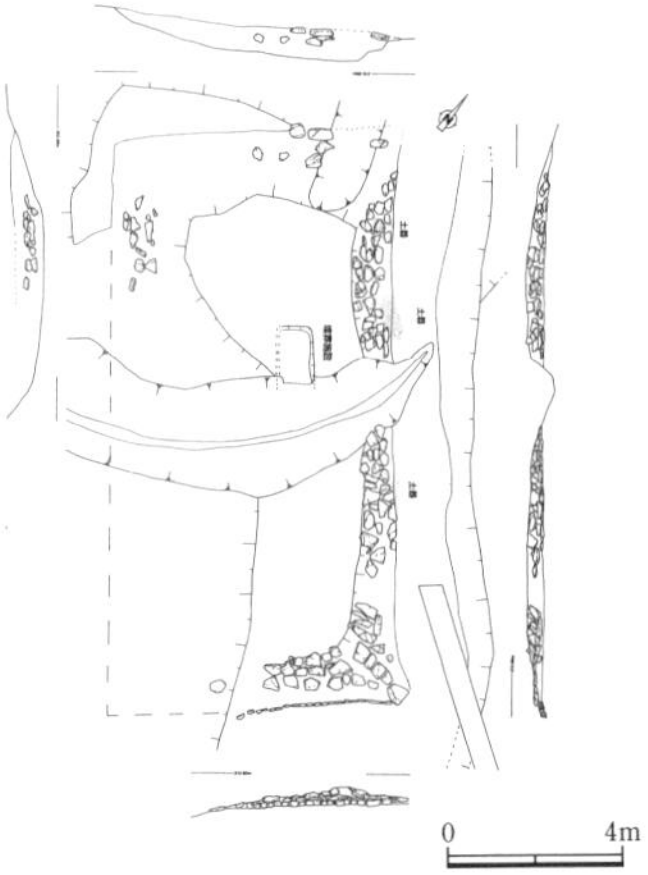

図22　三次市殿山38号四隅突出型弥生墳丘墓

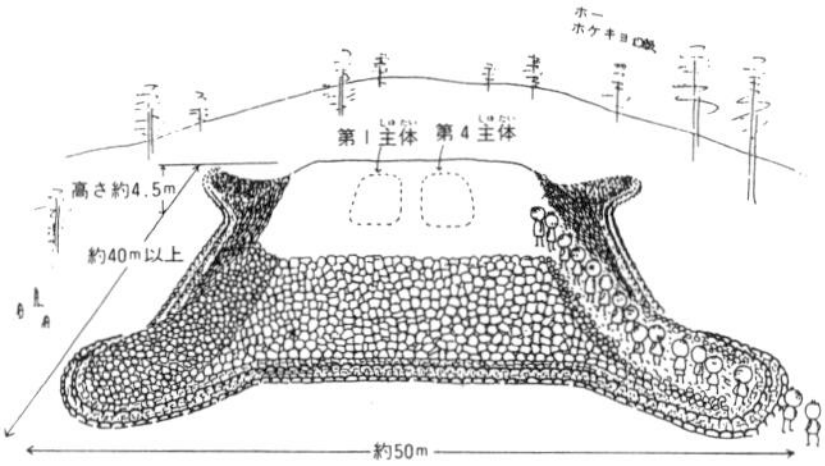

図23　出雲市西谷３号四隅突出型弥生墳丘墓の想定復原

墳丘墓の突出部です（田中・渡辺一九九二）。それは、三次市宗祐池《むねすけいけ》西１号や殿山《とのやま》38号（図22）などの弥生墳丘墓にみるようなごくささやかな突出部から、出雲市西谷《にしたに》３号弥生墳丘墓（図23）の付け根の幅七〜八メートル、長さ六〜七メートルの幅広大形の突出部まであります。つまり、ささやかな突出部（中期後葉）から大きく幅広い突出部（後期後葉）に変遷しています（一九八四）。突出部の先端から墳頂に向かって平たい石が、しばしば踏み石のように一列に敷かれている例があることから、突出部上面は墳頂への「墓道」と考えられます。もっともこの一列の平たい石は、図24の安来市宮山Ⅳ号墳丘墓や出雲市西谷３号墳丘墓のように突出部が大きく幅広いものに変化する頃には使われなくなりますし、北陸ではどうやら初めから石そのものが使われていないようであります。またこの突出部はその両側や先端を小石の列で囲まれていますが、大きく幅広い型式になりますと、石を組んだ溝状の構造物に変わったりします。「聖域」として整えられていったものとみられます。突出部を派生させ、石列を配する点で、「墓道」としての意義は先の楯築など山陽側の三者と変わるところはありません。かえってその萌芽が中期後葉にまで遡る点で、山陽側にある種の強いインパクトを与えたのかもしれません（注４）。方形周溝墓型弥生墳丘墓の周溝の掘り残し部分、つまり渡り土堤が出入り口で、これが四隅突出型弥生墳丘墓の突出部と関係するのではないかという意見も出されています（都出一九七九）。

さて四隅突出型弥生墳丘墓の突出部は四隅にあり、楯築弥生墳丘墓や西条52号弥生墳丘墓の突出部と較べると、いずれも短いのであります。西谷3号四隅突出型弥生墳丘墓の四つの突出部はその中で大きいほうですが、仮にその四つを一つにまとめますと、総面積およそ一六〇平方メートルほどになります。まとめ方はいろいろあると思いますが、例えば裾での幅約一〇メートル、長さ約一六メートルの突出部となり、その点では楯築の北東突出部にほぼ接近します。ただし、ここでは高さは無視しています。

なぜ突出は四隅に付かねばならなかったのでしょうか。中国山地から山陰にかけての地域では平面円形の弥生墳丘墓は発達しませんでした、いや、造られることはほとんどなかったようです。墳丘墓であるかぎり、その大部分は方形ないし長方形でした。(注5) したがってそこでは、突出部は四隅の墳形とごく自然に結びついて、そのため四隅に「均等」に付けざるをえなかったものと思われます。その点は北陸でも同じだったようです。

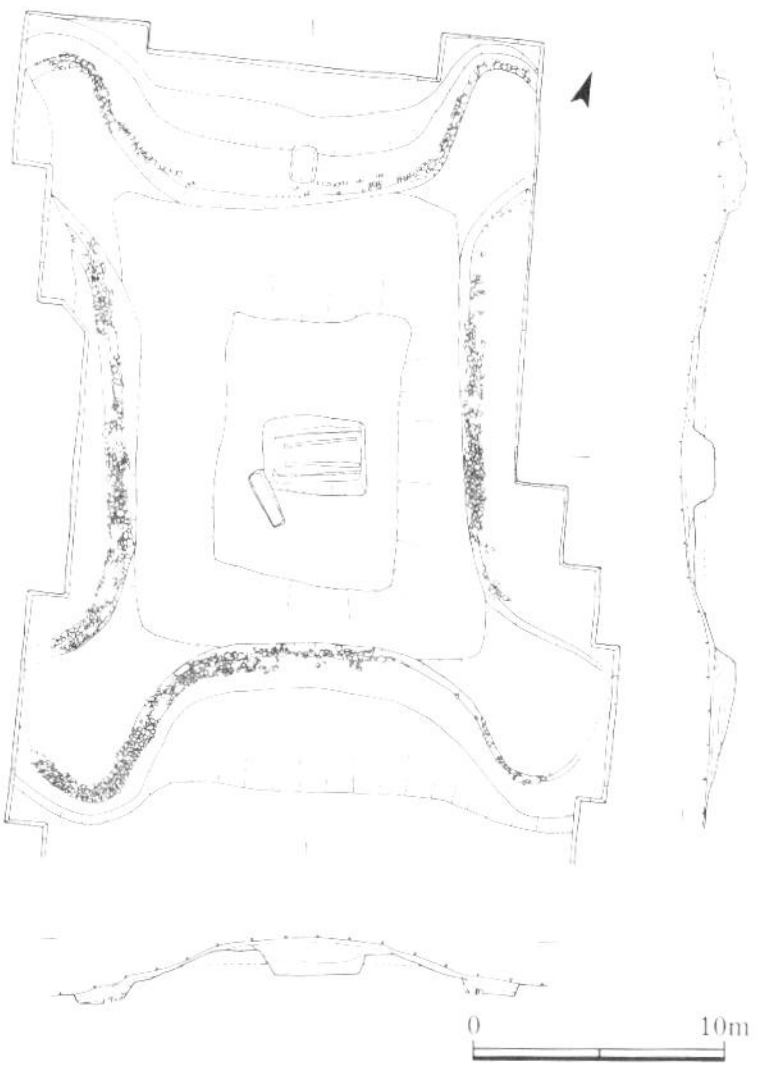

図24　安来市宮山Ⅳ号四隅突出型弥生墳丘墓

三　前方部の起源つまり撥形前方部の起源

1　弥生墳丘墓突出部と前方後円墳前方部の共通点

いわずもがなですが、両者を較べますと、幾つかの共通点を指摘できます。四隅突出型弥生墳丘墓の突出部を除いても、突出部のほうがだいぶ小さいと感ずる向きもあるかもしれませんが、主丘（前方後円墳なら後円部）との比ではそれほどでもありません。長さでは楯築はほぼ二分の一ないし二・五分の一、西条52号ではおよそ一・五分の一です。幅は概して狭く、楯築の主丘の径との比でおよそ三分の一ないし三・五分の一、養久山5号の主丘の幅との比でほぼ二・三分の一ないし二・八分の一、西条52号の幅については土盛りを含め築成法は不明です。また実際にも、楯築弥生墳丘墓の南西突出部の長さは約二二メートルであり、吉島古墳の前方部長はおよそ一四メートル、養久山1号墳で同約一五・二メートル、備前車塚古墳で同約二六・五メートルに較べ、ほとんど遜色ありません。築成のうち地山と盛土との相対的関係で申しますと、下降斜面にかかる備前車塚古墳前方部では盛土量がかなり多いのですが、吉島古墳や養久山1号墳と楯築弥生墳丘墓とでは大差ないか、あるいは楯築のほうが多量であったかと思います。

石列の点では楯築弥生墳丘墓は上下二段、養久山1号弥生墳丘墓でも上下二段、西条52号弥生墳丘墓でも上下二段とされています。備前車塚古墳では根石をもつ積石状の葺石上下二段（前半部では積石というより葺石二段）、津山市日上《ひかみ》天王山《てんのうやま》古墳では葺石三段（うち上段の葺石はほとんど脱落）、吉島古墳にはどうしたわけか列石も葺石も見られません。楯築では、使用済みの祭祀用土器が片付けられた位置や括れ部からの排水溝の伸び方などから見て、南西突出部頂で埋葬が行なわれたことがほぼ確かと推定される一方、備前車塚でも、前方部頂下の深さ約二・四メートルの箇所に下底をもつ長さ四メートルを越える不明の遺構が知られ、埋葬施設の存在の可能性も指摘されています。それに対して精査したにもかかわらず、吉島でも養久山1号でも前方部に埋葬の痕跡は認められず、また養久山5号でも突出部に埋葬施設は見られませんでした。西条52号は資料としてはまったく不明ですが、略報や発掘に参加または見学した人達の教示からは、埋葬施設はないと考えたほうがよいと思います。このように弥生墳丘墓の場合も、前方後円墳の場合も埋葬痕跡があったりなかったりです。古墳では、備前車塚と吉島の前方部上面でごく少量の土器片が発見されましたが、弥生墳丘墓では、楯築の突出部斜面や下面でかなりの量の土器類が発見されたにもかかわらず、その楯築でも養久山5号でも突出部上面からはまったくあるいはほとんど発見されませんでした。以上挙げたかぎりでは、両者の間にとくに顕著な差異は認められません。

2　突出部と前方部の差異

それでは両者の差異はどこにあるのでしょうか。ここでは二つを考えてみましょう。

一つは、大和における墳長一〇〇メートルあるいは二〇〇メートルを越えるような中形・大形前方後円墳に、前方部が最初から後円部と一体のものとして取り込まれたことです。桜井市箸中山古墳（墳長約二一九メートル）、天理市西殿塚古墳（墳長約二一九メートル）、同中山大塚古墳（墳長約一二〇メートル）などの前方後円墳がそれであり、大形の後円部が造られれば前方部も大形化するのは当然であるにしても、養久山１号墳・備前車塚古墳・吉島古墳など小形前方後円墳の前方部とは較べものにならない大規模さであります。それは楯築弥生墳丘墓の突出部の長さと幅と高さを何倍にもしたようなものであり、いうまでもなく弥生墳丘墓から前方後円墳への飛躍的展開に際して現れた現象の一つです（一九八二b・一九八六a）。大和やそれを含めた畿内中枢においては、顕著な突出部をもつ弥生墳丘墓は知られていないようですので、その問題はこの際しばらく措きます。

大形化は、割竹形木棺とそれを覆う竪穴式石槨にも現れますが、埋葬祭祀の終了後にも視覚的な威力を発揮し続ける墳丘において、もっとも顕著に現れました。弥生墳丘墓、この際とくに楯築の突出部との間に一見みられる著大な差は、実は墳丘全体の飛躍的大形化に伴う現象であって、当然なことながら前方部だけが大きく高くなったわけではありません。

二つは、前方部を付設する古墳つまり前方後円墳（または前方後方墳）が普遍的な墓制として誕生し、各地域に拡がっていった点です。そのことは、一つか二つの突出部を付設する弥生墳丘墓が山陽側においてごく稀に現れ、四隅に突出部をもつ類が中国山地から山陰・北陸という限られた地域にしか現れないこととときわめて対照的です。四隅突出は、とくに山陰の地域において当時の人達にとって、弥生墳丘墓としては必須またはそれに近いものと考えられていたと思われますが、山陽などその他の地域では、突出部は通常の規模の弥生墳丘墓にどうしても必要とは考えられていなかったようです。例えば今知られているかぎりでは、吉備における弥生後期後葉の墳墓は集合墓地を含め七〇遺跡を越え、そのうち墳丘墓は三十余基に達しますが、楯築を除いて、突出部をもつものは現在のところはっきりとは知られておりません(注6)（一九九六）。

このことは、(1)吉備においても弥生墳丘墓の大部分が高さ一～二メートルの低小な方形ないし矩形であることと関係してか、突出部の付設が通常行なわれなかったこと、あるいはなくて済まされたこと、(2)それにもかかわらずもっとも大規模な墳丘をもち、もっとも盛大かつ複雑な祭祀が行なわれたと考えられる楯築弥生墳丘墓にだけ「特別に」突出部を付設したこと、この二つのことを物語っています。地域性を断ち切り普遍的な性格をもたせるべく創出された墳墓つまり前方後円墳に、突出部を前方部として取り込んだことの必然性については、幾つかの他の現象と対比することも可能です。吉備など二、三の地域の、しかも一部の埋葬に使われたにすぎないと思われる底面U字形の短小な木棺から最古型式前方後円墳に普遍的な長大な割竹形木棺が、それに伴って短小な木槨あるいは石槨から同じく長大な竪穴式石槨が生まれ、吉備の地域で展開してきた特殊器台と特殊壺から都月型円筒埴輪と特殊壺型埴輪が、ついで器台型埴輪・円筒埴輪・壺形埴輪・朝顔形埴輪が誕生してきた動きに類することであろうと思います。言葉が適当でないかもしれませんが、それは地域性に彩られ縛られた弥生社会を抜け出し、全土的結びつきを誕生させようとする大波の動きの表れであり、結果であったに違いないと思います(注7)（一九八六a）。

3 撥形前方部の誕生

それでは最古型式前方後円墳の前方部が撥形を呈するのはなぜでしょうか。先に、撥形前方部の前半部分は共同体的祭祀の場としての弥生方形墓が象徴化した一種の祭壇、後半部分はそれと主丘とをつなぐ連結部＝通路と考えましたが（一九六八b）、間もなく前半部の評価について自信を喪失した次第については、先に触れました。しかしその後、撥形前方後円墳の調査例が増えても、僕にとって後半部分を連結部＝通路とする考えは強まることはあれ弱まることはありませんでした。弥生墳丘墓に実在または予想されるさまざまな「墓道」が形式化した姿と考えていたのですが、共通した特徴として後円部頂や前方部頂に較べ、そこは低く狭くなっております。しかも付け根というか境界の箇所は「突出状斜面」(注8)（隆起斜道）をなして前方部頂から後円部頂への移動を容易にする工夫がなされています。これは大形の箸中山古墳にも、中形の姫路市丁瓢塚《よろひさごつか》古墳にも、小形の備前車塚古墳にも、その箇所が後世変形されていないほとんどの前期・中期の前方後円墳に、いやもっと後までの前方後円墳にも見られます。都月坂1号墳や備前車塚古墳では後方部頂へ至る登り「通路」の部分には葺石を葺いていません。これらのことが示すように、それは、単に象徴的な通路（一九八三b）というだけでなく、ましてや単なる「方形壇」（都出　一九七九）というものではなく、実際の墓道として意識され、そのように機能していたことはほぼ確かであるといってよいと思います。

　問題はやはりというか、依然として前方部の前半部分であり、その前面と左右への拡がりです。それを考える前に、後円部と前方部はどちらが先に、あるいはほぼ同時に造られたのかどうかの問題を検討してみましょう。普通に考えて、前方部を先に築いたとすることは難しいのですが、箸中山古墳や西殿塚古墳のような大形前方後円墳の場合、後円部と前方部の間を長軸に沿って断ち割り両者の関係を調べることは甚だ困難で、少なくとも撥形前方部をもつ大形古墳についてなされた例を寡聞《かぶん》にして知りません。ただ中山大塚古墳は、括《くび》れ部の葺石の配置の状況から、順序としては前方部が後に設けられたことが明らかになった希有の例と思われます(注9)。小形前方後方墳ならば、僕も乏しい経験をもっています。都月坂1号墳と備前車塚古墳では、括れ部頂を含む長軸の断ち割りを行ないましたが、順序としてはいずれも後方部が先に築かれていました。確かな資料はなお少ないのですが、前方部が後から、つまり引き続いて付設された、つま

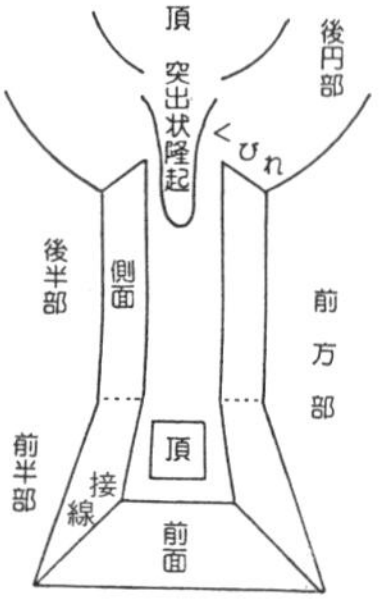

図25　前方後円墳模式図と各部名称

り後円部に接する辺りからその築造が始まっただろう、と考えて話を進めたいと思います。

前方部の後半部分が「突出状斜面」（隆起斜道）を経て後円部頂へ至る「墓道」であるとしますと、葬列は墳外のどこから前方部に達するのでしょうか（図25）。吉島古墳や養久山1号墳のように低小な前方部をもつ小規模前方後円墳の場合では、単に到達するだけなら前方部のどこからでも可能でしょうが、ここでは最古型式の中でも最古の一群（一九九五ａｂ）と考えられる大和の大形前方後円墳――その一つは箸中山古墳であります――を考察の対象としたいと思います。傾斜がやや緩そうで登りやすくみえるのは、しばしば括れ部ですから、そこから登ればよいとする意見も出されたことがありますが、その場合は前方部自体の意味はおろか、括れ部上面よりも多少前方部寄りから始まる「突出状斜面」（隆起斜道）の意味を別途説明しなければなりません。また前方部後半部分の側面から登るとしますと、通路としての前方部自体の意味だけでなく、傾斜が急なうえ、墓道としての意味を断ち切るように石列や葺石を配したことの意味が問われなければなりません。

とすると、残るところは前方部前半部分です。(注10) 僅かな例外はあるかもしれませんが、宇垣匡雅さんが早く提唱したように、普通は墳丘斜面のうちもっとも傾斜の緩いのは、前方部前面と側面のなす「接線」(注11)（隅角・隅角線）、つまり前面と側面のつくる角《かど》線であります。しかしここは、原理上鋭角をなして構築された可能性が強いので、ましてや葺石が文字通り鋭角に葺かれているとしたら、とうてい葬列はここから登るべくもありません。しかしこの角線が、埋葬祭祀の最中に確かに鋭角、しかも葺石をもって鋭角に作られていたと実証されたことがあるかどうかは知りません。(注12) まして前面に向かって右側面の下方が断ち切られたように急傾斜を作っている箸中山古墳や岡山市浦間茶臼山古墳（宇垣一九八七・一九八八）などに接しますと、この側からは登れない（登ってはいけない）、言い換えれば左側から登れ、と語りかけているかのようにさえ思います（注13）。

さてそこで、前方部前半部分の頂にたどりつくためには、それが葬列であれば、なおのこと登りやすくする必要があったと思われます。そのためには墳の傾斜を緩めるほかありません。私は今「左側から登れ」とだけいっているわけではありません。前半部の角（隅角）の部分を左右に拡げれば、撥形となり、傾斜は弱まり、僅かでも登りやすくなることは確かであります。後半部分から先を撥形に拡げていけば、その側方先端の傾斜つまり先に触れた「接線」（隅角線）部分の傾斜がそれにつれ緩くなります。だからそこが葬列の登りの第一の候補であることはいうまでもありません。しかし撥形につれて拡がった前面部分（注14）についても、検討する価値はあるかもしれません。

箸中山古墳・西殿塚古墳は比較的よく前方部前面の形態を保存していると思われますが、前方部側面に較べると斜面傾斜はやや緩く造られています。残念ながら、撥形前方部をもつその他大形古墳のほとんどは「陵墓」や同参考地となっておりますため、その点を確かめるための立ち入りができません。また後世変形していることも考えておかねばなりません。そのため資料不足の難は否めませんが、どうしても前面から登らなければならないといたしますと、「接線」（隅角線）を撥形に造成する必要はなく、前面の前のほうの一部または全部に盛土して緩やかな斜面を作ればよいわけです。しかし「接線」（隅角線）部分以上に緩やかな傾斜をもつ前面はこれまで見られませんから、やはり傾斜がもっとも緩い「接線」（隅角線）部分が、前方部頂への道の「第一候補」、いや「確かな」墓道となります。このように前方後円墳の創出にあたって、まず大形前方後円墳に採用された撥形が前方部の型式として定式化され、その型式は、登ろうと思えば撥形を造成せずとも登れるような備前車塚古墳や養久山１号墳などの小形前方後円墳にも及んだに違いありません。逆であることはありえないと思います。

これを要するに葬列は、「接線」（隅角線）部分を人が歩けるほどの幅として、そこを登って前方部頂に達した後、形式化した儀礼的通路としての後半部分の頂、さらに「突出状斜面」（隆起斜道）を経て後円部頂に至ったに違いありません（注15）。

ただ箸中山古墳にも西殿塚古墳にも、互いに形状（ないし保存状況）は異なりますが、前方部前半部頂は芋虫形、あるいは台形の隆起となっております。それが、単にそこで葬列が儀容を整えるための壇であるか、あるいは後円部埋葬の後に行なわれた近親の者の埋葬の上部壇であるかによって、上の描写に多少の相違が生ずることは大いにありうることです。

最初の前方部誕生の背後にはこういう事態が予想され、撥形はその現実の役割を担って誕生したものと思われます。その後展開する前方後円墳前方部の形態は、計画段階から後半部と前半部を一体のものとして型式化することによって展開していきますが、撥形前方部も実際の意味をもち、あるいは僅かでももとの意味を保持して、その数の多少を問わなければ、ある期間造られていきました。

〔注〕

（1）その後、別な解釈を幾つか立ててみていますが、確たる成案とはいえませんので、ここでは言及いたしません。
（2）要旨は『考古学研究』一九―一の五頁に概要を掲載。
（3）最近まで総社市三輪の宮山墳墓や岡山市花尻の矢藤治山墳墓を突出部をもつ弥生墳丘墓の仲間に入れて考えていました（一九九五ａ・ｂで改定）。
（4）楯築の南西突出部の先端石列の緩やかな曲線は、出雲市西谷3号弥生墳丘墓や安来市仲仙寺9号弥生墳丘墓などの突出部先端の形状と類似を示します。といっても直ちにどちらがどちらかの影響を受けたとは、今のところいいがたいようです。
（5）一九九九年に広島県三次市で行なわれた中国四国前方後円墳研究会の研究大会で、島根大学の渡辺貞幸さんからお聞きしたところによりますと、鳥取県大山町洞の原1号弥生墳丘墓では四隅突出のうちの一突出が墳丘の出入りに使われた可能性があるとのことです。

（6）最近になって気付きましたが、楯築の後継首長の墓と推定される倉敷市鯉喰神社弥生墳丘墓にも突出部と思われる箇所が想定されます。

（7）もう一つの側面である首長間集団間の格差についてはここでは触れません。

（8）この用語は、後に「後円部隆起斜道」ないし「隆起斜道」と改めました。「前方部とは何か」『古代吉備』二一（一九九九年）参照。ここでは括弧の中に併記しました。

（9）松本洋明さんの案内により実地に見学しました。

（10）斜めまたはジグザグの道を造成するならどこからでも登ることはより容易になるわけです。また前半部のどこかに下方から頂に至る緩やかな斜道を付設し、後に片付けることも解決法の一つのように見えますが、ともに撥形の意味も前方部自体の意味も考慮しない考えです。そのような仮定で議論してすむような問題でないためここでは採りません。

（11）この用語は後に「隅角」と改めました。ここでは括弧の中に併記しました。「前方部とは何か」『古代吉備』二一、参照。

（12）岸本道昭さんから高松市石清尾山石塚群中の北大塚古墳がその例として指摘されましたので、すぐ実査して確かめましたが、明らかに「接線」が鋭角をもって築造されていて、そこから登ることは著しく困難というより不可能でした。しかし中ほどがやや高まる尾根に造られた前方部は、その前面中央辺の高さは一メートル未満、「接線」付近で一メートル二、三十センチであり、後に片付けることを予定した二、三の踏み石を置くなどすれば前方部頂に達することはきわめて容易だろう、とその折は考えました。しかしその後、この鋭い角をなす「接線」部分はもとからではなく埋葬祭祀にかかわるすべての行事が終了した後に構築されたのではないか、と考えるようになりました（近藤二〇〇〇）。

（13）宇垣匡雅さんは一九八八年論文で次のように述べています。「前期前半の前方後円墳においては前方部の一方の角が、一定の方向性をもって鋭角的に突出を示している。この方向性、そしてそのゆるやかな角度という一点を重視するならば、前期前半の段階においては前方部から道としての機能は完全に除かれておらず、その一部分、すなわち前方部角部が、なおその機能を担っていた可能性を考えることができる。」卓見というべきです。

前方後円墳には、このようないわば「角切り」とは違い、前方部側面と前面が作る接線部分の平面形と立面形、したがって勾配が左右で異なる例が少なからず知られていることも、葬列の通路と関連して考慮しておくべきだろうと思います。

（14）前面の形は外の世界からの切断のごく自然な表現でしょうが、弥生墳丘墓とくに楯築の突出部の前面の形などが歴史的経験のうちにあったものと思われます。

（15）この小文執筆当時すでに、堅田直さんは掘割墓道の概念と具体的な復原図を示しております（「前期古墳の造り方」『古墳』光文社、一九九三年）。したがいまして堅田さんの驥尾《きび》に付して、小文でも「突出状斜面」（隆起斜道）に続いて「掘割墓道」が掘削される場合もあったことを追記補足いたします。

〔文　献〕

ウィリアム・ガウランド　一八九七：William Gowland, The Dolmens and Burial Mounds in Japan, ARCHAEOLOGIA.
宇垣匡雅　一九八七：「吉備の前期古墳――Ⅰ浦間茶臼山古墳の測量調査――」『古代吉備』九。
同　一九八八：「吉備の前期古墳――Ⅱ宍甘山王山古墳の測量調査――」『古代吉備』一〇。
梅原末治　一九二一：『佐味田及新山古墳研究』岩波書店。
鎌木義昌　一九六八：「備前車塚」（近藤と共著）『考古学研究』一四―四。
同　一九八六：「備前車塚古墳」（近藤と共著）『岡山県史　考古資料』岡山県。
小林行雄　一九五六：「前期古墳の副葬品にあらわれた文化の二相」『京都大学文学部50周年記念論集』。
同　一九五九：『古墳の話』のⅡ―2「前方後円墳のうつりかわり」岩波書店。
近藤義郎　一九六八a：「備前車塚」（鎌木と共著）『考古学研究』一四―四。
同　一九六八b：「前方後円墳の成立と変遷」『考古学研究』一五―一。
同　一九七七a：「古墳以前の墳丘墓」『岡山大学法文学部学術紀要』三八。
同　一九七七b：「前方後円墳の成立」『考古論集』松崎寿和先生退官記念事業会。
同　一九八三a：（編、是川長・松本正信・加藤史郎と共著）『吉島古墳』兵庫県新宮町教育委員会。
同　一九八三b：『前方後円墳の時代』岩波書店。

同　一九八四：「四隅突出型弥生墳丘墓二題」『竹田墳墓群』岡山県鏡野町教育委員会。
同　一九八五：「養久山１号墳」『養久山墳墓群』兵庫県揖保川町教育委員会。
同　一九八六ａ：「前方後円墳の誕生」『岩波講座日本考古学』六、岩波書店。
同　一九八六ｂ：「備前車塚古墳」（鎌木と共著）『岡山県史　考古資料』岡山県。
同　一九九二：『楯築弥生墳丘墓の研究』同刊行会。
同　一九九五ａ：「あとがき――前方後円墳の成立をめぐる二つの課題――」『矢藤治山弥生墳丘墓』矢藤治山弥生墳丘墓発掘調査団。
同　一九九五ｂ：「大和の最古型式前方後円墳と宮山型特殊器台」『みずほ』一六、大和弥生文化の会。
同　一九九六：『新本立坂』総社市文化振興財団。
西条古墳群発掘調査団　一九六四：『西条墳墓群』西条古墳群発掘調査団。
田中義昭・渡辺貞幸　一九九二：『山陰・山陽地方における弥生時代墳丘墓の比較研究』島根大学法文学部考古学研究室。
都出比呂志　一九七九：「前方後円墳出現期の社会」『考古学研究』二六―二。
浜田耕作　一九二六：「前方後円墳の諸問題」『考古学雑誌』一六―九。
松本正信　一九八五：「養久山５号墓」『養久山墳墓群』兵庫県揖保川町教育委員会。

小文は、『みずほ』一九（大和弥生文化の会、一九九六年）に掲載した一九九六年五月八日執筆の「前方部の誕生」を「ます」調に改め、また二〇〇〇年八月二六日までに幾ばくかの補訂を加えたものです。そのため文体は論文調で注や文献が付けられたままです。小文に掲載された諸古墳の発掘をともにされた方々に深く感謝します。

〔**参考文献追加**〕

近藤義郎　一九九九：「前方部とは何か」『古代吉備』二一。
同　二〇〇〇：『前方後円墳観察への招待』青木書店。

第四章　最古型式前方後円墳をめぐる諸問題

只今、橋本澄夫会長が過分にご紹介下さいました近藤でございます。僕は皆さんの中の一〇分の一ぐらいの方々は存じております。その他の皆さんも大抵の方は、この石川県あるいはその周辺の方々でございまして、大変お懐かしゅうございます。

本日の演題は「前方後円墳の誕生」ということですが、実は「誕生」ということはなかなか難しいのでございまして、まったく誕生が判らないものもあるんですね。皆さん方の誕生日はそれぞれよくお判りのことと思いますが、「日本国」の誕生や「神武天皇」の誕生などというものは判らない。二千六百何年か前の二月十四日でしたか、十一日でしたか、そこで神武天皇が即位し、日本国が誕生したと思っている人が今でもいらっしゃるかもしれません。皆さん方の中にも一人ぐらいはいらっしゃるのでしょうか、いないのでしょうか、本会に来られるような方の中にはおそらくおられないのでしょうね。

その点で、わが石川考古学研究会の誕生日は明確であります。今からちょうど五〇年前の、なんと時間まで判っております。橋本さんの挨拶では触れられませんでしたが、一〇時です。一九四八年一〇月三一日午前一〇時に鶴来《つるぎ》町白山青年の家で発会がなされております。その六年後に僕はこちらにのこのこやって参りまして、当時高校の教諭をされていた本会の前の前の会長の高堀勝喜先生や前の会長の濱岡賢太郎先生のご指導や、その頃学生だった橋本さんやたくさんの方々の知己をえて、歩き回ったり、いろいろとお話を承ったりいたしました。ちょうど五〇周年の石川考古学研究会の誕生日にあたりまして、まずお祝いの言葉を申し上げます。おめでとうございます。そういうおめでたい席に遠いところに住んでいる老生をお招き下さって、感激の極みであります。

本日のテーマである前方後円墳は、私の得意分野だと橋本さんはおっしゃっておられましたが、この最古型式前方後円墳をめぐる諸問題というのは実は必ずしもよく判っていないのであります。いろいろな方がいろいろなことをいっているわけです。使う材料もそれぞれ違います。鏡がどうのこうのとか、土器がどうのこうのとか、「魏志倭人伝」がどうのこうのとかいうことで、前方後円墳の誕生というのは一種の謎に包まれているかのようです。しかしそれが、日本の歴史を考えるうえでもっとも重大な課題の一つであることは間違いありません。したがって、こういうテーマで話をするのは非常に気が重いのであります。気重ではありますが、しかし、あまり判っていないんだということは反面気楽でもあります。本日は、その気楽なほうにかけて、これから二時間ほどお話をさせていただこうと思います。

気楽な話でも、かなり難しい話になります。ですから、お判りにくい方はどうぞ居眠りをなさっていて下さい。しかし、図と要旨は大変親切に作ったつもりですので、目を覚ましてから見ても判るようになっております。安心してお聞き願います（笑い）。

一　一九五〇年代の最古型式前方後円墳の研究

最初に一九五〇年代の最古型式前方後円墳の研究は、どういうふうなことであったかということを三点に分けて述べたいと思います。これは、主に長年京都大学におられた小林行雄先生のお考えであります。もちろん、小林先生がそういうふうにお考えになるまでには、明治以来のたくさんの人達の業績が積み重なっており、その上に立ってのことです。その点ではもちろん、これからの私の話もまったく同じであります。

最古の前方後円墳は、三つの特徴をもっているというわけです。第一は、前方部は後円部の頂上に較べて甚だ低く、また一般に細く長いということです。図26をご覧下さい。そのうちの①の大阪府紫金山《しきんざん》古墳、②の奈良県桜井茶臼山古墳などは、前方部は低くて長いですよね。これらが一番古いというのが一九五〇年代までの認識でありました。

第二は、古墳の内部に築かれる竪穴式石槨《たてあなしきせっかく》は長大で、これにまた長大な割竹形木棺を納めているのが一般であるということです。竪穴式石槨の例は図3の①の紫金山古墳、図26の③の兵庫県権現山51号墳です。権現山51号墳の石槨はあまり長くはありませんし途中で破壊されていますが、それでも長さは内法四・七メートルある。今の棺と較べると非常に長いですね。紫金山古墳のほうは七メートルぐらいあります。人間が長かったわけではありません。これは一言でいうと、差別あるいは格差の問題だと思います。この時代の一般の人達の墓の木棺は長さ約二メートルくらいが普通です。つまり棺の長大さでも格差を付けたというふうに考えたらどうかと思います。

第三の特徴は何かと申しますと、副葬品に特徴があります。最古型式前方後円墳は鏡をもっている、「伝世」の後漢鏡、それに三角縁神獣鏡などです。ここで「伝世」とされているのは、梅原末治先生や小林先生のお考えです。伝世、つまり世々伝えられた鏡、主に後漢鏡か魏鏡の古いものをもっています。それから、新たに大陸の王朝または出先から移入してきた三角縁神獣鏡（図26の④）を副葬しております。

ごく簡単に申して、以上が小林先生のご意見の概要でございます。ただ、「伝世鏡」の問題は、本当に「伝世」されたものかどうか、また「伝世」されたとして、どのようにどのくらいの期間伝世されたのか、まだ解決がついていないと考えております。一部は伝世されたと思われる節がありますが、全体についてそう言い切ることはできない、そういう意味であります。この三つを小林先生が中心になって、「誕生したばかりの前方後円墳の特徴ですよ」と僕達に伝えて下さったわけです。

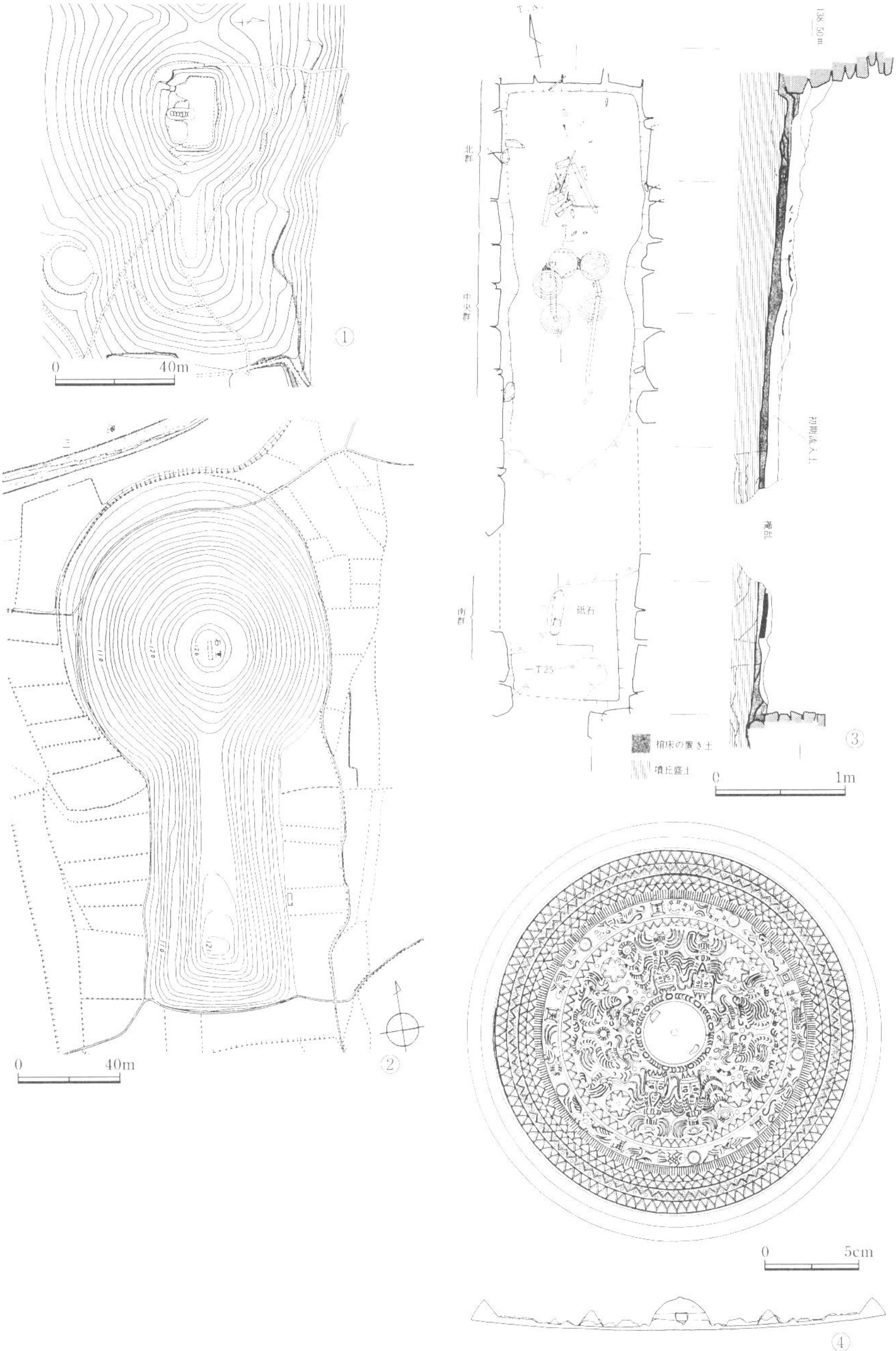

図26　低い前方部・長い棺槨・大陸製の三角縁神獣鏡
①紫金山古墳　②桜井茶臼山古墳　③権現山51号墳　④権現山51号墳出土

二　一九六〇年代・七〇年代の補訂的研究

1　前方部の祖形の追求と最古型式前方部の形態の認識

一九六〇年代・七〇年代には小林先生の意見を補足したり、訂正したりする研究が進みました。これは大きく二つに分けられます。

a　前方部は弥生墳丘墓の「整えられた通路」を祖形とする

一つは前方部の形の認識が少し変わってきたことです。それから前方部は、いったい何から生まれてきたのか、前方部の原形は弥生時代に遡ってどうだったのか、という問題の解決が図られたわけです。少しはなれた頁ですが、図19を見ていただきます。前方部の祖形でありますす。祖形というのは源の形で、前方部そのものではありません。しかし前方部の格好をしております。それは非常に大きな弥生時代の墳丘墓です。僕は弥生時代の古墳とは申しません。弥生時代の古墳と文章で書いておられる人もおりますが、弥生時代の古墳といわれますと、僕のような者はその名称だけで頭が混乱してしまいます。「あれ、弥生時代と古墳時代は別の時代ではなかったのか。どうして一緒になるんだ」ということで、皆様方を混乱させてしまいます。

これは弥生の墳丘墓です。古墳に如何に似ていても、きちんとした前方後円墳が出現するまでは古墳という名称は使わないほうがよい、そういう立場で、しかも弥生という名称を前につけて使っているわけです。図19の墳丘墓は非常に大きなものです。こんな大きなものがどうして弥生時代にあるのか不思議に思われる方もいらっしゃるかもしれませんが、弥生時代のものです。岡山県倉敷市にある楯築という大きな弥生墳丘墓であります。墳長がおよそ八〇メートルぐらいあります。墳長だけで申しますと、石川県下の並みの前方後円墳に匹敵するような大きさをもっております。こう

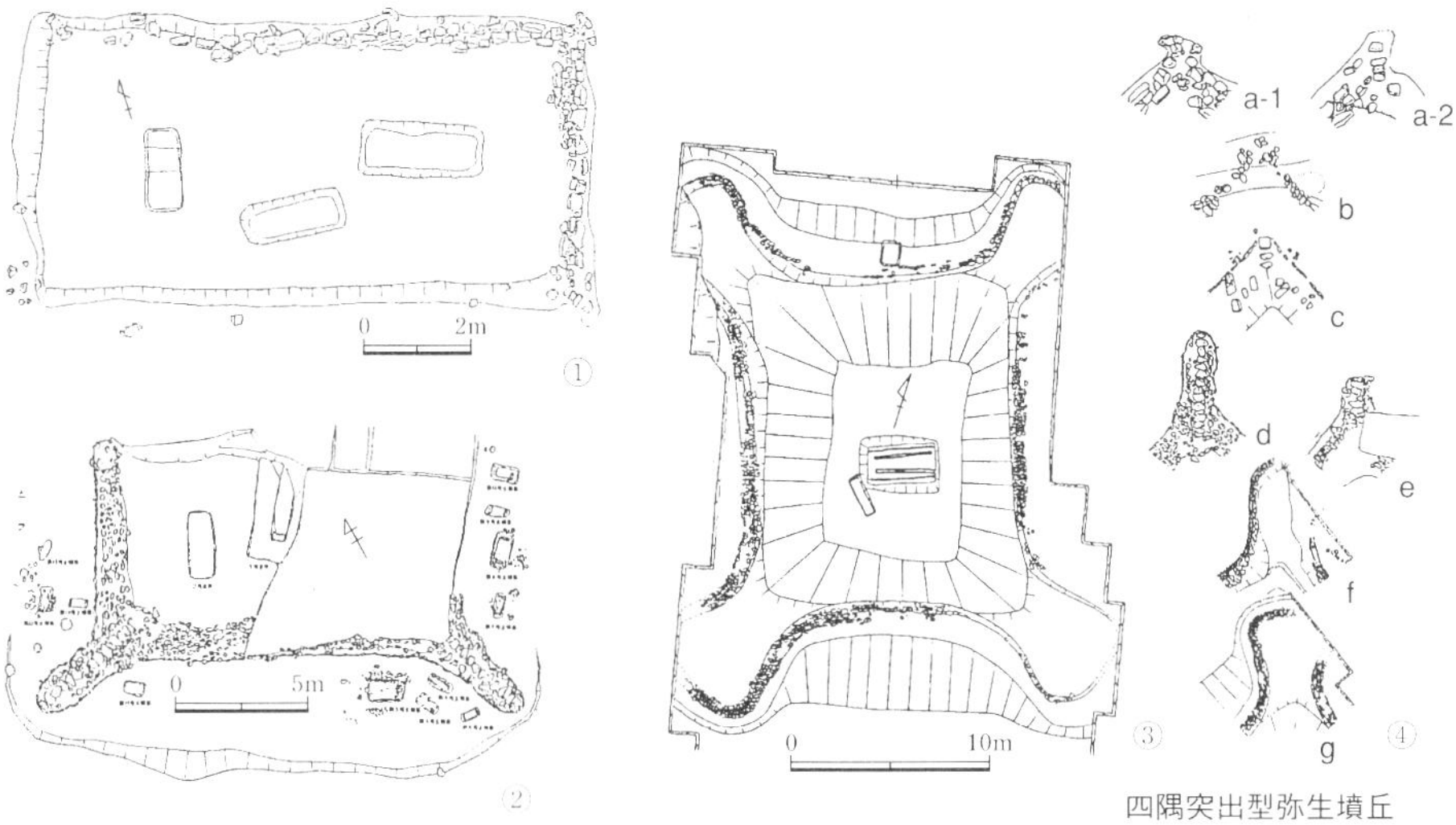

四隅突出型弥生墳丘墓の突出部の変遷
a. 宗祐池西１号
b. 竹田８号
c. 田尻山１号
d. 阿弥大寺１号
e. 順庵原１号
f. 仲仙寺９号
g. 宮山Ⅳ号

図27　四隅突出型弥生墳丘墓　一部改変
①三次市宗祐池西１号　②阿弥大寺１号　③宮山Ⅳ号　④突出部の変遷（弥生中期後葉から後期後葉まで）

したものがすでに弥生時代に出現している、しかも、前方部に相当するような突出部が北東と南西に張り出しています。これらの突出部は団地を作るための工事で壊されてしまいました、両方とも。壊された跡を私どもは追いかけ、四苦八苦して復原していったわけです。例えば南西側では、工事の土盛りの下約三・五メートルの所に突出部の先端部の下方を発見しました。以来、私どもは前方部と区別して突出部と呼んでおりますが、高さ一メートルぐらいの石をずっと立て並べてありました。

それから、図20は小さなものでありますが、平面矩形の墓でありまして、出土の土器から見て、これも弥生墳丘墓であります。前後がちょうど尾根道であります。尾根道を墓道として受けるように、両側に突出部が石で一段に画されてついております。

それから図27ですが、びっくりするようなものが弥生時代の中国山地から山陰にあるんです。ちゃんと踏み石がついております。踏み石は墳丘の頂上に向かっています。実はこれは四方向についていて、四隅突出型《よすみとっしゅつがた》と呼ばれています。ずっと前の頁の図4の⑤は、そのうちの一突出の図であります。

図27の④をご覧になりますと、初めは四隅突出型墳丘墓の突出部も非常に小さかったんですね。a－1、a－2は非常に小さい。b・cになるとちょっと形をなしてきます。cには踏み石が三つほど残っていますね。dは前に触れた図4の⑤、図27の②の左下と同じものです。それからだんだん横にも縦にも膨れ、一見前方部のような格好を呈するようなものに変わってまいります。fとgです。この頃になると踏み石がなくなるか、全面敷石となります。ここまでは、まだ弥生時代であります。

この変遷は弥生時代の中期後半から後期後半までの変遷過程であります。こういうものがあるわけであります。これの流れの一部が福井県・石川県・富山県までできております。日本海の岸沿いに影響してきたわけですね。しかしそこから先の新潟県では、今までのところ見つかっておりません。北陸の四隅突出型は石を使っていない点で、山陰の四隅突出型とは少し違います。

こういう突出部の祖形あるいは前方部の原形がすでに、中国山地では弥生中期後葉から、山陰では後期初葉から、北陸では少し遅れ、吉備では後期後葉から造られています。吉備というのは広島県の東半分と岡山を総称して古い時代にそういわれていたらしく、この時期に非常に強い勢力をもっていたと考えられる地域です。

b　撥形前方部の認識　次は撥形《ばちがた》前方部の認識です。図28をご覧下さい。どうです、撥形の前方部がいっぱい並んでいるでしょう。撥形の「撥」というのは三味線の撥のようなもののことです。先のほうがカーヴをえがいて開いているわけです。①は養久山《やくやま》1号墳です。兵庫県の揖保川町、岡山県の東隣の兵庫県西部にある古墳です。これは今から三〇年ほど前に、考古学研究会姫路研究会所属の方々、それに岡山大学の者達が、地元の協力をえて発掘したものであります。この図は、前方部の前面など多少推定を交じえて復原した部分もありますが、前方部は撥形に開くと見ております。

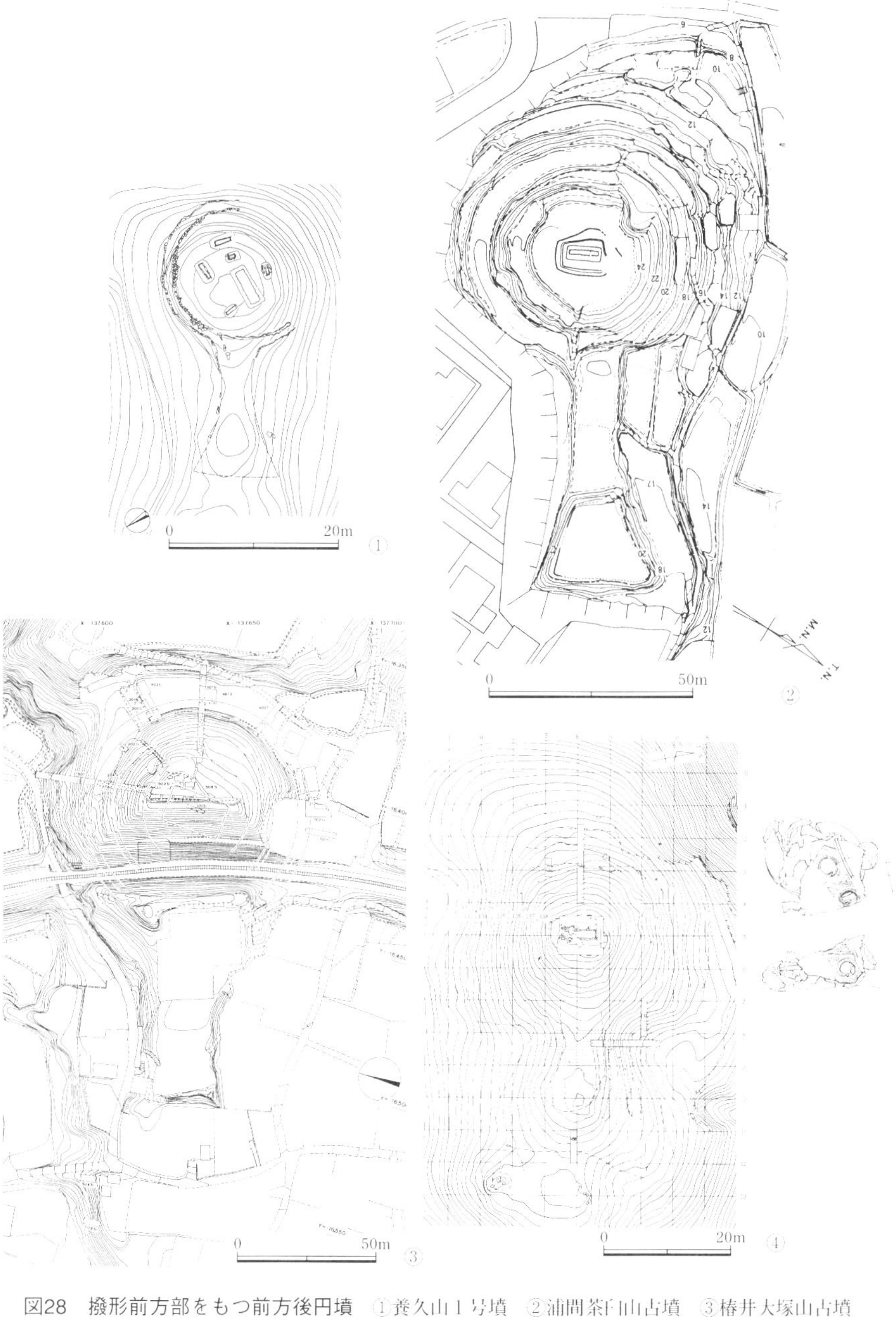

図28　撥形前方部をもつ前方後円墳　①養久山1号墳　②浦間茶臼山古墳　③椿井大塚山古墳　④権現山51号墳（右は特殊器台・壺出土状態）

それから③はたくさんの大陸製の鏡を出したことで有名な京都府山城町椿井《つばい》大塚山古墳です。これはちょっと見ると撥形ではないようにも見えますが、本来の前方部の形状を追求すると、やはり撥形であります。最近の発掘では、ますます撥形であることが認められてまいりました。

それから図1の①は、この古墳を知らない人はまずいらっしゃらない奈良県桜井市の箸中山《はしなかやま》古墳です。箸墓古墳ともいわれています。撥形でしょう。真っ直ぐじゃないですね。小林先生がいわれた細長く低く伸びている古墳とは違いますね。図28の②は岡山市の浦間《うらま》茶臼山古墳。この古墳の前方部は畑になったりして、いろいろと変形されていますが、箸中山古墳の二分の一相似形といわれています。長さも幅も二分の一です。しかし前方部の頂の形は、両者ずいぶん違います。④は兵庫県の権現山51号墳です。その石槨については先ほど説明しました。前方部の左右の端部は壊れて丸くなっていますね。こういうふうに、実は前方部は単に細長いだけでなくて、先が開いて撥形になっている、しかもその頂がそうとうに高いものもある、ということであります。そこに埋葬がなされたに違いないと考えられる類《たぐい》もあります。

c　なぜ撥形か　なぜ撥形であるのか、ということをお伝えしようかどうかずいぶん迷いました。なぜ撥形かということを説明しようとしますと、あと三〇分ぐらい余計にかかってしまいます。そこで一言だけ申し上げますと、撥形にしたほうが登りやすいということです。葬列はどこから登るのでしょうか。傾斜が一番緩やかなのは前方部の先の左右の稜線です。少しでも緩やかな道を確保するためには、前方部の稜線つまり隅角《すみかど》線の傾斜を緩やかにしなければなりません。そうすると撥形にするか先を伸ばすしかありません。前方部そのものはなぜ成立したのかということは、先ほど弥生墳丘墓の突出部のところで少し触れましたが、突出部を通って墳頂に達します。突出部というのは、つまり通路です。整えられた通路です。類例はなお多くありませんが、弥生時代後期の吉備・播磨の一部や山陰・北陸では、埋葬の場所に達する通路を整えております。その整えられた場所つまり突出部が前方後円墳の誕生と同時に、巨大化し、後円部と一体化するのです。世間というか一般の人々を寄せつけないような、少し難しい言葉でいうと、隔絶の道となる、とそのように考えております。いかがでしょうか。ご異論のある方は、後で遠慮なく質問していただきたいと思います。

2　都月型円筒埴輪の発見と認識

a　埴輪の起源　それから一九六〇年代・七〇年代に加えられた研究は、都月《とつき》型円筒埴輪の発見と認識であります。つまり埴輪の起源はなんとこれまた、岡山で明らかにされました。埴輪の起源は実は岡山にあったのであります。「お前は、また郷土自慢・お国自慢じゃないのか」といわれそうですけれども、私はもともと岡山には縁もゆかりもなかった者です。生まれ育ったのは栃木県の足利という所でございまして、たまたま岡山に職があってやって来ただけでありますので、別に岡山の肩を持つために埴輪の起源の研究をやってきたわけではありません（笑い）。

都月型円筒埴輪の都月というのは、墳長約三三メートルの小さな前方後方墳、岡山市都月坂《とつきさか》1号墳からとった名称で、かなり昔に仲間の水内昌康さんと僕が中心になって発掘しました。幸か不幸か勤務していた大学の裏山にありまして、調査費がほとんどなく、みな手弁当で、僕や女房なども応援団の学生のために毎日握り飯をたくさん作って、発掘した古墳であります。応援団といいましても僕の、いや発掘のファンの大学生、時に小学生やおばさん達まで集まってみんなして、もちろん誰も無報酬で発掘しました。ないない尽くしの発掘でしたが、古そうで奇妙な埴輪が見つかっていたので、「それ、それ」と発掘を始めました。それが都月型の埴輪であります。埴輪と申しましても、人が口をあけて踊っているような埴輪ではないですよ。埴輪の一番古い型式です。人間や動物が出てきたりする埴輪は、埴輪の中では一番最後の埴輪です。あれを作り出したら埴輪はもうおしまいに近くなります。

埴輪の起源を岡山の僕達のグループが解明した図面を前のほうの頁に示しました。図5・図11・図12がそれですので、ご参照下さい。

図5の①が立坂《たてさか》型で、先ほど紹介した楯築弥生墳丘墓から出てきたものです。もちろん、これがそっくり出てきたわ

けではなく、たくさんの破片をくっつけて復原したものです。それから、②が総社市立坂弥生墳丘墓の立坂型、③が落合町中山遺跡の立坂型、④が三次市矢谷弥生墳丘墓の向木見《むこうぎみ》型、ついで図11の①の総社市宮山古墳の宮山型と移り変わります。この動きをよく見て下さい。その次に来るのが図12の①の都月型円筒埴輪で、これが最古の埴輪であります。次の段階②はメスリ山古墳という奈良県桜井市にある大きな前方後円墳の埴輪です。これは非常に大きなもので、器台型埴輪と呼んでいます。この辺からが本式の埴輪ですね。それから③円筒埴輪・④朝顔形埴輪、僕はこれらを総称して筒形《つつがた》埴輪と呼んでおります。そして⑤壺形埴輪です。つまり筒と壺です。その目で最初の立坂型を見て下さい。これも筒と壺ですね。つまり筒形の円筒埴輪というのは壺を載せる台として出てきたんです。初めは壺も台も非常に飾られています。大きいんですよ。立坂型の、例えば楯築弥生墳丘墓の壺と器台を重ね合わせるとどのくらいの高さになると思われますか。人の胸から顔ぐらいの高さになるんです。すごいものです。実物をご覧になったらもっと驚かれるようなものでございます。都月型円筒埴輪でも七〇～八〇センチはありまして、結構大きいものです。

一方、単に器台が変化して筒形埴輪になっていくだけでなく、それとともに上に載せる壺も変化してまいります。だんだん文様がなくなり、口縁部も外広がりに開いてくる。胴の所にあるタガはだんだん低くなってきて、結局なくなってしまいます。こういうことが一九六〇年代・七〇年代、とくに六〇年代に岡山の僕らの仲間達がこの動きをつかんで、さあどうだ、ということで日本の考古学界に示したわけです。もちろん日本の考古学界の皆さん方は事実を尊重される方が多うございますので、驚かれることもなくこれを直ちに承認して下さいました。ですから、埴輪成立のこういう動きは、考古学界での市民権をすでに二十数年前にいただいているわけでございます。

話は戻りますが、特殊器台の変遷の中で、文様は次第に鈍くなり形式化していきます。それがよく判るのが、図5・図11・図12にあげた特殊器台から都月型円筒埴輪に至る文様変遷の図9です。立坂型・向木見型（図5）・宮山型（図11）・都月型（図12の①）です。どこから埴輪と見るかということは、これも異論があるところです。僕達は、研究の途上では、都月型から埴輪と呼ぼうと思い、今でも大体において、そう思っています。ところが、特殊器台の最後の宮山型が、実は前方後円墳から出てきてしまったんです。それまでの特殊器台・特殊壺は弥生の墓からしか出てこない。ところが、この宮山型は前方後円墳から出てきてしまいました。しかも最古の前方後円墳と考えられる箸中山古墳からもこれが採集されてしまいました。ですから、ことは非常に重大です。このことは後でまたお話しします。

b　都月型円筒埴輪の分布　都月型円筒埴輪、つまり最古の円筒埴輪は、岡山市都月坂1号墳、桜井市箸中山古墳、兵庫県御津町権現山51号墳その他いくつかの古墳から見つかっています。その分布を見ると、備中から近江までになります。北陸には及んでいないようです。山陰にも九州にも四国にも今のところ見られません。東海・関東でも発見されていません。似たような文様の一部とか影響を受けたと見られるものはあります。備中というのは岡山県のおよそ西半分です。吉備は備前・備中・美作・備後と四カ国で成っています。山陰は因幡・伯耆・出雲・石見・隠岐の五カ国で成っています。ご当地の越《こし》は越前・越中・越後、越前から分国して加賀と能登ができたわけですね。だいたいそのくらいの範囲が、弥生時代の終わり頃の一定の祀りを共通にする、あるいはお墓の形態を共通にする、あるいは政治的な結集体、そういうふうな範囲であろうと思います。決して日本全土や中部地方や近畿地方全域などには及んでおりません。この宮山型以前の特殊器台は、遠くまで及んでいないし、先ほど触れた四隅突出型の墓も、石で輪郭を整え踏み石までつけたタイプは、中国山地の一部と山陰以外には及んでおりません。山陰と関係の深い備後北部は別として、吉備の中枢部には及んでいません。石だけを取り払った、石を使わない四隅突出型は福井県から富山県までの北陸に見られ、北陸型四隅突出墓などと呼ばれております。そういうふうに限定された地域で、お墓の型式を作り上げているんですね。これは弥生時代の終わり頃の話ですよ。前方後円墳が出てくる直前の話ですよ。しかし、宮山型の時期には最古型式の前方後円墳が現れ、都月型の時期には前方後円墳がかなり広い範囲で造られています。都月型円筒埴輪の分布は、弥生時代の各地祭祀圏を越えて、先ほども申しましたように備中から近江に及んでいます。その間、備前・備後・播磨・摂津・河内・大和・山城などから出土しています。そういうことが新しいこととして判ってまいりました。

三　幾つかの矛盾

1　都月型円筒埴輪と大陸製三角縁神獣鏡の相互排他性

小林行雄先生のご提唱ののち、このような研究状況の進展があったわけです。ところがそこで矛盾が出てまいりました。最古の埴輪である都月型円筒埴輪と、最古の前方後円墳に特徴的な副葬品とされた大陸製の三角縁神獣鏡とが、相互排他的に存在するということが知られてまいりました。つまり大陸製の三角縁神獣鏡を出す古墳には、都月型円筒埴輪は見つからない、都月型円筒埴輪が見つかっている墓には、三角縁神獣鏡は発見されない、こういうことが知られてまいりました。これは大変重大なことです。特殊器台からずっと並べてみて、これこそ最古の埴輪であると考えたものが出てくる古墳には、三角縁神獣鏡は出てこないんです。これは一つの矛盾ですよね。そこで僕らはすごく困ったわけです。困り始めたのは今から二〇年ぐらい前ですけれども、解決の糸口をつかんだように思ったのは一九八九年です。なんと僕は一九九〇年春に定年退職いたしましたから、神様がおそらく僕が四苦八苦していたのを見て助けてくれたのでしょうか、定年の前の年に、都月型円筒埴輪をもちながら、同時に三角縁神獣鏡をもっているという古墳を掘り当てたんです。当たっちまったんです（笑い）。それが兵庫県御津町の権現山51号墳という前方後方墳でありまして、図28の④です。後方部に壊れた石槨が発見されましたが、石槨の石があちこち外されて、床面の一部まで盗掘されていました。

僕らがあきらめかけていた時、「あれ、これなに」、続いて「出た！」という叫び声が上がりました。

図26の③には、石槨床面の真ん中のほうに鏡が五面描かれていますが、これらは全部、大陸製とみられる三角縁神獣

鏡、その一例は同じ図の④です。あとは銅鏃や、鉄製の刀・剣・槍先・鏃などの武器、斧・鎌・鉇《やりがんな》・のみ・鋸などの農工具、紡錘車形その他の貝殻製品、それにガラス小玉などです。この竪穴式石槨のすぐ傍で都月型円筒埴輪が発見されたわけです。胴部に突帯をもつ特殊壺型の壺も一緒に発見されました（図28の④の右側）。都月型円筒埴輪と三角縁神獣鏡が共存する場合があるんだということが、現在のところ一例だけですが、はじめて判ってまいりました。

2　権現山51号墳での発見

都月型円筒埴輪をもち、大陸製の三角縁神獣鏡が知られていない古墳は幾つかありますが、その代表として、岡山市都月坂1号墳、同じく浦間茶臼山古墳、奈良県天理市の中山大塚古墳があります。これらはすべて盗掘を受けていましたが、発掘しても三角縁神獣鏡はかけらも見られませんでした。都月型円筒埴輪は、都月坂1号墳では多量に、他では少量が出ております。

第二に、大陸製の三角縁神獣鏡を出したが、都月型円筒埴輪はもたない古墳はどうかと申しますと、これはあちこちにあります。京都府椿井大塚山古墳、これは墳長およそ一八〇メートルとされる大形前方後円墳であります。それから神戸市の西求女塚《にしもとめづか》古墳、天理市の黒塚古墳。黒塚古墳は去年あたりジャーナリズムが大騒ぎした古墳でありますが、別に大騒ぎすることはなく、ごく普通の考古学者なら奈良県であのくらい出るのは当たり前だと考えていると思いますが。今まであまり発掘がなされなかったからか、あっても当たらなかっただけであります。岡山市備前車塚古墳、これは盗掘が当たって（笑い）大陸製の鏡一三面が出ました。うち一一面が三角縁神獣鏡であります。それから、福岡県の石塚山古墳があります。ところがこれらの古墳からは都月型円筒埴輪は発見されておりません。

第三に、都月型円筒埴輪も大陸製三角縁神獣鏡ももっている古墳として、先ほど申しました、定年一年前に神様がお授け下さった古墳、もちろん私が勝手にそう思っているだけですけれども、兵庫県の権現山51号墳があります。

それから第四として、都月型円筒埴輪も大陸製三角縁神獣鏡も両方もってない、しかし前方部を撥形に造っている古墳として兵庫県揖保川町の養久山1号墳がある、ということであります。

これには大変困ってしまいました。三角縁神獣鏡を基準にしても、都月型円筒埴輪を基準にしても、すっきりした解決ができなくなってしまったわけです。事実関係がそうなってしまいましたし、仕方がありません。そこで、解決はどこにあるかということで、いろいろ考えもし、資料も検討し、発掘も続けたわけです。撥形前方部をもつ類は、最古型式前方後円墳だけでなく、もっと時期の新しい前方後円墳にも今は知られています。つまり撥形前方部は最古型式の前方後円墳に現れますが、そこで消えてしまうのではなく、その後にもしばしば現れるということです。

四　宮山型特殊器台の大和での発見

1　大和での発見例

宮山型特殊器台の大和での発見という問題になってまいります。もう一度図11と図12をご覧下さい。宮山型特殊器台から都月型円筒埴輪への変遷です。宮山型をよく観察しておいて下さい。なんと、これが最近、といっても十数年前になりますが、大和から出てきました。

奈良県の大形前方後円墳のほとんどは宮内庁が「陵墓」として管理しています。これは何々天皇の墓で、あれは何々天皇の娘の墓かもしれないなどといって宮内庁が管理して、僕らが調査に行こうとしてもストップさせられてしまいます。そういう意味では、古墳の研究にはまことの学問の自由はないんです。とくに大形前方後円墳についての研究の自由はありません。明治期以来一貫してありません。天皇制に賛成しようと賛成しまいと大変困ったことであります。宮内庁の人は入れるわけです。私は宮内庁の役人になったらどうだろうかと思ったこともあるんですけれど、とてもなれそうにありませんでした。

吉備で展開してきたと思われていたこの宮山型特殊器台が、なんと大和で発見されたんです。先ほど、繰り返して申しましたね。図5の①②③の立坂型、もちろんこれは吉備だけでしか作られておりません。④の向木見型も吉備で作られています。もっとも、たまに吉備の外で発見されることはあるんです。例えば出雲市の西谷3号・同4号四隅突出型弥生墳丘墓から立坂型が出てまいります。これは吉備おそらく備中の大首長と出雲の大首長とが姻戚関係を結んだことを示すと思います。そして吉備から誰かが「婿」か「嫁」として出雲へ行って、そこでその人が亡くなった時に、吉備の首長がこれを作って運び、その墓に立てたと考えられます。なぜ、そんなことが想像できるかというと、島根大学で発掘した西谷3号弥生墳丘墓の土器の一部に、吉備の土で吉備の形と文様で吉備で焼かれたものが混じっています。一見して判るほど出雲の土器と違います。これは岡山県の人が見ると、吉備の、それも備中辺りの土器だと判ります。ですから、吉備で作った土器を出雲に運んだわけです。一時的に婚姻関係が成立し、向こうで亡くなっても吉備の首長一族だった者はやはり吉備の儀式で祀るということで、特殊器台や特殊壷の大きいのを担いでいったんでしょうね。それで今日、向こうの大きな弥生の墳丘墓にそれが発見されるわけです。

あまり枝葉を伸ばしますと、何をしゃべっているのかわからなくなるので困るんですが、立坂型から向木見型までの特殊器台と特殊壷は確実に吉備で作られております。しかし最後の特殊器台にあたる宮山型は、ではどこで作ったか。先に申しましたように、宮山型は備中の総社市の宮山古墳やそれに近接した墓地遺跡から最初に発見され、その名を付けられたことは間違いございません。ところが、先にも二回ほど簡単に触れましたが、これとほぼ同じものが大和の大古墳から出てきてしまいました。一つは箸中山古墳から発見されました。その箸中山古墳で発見されたものは、図2の②の宮山型です。これが出てきたんです。文様をよくご覧下さい。①の宮山型とよく似ているでしょう。この文様は名古屋女子大学の丸山竜平さんが破片から復原したもので、右下の拓本は僕が打ったものですが、それから復原した脚裾部は僕ともと学生の氏平昭則君の合作です。拓本は右側が内面で、左側が表面です。内面に小さな四角の文様がぽつぽつ付いていますね。あれは叩き締めの痕です。乾燥させる前に土器を叩き締めています。こういう締め方は今のところ吉備の特殊器台には見られない。大和にも今のところ見つかっていないようです。ですから、どこで作られたのか厳密には判りませんが、吉備でないことはほとんど確かのように思われます。吉備でないとすると、大和の箸中山古墳を造った人達と関係のある人々が作った可能性が高いということになります。先の立坂型の特殊器台の譬《たとえ》でいくと、吉備の宮山古墳の首長と大和の箸中山古墳の大首長との関係はたいそう深いものだったと推定されます。

それから、やはり最古型式の中形前方後円墳とされている天理市中山大塚古墳の発見品が図15の①です。この文様をよく見て、図11の宮山古墳の宮山型と較べるとよく一致します。それからもう一つ、図15の②に示しましたが、西殿塚という大形前方後円墳から宮内庁が調査して採集したものです。もちろん発掘したわけではないんですが、宮内庁の人が視察していた折に発見されたようです。西殿塚古墳は天理市にある墳長約二一九メートルの大きな前方後円墳です。箸中山古墳は約二八〇メートルあります。ですから、宮山型特殊器台は、近畿地方の最古型式の大形や中形の前方後円墳から出てくるという、新しいことが判ってまいったわけです。これは大変なことです。これこそ大古墳の築造の状況なり、大古墳の背後にあった勢力が一体どこにあったのかということを考えるすごくよい材料になったわけです。少し話が難しくなってきたでしょうか。

2　吉備での発見例

宮山型特殊器台・特殊壺はまず吉備の宮山古墳で発見され、大和でも見つかるようになってきたということです。宮山古墳の発掘は一九六三年に行なわれましたから、今から三五年前です。それ以来宮山型の他の例は吉備では知られていないようです。この遺跡は弥生末からの集合墓地で、その一隅に前方後円の形をしている墳長約三八メートルの宮山古墳――私は当時からしばらくの間、弥生墳丘墓と思い、そのように喋ったり書いたりしてまいりましたが、箸中山古墳など大和の大形・中形前方後円墳からも宮山型特殊器台が発見されるということが判ってきたため古墳と改めました――があります。その墳形は図13の②です。

図13の③は矢藤治山古墳です。宮山古墳と非常によく似た性質をもつ古墳ですので覚えておいてください。矢藤治山古墳は岡山市、宮山古墳は総社市にあります。矢藤治山古墳は定年の年の三月に発掘を始めて、その後二年間かけて土曜・日曜に調査したものでありまして、墳長三五・五メートルの小さな前方後円墳でありますが、前方部は撥形をしております。ここから出てくる特殊器台は一見宮山型に似てはおりますが、「矢藤治山型」という、この古墳だけでしか見られない特徴をもっております。向木見型の最後の型式といったほうがよいかもしれませんが、そういうふうに表現する場合もあるし、矢藤治山独特だから「矢藤治山型」と表現する場合もあります。さて、図11をご覧下さい。「宮山型」と「矢藤治山型」の話をちょっといたします。

図11の②が矢藤治山型、①が宮山型です。壺にしても、口の部分の文様の有無などちょっと違いますね。でも、形はそっくりです。「ハ」の字の頸の部分も、口の開き方も、張った胴の部分に低い突帯が巡っているという点も、よく似ています。それから器台のほうも、器台の一番上の口の部分の開きが弱くなっている点もよく似ています。それから、脚の方も立ち上がりがだいぶ鈍くなっています。これらを図５の立坂型などと較べたら、ずいぶん変形していることが判ります。略化というか、鈍化というか、「形式化」しているわけです。宮山型も矢藤治山型も前方後円墳の中にもってくると非常に古いものになるけれど、弥生の特殊器台の変遷から見ると、もうメロメロになった段階のものであります。図29のように宮山型と矢藤治山型の文様を比較すると、一見違うように見えるけれども、文様原理は同じです。宮山型が非常に賑々しく、細目の帯文を二重三重に重ねているだけであります。矢藤治山型のほうは非常に簡略に作ってるん

図29　宮山型と矢藤治山型の文様比較
上：宮山型　下：矢藤治山型

ですけれども、原理的にはまったく同じであります。この点については、三年ほど前に奈良県桜井市で行なった講演（本書第二章三節2）でやや詳しく述べております。

さて、賑々しいほうの宮山型は、奈良県で四カ所の大形古墳から発見されております。吉備では宮山古墳ただ一カ所からしか知られておりません。弥生時代以来、吉備でずっと発達してきたものが終わりになって吉備ではあまり出てきていない。ところが、その間に大和では四基の大古墳から見つかってきたわけです。桜井市箸中山古墳、天理市西殿塚古墳、天理市中山大塚古墳、橿原市弁天塚古墳です。弁天塚古墳はどんな形をして、どんな大きさなのかわからないんですけれども、おそらく墳長一〇〇メートル前後の古墳の残骸と考えられています。中山大塚古墳は約一二〇メートルの前方後円墳、西殿塚は約二一九メートルの前方後円墳、箸中山は約二八〇メートルの前方後円墳です。いずれからも都月型円筒埴輪も採集されております。弁天塚は都月型はもっていないようですが、箸中山・西殿塚・中山大塚は都月型円筒埴輪をもって、そのうえもっと古い宮山型をもっているんです。この辺をよく頭に入れておかないと、後で混乱します。

このように、大和では大形・中形の最古型式前方後円墳から宮山型の特殊器台が出てきます。吉備で発見されたのは宮山古墳と矢藤治山古墳でしたが、両方ともごく小形の前方後円墳なんです。墳長三十数メートルしかありません。三〇メートルといえば、この会場と同じぐらいの大きさですから、相当大きいともいえますが、前方後円墳としては小形墳です。中形は一〇〇メートル前後、大形は一五〇メートル以上といったところでしょうか。決まった寸法はありませんが、大体そんなふうに普通は呼ばれているようです。

以上で宮山型の変遷の状況と、どういうふうにしてそれが生まれたかということ、それが近畿地方の最古と思われている大形古墳に見られるということ、吉備ではほんの小さな宮山古墳とそれに似る矢藤治山古墳が知られているだけであるということを申し上げましたが、それらをご理解していただいたうえで、次に進みます。

五　最古型式前方後円墳の編年

1　最古型式前方後円墳の編年

編年というのは年代的な順番を組み立てることです。誤解のないように申しておきたいのですが、何世紀とか、一五六年とかそういう絶対年代のことではありません。「AはBより古い」といったら、これは相対編年であります。A→B→Cの順番に動くんだというのは、A・B・Cの相対編年であります。考古学はモノの順序で編年を決めております。何世紀とか何百年とかいうのは、考古学の課題でも考古学者の決定でもありません。考古学の方法ではそういうことは判らないのです。もし、判るとしたら、その方が文献にも通じているか、あるいは物理学実験に通じているかのどちらかであります。私は両方に通じておりませんので、自力では千何百年前という表現はできません。ついでに申しますと、私はろくに「魏志倭人伝」を読んだことがございません。したがいまして、「魏志倭人伝」や邪馬台国や卑弥呼《ひみこ》のことは、私の話では、たとえ話には出てくるかもしれませんけれども、一切いたしません。あれは考古学の課題ではございませんし、私は研究したこともございません。ですから私に「邪馬台国はどこにあると思いますか」などと聞かれても、これは迷惑千万の話でありまして（笑い）、読んだことも研究したこともないものを答えるわけにはまいりません。

さて、最古型式前方後円墳の編年をするのに、〔Aグループ〕と〔Bグループ〕と二つを設定してみました。

2 特殊器台・特殊壺を基準にする編年

〔Aグループ〕は、宮山型特殊器台・都月型円筒埴輪という埴輪の先祖みたいなものを基準にして設けています。弥生時代後期の特殊器台からずっときて、宮山型になります。その宮山型と次に出てくる都月型、これを基準にした場合どうなるか。お配りした表1にa・b・cと三つ書いてあります。aは宮山型特殊器台・特殊壺でお祀りされた古墳です。弁天塚は壊れてしまって不明な点が多いので除きます。現存している古墳だけをあげています。宮山型で祀られるというのは最初に特殊器台を使って祀られたということです。特殊器台はお祀りの土器で、住居址からは出てまいりません。原則として墓からしか出てまいりません。たまに集落遺跡から出てくることもあるんですが、それは墓に持っていくためにそこに置いたときに割れてしまって「捨てられ」たものだと思います。そういうのはあるんですが、非常に稀です。岡山では特殊器台を出す遺跡が五七カ所ほど知られ、墳丘墓のない集合墓地の一角の場合もありますし、墳長約八〇メートルの楯築弥生墳丘墓のようなものもありますが、普通は墳の一辺または径が一〇メートルから二〇メートルくらいの弥生墳丘墓であります。

さて、aにはどういう古墳があるかというと、大和では箸中山古墳・西殿塚古墳・中山大塚古墳、吉備では宮山古墳と矢藤治山古墳です。つまり、吉備と大和は宮山型特殊器台——矢藤治山古墳は矢藤治山型ですが——を共有しているということです。どちらが古いかという問題はありますが、それはまだよく判っておりません。もっとほかの要素を含めて全体として検討していかないと判らないかもしれません。今のところ矢藤治山型のほうが型式としてはやや古い様相をもっているように思います。結論は申しませんが、ここでは皆さんがお考えになる材料をお伝えしたいと思います。箸中山・西殿塚・中山大塚という大和の大形前方後円墳に対して、宮山・矢藤治山という吉備の極小の前方後円墳。吉備の中で宮山は備中で、矢藤治山は備中と備前の境であります。

表１　最古型式前方後円墳の編年

Ａグループ：宮山型特殊器台・都月型埴輪を基準とした場合　ａ→ｂ→ｃと変遷

ａ　宮山型特殊器台・特殊壺で祀る
【箸中山・西殿塚・中山大塚】／〈宮山・矢藤治山〉など

ｂ　都月型円筒埴輪・特殊壺型壺または壺で祀る
【箸中山・西殿塚・中山大塚】／〈権現山51号・都月坂1号・浦間茶臼山・七つ丸《くろ》〉など

ｃ　器台型埴輪または円筒埴輪・壺形埴輪・朝顔形埴輪で祀る
【西殿塚・中山大塚・桜井茶臼山】／〈紫金山〉など

Ｂグループ：三角縁神獣鏡を基準とした場合　ａ（ｂ）→ｃと変遷

ａ　大陸製三角縁神獣鏡を副葬し，倭製三角縁神獣鏡をもたない
【黒塚】／〈椿井大塚山・吉島・備前車塚・石塚山・赤塚〉

ｂ　大陸製三角縁神獣鏡を副葬し，都月型埴輪をもつ
〈権現山51号〉

ｃ　大陸製三角縁神獣鏡・倭製三角縁神獣鏡を副葬し，円筒埴輪などをもつ
【桜井茶臼山（壺形「埴輪」）・佐味田新山（円筒埴輪Ⅰ式）】／〈紫金山（円筒埴輪）〉

【　】は大和の古墳，〈　〉は大和以外の古墳を示す。

それから、次のｂは何かと申しますと、都月型円筒埴輪と特殊壺型の壺、または壺形土器あるいは壺形埴輪です。第一章の図2をもう一度見て下さい。都月型円筒埴輪には、③右の新しい要素の壺と④の古い要素の壺との、どちらかが伴います。新しい要素のほうは都月坂１号墳のもので、二重口縁の土師器の壺と呼んでもよいものです。古い要素の壺は、特殊壺の系統を引いて、まだ体の部分にタガを二本はめていますね。それでいながら、器台のほうは都月型円筒埴輪です。このように特殊壺または普通の壺を――双方とも初めから底抜けで、詳しくは本書第二章四節３を参照願います――都月型円筒埴輪の上に載せて祀るのはどこかといえば、先ほどａとした箸中山・西殿塚・中山大塚がまた出てきます。二回祀っているんですね。ところが宮山と矢藤治山では祀っておりません。代わって兵庫県権現山51号墳です。三角縁神獣鏡と都月型円筒埴輪が共伴で出土したのは、今のところ権現山51号墳だけだということは先ほど申し上げました。その権現山51号墳であります。それから岡山で申しますと、都月坂１号墳・浦間茶臼山古墳・七《なな》つ丸《くろ》１号墳などです。七つ丸１号墳は岡山市にある墳長約四五メートルの小形前方後方墳であります。浦間茶臼山古墳は墳長約一四〇メー

トルの中形前方後円墳です。そういうふうに大和の大古墳にも依然として出てくるし、吉備では宮山・矢藤治山以外の中形・小形の古式前方後円墳から出てまいります。また、だいぶ前に申しましたように備中から近江に至るまであちこちから少しずつ発見されています。

しかしここで、なお解決されていない重要な問題について、ちょっとだけ触れておきたいと思います。それは、主に最古型式の大形・中形前方後円墳が造られた大和に、場所ですよ、大和という場所に、果たして大和の首長勢力がいて、それらの「最初の」大形前方後円墳を造ったのかどうかとなると、皆目見当がついていないのではないかと思います。ただ、最古の前方後円墳が大和という土地に造られたということだけは確かです。大和に造られたけれども、大和の人達が本当に造ったかどうかまでは判らない。ましてや大和の在来の首長がそこに葬られているかどうかは判りません。

それからcとして、器台型埴輪または円筒形埴輪・壺形埴輪・朝顔形埴輪で祀るもの。器台型埴輪というのは図12の②にメスリ山古墳の例が載っております。都月型より新しくて文様はほぼなくなっています。その後に朝顔形とか円筒形がまいります。西殿塚はこの器台型埴輪でも祀られています。中山大塚もそのようです。西殿塚は宮山型で祀られ、都月型埴輪で祀られ、器台型埴輪で祀られております。箸中山は都月型埴輪で埴輪祭祀はやめているようですが、発掘も調査もなされていないし、近い将来にもできそうにないので確かめようがありません。

要するに、全体を通じるとaが一番先で、次いでb、cとなります。一番最初にこうした祀りから離れてしまうのは宮山と矢藤治山ですね。なぜかというと宮山型あるいは矢藤治山型しか発見されないからです。次に離れていくのは箸中山のようです。器台型埴輪や円筒埴輪が見られないからですね。しかしこれは、必ずしもそれぞれの古墳の古い新しいを申しているのではないんですよ。ただ、祀りの順番がこうなっているということです。祀りの順番がaからb、bからcへと変遷する中で、途中で祀りをやめてしまったらしい古墳もあるということです。aだけでやめたのが宮山と矢藤治山です。aからbまで祀ってその後は判らないのが箸中山であります。cになって新しくお祀りに加わったのが桜井茶臼山古墳やメスリ山古墳とか紫金山古墳です。先ほどの復習をしてみますと、一九五〇年代の認識では、これらcが一番古い古墳といわれていたのです。ところが、特殊器台や埴輪から見ると、これはやや新しいものだということが判ってまいりました。わずか三十数年あまりのことです。考古学なんて原始的な学問で物を拾っているだけだと思っている方にも、多少は進んでいる、あるいは変化している、ということを認めていただけるかと思います。

3　三角縁神獣鏡を基準にする編年

［Bグループ］は、鏡を基準にして最古型式の前方後円墳をどう編年するかということです。三角縁神獣鏡が基準であります。これも表1にa、b、cと書いてございまして、aは大陸製とされる三角縁神獣鏡を副葬し、倭製とされる三角縁神獣鏡をもたないものです。以下「とされる」は省略いたします。倭製というのは仿製ともいいますが、大陸製を模倣して倭で作ったということです。大陸製だけを副葬しているのはどれかといえば、奈良県では天理市黒塚古墳です。黒塚といえば、つい最近新聞で大騒ぎした古墳ですが、どうしてあんなに大騒ぎをするんでしょうか。権現山51号墳の三角縁神獣鏡の場合も一日だけの一過性でしたが、私も悩まされました。何か策謀のようなものがあるような気もするんです。もちろん橿原考古学研究所や私どもが策謀など立てようはずはありません。今は政治や経済が甚だ悪い状態です。暗い話ばかりを国民に伝えるのはよくない。この頃国民が考古づいているから、新聞に載せれば、面白がって自分がリストラされるのも賃金をカットされるのも忘れてしまうだろう（笑い）、本当はそんなことはないのでしょうがね。政府かどこかに知恵者がいるんですね。あまり国民が考古学なんていうものにのぼせるからいけないのかもしれません（笑い）。環境問題や老人福祉の重大な記事をさしおいて、ことの意味もよく判らずに鏡が何枚出たとか、特殊器台が某前方後円墳からも出土したなどと、貴重な紙面を使ってしまうことになります。三面記事の中に一段もあれば充分だと思いますが、如何でしょうか、駄目ですか（ガヤガヤ）。

さて、天理市黒塚古墳から出ている鏡は画文帯神獣鏡《がもんたいしんじゅうきょう》一面を除いて三三面が大陸製三角縁神獣鏡であるそうです。画文帯神獣鏡一面も大陸製です。大和以外には、京都府山城町の椿井大塚山古墳で三角縁神獣鏡三二面、兵庫県新宮町の播磨吉島《よしま》古墳で六面のうち四面が三角縁神獣鏡、岡山市の備前車塚古墳で一三面の鏡のうち一一面が三角縁神獣鏡であります。それから福岡県の石塚山古墳、大分県の赤塚古墳などです。いずれも前方後円墳または前方後方墳で、大形も中形も小形もあります。これらは倭製の三角縁神獣鏡をもっていません。小林先生のご研究の驥尾《きび》に付して、これがどうも一番古いんではないかということでaにしたのです。

それからbは、大陸製の三角縁神獣鏡が副葬され都月型円筒埴輪ももっている。これは権現山51号墳ただ一つです。謎の権現山ですね。類例が現れていません。日本の考古学は前方後円墳の発掘をあまりやっておりません。盗掘に「任せて」いるようであります（笑い）。それが良いのか悪いのかよく判りませんが、僕は前方後円墳を一生懸命掘ってきました。もちろん掘りたい古墳を全部掘ってきたわけでもありませんし、たいてい昔盗掘されたものを再発掘してきたのであります。一番掘りたいのは箸中山古墳の後円部の頂上ですが、今のところ掘れそうもないですね。掘れないうちに日本列島沈没となってしまったらもったいないですよね。死んでも死にきれません。この頃は環境ホルモンとか、核兵器の拡散とか食糧問題とか温暖化とか大気汚染とか、いろいろな点で不安なことが多いですから。

次のcは大陸製三角縁神獣鏡と倭製の三角縁神獣鏡をともに副葬して、円筒埴輪ももっている。もちろんこの円筒埴輪は都月型よりも新しい埴輪です。Aグループのcの埴輪です。これには、桜井茶臼山古墳も入ります。壺形「埴輪」あるいは土師器壺と呼ばれているものをもっている。「あれは埴輪ではなくて土器だ」と主張されている方もおられまして、どちらなのか僕にはよく判りませんが、どちらでも同じようなことであります。それから、奈良県河合町佐味田《さみだ》新山《しんやま》古墳、これはたくさんの鏡を出土して有名な古墳であります。僕の先生であらせられた梅原末治先生が一九二一年に有名な調査報告を出版されておられます。これは円筒埴輪の古いものを出しております。同時に鏡は倭製も大陸製も出していきます。先ほどから何回も出てきた大阪府紫金山古墳も、倭製と大陸製の三角縁神獣鏡をもち、埴輪ももっています。薄手古式の円筒埴輪で、それほどたくさんは知られていないようです。

六　最古型式前方後円墳編年の整理

ここから話が少しややこしくなります。以上の宮山型特殊器台・都月型円筒埴輪を基準としたAグループのa・b・c、三角縁神獣鏡を基準としたBグループのa・b・cを整理しますと、驚いたことには、Aaでは三角縁神獣鏡の出土例は一例も知られておりません。それはそうです、箸中山古墳などは掘れないですから、あるいはもはや掘られているのかもしれませんが、そのことすらも判りません。それから西殿塚も宮内庁が管理していて立ち入りもできません。だからこの二基から三角縁神獣鏡の出土例が知られていないのは当たり前です。しかしAaにはほかにも古墳があります。中山大塚・宮山・矢藤治山と三つありました。これらからも三角縁神獣鏡は出土していません。奈良県にあって墳長約一二〇メートルの中山大塚に知られていないのは、盗掘だからといわれればそれまででありますが、鏡の破片は出てきたんです。橿原考古学研究所の樋口隆康所長によりますと、それは獣帯鏡の仲間で仙獣鏡といわれ、三角縁神獣鏡ではありませんでした。三角縁神獣鏡は、一センチの破片も出てこなかったようです。

宮山古墳と矢藤治山古墳では、私も参加して手つかずの状態で石槨の床面を掘ったのですが、三角縁神獣鏡は出てこずに、宮山では飛禽鏡《ひきんきょう》という小さな大陸製の鏡が一面、矢藤治山では方格規矩鏡《ほうかくきくきょう》という大陸製とみられる中型鏡一面が出てまいりました。しかし、三角縁神獣鏡は影も形もありませんでした。Abでも、権現山51号墳ただ一基を除いて、三角縁神獣鏡の出土例は知られていない。Abの例はたくさんありますよ。箸中山・西殿塚・中山大塚・都月坂1号・浦間茶臼山・七つ𡉕1号というふうに続くけれど、三角縁神獣鏡は知られておりません。何回も申し上げますが、宮山と矢藤治山はＡａ一回、少なくとも箸中山はＡａ、Ａｂの二回、それから西殿塚や中山大塚古墳はＡａ、Ａｂ、Ａｃと三回、宮山型特殊器台や都月型円筒埴輪さらに器台型埴輪による祭祀を受けているということであります。

ところが、大陸製の三角縁神獣鏡が判明している大形・中形・小形の前方後円墳のほとんどでは、宮山型の祀りも都月型の祀りもなされておりません。これは一体どうしたことか。つまりＢグループでは、宮山型特殊器台の出土はまったく知られていないのであります。そのうちでもＢａは、都月型円筒埴輪すらも知られていないのであります。しかしＢｂの権現山51号墳を媒介にすると、ＢａとＡｂは少なくとも一部はつながります。なぜかというと、権現山51号墳だけは大陸製の三角縁神獣鏡も出しているし都月型円筒埴輪も出ているからです。これは今のところ、全土でここだけです。考古学は今の資料で議論いたします。これから出るかもしれないという資料で議論することはできないですよね。戦前からの筋金入りの考古学者・民俗学者であった栗山一夫先生は、戦後になってからですが、「今の資料で、怖くてものが言えないような学者は、日本中の山野の全部を一皮か二皮剝がして捜さなければならないじゃないか」と、僕に教えて下さいました。実際は、剝いでも判らないと思います。ですから、「日本列島大改造計画」のようなものでは判るはずはありません。金沢のこの辺から銅鐸一〇〇個が出てくるかもしれないけれど、それは仮定の話です。仮定の話では、考古学は議論できないんです。ＡｂとＢａの少なくとも一部はつながるということも、権現山51号墳を掘って両方の共存関係をつかんだから、そういえるわけです。次にＢグループでは、倭製の三角縁神獣鏡と埴輪はどうも共存するらしい。この場合の埴輪は器台型埴輪以降の埴輪という意味であります。例えば、紫金山古墳・桜井茶臼山古墳には倭製の三角縁神獣鏡が入っているわけです。それと埴輪は共存いたします。

七　特殊器台・特殊壺基準の編年と三角縁神獣鏡基準の編年との対比

それで、ここからが佳境です。ＡａとＢａのどちらが最古型式だろうかという問題です。これは交点がないから、なかなか決められません。つまり、宮山型特殊器台と大陸製三角縁神獣鏡が一緒に出た例は一例もありません。ですから、ＡａとＢａは較べようがないのです。このこと自体も、資料として非常に重要なことです。そういう問題をどこから追求していったらよいか、ということであります。これからお話するのは、方法の問題、考え方の問題であります。

それではまず、どこから追求したらよいかということで、ＡａとＢａに所属する古墳のほとんどすべて、あるいはその主要なものに共通する特色は何か、ということをまず検討してみましょう。ＡａとＢａの古墳をまず頭に思い描いてください。

⑴墳形の点では、前方部は長く、後円部に較べかなり低いが、中にはその頂が箸中山古墳や西殿塚古墳のように高く造られているものもあり、規模の大小などに応じて、高さが高かったり低かったりする、それに多少とも撥形を呈する、だいたいそういう格好をしているということです。ＡａもＢａも同じような格好をしているのに、どうして交点がないのでしょうか。

⑵それから濠ですが、全部巡っている場合と後円部だけぐるっと囲んでいるように見える場合があります。箸中山・西殿塚・中山大塚・椿井大塚山・黒塚・豊前赤塚などです。備前車塚古墳など山上の尾根に造られた小古墳には濠はないのがむしろ普通です。

⑶葺石はどうか。葺石は三基ほどの前方後円墳を除いてほとんどあるわけです。葺石の見られない前方後円墳は、黒塚古墳・播磨吉島古墳、それに豊前赤塚古墳です。断言はできませんが、現在はないと考えられているわけです。他の

前方後円墳にはほとんどあります。

⑷次に祭祀用の土器、特殊器台・特殊壺や土師器や埴輪ですね。うち特殊器台と埴輪については先に述べました。土師器のほうはだいたい共通しています。多くが二重口縁の壺、これは図2の③右の都月型の壺あるいは⑤の箸中山古墳の前方部発見といわれる壺のようなものですね。このような二重口縁の壺を古墳の頂上などでお祀りの土器として使っております。ただし、底抜けです。つまり、これは初めから使わないんだ、神様だけが知っているんだという壺であります。後から穿《あ》けているのではありません。初めから使えない土器として作るんです。それを古墳の頂上に置いてお祀りしています。相当難しい抽象を行なっているんですね。当時の人は古墳の上でかなりややこしい考え方をしているんですけれども、そこまで我々はなかなか追求しにくいんですね。もっともこういう精神の動きまで考古学で追求できるかもしれないという人達が、アメリカやイギリスなどでは考古学の先端を走っているんだそうですけれども、書かれた論文を読んでも、難しすぎるのか幼稚なのか、何のことやらよく判りません。このことをここで議論しても仕様がないと思いますので将来に期待することにします。古墳の上で底の抜けた土器で祀りをしているんですから、当時の人も相当屈折したことを考えているに違いないんですよね。それがこうと判らないんです。一種の儀礼の形式化あるいは象徴化なのでしょうが、決め手がなかなかないんです。僕らは手掛かりなしにものを考えるのを空想と申します。日常生活で人はいろいろと空想いたしますが、それは学問とは申せません。第二章四節3で少し触れております。

⑸それから石槨です。初めから石室を用意しておいて遺体を運び入れるのではなく、埋葬のために上を掘ってそこに構築した類を竪穴式埋葬施設、それが石で築かれていれば竪穴式石槨と呼んでおります。橋本さんなど何百人かの方々と一緒に全土の前方後円墳を集めて『前方後円墳集成』という五冊本を作りましたが、そこでは石槨となっています。石室と石槨の違いには意味があるんですけれども、今回は触れません。ここで取り上げている前方後円墳は、大分県の赤塚古墳が箱式石棺であるのを除いて、ことごとくが竪穴式石槨であります。箸中山と西殿塚は、中をあけて見ていな

いので判らないんですが、たぶん九九％、竪穴式石槨か木槨、それも相当に大形のものだと思います。⑹副葬品はどうかというと、肝心の箸中山と西殿塚、最古型式の中でも一番大きい二基に三角縁神獣鏡が入っているか、あるいは別な鏡が入っているのかどうかが判らないんですよ。これは大変なことです。前方後円墳の研究を大変妨げております。ですけれど、明日箸中山古墳を掘ったらあらゆる問題が解決するわけでもないんです。ただ、私が申しているような問題の一部は、必ずや解決するに違いないと思っています。その代わりに、かならずや新しいもっと進んだ難しい問題が出てくるのも確かです。箸中山と西殿塚を除いたAaとBaの古墳はすべて大陸製の鏡をもっている。しかし、三角縁神獣鏡をもっているものと、そうでない中形・小形鏡をもっているものがあるということです。

八　最古型式前方後円墳の諸様相のうち、弥生墳丘墓に祖形ないし原形が見られるもの

さて、問題がかなりややこしくなってきたと同時に、見通しがつきそうだという感じもいたしませんか。Aaの古墳とBaの古墳とでは共通するものがこんなにあるんだということですね。もう一度復習してみましょうか。古墳の形が多少とも撥形でしょう。それから濠をもっているでしょう。大部分が葺石を葺いているでしょう。祀り用の底抜けの土器をもっている。これは内部が発掘されていない箸中山も西殿塚もみんな頂上で採集されている。二重口縁の壺をもっていない場合は壺形の埴輪をもっている。それから竪穴式の埋葬施設である。副葬品に三角縁神獣鏡とは限らず大陸鏡をもっている、発掘していないものは駄目ですよ。判らない。これだけ共通性をもっていながらAaとBaは交点がまだなかなか見つからないんです。しかし、問題を少し軌道修正して近寄ってみる方法はないかということで、最古型式前方後円墳のさまざまな要素のうち、弥生の墳丘墓に祖形ないし原形が見られるものは何か、それはどこで見られるかということを考えてみたいと思います。一つは古墳の要素、もう一つは弥生墳丘墓に見られる祖形・原形、それから主に見ら

れる地域ということです。

1　前方部

最古型式の前方後円墳の要素として前方部があります。その前方部の原形と見られるのは、今日最初の頃にお話をいたしましたが、弥生墳丘墓の突出部ですね。一突出の場合、二突出の場合、四突出の場合と三種類あります。それはどこにあるかというと、一突出と二突出は山陽地方に見られます。もっと限定すると今のところ吉備の南部と播磨の南部です。それから四突出は山陰と北陸です。こうした突出部が前方部の原形になったということはもう動かないと思います。しかし四隅にある四つの突出部が前方部になったら前方後円墳にはならないですよね。前方後円墳の前方部は基本的には一つであります。場合によると二つあるものも稀にあります。時間をおいて祀りをやった場合など、今度はこっちから上がろうという場合、あるいは別々に上がろうという場合があったのかもしれません。非常に僅かな例ですけれども、前方後円墳で前方部が前後二方向に造られた例が香川県高松市石清尾山《いわせおやま》の猫塚古墳などに見られます。

2　墳丘の大形化

大和の最古型式の前方後円墳は墳丘が大きいですよね。二〇〇メートルを越えるようなものもある。弥生墳丘墓の中で、墳丘が大形化してくるものはどれか。円丘の径約四〇メートル、これは岡山県の楯築です。これに二つの突出部がついて墳長約八〇メートルになるわけです。それから方形の墳丘をもっている非常に大きいものもあるんですね。一辺三〇メートル以上のものですが、そんなにたくさんはありませんが、山陰をはじめあちこちに見られます。少なくとも山陰・近畿北部・北陸・山陽地方には確かにございます。北部九州の弥生前期・中期に見られる集合墓地の「墳丘墓」は入れておりません。

3　葺石

葺石の祖形・原形というのはどこにあるのでしょうか。山陰の人が葺石と区別して呼んだ貼石《はりいし》というのがあります。図23は出雲市西谷3号弥生墳丘墓の想定復原図です。それは葺石の一種の原形であり、祖形であると思います。また、山陰でも山陽でも墳丘に石列を巡らしています。例えば楯築の石列はすごく大きいものです。高さ約二メートル、幅一メートルぐらいの石を埋め込んで巡らし、さらに高さ一メートル、幅五〇センチぐらいの石をその間に埋め込んでいます。そういう石を使って墳丘を画しています。「ここから霊域だ、聖域だ」、という意味で画しているのでしょうね。これも山陰・山陽などで見られます。それから石垣状に積んで画している例も山陽で見られます。岡山市の都月坂2号弥生墳丘墓などにその典型が見られます。

4　都月型円筒埴輪など

すでにくどいほど述べましたが、これは埴輪の先祖になるものですが、吉備に原形があります。

5　割竹形木棺・竪穴式石槨

割竹形木棺は丸太を縦割りにして中を抉っています。したがって、底が「U」字形を呈して丸みを帯びます。丸み底の木棺、丸み蓋の木棺も、吉備のほか幾つかの土地の弥生墳丘墓に見られます。それを覆う竪穴式石槨あるいは竪穴式木槨というものも吉備および山陰の弥生墳丘墓に見られます。図6の①は楯築の木棺木槨です。②は岡山県井原市の金敷寺裏山弥生墳丘墓の木棺石槨、③は岡山県真備町黒宮《くろみや》大塚の木棺石槨の痕跡です。最古型式の前方後円墳には木棺石槨が普遍的であります。それも長いんです。短いので四メートルぐらい、長いのになると九メートルぐらいあります。

九メートルの槨、八メートルの棺といったらすごいものですね。木槨というのも弥生時代に作られるんですけれども、石槨と競合関係になって木槨が敗退します。石槨でも、黒宮大塚のような木の蓋の石槨と石の蓋の石槨が競合して、前方後円墳の成立とともに木の蓋は、全部ではないかもしれませんが、使われなくなってしまいます。

6　朱の配置

朱の配置は、弥生時代に多かれ少なかれ一般的に行なわれています。通常はせいぜい一つかみかそれ以下の朱です。楯築では木棺の底に三二キロ以上の朱を敷いておりました。三二キロというのはすごい量ですよ。普通の長さ二メートル、幅五〇センチほどの棺に敷いても、厚さは二～三センチもあります。朱の使用は確実に古墳に引き継がれます。

7　副葬品

古墳には副葬品はたくさんあります。種類も多いし量も多い。しかも埋葬される人の格や力によって、種類・量に一定の決まりのようなものがあります。しかし弥生墳丘墓では、副葬品はごく稀であります。あった場合でも種類も少ないし量も少ない。これは北部九州で前期末から弥生中期を中心に、副葬品を盛んに入れる風習が発生しましたが、その時期を除くと、全土的に副葬品は非常に少ないんです。北部九州の甕棺から出土する副葬品の豊かさに幻惑されて、あれがそのまま古墳の副葬品に直結すると考えないほうがよろしいかと思います。

8　小　結

それでは、こうしたいくつもの要素、あるいは典型的な要素が大和を含む畿内中枢の弥生の墓で成立し展開したかというと、その証拠は、ほとんどないにひとしいと考えてよいと思います。畿内中枢では、最古型式前方後円墳の祖形となる要素が弥生墳丘墓の中に、これまでほとんど指摘できないでいます。畿内中枢といい、大和といい、前方後円墳誕生直前の墓や墳丘墓に関しては、ほとんど何も判っておりません。これがそうかもしれないと挙げられても、ではその前はどうかとなって、資料的に行き詰まってしまいます。弥生時代の終わり頃に、前方後円墳に刻々と近づいてきていろいろな要素が出てくるわけですが、その要素が畿内中枢にはほとんど指摘できません。そうするとどうなるか、そうした要素は山陽・山陰、なかんずく吉備を軸とした畿内西方で成立・展開したと考えざるをえません。だからといって、吉備で最古型式の前方後円墳が生まれたといおうとしているわけではありません。吉備の地で最古型式の前方後円墳が造られたなどという証拠もありません。最古型式の大形前方後円墳はやはり大和で初めて造られているようです。箸中山古墳はいうまでもなくその代表でしょう。大和で最古型式の大形前方後円墳が造られているにもかかわらず、その前提となる弥生時代終わり頃の、すぐ後に前方後円墳のいろいろな要素となるものの展開が大和でなぜ見られないかということ、これが皆さん方にぜひ考えていただきたいことであります。しかしここで私の話を終わってしまうと、今晩眠れない人も出てくるかもしれませんので、もう少しだけ一緒に考えてみましょう。

九　むすび

前方後円墳の成立に関し、大陸渡来の鏡とくに三角縁神獣鏡に力点を置いてみる考えがあります。しばしば多くの人はそういう方法を取り、三角縁神獣鏡自体の系統分析・変化・変遷を捉えようと努力されています。もう一つは、埋葬諸要素の総体としての弥生墳丘墓の展開に重点を置いてたどっていこうとするやり方であります。どちらがいっそう重要でしょうか。もちろん双方を考慮すべきことはいうまでもありませんが、片方を軽視すると、それは、ただに前方後円墳の成立の課題にとどまらず、その前の歴史、後の歴史の理解に大きく作用してくることになります。

ここではほんの僅かなヒント的なことしか申せませんが、可能性としては、畿内中枢勢力が吉備勢力と結んで最古の前方後円墳を大和に造った、主導は吉備が握ったのかもしれません。なぜか。首長の埋葬祭祀に使うものとして吉備で発達してきたはずの特殊器台の宮山型が大和の大古墳にあり、先に八節で述べたさまざまな要素が主に吉備で展開していると考えられるからです。吉備では宮山型特殊器台はごく小さな前方後円墳にしか知られておりません。宮山の尾根の集合墓地に墳長約三八メートルの小前方後円墳を築き宮山型特殊器台をもって祀られた宮山古墳の主は、吉備の大首長ではないかもしれませんし、とうていそうは考えられないでしょう。とすると、その時に吉備の大首長はどこで何をしていたのか。それを皆さま方に対する宿題として、本日の長々とした話を終わりたいと思います。ご清聴に感謝いたします。

小文は、石川考古学研究会設立五〇周年を記念して、一九九八年一〇月三一日（土）午後、金沢市文化ホール講堂で行なった講演記録をもとにしたものです。橋本澄夫会長をはじめ、連絡折衝にあたられた河村好光幹事および小文のテープ起しから文章化に尽力された冨田和気夫会員ほか石川考古学研究会の皆さんに厚く感謝します。（一九九九年一月一〇日記）

今回、本書中に加えるに際し、当初の演題の「前方後円墳の誕生」を変更し、さらに用語や表現を吟味し、若干の追加補訂を行ないました。（二〇〇〇年六月二七日記）

〔参考文献〕

小林行雄『古墳の話』岩波新書、一九五九年。
小林行雄『古墳時代の研究』青木書店、一九六一年。
近藤義郎『前方後円墳の成立』岩波書店、一九九八年。

第二部　地域と前方後円墳

第五章　吉備勢力「東進」説について

ここ数年のうちに、前方後円墳の成立と吉備勢力の「東進」の関わりについて、お二人の方からの発言がありました。お二人の発言には、資料の扱い方や表現の調子などにかなりの違いはありますが、趣旨としてはよく似たものです。いにしえの吉備の一角に住み「古代吉備」の研究に多少の関わりをもってきたものの一人として、大いに興味を抱きました。吉備に住んで、いや住まなくても、前方後円墳の成立や吉備の弥生墳丘墓やに関心をもった人なら、たいてい一度や二度は、吉備勢力の大和への東進が前方後円墳の誕生を生みだしたのではないか、という思いあるいは幻想を抱いたことがあるかもしれません、いやずっとその思いを抱き続けている方も少なからずおられるのかとも思います。かくいう私も、「斑《まだら》ぼけ」のように思ったり離れたりしています。

私が存じない発言も、ほかに幾つもあるかもしれませんし、存じていても、文献的研究に重点が置かれていて、私の手に負えないものもあります（大和，一九九六など）。また、だいぶ以前に石部正志さんが、東部瀬戸内地方における前方後円墳の胎動という推定を述べられたことを、記憶しておりますが、あらためてご本人に問い合わせましたところ、当時加古川市の西条52号墳丘墓や揖保川町の養久山《やくやま》5号墳丘墓などの発見で問題となっていた、播磨ないし摂津を指して述べたと思う、ということでありましたので触れないことにいたします。ここでは、まず上記のお二人の発言について検討し、その後それと対局のような位置にある田中琢《みがく》さんの考えを紹介し、最後にやや早く発表された寺沢薫さんの主張について検討を加えてみたいと思います。

一　「吉備を中心とした連合体への大和地域の編入」と「吉備勢力の大和入り」

1　高橋護さんの認識と考え

二人の発言のうちの一つは、岡山県立博物館二〇周年記念展示の図録として一九九一年二月に発行された『邪馬台国へのみち』の中の「邪馬台国時代の吉備とその動向」の項であります。筆者名は記されていないが、おおかたの一致するところ、筆者は当時岡山県立博物館副館長の職にあった高橋護さんです。図録の性質上、詳しい論証が見られないのは残念ですが、氏の意見の骨子はおよそ次のようなものです。

向木見《むこうぎみ》型特殊器台の時期（高橋第2期）の次の時期（高橋第3期）には、吉備の「特殊器台が、突然、大和を始めとする畿内地域に出現する。しかも、大和の中でも最古の時代の大形古墳を中心として展開する……。橿原市弁天塚で発見された特殊器台は、この内でも最も古い形態であり、……箸墓と並んで大和の初期の形態を示す資料である」。

この期の「特殊器台は、備前南部を中心として備中南東部から播磨西南部にわたる地域と、箸墓を中心とした磯城《しき》古墳群中に集中しており、橿原市弁天塚、滋賀県壺笠山《つぼかさやま》などに知られている。」この期の特殊器台の脚部には「退化が顕著に現れており、急速に脚部を消失して円筒化するものと考えられる。……文様も変化して、向木見型の連続文から、異種の蕨手文《わらびて》に代わる。この変化は、特殊器台から円筒埴輪への変化に連続して進行し、古墳墓制の完成へと発展するものと考えられている」。

氏は、このように「第3期」特殊器台の分布と向木見型からの変化を示した後、対大和問題について次のように述べます。

「この特殊器台の大和進出は、首長葬に際して行われる儀礼に、吉備型の儀礼の方式が採用されたことを意味するものである。前代からの特殊器台の分布が示してきた様相からみるならば、大和地域が吉備を中心とした連合体に編入されたものと考えなければならないだろう。古墳墓制を構成する主要な要素である埴輪、葺石、竪穴式石室などは、いずれも大和付近の弥生時代からの伝統には欠落しているものであり、吉備地方を中心として発展してきたものであることが、そのことを物語っている」（二九頁、ふりがなと傍点は引用者）。

2　前沢輝政さんの認識と考え

他の一つは当時いわき明星大学教授の職にあった前沢輝政さんの「大和における古代国家成立前後の吉備勢力」と題する論文（一九九三）です。氏はその後、同趣旨の論文を二つ書いています。「考古学から見た初期大和政権の成立」（一九九六a）と「『倭国大乱』考」（一九九六b）です。後二者は前者に較べ、資料の整理や表現がやや進んでいるように見えますが、論旨はほとんど同じですので、第一論文からまず引用し、もし必要が起これば、後二者も取り上げることにしたいと思います。

「纏向《まきむく》遺跡……の周辺には、石塚墓などの大型弥生墳丘墓や箸墓古墳など巨大乃至《ないし》大型の創出期古墳が築造される。そしてこれらの墳墓の多くから、吉備の宮山型乃至《ないし》都月型の特殊土器・特殊埴輪の出土が知られる。……

これら纏向遺跡周辺の特殊土器・特殊埴輪を伴う墳墓は吉備地方の埋葬儀礼によったものであり、その被葬者たちは吉備の出身者と考えられる。さらにこれらの墳墓が大型乃至《ないし》巨大なものであれば、弥生時代終末期から吉備出身者がその人的構成の主流にあったと考えられ、石塚墓などは終末期の王墓級、箸墓古墳・西殿塚古墳などの巨大墳は大王陵、中山大塚古墳などそれに準ずる大型墳は王墓級で、これらの大王や王たちは吉備出身者ということになろう。

箸墓古墳が卑弥呼《ひみこ》の墓と推定されるのであれば、卑弥呼は吉備の人と考えられる。――終末期に吉備の特殊土器が畿内とくに大和にかなり入った事実は、倭の大乱後、卑弥呼を擁する吉備勢力が、纏向の地に新都を建設したとの推理を可能にするものであろう。

吉備において……楯築墓からは弱体化がみられるのであり、吉備王権の主勢力は卑弥呼の大和入りにしたがったと考えられよう。……

大和三輪《みわ》山麓にできた日本列島初の統一政権の大王（とその直前の王たち）などが吉備の出身者であり、したがってその王権は吉備勢力を主に形成されたものと推定される。」（以上第一論文一八五・一八六頁から、ただし段落・句読点の変更とふりがなと傍点は引用者）。

後二者の論文では、「大和入り」が「吉備から大和へ進入」という表現になっています。

二　高橋「邪馬台国時代の吉備とその動向」の問題点

まず高橋論文「邪馬台国時代の吉備とその動向」ですが、氏の論拠の中心は、特殊器台とくに「第3期」の分布の様相にあります。そこで、氏の「第3期」特殊器台がいかなるものかを見てみましょう。示された分布図には、出土遺跡名が付けられていませんが、文章では、「備前南部を中心として備中南東部から播磨西南部」の地域と、「箸墓古墳を中心とした磯城古墳群中に集中しており、橿原市弁天塚・滋賀県壺笠山などに知られている」とあります。それを分布図と合わせて推定してみますと、備前南部の三基は岡山市浦間《うらま》茶臼山古墳・同操山《みさおやま》一〇九号墳、あるいは同網浜《あみのはま》茶臼山古墳・同宍甘《しじかい》山王山古墳かもしれませんし、また同都月坂《とつきざか》1号墳あるいは七《なな》つ𡉕《ぐろ》1号墳かもしれません。このうち三基はほぼ確かなようです。備中南東部の一つは倉敷市矢部《やべ》堀越遺跡と思われますが、ことによると、別な古墳または遺跡であるかもしれません。播磨西南部の一つは揖保郡御津町権現山51号墳でしょう。奈良県の「磯城《しき》古墳群」中の三基は桜井市箸中山《はしなかやま》古墳と天理市西殿塚《にしとのつか》古墳または同中山大塚古墳、あるいは橿原市弁天塚古墳と推定され、京都府では向日市元稲荷《もといなり》古墳、滋賀県では大津市壺笠山古墳であります。

氏によりますと、「第3期」の特殊器台の特徴は、「脚部の形に退化が顕著に現れており、急速に脚部を消失して円筒化するもの」で、「文様も変化して、向木見型の連続渦文から、異種の蕨手文に代わる」ものであります。その通り読みますと、まさしく都月型円筒埴輪（特殊器台型埴輪と呼ばれることもあります）です。氏は以前から都月型円筒埴輪も特殊器台の仲間に入れていますので、それはそれでよいのですが、ここではそれと「宮山型」特殊器台との関係が判然としません。宮山型特殊器台を「第3期」に入れていないようですが、また都月型とごっちゃにしているようにもみえます。つまり氏は同じ文章の中で、弁天塚の特殊器台は「この内でも最も古い形態であ」る、と述べています。そこで「宮山型」特殊器台についての氏の理解について、あらためて検討してみたいと思います。

氏は、「組帯文の展開と特殊器台」という一九八四年の論文の中で、次のように述べています。宮山遺跡（古墳）は、「前方後円墳状の墳丘をもつこと」や特殊器台の「特異な文様と、遺跡の状況からみて後出的なものと考えていた」が、「……前方後円墳状の墳丘、ことに後円部斜面や、竪穴石室埋土中に包含されていた土器片……の型式からみてⅧ―d期にあることは動かすことができないものである。」（一三頁）とされました。氏によりますと、Ⅷ―d期は、後期の弥生土器の型式をⅦ期・Ⅷ期・Ⅸ期に三分した際のⅧ期末、別な用語で申しますと、上東式土器（Ⅶ期・Ⅷ期）の末期に当たるとされます。といたしますと、宮山遺跡発見の特殊器台は、特殊器台のうちでも古い一群つまり立坂型に入り、都月型と共存することはありえません。実際、氏の作成した表（同二七頁）には、宮山遺跡出土の特殊器台は、Ⅷ―d期の欄に立坂型の標式である立坂弥生墳丘墓の出土品や、同じく立坂型の黒宮大塚弥生墳丘墓や芋岡山弥生集合墓地の出土品とともに載っています。したがって、氏の「第3期」の特殊器台には、宮山型は含まれませんし、またそうであればこそ、先の説明や分布図に合致します。つまり、氏の「第3期」特殊器台は、弁天塚出土品を「例外」として、明らかに都月型を指すのであります。

氏は、先に引用しましたように、この「第3期」特殊器台が、「突然、大和を始めとする畿内地域に出現する。しかも、大和の中でも最古の時代の大形古墳を中心に展開する」、つまり「首長葬に際して……吉備型の儀礼の方式が採用されたことを」もって、また葺石や竪穴式石槨の採用なども合わせて、「大和地域が吉備を中心とした連合体に編入された」ことの証拠と考えます。しかし、果たしてこれだけの材料で、そのように考えることができるでしょうか。それは逆に吉備が、大和を中心とした連合体に編入されたことの証拠でもあるかもしれませんし、大和を含む畿内勢力と吉備勢力の連合、連合と申しました場合のさまざまな組合せはこの際無視するとして、その証であるかもしれないのです。もっとも氏は、一九八八年の講演では、筆者と同様上記した「三つの可能性」について触れましたが、結局は「大和では白紙状態のところに突然巨大な前方後円墳が出現するわけです。この歴史的な経過から見て、大和が吉備を征服したといいかねるのです」と述べています。

いっぽう氏は、同じ先の『邪馬台国へのみち』の一項「卑弥呼の鏡」の中で、「邪馬台国の時代の遺物が、副葬品として埋葬される時代は弥生時代ではなくなってい」て、「したがって、卑弥呼の鏡は古墳時代初期のものの中から探されなければならない」と考えています。氏は、断定しているわけではありませんが、「正始元年（二四〇年）に卑弥呼のもとへ届けられた」ものの中には「大量の銅鏡が含まれ」、それは三角縁神獣鏡であろうとし、三二面を越え、そのうちに同笵鏡も多い三角縁神獣鏡を出土した京都府椿井大塚山古墳の被葬者が「古墳時代の初期に」各地の首長へ分配したのであろう、としています。これはある時期の小林行雄先生の考えに近いものです。今ではこの考えは、ご存知のように小林先生を含めほとんど否定されております。

そこで「卑弥呼の鏡」が発見された「初期」の古墳について、「第3期」の特殊器台の有無を調べてみますと、意外なことに肝心の椿井大塚山古墳にも、備前車塚古墳にも播磨吉島古墳にも、その他にも見られないことが判明します。現在のところただ一例、兵庫県揖保郡御津町権現山51号墳にだけ、両者つまり「卑弥呼の鏡」と「第3期特殊器台」の併存が知られています。つまり、「第3期」特殊器台出土の古墳で「卑弥呼の鏡」が発見された確かな例は、今日のところ権現山51号墳だけであります。これがほとんど動かないこととしますと、あるいは多少動いたとしても前方後円墳の成立にあたり、由来も性質も違うのでちょっと比較にならないかもしれませんが、当時の吉備勢力にとっても今の高橋さんにとっても、吉備の「第3期の特殊器台」と「卑弥呼の鏡」のどちらが重用されたのであろうか、という疑問が起こることになります。

要するに氏の説明のかぎりでは、「大和が吉備を中心とした連合体に編入された」ことには到底ならないようです。もっとも私にしても、前方後円墳のいろいろな要素の源流のもっとも太い部分が、吉備の弥生時代後期後葉に流れていたことや、吉備と「畿内」のいずれかの優位の下での連合が、前方後円墳誕生に際して成立していたことを、否定しているわけではありません。

三　前沢「大和における古代国家成立前後の吉備勢力」の問題点

次に、前沢さんの「大和における古代国家成立前後の吉備勢力」説です。高橋さんと資料そのものや資料認識がかなり異なります。引用を繰り返して恐縮ですが、まず氏は、纏向《まきむく》遺跡「周辺には、石塚墓などの大型弥生墳丘墓や箸墓古墳など巨大乃至大型の創出期古墳が築造される。そしてこれらの墳墓の多くから、吉備の宮山型乃至都月型の特殊土器・特殊埴輪の出土が知られる。しかも前方後円形や双方中円形の墳形は吉備の……円丘墓の系譜をひくものであることから、これら纏向遺跡周辺の特殊土器・特殊埴輪を伴う墳墓……の被葬者たちは吉備の出身者と考えられる」と述べます。氏は宮山型特殊器台を「特殊土器」、都月型円筒埴輪を「特殊埴輪」と呼ぶ点で高橋氏や私と異なりますが、その両者および向木見型を加えた三者の差異については、あまり明確には指摘されていません。すなわち同じ論文の中での宮山型の分布の説明に際して、先の高橋「第3期」特殊器台の分布の解説をほとんどそのまま当てています。しかしすでに述べたように、高橋氏は「第3期」特殊器台として都月型を扱っています。しかも前沢氏が宮山型特殊器台の吉備での出土遺跡として挙げておられる（一七二頁）、宮山・鯉喰神社・金敷寺裏山の三遺跡すべてが備中にあり、うち後二者ではこれまで宮山型特殊器台は発見されておりません。また、弧文円板《こもんえんばん》出土の奈良県桜井市纏向石塚も、説明なしに宮山型出土遺跡に入れられています。したがって、いっそうの資料的吟味が望まれますが、ここでは当面の課題つまり「吉備の大和入り」について検討したい、と思います。

氏が挙げる根拠は、二つあります。第一は、氏の「特殊土器」と「特殊埴輪」が纏向遺跡周辺の墳墓に伴う、とされていることの解釈です。そもそも纏向遺跡周辺の墳墓といえば、纏向石塚古墳・纏向勝山古墳・纏向東田大塚古墳・纏向矢塚古墳・ホケノ山古墳などの中形墳、その他小墳、それに箸中山古墳（高橋・前沢の箸墓古墳を指します）で、これらは纏向古墳群と呼ばれています。しかし箸中山古墳以外には、仄聞《そくぶん》のかぎりでは宮山型特殊器台も都月型円筒埴輪も知られていないとされております。おそらく氏は、「纏向遺跡周辺」を拡大して、宮山型特殊器台や都月型円筒埴輪が発見されている西殿塚古墳や中山大塚古墳が属する大和古墳群も、それに加えているようです。それはともかくとして、氏はそのことをもって直ちに、これら墳墓は「吉備地方の埋葬儀礼によったものであり、その被葬者たちは吉備の出身者」と考えます。

第二は、「纏向遺跡周辺」の墳墓が「前方後円形や双方中円形の墳形」をとり、それが「楯築墓などの円形墓の系譜をひく」という認識です。そのことから、先と同じように、「その被葬者たちは吉備の出身者」とお考えになります。しかも、おそらく「石塚墓などの大型弥生墳丘墓」という認識と〝楯築墓の後、吉備に円丘系大型墓がない〟という認識とを合わせて、「弥生時代終末期から吉備出身者がその人的構成の主流にあった」とします。

第一の事実のほうの解釈は、なかなか魅力的ですが、今のところ、先に高橋論文について述べたような幾つかの可能性のうちの一つであろう、と思われます。しかも、せっかく用語のうえで「特殊土器」と「特殊埴輪」を区別されながら、なぜかその差のもつ意味について、積極的に取り上げておられません。

第二の認識のほうは、幾つかの点でいっそう吟味を必要とするようです。とくに、楯築や立坂の弥生墳丘墓と「纏向遺跡周辺」の墳墓との時期差と地域差を含めた関係はどうか、どのような関係があるのかないのか、纏向遺跡周辺で「双方中円形の墳形」をもつ墳墓がはたしてあるのかないのか、纏向石塚群と箸中山古墳との前後関係はどうか、宮山型と都月型の違いとその関係等々の吟味です。これらはいうまでもなく、前沢さんや私を含め、多くの人達のこれからの検討課題でもあります。以上のように、氏の挙げる根拠をもって吉備の大和への進入を想定するには、なお説得力においていささか不足といわざるをえません。しかし氏は同時に文献史家でもあり、引用した著書『日本古代国家成立の研究』の半ばも文献に立脚する論考であり、「邪馬台国論」や「卑弥呼論」を含めた考察の中での議論でもあることを、付言しておきたいと思います。

四　田中「前方後円墳をめぐって」の紹介

以上の二論を含め吉備勢力「東進」説についての評価ないし理解をいっそう深めることを願って、「編入」や「進入」とは無縁の論を、参考として紹介しておきましょう。当時奈良国立文化財研究所に勤務されていた田中琢さんによる「前方後円墳をめぐって」の一文（一九九一）がそれですが、さわりの一節を引用します。

「……このように古墳と大和国家との関係を認めれば、当然古墳の起源は大和にあることになる。この思考の構造は、第二次世界大戦後も継続して残る。そしていま、多くの研究者はその再検討は当然としている。にもかかわらず、初現期の前方後円形の斎場のうち、とくに大型のもの、具体的には箸墓古墳を指すのだが、それらが大和にあることだけによって、この思考は残存し、強く主張される。はたしてそうなのか。

くりかえすが、ここでは普通、共通性が重視される。しかしその共通性は大和だけを指し示すものではない。むしろいっさいの先入観を抜き、偏りなくみれば、吉備を指す。この種のまつりの諸要素の多くがこの地方に芽生えていたことを重視すれば、それが吉備にはじまり、そこから拡散した可能性はきわめて高い、と考えることも十分可能である。わたしはその可能性を考える。といって、大和の主導した連合や大和国家に代えて、吉備連合や吉備国家の成立をいう気はさらさらない。この種のまつりの諸要素の源泉の所在地が政治権力の中枢であった、などとは考えないからだ。……」（二一二～二一三頁）。

この引用だけでは氏の考えはなかなか判りにくいかもしれませんので、続いてもう少し引用を続けます。

「前方後円形の斎場で祭祀を挙行すること、それによって醸しだされる精神的な、そして心理的な共通の基盤が広く存在したことをそこから読みとることはできる。しかし、それが政治的な集団の存在をしめすとは考えられないのである。それは共通性のなかにある差異をみることによって明確になる」（二一三頁）。

氏は、おそらくほとんど似たような材料を使い、高橋さんや前沢さんのいう「吉備連合による大和の編入」や「吉備勢力の大和入り」や「大和への進入」とはまるで違って、「前方後円形の斎場」は吉備に発し、そこから大和を含め各地に拡がっていった可能性はきわめて高いが、その際政治的関係を持ち込むあるいはそうした関係が持ち込まれるものではなかった、とします。つまり、文化的・精神的な共通性を土台に、吉備の習俗が取り入れられるという考えのようで、そこには政治勢力の移動や、ましてや征服などを持ち出して考える必要はないとの思いのようです。また「共通性のなかにある差異」の内容や性格については何も語りません。その考えは、それ自体として興味ある問題となりうると思いますが、真意が判りにくく、またここでの争点ではないため、一つの参考として指摘しておくにとどめます。

五　寺沢「纏向遺跡と初期ヤマト政権」ほかの問題点

奈良県立橿原考古学研究所の寺沢薫さんの「纏向遺跡と初期ヤマト政権」（一九八四）も、問題を考えるうえで、避けて通ることはできないと思います。これはかなり早い時期に執筆された論文で、また必ずしも「東進」説そのものとはいいがたいのですが、この問題に関してはむしろ本番とさえいえる力作です。氏はまず纏向遺跡の説明と評価を行ない、ついでその歴史的位置を総括した後、前方後円墳の諸属性の系譜と変遷を表示し、次のように述べます。

「……いわゆる定型化された（完成された）前方後円墳を生む諸要素を、前段階や弥生時代との関連でみていくと、おもだった属性が畿内ではなく、吉備など中部〜東部瀬戸内海地域にあることが難なく看取できるにちがいない。……要するに、前方後円墳の構成要素からみた初期ヤマト政権の祭祀の実体像は、北部九州、吉備（瀬戸内）、畿内などの地域的祭祀の統合という形で実現されているものの、わけても吉備（瀬戸内）的な要素がより濃厚に採用されていたことが、理解できるのである。」（六一・六二頁、句読点変更と傍点は引用者、以下同じ）

と述べ、吉備をとくに重視します。

氏はさらに、「初期ヤマト政権の権力的、祭祀的母体が畿内・大和弥生社会にあり、各地域首長権の統合や奪取の結果としての祭祀の採用、吸収」であるとする「第一の道」の主張は、「考古学的にほとんど未論証の解釈」であるとします。したがって氏は、「第二の道（外的強力）により情況的な可能性を求め」ます。氏の論旨と用語はかなり難解ですが、ここからますます難解になります。

氏の「前方後円墳の属性的分析の試み」からは、「吉備権力を母体とする勢力の畿内・大和征服論」が生じるかのようにみえます。しかし氏は、実はそうではなく、この「纏向の地に中枢をかまえたこの新政権（初期ヤマト政権――引用者）、新時代の到来が、決して北部九州なり吉備などといった地域的な国家による直接的な政治的強力、つまりは征服活動（東遷）によって達成されたと主張するものではない」、と述べます。その理由として、氏は続いて、「原始共同体社会の末期にあって、ここで想定されたような政治的権力を備えた体制が、広義の一国家強力レベルでの直接的征服などによって達成しうることなど、およそ考え難いからである。」（六四頁）と述べ、それまでの「実証的」議論から離れ、以下のような仮説を提示します。

「初期ヤマト政権の実体とは……西日本あるいは東日本の一部の複数の国家合意によって達成された緩慢な関係性である……。……前方後円墳の定型化、整備・画一化された施設や副葬品、それら一切もまた、こうした経緯によって採択された合意の産物であった。その主導的勢力は、畿内を意識しつつ和解的に、あるいは非和解的な交通諸関係を恒常的に現出し、瀬戸内海沿岸の拠点的掌握と同盟関係の樹立にこれ努めていた吉備（瀬戸内）と北部九州を中心とする諸勢力であったろう。畿内・大和は……結果（目的）上の新時代の中心地に他ならず、それは「自然条件の卓越性と生産性の高さ以上に、交通諸条件の卓越性に求められるべきであろう」（六五頁、傍点引用者）。

かなり難解な表現ですが、私なりに理解したうえでまとめますと、〈複数の地域的国家の緩やかな結び付きがあって、その合意のうえに前方後円墳が生まれたのだが、その中心勢力は吉備と北部九州で、畿内・大和はそのための結果上の適地であった〉ということになるようです。しかも、吉備と北部九州とは「和解的」（『広辞苑』によりますと「和解」は、「やわらいでとけあうこと、なかなおり」とありますから、この場合は平和的ないし妥協的の意であろうと思います）、あるいは「非和解的」（同じく『広辞苑』によりますと、和解的でない意ですから、普通には非平和的、脅迫的ないし武力的と解されます）に「瀬戸内沿岸の拠点掌握と同盟樹立にこれ努めていた」のですから、大和を政権の適地として意識しつつ進出していくためには、やはり「和解的、非和解的な」交通（行動）によることになりましょうから、「征服活動（東遷）によって達成されたと主張するものではない」とする先の発言と矛盾することになります。しかしまたその一方、幾つかの箇所で、「北部九州、吉備、畿内などの地域的祭祀の統合」、「緩慢な関係性」、「合意の産物」、後の論文では「いくつかの部族的国家によって〈共立〉された全く新たな政治的体制」という表現が使われておりますので、やはり、吉備や北部九州の主導による諸部族（氏の「地域的国家」、「部族的国家」または「国家」）の連合によったもの、と理解したほうがよいのでしょうか。また、ここでも後の論文でも、吉備と北部九州をセットとして扱っていますが、吉備と北部九州とは果たして統一行動をとったか、とったことがあるか、果たしてセットとなりうるか、その説明も証明もほとんど不充分なままのように思われます。

さて次に、一九八八年の論文で氏は、「纏向型前方後円墳」を提唱しましたが、その提唱の理由を、「これらの諸古墳が、定型化した前方後円墳成立以前および成立期に、初期ヤマト政権の中枢たる纏向遺跡との政治的、祭祀的関係のもとに成立したものと考えるため」、としました。ここでいう「定型化した前方後円墳」とは、おそらく桜井市箸中山古墳などを指すものと思われますので、石塚古墳をはじめ「纏向型前方後円墳」群の少なくとも一部は、箸中山古墳などに先立ち、一部は並行するということになります。それら「纏向型前方後円墳」群は、氏によれば、吉備と北部九州が「主導的勢力」として形成した「初期ヤマト政権の中枢たる纏向遺跡との政治的・祭祀的関係のもとに」成立したことになりますので、主勢力としての「吉備と北部九州」勢力の影響あるいは進出は、まず「纏向型前方後円墳」群を生み出したということになります。

氏は、ついで一九九五年の論文（寺沢一九九五a）で、ご自分の立場はなお一九八四年論文の通りであると述べられたのち、「初期ヤマト王権の成立は大和の生産力の高さや弥生時代以来の発展の線上にあるのではなく、……西日本のいくつかの部族的国家によって〈共立〉された全く新たな政治的体制であって、大和の重要性はまさにその地理的位置にこそあったという感をますます強めている」（一三頁）とされました。具体的に名を挙げてはいませんが、ここで述べられた「西日本のいくつかの部族的国家」の主導的勢力とは、吉備なり北部九州なりであり、大和の重要性はその地理的位置にあったにすぎないと、お考えになっていることはいうまでもないようであります。

さてそれでは、「纏向型前方後円墳」の中でも、氏が古いと想定する勝山古墳・東田大塚古墳、あるいはホケノ山古墳・石塚古墳に、吉備あるいは北部九州、もしくは両者の影響を果たして指摘できるでありましょうか。これまで石塚発見の弧文円板が挙げられることがありましたが、その特徴的な文様も弧文円板自体も、吉備や北部九州には見られないものであります。やや似たものとしては吉備では、楯築の弧帯文石《こたいもんせき》や特殊器台の弧帯文を挙げることができます。しかし、源流はともかくとして、これら吉備の弧帯文と弧文円板の直弧文《ちょっこもん》的文様とは相当に異なるものです。

墳丘の形状も堀も、吉備や北部九州に由来するとは、決めがたいのであります。弥生中期になりますが、むしろ「畿内」では大阪府の加美《かみ》遺跡や瓜生堂《うりゅうどう》遺跡などに、墳丘や堀の好例が見られます。また、庄内《しょうない》2式・3式や布留《ふる》0式が、吉備や北部九州特有の土器とは考えにくいのであります。土を盛って大小の墳丘を造ることだけならば、九州から関東に至る弥生墳丘墓に広く見られます。

要するに、これら墳長およそ一〇〇メートル前後の纏向の「纏向型前方後円墳」に、吉備や北部九州の匂いを嗅ぎとることは、現在のところ甚だ難しいのです。封土が大きく崩されている石塚古墳の堀と前方部と後円部墳丘の一部、およびホケノ山古墳の堀と墳丘の一部が、近年発掘されたにすぎず、多くは充分な調査がなされていないと聞くので、断定は将来にゆだねるとしても、以上の状況から判断するかぎり、吉備勢力や北部九州勢力の主導を説くことは、現在なおかなりに困難であります。

六　むすび

しかしながら、寺沢薫氏が纏向「三代目」（寺沢・一九九五b）の「王」の墓と想定する箸中山古墳では、吉備との関係を示す明らかな遺物が採集されています。それは宮山型特殊器台です。宮山型特殊器台は、吉備の宮山遺跡（古墳）出土品を標式とし、立坂型で始まる吉備の特殊器台の終末型式です。吉備では、現在総社市三輪にある宮山遺跡が知られているにすぎませんが、大和では、箸中山古墳例を含めて四遺跡で知られています。その中には、先に触れた「纏向型前方後円墳」は含まれておりません。この宮山型特殊器台ならば、「吉備勢力の主導」論ないし「吉備東進」論にとって有力な材料となるかも知れません。しかしその場合にも、吉備の主導ないし東進によって形成されたかどうかを直接に議論できる古墳は、箸中山古墳などの四基であり、いまのところ「纏向型前方後円墳」は含まれないことになります。また、果たして宮山型特殊器台は、吉備の「主導」や「進入」を前提としなければ、大和において前方後円墳祭祀に祀られないのでしょうか。吉備が「畿内中枢」あるいは大和勢力に屈伏した場合、あるいは「畿内中枢」主導であれ吉備主導であれ、一種の連合を組む場合、吉備の伝統的な特殊器台祭祀が取り入れられまたは提供されたと考えられないのだろうかなども、合わせて検討の要があろうかと思います。

そのことを考える際に、もう一つ重要な「事実？」があります。吉備では、宮山型以前の向木見型特殊器台・特殊壺が三〇遺跡以上から、さらにその前の立坂型特殊器台・特殊壺は約二〇遺跡から発見されているのに対し、宮山遺跡の発掘が行なわれた一九六三年このかた、宮山型特殊器台が宮山遺跡以外で発見されたという情報に接していないことです。将来一、二の例が加わったとしても、発見例の示す差は、あまりにも大きいのではないでしょうか。その吉備の宮山型特殊器台・特殊壺は、遺跡の一角にあり宮山墳墓とも宮山弥生墳丘墓とも宮山古墳とも呼ばれてきた墳墓と、そこから約五〇メートルほど離れた地点の器台棺埋葬の二カ所で、発見されたのであります。後者の器台棺埋葬が、前者からもたらされ転用されたものであることは確かなことですから、宮山遺跡での宮山型特殊器台・特殊壺の祭祀使用は、まず前方後円形の宮山古墳で行なわれたと考えられます。

その宮山古墳ですが、円丘部径約二三メートル、墳長約三八メートルで、前方後円墳としてはごく小規模な部類に入ります。吉備の大首長の墓とは、とうてい考えがたいような規模であります。これを、宮山型特殊器台が採集された大和の四遺跡、墳長約二八〇メートルの箸中山古墳、墳長約二一九メートルの西殿塚古墳、墳長約一二〇メートルの中山大塚古墳の三前方後円墳、および形態不明だが大形と推定されている弁天塚古墳と較べますと、とくにその感が強いのであります。この二つ、宮山型特殊器台の出土地がいまなお一遺跡しか知られていないという不安定さをもつ「事実」と、その出土遺跡が小規模前方後円墳である事実の二つを、結び付けて考えてみたらどうでしょうか。少し前にほぼ次のように述べ、大方の注意を喚起しようと試みたことがあります。残念ながら、充分に喚起できたとは思えませんが、それは一部語句を加えましたが次の一文です。「宮山型特殊器台はなにゆえに大和では三基の大前方後円墳にあり、吉備では小墳墓一基にあるにすぎないのか。これが未調査あるいは私の情報不足のせいでなければ、吉備の大首長はその時なにをしていたのだろうか」（一九九六b）。今では、この一文の「その時」の後に、「どこで」をつけ加えたらどうかという誘惑に駆られています。

「結論」としての吉備勢力「東進」に対し、私は遮二無二反対するものではありません。むしろ、大和を含めた「畿内中枢」に、前方後円墳の「源流」が認められないことが明らかとなったならば、その時、大和に最初の前方後円墳を造った勢力の中心、またはもっとも有力な中心の一つに、吉備勢力があったことを主張するにやぶさかではありません。しかし「編入」であれ「進入」であれ「東進」であれ、それが吉備勢力だけでなされたとは考えがたく、寺沢さんも述べるように、吉備勢力を中心または中心の一つとして、かならずや諸部族の連合の下になされたこともまた、確かであろうと思います。

しかし、このたび取り上げた三者の論点および資料把握は、なお不充分あるいは不明確であると考え、ここに批判的見解を申し述べた次第です。今後解決すべき課題は、大和を主とした「畿内中枢」の弥生時代後期墳墓の展開過程のいっそうの追求、また大和における「纏向型前方後円墳」と宮山型特殊器台をもつ大形前方後円墳の関係とくに編年関係の把握、箸中山古墳や西殿塚古墳など「陵墓」古墳への立ち入り調査の要望と実現、吉備と「畿内」の間に横たわる広大な「播磨越え」の問題に象徴される諸地域との関連の研究、先に「事実」とした吉備での宮山型特殊器台および出土遺跡の点検、都月型埴輪の発現地の解明等々、山積していると思われます。

話を終わるにあたり、あえて困難な制約の下に説を主張され論を述べられた左記の同学の方々に深い敬意を表するとともに、高説を誤り伝えていないかを恐れるものであります。ご清聴に心から感謝いたします。

小文は、岡山県教育委員会・各市町村教育委員会有志ほか県内外の有志などによって、一九九七年三月二一日に行なわれた岡山県文化賞受賞記念会での講演の草稿、および『古代吉備』一九号（古代吉備刊行会、一九九七年）掲載の同名の論文を補訂したものです。主催者および参会者各位に厚く感謝します。

〔文　献〕

大和岩雄　一九九七：「『魏志』倭人伝と前方後円墳」『東アジアの古代文化』八九号、大和書房。
高橋　護　一九八三：「山陽」佐原真編『弥生土器Ⅰ』ニュー・サイエンス社。
同　　　　一九八四：「組帯文の展開と特殊器台」岡山県立博物館『研究報告』五。
同　　　　一九九一：『邪馬台国へのみち』（岡山県立博物館二〇周年記念展示の図録）。
同　　　　一九九二：「吉備と古代王権」小林三郎編『古墳と地方王権』新人物往来社。

高橋護・鎌木義昌・近藤義郎　一九八七：「宮山墳墓群」『総社市史　考古資料編』。
田中　琢　一九九一：『倭人争乱』（集英社版日本の歴史2）。
寺沢　薫　一九八四：「纏向遺跡と初期ヤマト政権」『橿原考古学研究所論集』第六。
同　一九八八：「纏向型前方後円墳の築造」『考古学と技術』1（同志社大学考古学シリーズⅣ）。
同　一九九五a：「古墳出現の社会的背景――とくにその内在的契機について――」『季刊考古学』五二、雄山閣出版。
同　一九九五b：「大和王権とホケノ山古墳」『産経新聞・大阪』一九九五年一二月一四日夕刊。
前沢輝政　一九九三：「大和における古代国家成立前後の吉備勢力」『日本古代国家成立の研究』国書刊行会。
同　一九九六a：「考古学から見た初期大和政権の成立」『東アジアの古代文化』一九九六年冬・八六。
同　一九九六b：「『倭国大乱』考」『古代学研究』一三五号、一九九六年八月刊。

なお、この小論以前に執筆した関連の小文は左記の通りです。

一九九五a：「第5章あとがき――前方後円墳の成立をめぐる二つの課題――」『矢藤治山弥生墳丘墓』同発掘調査団。
一九九五b：「大和の最古型式前方後円墳と宮山型特殊器台」『みずほ』一六、大和弥生文化の会。
一九九六a：「前方後円墳の起源」（共同通信社配信、一九九六年五月）。
一九九六b：「特殊器台と最古型式前方後円墳」『古代大和』一一、古代大和を考える会。

以上のうち一九九五a・bと一九九六aは、小著『前方後円墳の成立』（岩波書店、一九九八年）に、一九九六bは本書に再録されています。

第六章　毛野と吉備Ⅰ　須恵器は供献か放置か

一九四九年春に、両毛《りょうもう》考古学会が主催した栃木県足利市朝倉の明神山《みょうじんやま》古墳の発掘に加えていただき、古墳発掘は初めてながら、いろいろと勉強させていただきました。これから申し述べようとする話は、その後まもなく岡山で過ごすようになってからも、岡山での古墳との比較や先輩達の仕事との絡みで、考えたり見直したりしていた漠とした疑問のような事柄です。それも、いつとはなしに念頭から去っていたのですが、一九九八年度「史跡足利学校」公開講座での話の準備の過程で思い出しました。毛野《けぬ》と吉備《きび》の違いと共通点といったものですが、具体的には「須恵器は供献《くげん》か放置《ほうち》か」と「横穴式石室をもつ前方後円墳と群集墳の関係」の問題です。もとよりとりとめもない話でしたが、栃木県と岡山県の何人かの友人におだてられ、その折の話を少々ふくらませて、ご披露することにいたしました。

一　明神山古墳と明神山古墳群

明神山古墳(注1)は墳長約三一メートルの小形前方後円墳で、足利市南郊の朝倉に所在していました。後円部の背後に開口する横穴式石室は、調査前に、閉塞《へいそく》の石積みの上方が崩壊しており、天井石の一、二が失われた形跡がありました。盗掘の有無はしかとは断定できませんでしたが、玄室と羨道の床面には耳環や鉄器類が相当数発見されたにもかかわらず、須恵器・土師器は一かけらも見られませんでした。どうして須恵器がないのだろうか、というごく素朴な疑問をもったのがことの始まりです（図30）。

この発掘を遡る二年前に、足利市の拙宅を訪れた当時ともに学生だった坪井清足さんと僕は、後円部南辺の畑地で須恵器を採集しました。戦後間もない頃のことで、そこは、後円部の南側を削って開墾が進んでおりまして、石室の「前庭部」ないしその付近にあたるとみられる箇所でした。須恵器は短頸壺と提瓶《さげべ》で、破片でしたが、およその形態の判る品でした。発掘が始まってから、石室の天井石の落下に伴って移動したと思われる坏身《つきみ》破片一がほかに採集されました。墳丘の表面を剝いだり「前庭部」付近を精査すれば、もっと須恵器の採集はできたかもしれませんが、私達が手に入れた須恵器はこれら三種三個体の破片だけで、石室内からはまったく発見されませんでした。それらの須恵器は、前方後円墳10期区分の10期の前葉、実年代は苦手ですがこの時期ならばと、あえて申しますと、六世紀の第3四半期頃とみられ、明神山古墳のおよその築造時期を示すと考えられます。

こうした明神山古墳の須恵器の出方は、その後、岡山県や香川県などで横穴式石室をもつ後期古墳の幾つかを調査するにつれて、岡山を含めた西日本の古墳の場合と大きく違うのではないか、と感ずるようになりました。一九五一年冬の津山市佐良山字福田の造出付円墳の中宮《なかみや》1号墳、同字平福《ひらふく》の小円墳の祇園畝《ぎおんうね》1号墳と同2号墳を手始めに、大は墳長約一〇〇メートルの総社市こうもり塚前方後円墳、小は香川県直島町の喜兵衛島という無人島の円墳群まで、調査中見学を入れると一〇〇基を越える横穴式石室の内部を覗いたことになります。どれもこれも、盗掘や乱掘を受けたものにさえ、石室内に須恵器の副葬や破片などの痕跡があり、それを見ない例はほとんどないといってよいほどでした。しかも通常その数は数個から数十個で、それは、明神山古墳やそれを盟主とする明神山古墳群の場合との著しい違いでした。

さてそこで、明神山前方後円墳を盟主として形成された明神山古墳群について検討を加えてみました。明神山古墳群では、「土地区画整理事業」に伴う調査が、前沢輝政さん達の手で行なわれ、区画整理の対象となった一〇基の小墳の報告書が刊行されております。(注2) それを頼りに必要な箇所について述べていきたいと思います。

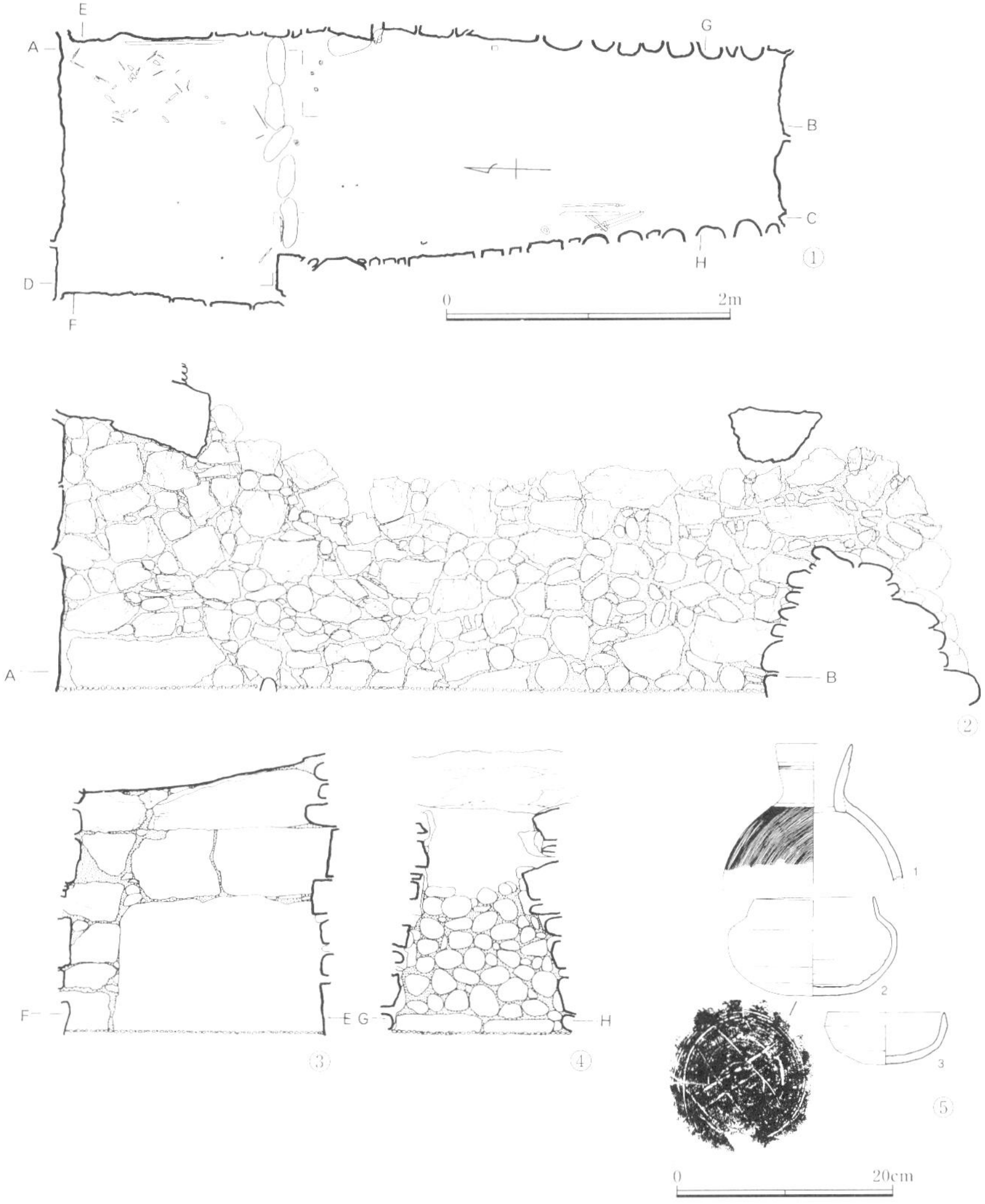

図30　足利市明神山古墳　①横穴式石室床面　②同側壁　③同奥壁　④同入口石積
⑤発見の須恵器

乱掘・盗掘・破壊のため墳丘は、完存はおろか部分的に残存したものばかりでしたが、8号墳を最大とし、他は径一〇メートル前後の群小古墳です。七つの石室内からは、他の副葬品が発見されたにもかかわらず、須恵器・土師器が見られませんでした。他の二石室は調査時すでに大きく破壊されており、最大墳丘をもつ石室内は完全に盗掘を受けておりました。その石室には、もと他の副葬品とともに須恵器・土師器が置かれていなかったと断定はできませんが、この古墳群の盟主と思われる明神山前方後円墳の石室でも、部分的な盗掘の可能性が多少ともあるにせよ、耳環八個、刀五口、鉾一口、刀子五本、鉄鏃一六本がほぼ原位置と見られる状態にあったにもかかわらず、須恵器・土師器の土器類の副葬が皆無であったことを考えますと、その二つの石室内にも須恵器があった可能性は甚だ低いと思われます。破壊されていた二石室も、推定される墳丘の径は一〇メートル未満で、石室の残存した他の古墳と同類と推定できます。遊離状態で発見された土器は、記録に示されているかぎり、1号墳の石室入口前で採集された須恵器と土師器の小「破片」以外は、墳丘や崩壊土で採集された甕ないし大甕の破片でした。要するに、判明しているかぎりでは一〇基とも、須恵器・土師器の石室内の「副葬」は見られなかったのであります。

これは、「吉備」の地域で申しますと、玉野市宇野港外にある香川県直島町喜兵衛島の塩民の古墳群（横穴式石室墳一四基・竪穴式石槨一・箱式石棺二）(注3)ときわめて対照的です。そこでは、私達が調査した一四基の、墳丘径ほぼ一〇メートル前後の古墳のすべての横穴式石室内に須恵器あるいは須恵器・土師器が、甚だしく盗掘が行なわれた場合でさえ、坏・高坏を主に多少とも発見されました。しかし須恵器をもつ横穴式石室が甚だ少ないという点は、明神山古墳群の独特な性質ではなく、足利一帯あるいは栃木県さらに毛野一円の特色であるらしい。そのため、この地のほぼ同時期の幾つかの古墳や古墳群を検討してみました。

二　足利公園古墳群

足利公園古墳群は、一八八六年に日本最初の古墳の学術調査として坪井正五郎先生が、その一基について発掘を行なったことで著名ですが、坪井第一号墳では、土器について次のような記載がなされています。(注４)

「祝部の破砕十余片を獲たれど、何れも詰めたる丸石の隙より出しものに天井近き所に在り、且集め合するも一個の完全なる物と為すを得ざるに因れば、故らに収めしに非ずして、丸石を詰むる際近傍に在りし土器の破片を其隙に入れしなる可きか……」。つまり発見された須恵器破片は、その辺にあった破片を石室の丸石を積む時に挟み入れたもので、「副葬」の須恵器はなかったということです。なお「祝部」とあるのは、今日の須恵器のことです。

坪井第二号墳については「十余躰の人骨」や玉類・鉄器のほか、「第二號よりは土器を獲ず」と述べるにとどめていま す。一号・二号とも簡略な図を示していますが、その中に刀剣・玉類は目につきますが、土器は見えません。

問題は坪井先生が第三号墳と述べた古墳です。これは足利郡今福村の織物講習所の所員だった峰岸政逸さんが乱掘を行なったといわれるもので、坪井先生が簡単な聞き取り調査と遺物の記載と図を残しています。それによると、耳環、刀子、鉄鏃、挂甲小札《けいこうこざね》、鉄地金銅《てつじこんどう》製の鏡板《かがみいた》・杏葉《ぎょうよう》・雲珠《うず》・留め金具などの馬具類、人骨などとともに「種々の土器」が見られます。土器はすべて須恵器のようで、脚付壺四、䞖《はそう》一、有蓋高坏《ゆうがいたかつき》二、高坏八、提瓶《さげべ》一、「壺の如きもの」一が図示されています。坪井先生の聞き取りによりますと、これらの土器類は両袖式の横穴式石室の玄室と羨道の境辺りにあったらしいのですが、驚いたことに「種々の土器」の中に坏が一例もありません。坪井先生がすべてを記録したかどうかは不明ですが、足利公園古墳群についての先生の詳細な記録から推して、坏がなかった可能性はきわめて強く、おそらく坏に代わって有蓋高坏に「供物《くもつ》」が捧げられたものと思われます。

坪井第三号墳の石室は、群の他古墳に較べ長さ・幅・高さとも顕著であり、飾り馬具一式を含む副葬品や多様な須恵器に相応《ふさわ》しいものでした。しかも一九九三年になって、足利市教育委員会文化財保護課の職員は葺石・敷石・円筒埴輪列を追求して、この古墳が前方後円墳であることを突き止めました。(注5) その規模は、墳長約三四メートル、後円部径約二四メートル、前方部前面幅推定約二四メートル、後円部高約六メートルで、先の明神山古墳よりやや大きく、足利公園古墳群の盟主墳であることはほとんど確実です。また、文化財保護課の職員はそこで各種形象埴輪を明らかにしたほか、「石室前面の二段目葺石の根石近くから須恵器の提瓶と𤭯」を発見しています。

この坪井第三号墳を含め、足利公園古墳群は現存一一基を数えますが、それらは市文化財保護課によって克明に調査・整備され、その調査概報も刊行されています。(注6) 以下、その概報とさらにそれを要約した文献から(注7)「須恵器供献《くげん》」の有無に絞って述べてみます。

これらのうち、須恵器不明または無しの古墳五基、須恵器発見の古墳六基で、後者のうち確実に石室内に置かれていた古墳は先の坪井第三号の前方後円墳だけで、他は「墳丘周辺」「墳頂」「石室前面」「遊離」発見とされています。器種は、四墳から大甕、二墳から長頸壺で、長頸壺の二例は前庭部ないし付近のほぼ同じレベルから、大甕の一例は墳頂に、他の三例は遊離の状態での墳丘発見ということです。

坪井第三号墳を除く円墳は、明神山古墳群の円墳に較べ、墳丘・石室ともやや大形とみられますが、須恵器の発見状況と器種に大甕が多い点で、両者に大きな差はないと考えられます。

三　足利市におけるその他の須恵器供献古墳の例

足利市域での横穴式石室をもつ群小古墳の発掘調査のその他の適例は、寡聞にして知りませんので、上記二群で代表させるとして、次に須恵器供献が明らかな古墳を見てまいりましょう。

海老《えび》塚古墳(注8)（足利市常見町）　調査当時の状況で推定径約五〇メートルの円墳でしたが、前方後円墳の後円部の残丘であった可能性があります。いずれにしても、足利地方屈指の墳丘規模をもつ後期古墳で、推定全長約九・一メートル、最大幅二・七メートルの横穴式石室があります。石室内から、丸玉六、小玉二一、銅釧破片一、挂甲小札三二片、鉄製石突《いしづき》一、鉄鏃一四片、金銅製辻金具《つじかなぐ》片一・鉄製「喰《はみ》」片・鉄製雲珠片二・金銅製鈴一などの装飾馬具類のほか、口縁部と体部からなる須恵器長頸壺一個体、𤭯口縁部破片と体部破片各一が出土しています。長頸壺は、石室のほぼ中央の「東側壁に接していた」といいます。𤭯破片は、石室内の排土中から発見されました。ほかに墳丘とその周辺から、内面に青海波《せいかいは》痕をもつ甕《かめ》破片若干が採集され、円筒埴輪と形象埴輪も出土しています。

文選《もんぜん》第11号墳(注9)（足利市上渋垂）　いま墳丘のごく一部を残丘として残しているだけですが、もとは後円部径約二七メートル、前方部の大半が不明の前方後円墳でした。円筒および形象埴輪が採集されています。天井石や各壁上方は破壊されていましたが、平面がほぼ完存する全長約五・七五メートルの横穴式石室があり、原位置とみられる副葬品として、刀と須恵器があります。須恵器は高坏一・提瓶一・𤭯一・坏蓋一で、それらは玄門部西壁付近でかたまって発見されました。なお石室内から、環状鏡板付轡《くつわ》破片・銅製馬鈴《はれい》一・鉄製雲珠《うず》または辻金具破片一などの馬具類、刀片・鐔《つば》など、鉄鏃三三、銅製耳環二、石製小玉一その他が発見されています。また、石室外の南トレンチから須恵器坏蓋《つきぶた》二、三個と坏身・小形甕・埦・長胴の甕・壺などの土師器が出土しています。

菅田《すげた》44号墳(注10)（足利市名草下町）　『前方後円墳集成』東北・関東編によりますと、墳長約二四メートルの前方後円墳で、前沢輝政さんなど足利市遺跡調査団は、後円部の長約五・九メートルの横穴式石室から、硬玉《こうぎょく》製勾玉などの玉類、金銅製耳環、刀、鉄鏃などとともに須恵器提瓶と土師器坏を発見しています。

機神山《はたがみやま》山頂古墳(注11)（足利市本城）　『前方後円墳集成』東北・関東編によりますと、墳長約三六メートルの前方後円墳で、一八九六年に地元の湯沢勝蔵さんと峰岸政逸さんが発掘し、長約九メートルの横穴式石室から倭製獣帯鏡など鏡二、勾玉など玉類、六鈴釧《くしろ》、耳環《みみわ》一六、刀二、鉄鏃若干、杏葉二・轡一・輪鐙《わあぶみ》一？などの馬具類に伴って、須恵器提瓶が出土したといわれます。

このように、小形前方後円墳あるいはそれに相当する古墳では、明神山古墳を除き、横穴式石室内に多少とも須恵器の安置が見られます。石室から出土した須恵器を種別にみると、提瓶は三古墳で、𤭯は二古墳で、長頸壺一・高坏二・坏蓋一は一古墳で見られ、海老塚古墳では墳丘で甕破片が見られました。ここでも食物を盛る容器よりも液体容器が多かったことに、注目してよいかと思います。これら前方後円墳の多くが、馬具類を副葬し、またその他の副葬品の種類も豊かであります。馬具が見られなかったらしい菅田44号墳では、代わって硬玉製勾玉や金銅製耳輪が見られましたが、須恵器が見られなかった明神山古墳では馬具類も硬玉製品も見られませんでした。これらのことは、多少例外はあっても、少なくとも足利地域では、前方後円墳・馬具副葬・石室内須恵器安置の三者がかなり強い関連をもっていたことを示しています。

四　須恵器「供献」祭祀とは何か

このようにして足利市地域では、横穴式石室を埋葬施設とする古墳の須恵器供献に関し二つの在り方、(1)石室内での供献＝祭祀と、(2)石室の外での供献＝祭祀とを指摘できるかもしれません。(1)は、前方後円墳や馬具類副葬が示すように主に首長層の祭祀の在り方で、墳長二十数メートルの小形前方後円墳に葬られた小首長も含まれます。(2)は、このような首長が統率する集団の中にあって、横穴式石室を埋葬施設として築造できるような有力成員＝有力家族体の古墳に主に見られる祭祀の在り方です。しかし(1)でなされたから、(2)ではなされないということでもないようです。これら二者は、しばしば一つの古墳群を形成しています。現存十数基の小墳からなる足利公園古墳群、約五〇基の小墳からなる菅田古墳群、小墳二〇基余からなる機神山古墳群、一〇基以上からなる文選古墳群がそれであり、首長と集団の墓域の分かちがたい結びつきをよく示しています。(注12)

さらに、横穴式石室をもつ古墳で、おそらく徹底した乱掘・盗掘がなされたため、副葬品のほとんどが不明となった小形の前方後円墳として、水道山山頂古墳・永宝寺《えいほうじ》裏古墳・勢至堂裏《せいしどううら》古墳・淵《ふち》の上《かみ》古墳などがあります。それらを盟主として形成された古墳群を加えれば、ことはより鮮明になると思われます。さらに、足利市北部の山々の斜面や尾根、山麓に営まれた横穴式石室をもつ小古墳の数群があります。また横穴式石室の存在は明らかになっていませんが、それらに近接して、主に埴輪の種類・形態から後期の首長墳とみられる前方後円墳もいくつか知られています。それら小古墳からなる数群と近接の前方後円墳との間の関係が判明していけば、いっそう具体的に問題を指摘することができるようになろうかと思います。(注13)

故人の遺体あるいは故人の霊を前にして、生者が共に飲食する祭祀行為が弥生時代に遡って見られることは、すでに幾つかの地域で知られており、その道具立ての土器が、弥生時代後期後葉に特殊器台と特殊壺として特別に華麗・大形化して発達した土地が吉備の地域であることも、よく知られています。やがて特殊壺は乾燥前に底が刳り抜かれて、使えない使わない壺になってしまいます。そうなった壺を特殊器台に載せてどうなるのか判りませんが、儀礼は明らかに形式化・形骸化・象徴化を始めたと思われます。前方後円墳時代になりますと、その特殊器台と特殊壺は、さらに形式化・象徴化を進め、円筒埴輪・壺形埴輪・朝顔形埴輪に転じます。壺形の埴輪が作られない場合でも、乾燥前に同じように底に穿孔した壺形土器が墳頂に置かれたりいたします。そこでまるっきりいっさいの飲食儀礼が止んだかどうかは実証としては判っておりませんが、埋葬の場での飲食祭祀の道具立てが、実際には使えない円筒形埴輪・壺形埴輪・朝顔形埴輪という象徴的な器物に変わっていったことは、確かと思われます。とすれば、それは、飲食の容器である須恵器・土師器を横穴式石室内に「収める」行為には、少なくとも直接的にはつながらないようであります。

もっとも須恵器・土師器とくに須恵器を埋葬に「添える」ことは、小林行雄先生が早く述べましたように、横穴式石室の採用よりもう少し早くから、例えば吉備では、短く幅のやや広い竪穴式石槨や木棺土壙墓などで行なわれ始まりますが、風習として普及するのは横穴式石室の導入からです。それらの土器には、多くの人が実例の一部も挙げて指摘しているように、実際の飲食物が収められ、それは「死者のためのもの」であり、転じて「死後の食物」と考えられるようになった、とされております(注14)。

後期古墳の石室内の副葬品は、それ以前の前期古墳や中期古墳の場合と甚だ異なり、中には千葉県木更津市の金鈴塚《きんれいづか》古墳(注15)のように、「飛びきり豪華な刀を一人当たり約六口も副葬する例もありますが、一般には、特別な盛装かどうかは不明としても、労働や作業の折のものではない通常の装い、あるいは礼装に近い装いで、具体的に示すと例えば耳輪・玉・刀・刀子・鏃など、特別の場合には馬具などが添えられて葬られたと考えられます。ですから、飲食物の種類や量も日常とひどくかけ離れたものではなかったろうと思われます。このように話を進めてまいりますと、すでにお気付きのように、先ほど石室内に須恵器や土師器が添えられていなかったと推定してきた足利地域の群小の古墳の場合を、どう考えたらよいのでしょうか。果たして前方後円墳の被葬者には飲食物が添えられ、群小古墳の被葬者には添えられなかったと言い切ることができるでしょうか。ここに例示した足利の群小古墳のことごとくが、盗掘・乱掘に遇っていたためであったかもしれません。そこで、もう少し広く文献にあたって栃木県・群馬県の後期群小古墳を検討してみたい、と思います。

五　下毛野と上毛野の共通点と相違点

多くの報告書に目をとおす余裕も力もありませんので、岡山県古代吉備文化財センター所蔵の数冊の報告書と手元にある報告書の中から、予見なしに後期群集墳の項を取り出して検討を行なってみましたが、それを〈A　群集墳〉としました。その後、栃木県の場合は、『前方後円墳集成』東北・関東編から横穴式石室をもち須恵器発見の記載のある前方後円墳を抜き出し、栃木県埋蔵文化財センターの小森哲也さんと内山敏行さんの援助をうけ、さらに梁木誠さんの「栃木県における後期古墳出土土器」（注16）表の例を加え、それを〈B　須恵器・土師器出土の前方後円墳など〉としました。須恵器・土師器が発見された場所の多くは墳丘や墳裾ですが、出所不明も多く、石室内出土が確かな例はごく少ないものでした。個々の資料は、煩雑になりますので章末の文献に譲るとして、検討の結果のみを示します。

群馬県の場合も、岡山県古代吉備文化財センターの蔵書から予見なしに後期群集墳の項を引用したほか、たまたま一九九七年に行なわれた高崎市観音塚考古資料館の「副葬された器　古墳出土の須恵器」企画展の図録（注17）を見る機会に恵まれましたので、前者を〈A　群集墳〉、後者を〈B　須恵器出土の前方後円墳など〉として検討するとともに、若干の補足も行ないました。栃木県の場合と同じように、検討の結果のみを示します（章末文献参照）。

何百基、何千基のうちの僅かこれだけですが、意図して選んだわけでありませんので、以下に一つのささやかな見通しとして述べたいと思います。

下毛野《しもつけぬ》つまりおよそ栃木県では、〈A〉明神山古墳群・足利公園古墳群を含め群集墳六群四六基、〈B〉単独のやや大形の古墳として前方後円墳を含む二一基を検討しました。後者のうち使用し文末に付したのは一三基です。まず群小古墳の場合ですが、はじめ足利地域で検討したことと大同小異で、径一〇メートル未満の群小古墳の横穴式石室内に、須恵器・土師器あるいはどちらかが「供献」された例は、ごくごく僅かしかありません。群集小古墳石室内出土の須恵器の頻度を考えるには、〈A〉が適当であることはいうまでもありません。確かな表現で横穴式石室から須恵器・土師器出土が記述された古墳は、下毛野では、須恵器長頸壺の口縁部一点を出土した壬生町藤井19号墳(注18)と土師器五点が発見された足利市田中三丁目市営住宅裏2号墳(注19)の二基で、調べた四六基の約四・三%にすぎません。須恵器出土古墳だけとなると、二・一%です。

上毛野《かみつけぬ》つまりおよそ群馬県では、〈A〉奥原古墳群など群集墳五群六九基、ほかに〈B〉として先の観音塚考古資料館の図録からの一七基その他（使用は文末の一五基）を検討いたしました。上毛野でも、確かな表現で記述された須恵器の群小古墳石室内出土例(注20)では、坏を出土した奥原2号墳、平瓶《ひらか》を出土した小墳の奥原22号墳、提瓶《さげべ》を出土した円墳の奥原25号墳、長頸壺と台付短頸壺を出土した本郷的場A号墳、坏一〇セットと𤭯《はそう》を出土したやや大形の少林山台《しょうりんざんだい》12号墳の五基だけで、約七・二%です。径二十数メートルというやや大形の少林山台12号墳を除くと、約五・七%です。可能性が多少ともある例を加えると、下毛野では、提瓶出土という上原古墳群(注21)4号墳と須恵器甕と土師器坏・高坏出土という5号墳があり、上毛野では足門村西古墳群の須恵器坏出土という12号墳がありますが、それらを加えても、それほど目立つような増え方は示しません。いずれにしても、群小古墳の石室内での土器の「供献」は稀といってよいと考えられます。その中で上毛野がやや多いといったところでしょうか。

〈B〉「大形」古墳、といってもおよそ径二〇メートル以上の中形円墳や小墳群中の小形前方後円墳ですが、その場合でも、横穴式石室内出土の確かな例としては、下毛野ではまことに微々たるもので、先に述べた足利地域の四墳を除きますと、二八基中、須恵器長頸壺一個を出土した中形円墳の西方山3号墳(注22)くらいで、ほかに、大甕とおぼしい須恵器破片が石室前室を主に玄室奥にも拡がっていたとされる墳長約四九メートルの馬頭町川崎前方後円墳(注23)や、須恵器高坏が一九〇八年の乱掘で出土したとされる墳長約五二メートルの石橋町横塚前方後円墳(注24)が挙げられるくらいです。土師器の横穴式石室内出土例も四、五例で、微々たるさまです。

上毛野および隣接する足利地域の〈B〉「大形」古墳となりますと、石室内に須恵器・土師器の「供献」がある古墳がはっきり増えてまいりますので、「大形」古墳と群小古墳との差は歴然、と考えられます。上毛野では、前橋市前二子《まえふたご》古墳、高崎市綿貫観音山古墳、同八幡観音塚古墳、安中市梁瀬二子塚《やなせふたごづか》古墳など幾つかの中形・小形の前方後円墳の横穴式石室から、乱掘による発見品を含め各器種の須恵器の出土が知られています。同じ時期の同じような規模構造の前方後円墳ではどうかということになりますと、横穴式石室をもつ前方後円墳の数が一二〇基余を数える上毛野では、『前方後円墳集成』東北・関東編によりますと、副葬品の項に「須恵器あり」とする前方後円墳は二六基、無記載の前方後円墳は九九基です。比率は約二六・六%対七三・三%で、実際は前者の比率はもっと高くなるようにも思われますが、いっぽう墳丘の各所や前庭部発見の須恵器も「副葬品」の項に加えている場合もありそうなので、何ともいえません。それでもなおその比率は、須恵器副葬が皆無にひとしい下毛野の場合と較べますと、かなり高い比率といえます。足利地方を除きますと、このことはすでに上生田純之さんが論じているところです(注25)。ここで、これまで検討し述べてきたことをまとめてみます。

六　幾つかの問題

1　毛野の群小古墳群

石室内の場合は、下毛野（ほぼ栃木県）・上毛野（ほぼ群馬県）とも、つまり毛野では前方後円墳時代後期、さらに一部は七世紀というか飛鳥時代に入ると思いますが、その時期の群小古墳の横穴式石室内に須恵器・土師器を見出すことは稀であり、足利市足利公園坪井第一号墳・第二号墳などのような手つかずの古墳やそれに近い状態の古墳の石室にさえ、須恵器・土師器の「供献」は多くの場合見られません。これは西日本、例えば吉備での在り方ときわめて対照的です。繰り返しますが、そこでは、後期群小古墳の石室のほとんどに須恵器だけ、あるいは須恵器と土師器が見られるのであります。先に、香川県直島町喜兵衛島の古墳群を例示しましたが、北関東の方の中にはなお信じがたいとの声もあるやに仄聞《そくぶん》しましたので、途中挿入となりますが、さらに一、二を例示してみたいと思います。

2　吉備の例

岡山県赤磐郡山陽町大字河本と和田にまたがる岩田《いわた》古墳群(注26)は、調査された九基の古墳の横穴式石室のうち、壊滅して数個の石材を残すのみだった13号墳を除いて須恵器や土師器が出土しています。石室がほぼ失われていた径約一七メートルの1号墳は、主に周堀で須恵器一〇六個と土師器一個を、墳丘を欠き石室痕跡と石材一個だけを残すのみだった6号墳は須恵器四個を、同じく石室の大部分と墳丘が大破消失した7号墳は須恵器一個を、墳丘の推定径約三〇メートルで、天井石と側壁上部を欠いた石室をもつ8号墳は須恵器七四個と土師器二個を、墳丘推定径約八メートルで、石室のごく一部を残した9号墳は須恵器直口壺や平瓶《ひらか》など破片三二片を、墳丘推定径約九メートルで、石室の奥部近くの下方の壁を残すのみの11号墳は須恵器二個と土師器三個を、墳丘推定径約一〇メートルで、天井石と側壁上方を欠いた石室の12号墳は須恵器三個と土師器二個を、墳丘推定径約二〇メートルで、天井石を除き石室が完存していた14号墳は須恵器三〇八個と土師器四五個を出土しています。14号墳は、七体埋葬ですが、土器類の多さは当地でも特別です。これらの古墳では、土器類の多くは横穴式石室内から出土し、とくに8号墳と14号墳では、示した数のすべてが石室内出土です。

また、岡山県久米郡久米町稼山《すくもやま》古墳群(注27)では、発掘された一五基の横穴式石室のうち、径約一〇・七メートルの石の才

２号墳は須恵器五二個と土師器四個を、径約一六・七メートルの芦ケ谷古墳は須恵器八四個と土師器二個を、径約一五・五メートルのコウデン２号墳は須恵器四一個と土師器一四個を、径約一五メートルのコウデン４号墳は須恵器五六個と土師器一二個を、径約一一メートルの荒神西古墳は須恵器二一個と土師器二個を、径約九メートルの高岩１号墳は須恵器一八個と土師器三個を、径約五メートルの大沢１号墳は須恵器七個と土師器一個を、径約六メートルの大沢２号墳は須恵器七個を、径約七メートルの稼山４号墳は須恵器五個を、径約六メートルの稼山５号墳は須恵器二個と土師器一個を、径約七メートルの稼山６号墳は須恵器一個を、径約五ないし六メートルの荒神古墳は須恵器五個と土師器四個を、径約七メートルの落山古墳は土師器一個を、径約六ないし七メートルの釜田１号墳は須恵器二個を、径約六メートルの釜田２号墳は須恵器一一個と土師器二個を、それぞれ出土しています。

３　毛野の場合

それに対して、少なくとも上毛野＋足利地域では、同じ時期の前方後円墳や中形円墳では、須恵器を石室内に収め置く例が、全体での比率は先に触れたように不明としても、むしろ少なくないのに対し、足利地方を除く下毛野では、甚だ稀または皆無に近いという事実があります。もっとも土師器ということになれば、下毛野においても皆無に近いというわけではなく、ごく少例ですが指摘できます。しかしその場合でも坏一・高坏一あるいはそれをやや上廻るという程度です。このように「大形」古墳の場合でも、下毛野の石室内の須恵器・土師器の在り方は、「吉備」をはじめ西日本各地での在り方と甚だしく異なり、上毛野を「中」においてもなかなか理解困難な様相であります。

つまり、前方後円墳や中形円墳の場合には、上毛野＋足利地方と下毛野との間に大きな違いがあり、群小古墳の場合には、先に下毛野四・三％、上毛野五・七％と述べましたように、両毛野の差はそれほど大きくありません。したがって、この点における前方後円墳など「大形」古墳と群小古墳との差は、上毛野＋足利地方では大きく、下毛野では差は

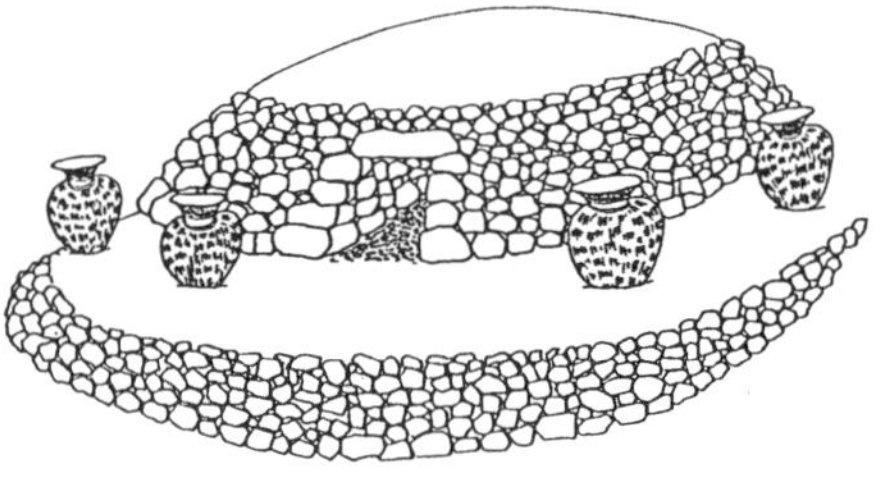

図31　足利市物見13号墳の大甕出土状況復原模式図

少ないか、もしくはほとんどないとさえいえます。「毛野」への横穴式石室導入から前方後円墳消滅前後までを一括して扱って、上毛野＋足利地方と下毛野との間における、「大形」古墳と群小古墳との須恵器・土師器「供献」の違いを、ひとまずこのように捉えておこうと思います。

4　前庭部の場合

上下毛野とも群小古墳では、石室入口の前にひらけた「前庭《ぜんてい》」を主に、須恵器・土師器が見られることは稀ではなく、むしろ普通のようであります。つまり小墳では、石室内よりも前庭部のほう、というより石室外で、須恵器・土師器の「供献」を行なったとみることができます。墳丘の斜面や裾や周堀で発見される須恵器片・土師器片も、その類とみたいと思います。両毛野で、前方後円墳や中形円墳の前庭部にも、しばしば須恵器・土師器が「供献」されていますので、その点では共通した祀りが行なわれたことは、ほとんど確かだろうと思います。つまり群小古墳・「大形」古墳を問わず、また下毛野・上毛野を問わず、前庭部・墳丘・墳裾などにおいて、須恵器・土師器による祭祀の痕跡がしばしば見られる、といえるわけです。

5　大甕や甕の場合

前方後円墳でも小円墳でも、発掘が墳丘一帯に及んだ際には、墳丘斜面の段や墳頂で須恵器の甕、それも多くの場合大甕の破片がしばしば見られますが、この大甕ないし甕の祭祀も、大小の古墳に共通した祭祀であったことを思わせます。やや余談めくかもしれませんが、その祀りには、甕に水ではなく酒を入れ、それを杓《しゃく》か何かで掬《すく》って、分け合ってか直接にかは判りませんが、呑む行為が伴っていたのではないかと察せられます。将来甕の大小や数が大小の古墳ごとに判ってくると面白くなるとも思います。こういう習俗は、毛野だけのものではなく、頻度や量を問わなければ広く各地で、例えば吉備においても時に見られます。足利市今福町の物見13号墳の概報に掲げられた復原想像図（図31）を示しておきます。

6　器種の問題

供えられた場所ごとに吟味したほうがよいのでしょうが、ここでも一括するとして、祭祀に使われた須恵器、ここでは土師器を除きますが、毛野ではその器種に、平瓶《ひらか》・提瓶《さげべ》・長頸（普通頸・短頸）の壺・横瓶《よこべ》・𤭯などが比較的多く、中にはこの種の液体用とみられる容器だけしか「副葬」されていない例もあります。それに対して坏や高坏は、中には中形円墳の群馬県高崎市の少林山台12号墳のように蓋坏《ふたつき》一〇セットという「特異な」例もありますが、土師器を含めてもそれほど多くはありません。坏や高坏は、少林山台12号墳の坏が「蓋を受け台として身をのせた」状態で置かれていたことが示すように、主に「固体」の食物用とみられます。そうした「固体」の食べ物は、布や木の葉を敷いて置かれることもあったかもしれませんので、直ちには対比しにくいと思います。参考のために吉備や周辺では、むしろ液体用の器種よりも坏の類のほうが数多く発見されるのが普通のことです。

七　「供献」か「放置」か

これまで述べてまいりましたことを、西日本やその内の吉備と対比して、どのように理解したらよいのでしょうか。小古墳の石室内に須恵器が「供献」される例が「稀」あるいは「少ない」のは、毛野ではなお須恵器の供給が乏しく、そのため小墳の築造者は充分な量を入手できなかったから、とするのがその一案であろうかと思います。この時期の須恵器窯の状況[注28]や集落遺跡での発見頻度についての論議はしばらく措くとして、もし須恵器入手が困難であったら、土地々々で作っている土師器をどうして使わなかったかと思いますし、また後々散乱する恐れのある「前庭部祭祀」や「墳頂での祭祀」に少量でも須恵器を使っていることをうまく説明できません。とすれば、飲食物「供献」の観念、あるいは飲食物「供献」の仕方の違いにもとづくのかもしれません。

小林行雄先生は、「黄泉戸喫《よもつへぐい》」という論文の中で、それらの土器類は葬送儀礼のための供物《くもつ》の容器として、内容物とともに墓前に置いたものであろうとし、土器に入れられた供物はやがて「死者のためのものであるという意識から、転じて死後の食物と考えるようになる思想の推移は、きわめて自然におこりうることであった」、と述べておられます。先生は、死者のための供物は死後の食物となり、「死者が死後の食物を必要とするという思想」が生じたと考え、石室内に置かれる須恵器・土師器をその方向で捉えようとされました[注14]。そのかぎりでは話はよく判るのですが、土器類が供献されていない石室は、それではどう理解したらよいのでしょうか。あるいは、前庭部にだけ土器類が置かれた場合は、どうみたらよいのでしょうか。さらに墳頂などで発見される甕や壺は、何のため誰のために据え置かれたのでしょうか。あるいは石室内の一隅に土器類をしばしば積み上げたりして片付けることを、どう考えたらよいのでしょうか。

また、前庭部やその付近に見られる須恵器や土師器が、石室内で「使用」された後に、一部または全部が片付けられ持ち出されたのか、初めから前庭部で使用されたものがそこに置き放しにされたのかは、個々に検討してもなお解決困難なこともありましょうが、ともかく結果として前庭部に「放置」されたことは、ほとんど確かなことのようです。実際には、前庭部にさえも土器類を見ない例もありますが、それは、そこで須恵器・土師器祭祀＝飲食物祭祀を行なわなかったことの証拠というより、その後の散逸を示すと考えたほうがよいように思います。また墳頂や段や墳裾にも、先に触れましたように時に大甕が「据え置」かれています。それらのうち、前者は使われたのちに前庭部に「放置」され、後者は生者が使うため墳頂や墳裾に置かれたと考えられますから、ともに死者に「死後の食物」を供するための容器とは、とうてい考えがたいと思われます。としますと、石室内に置かれた土器類だけが「死者のため」のものということになりますから、土器類のない石室に葬られた死者は「死後の食物を必要と」しないことになります。死後の食物を必要としない死者と必要とする死者が、仮に前者が成員で後者が首長であったといたしましても、同一古墳群の中でほぼ同時あるいはほぼ同時期に併存してよいものでしょうか。あるいは、下毛野の南部足利地域の首長達は「死後の食物を必要とする」と考えられ、下毛野中部・北部の首長達は「必要としない」と考えられていたことがあってもよいものでしょうか。

それでは具合が悪いというのであれば、石室内であろうと前庭部であろうと、これらの土器類が、果たして「死者のための死後に必要な食物」を入れるためのものであったかどうかを疑ってみなければなりません。西日本の一部である吉備やその他の地域でも、同じようなことが見られると思いますが、おそらく追葬の際に、石室内の須恵器の一部が羨道の前の墓道に掻き出され、しかも玄室内に残った破片と接合する例(注29)（図32）や、「片付け」を示すように一カ所にまとめて置かれる例(注30)（図33）が知られています。あるいはまた、通常土器類は遺体と一緒に木棺内に置かれないことの解釈も関連して問題となるでしょう。そうなりますと、横穴式石室内の副葬品そのものの性格はどうかという問題にもかかわってまいりますが、ここではやはり土器類とくに須恵器の「副葬」について、もう少し考えてみましょう。

事柄をこのように整理してみますと、これらの須恵器や土師器のすべてを、死者の食器や死後の食物容器として置かれたもの、と見做すことは困難となってまいります。石室内に置かれた土器類の中には、哀惜のあまり死者に捧げた食べ物・飲み物とその容器があり、そのような思いが託されることがあったとしても、少なくとも一部は生者が死者との別離の宴に用いた飲食物の容器ではないでしょうか。これはまさに、それぞれの家族体の霊の拠点としての横穴式石室への埋葬にふさわしいことといわなければなりません。それはなんとも平凡な説明でありますが、死者＝遺骸はあの世

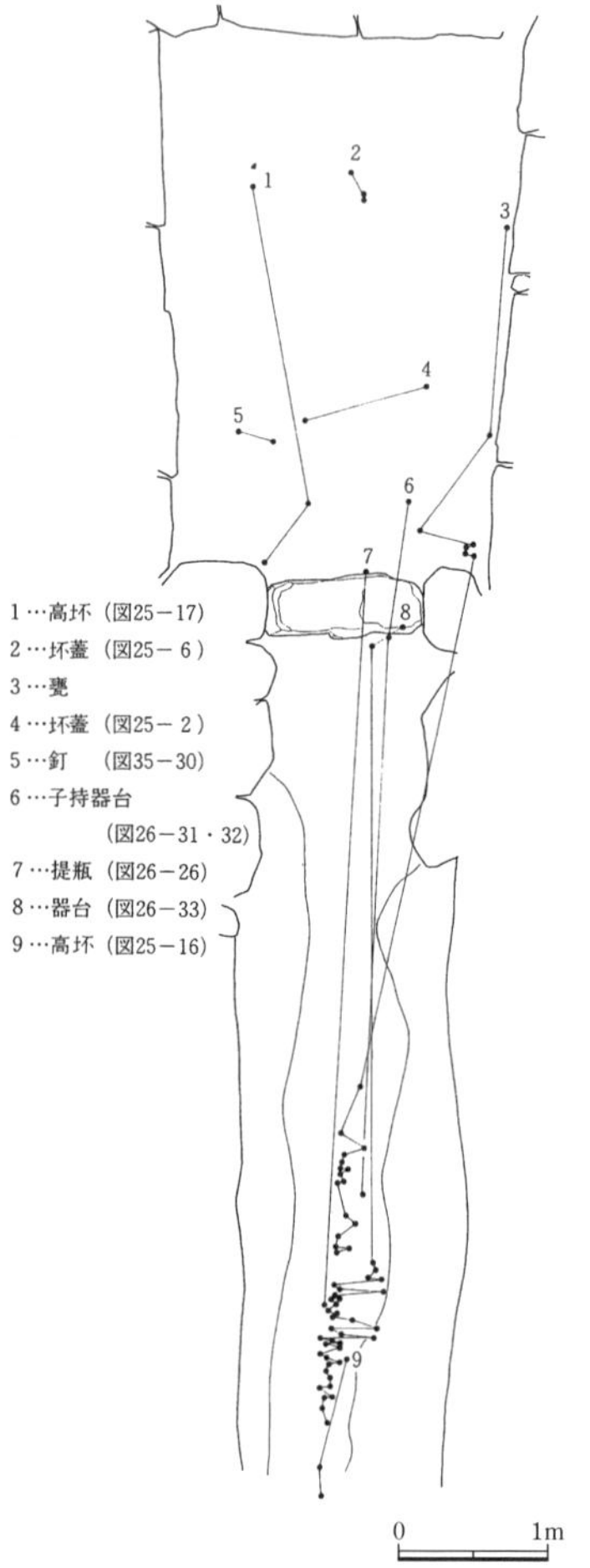

図32　総社市緑山6号墳出土須恵器片の接合関係

図33　岡山県山陽町岩田14号墳の木棺配置と須恵器の片づけと放置状態

では飲食しない、できないこと、したがって霊の世界（黄泉国）は観念（魂）の世であることを、当時の人々とてよく承知していた、と考えるからです。石室内に稀に見られる小形竈《かまど》などの炊爨具《すいさんぐ》も、小林先生もいわれるように、黄泉戸喫を器物によって暗示しようとした一部地域の人々が、たまたま生んだ抽象観念の産物、一つの象徴的な品物だったろうと思います（注31）。そうはいっても死者を黄泉国へ送り出す別離の宴は、同時に死者への哀惜と懐旧と賞賛の場ですから、力量に応じた宴の用意を、あるいは宴後の片付けを、時にはあまりないことでしょうが持ち帰りも、することになります。坏や高坏や壺や鉢などにたくさん並べてご馳走を盛った「豊かな」宴があっても、墳頂や前庭に据えられた甕（壺）の酒を縁者が心を込めて呑みかわすだけの「貧しい」宴があってもよいわけです。

　このようにして、前方後円墳・中形円墳と群小古墳との間の須恵器「供献」の一見著大にみえる差も、基本的な違いではないと思われます。また東西、ここでは毛野と吉備の違いも、須恵器「供献」に関しては、須恵器の普及の割合などに、いささかの相違があったとしても、基本的な違いではないと思われます。しかしなお、毛野の群小古墳の多くでは、「供献」された須恵器・土師器の発見量は吉備に較べて甚だ少なく、また石室内よりむしろ前庭部などに「放置」されることが多いのに対し、吉備では前庭部よりむしろ石室内に「放置」され「片付け」られることのほうが多い点、また毛野では液体＝飲み物用の須恵器が比較的多く、吉備では固体＝食べ物用の須恵器が比較的に多いという一見「習俗」の表現と見られる違いの点や、さらに上毛野＋足利地方では、こと須恵器祭祀に関しては、小前方後円墳・中形円墳でさえそれと群小古墳との間に、吉備以上に差が見られる点を指摘することが可能です。

　しかし上毛野と下毛野間の差異を含めて、それが毛野の単なる「習俗」の問題であるのかどうかは、毛野における埴輪、中でも形象埴輪や鉢巻き状葺石の根強い盛行、あるいは小前方後円墳と群小墳からなる古墳群としての共存、横穴式石室をもつ前方後円墳の多さなどの問題と重ね合わせて、今後とも検討し続けなければならないと思います。

小文は、次章の「横穴式石室をもつ前方後円墳と群小古墳」とともに、一九九八年一〇月四日、「史跡足利学校」公開講座での講演の準備過程で用意し、講演記録「古墳の話」にも一部を掲載したものであります。そのうち本章の小文は、一九九八年一〇月二三日と一二月一四日にあらためて補足訂正し、注を付したもので、『栃木県考古学会誌』二〇集（栃木県考古学会、一九九九年五月）に掲載していただきました。小文はさらにそれを多少とも縮めました。作成にあたっては、考えのそもそもの端緒を作ってくれた故滝口宏先生を団長とする明神山古墳調査団各位、構想を援助された足利市教育委員会文化財保護課の市橋一郎・足立佳代などの皆さん、中でも大澤伸啓さん、また栃木県立なす風土記の丘資料館の小森哲也さんと栃木県文化振興事業団埋蔵文化財センターの内山敏行さんに心から感謝します。とくに小森さんと内山さんは文献の援助にはじまり、草稿の閲読による誤認や不備の指摘までいただきました。得るところあれば両氏の援助の賜物であります。さらに、『栃木県考古学会誌』編集担当の皆さん、岡山の地にあって文献の検索に苦しんだ僕を支援された岡山県古代吉備文化財センターの葛原克人・高畑知功・中野雅美・氏平昭則・尾上元規の皆さんに厚く感謝します。

〔注〕

（1）「足利明神山古墳」『唐澤考古』一八、唐沢考古会、一九九九年。
（2）前沢輝政・橋本勇・市橋一郎・大澤伸啓・田村允彦『明神山古墳群』（足利市埋蔵文化財報告第12集）毛野古文化研究所ほか、一九八五年。
（3）『喜兵衛島』同刊行会、一九九九年。
（4）『日本考古学選集　坪井正五郎集下』一二三頁。以下同じ。
（5）市橋一郎・大澤伸啓・足立佳代「足利公園古墳群第5次発掘調査」『平成5年度埋蔵文化財発掘調査年報』足利市教育委員会、一九九五年。
（6）市橋一郎・柏瀬順一「足利公園古墳群第2次発掘調査」『平成2年度埋蔵文化財発掘調査年報』足利市教育委員会、一九八八年。市橋一郎・柏瀬順一「足利公園古墳群第3次発掘調査」『平成3年度埋蔵文化財発掘調査年報』足利市教育委員会、一九九三年。市橋一郎・大澤伸啓・足立佳代「足利公園古墳群第4次発掘調査」『平成4年度埋蔵文化財発掘調査年報』足利市教育委員会、一九九四年。市橋一郎・大澤伸啓・足立佳代「足利公園古墳群第6次発掘調査」『平成6年度埋蔵文化財発掘調査年報』足利市教育委員会、一九九五年。
(7)市橋一郎「足利公園古墳群と坪井正五郎氏」『唐澤考古』一五、一九九六年。
(8)前沢輝政・橋本勇『海老塚古墳』(足利市埋蔵文化財報告第2集)毛野古文化研究所、一九八一年。
(9)大澤伸啓ほか『文選第11号墳発掘調査報告書』足利市教育委員会、一九九七年。
(10)栃木県教育委員会『栃木県埋蔵文化財保護行政年報』(栃木県埋蔵文化財調査報告62集)一九八五年、および市橋一郎「菅田44号墳」『前方後円墳集成』東北・関東編、一九九四年。
(11)相場朋厚『足利織姫山頂古墳発掘明詳図』一八九六年、『近代足利市史』第五巻、一九七九年、および市橋一郎「機神山山頂古墳」『前方後円墳集成』東北・関東編、一九九四年。
(12)大澤伸啓「古墳時代(古墳)」『足利市文化財総合調査総括報告書』足利市教育委員会、一九八八年、および足利市教育委員会編『足利市遺跡地図』足利市教育委員会文化課、一九八八年。
(13)大澤伸啓氏教示。
(14)小林行雄「黄泉戸喫」『考古学集刊』二、一九四九年(『古墳文化論考』平凡社、一九七九年に補訂再録)。
(15)滝口宏ほか『上総金鈴塚古墳』千葉県教育委員会、一九五一年。
(16)梁木誠「表8 栃木県における後期古墳出土土器」梁木誠編『針ケ谷新田古墳群』宇都宮市教育委員会、一九八二年。
(17)企画展図録「副葬された器 古墳出土の須恵器」高崎市観音塚考古資料館、一九九七年。
(18)大和久震平『藤井古墳発掘調査報告』壬生町教育委員会、一九六七年。
(19)前沢輝政「田中町3丁目市営住宅裏古墳2号墳」『近代足利市史』第三巻史料編、一九八五年。
(20)『奥原古墳群』群馬県教育委員会、一九八三年。「本郷的場古墳群」『群馬県埋蔵文化財調査事業団調査報告』一〇八集、一九九〇年。「少林山台古墳群」『群馬県埋蔵文化財調査事業団調査報告』一五二集、一九九三年。
(21)平尾良光ほか『上原古墳群』日本窯業史研究所、一九八八年。
(22)「西方山古墳群」『栃木県埋蔵文化財発掘調査報告書』五集、一九七二年。

(23) 大川清編『栃木県馬頭町川崎古墳石室調査報告書』国士館大学文学部考古学研究室、一九八九年。
(24) 田代隆・小森哲也「横塚古墳」『石橋町史』史料編、一九八四年。
(25) 土生田純之「葬送墓制の伝来をめぐって――北関東における事例を中心に――」『古代文化』四八―一、一九九六年。
(26) 神原英朗『岩田古墳群』山陽団地埋蔵文化財調査事務所、一九七六年。
(27) 村上幸雄『稼山遺跡群Ⅱ　古墳群・墳墓編』久米開発に伴う文化財調査委員会、一九八〇年。
(28) 内山敏行さんの教示によると、関東の六～七世紀の須恵器窯は一般に小形器種よりも甕類をたくさん焼くが、おそらく甕類の需要のほうがずっと多かったからであろうとのことです。また足利付近の太田市菅ノ沢窯跡群では「器形は大甕、広口甕、坏（有段）、蓋坏、高坏、提瓶などであるが、量的には、大甕、広口甕が圧倒的である」（駒沢大学考古学研究会『群馬県太田市菅ノ沢遺跡Ⅰ・Ⅱ・Ⅲ・Ⅳ次調査概報』一九七八年）。石塚久則「菅ノ沢須恵器窯跡」『太田市史』通史編原始古代、一九九六年。
(29) 北條芳隆「緑山6号墳　4 木棺の配置と遺物の出土状況」『緑山古墳群』総社市文化振興財団、一九八七年。
(30) 神原英朗「岩田古墳群第14号墳」『岩田古墳群』山陽町教育委員会、一九七六年。
(31) 小林行雄先生の話の出発となったのは煤付土器や火炉の支脚や小形の炊爨《すいさん》土器などですが、それらは実例がごく少なく、支脚は山陰の地域色ともいうべきもので、いずれも普遍的ではありませんので、それほど説得力のある資料とは考えがたいと思います。成稿後、水野正好さんが小形炊爨土器の副葬を漢人系渡来人の風と考えていることを知りました。水野正好「素描・漢人系氏族の古墳をめぐって」『アジア文化』発行所・発行年とも不詳（水野さんによる）。

成稿後、内山敏行さんの指摘で、白石太一郎さんが木棺直葬墳の棺内・棺側の「供膳形態を中心とする土器については、伏せた状態の出土例も多いことから、飲食用の副葬品と考えるよりは、何らかの会食を伴う儀礼が行なわれたと考えたい」とする卓見を述べていることを知りました。しかし白石さんは、「石室内・墓壙内の土器については、死者の石室あるいは土壙内への搬入に際して行なわれた儀礼を反映するものと推測され」、小林先生の説に一部合流します。白石太一郎「ことどわたし考――横穴式石室墳の埋葬儀礼をめぐって――」『橿原考古学研究所論集創立三十五周年記念』吉川弘文館、一九七〇年。

　また関連する力作として、楠本哲夫「六文銭——古墳における須恵器祭式成立の意義とその背景——」森浩一編『考古学と生活文化』（同志社大学考古学シリーズⅤ）同志社大学考古学シリーズ刊行会、一九九二年がありますが、「五世紀後半から末」にあたる古式の「須恵器祭式」を扱い、小生の視点とかなり異なるのでここでは取り上げません。

〔使用した下毛野の資料〕

〈A　群集墳〉

○七つ塚古墳群（藤岡町都賀）2号墳（円墳）ほか
○西方山古墳群（西方町元）3号墳（円墳）、6号墳（小前方後円墳）ほか
○蛭田富士山古墳群（湯津上村蛭田）C—2号墳（円墳）ほか
○上原古墳群（壬生町安塚字上田～宇都宮市鷺の谷町下道原東）1号墳（前方後円墳）、4号墳・5号墳・7号墳・12号墳・14号墳・15号墳（以上円墳）ほか

〈B　須恵器・土師器出土の大形古墳〉

○矢板市境林古墳（円墳）
○市貝町石下14号墳（円墳）
○岩舟町小野巣根4号墳（円墳）
○壬生町薄井19号墳（円または方墳）
○壬生町新郭4号墳（円墳）
○石橋町横塚古墳（墳長約五二メートルの前方後円墳）
○足利公園M号墳（墳長約三四メートルの前方後円墳）
○足利市海老塚古墳（大形円墳あるいは前方後円墳か）
○足利市文選第11号墳（墳長約二七メートルの前方後円墳）

○足利市菅田44号墳（墳長約二四メートルの前方後円墳）
○足利市機神山山頂古墳（墳長約三六メートルの前方後円墳）
○石橋町細谷星の宮神社古墳群（大形円墳）
○馬頭町川崎古墳（墳長約四九メートルの前方後円墳）
○益子町益子天王塚古墳（墳長約四三メートルの前方後円墳）
○宇都宮市瓦塚（墳長約四五メートルの前方後円墳）
○宇都宮市宮下古墳（墳長約四三メートルの前方後円墳）
○宇都宮市竹下浅間山古墳（墳長約五二・五メートルの前方後円墳）
○南河内町別処山古墳（墳長約三五メートルの前方後円墳）
○国分寺町山王塚古墳（墳長八九メートルの前方後円墳）
○小山市飯塚29号墳（墳長二〇・五メートルの前方後円墳）
○小山市飯塚27号墳（墳長三三・八メートルの前方後円墳）
○栃木市岩出山古墳（径一一メートル以上の円墳）
○足利市田中三丁目市営住宅裏古墳2号墳（円墳または前方後円墳）

〔使用した上毛野の資料〕

〈A　群集墳〉

○奥原古墳群（榛名町本郷）
○本郷的場古墳群（同右）
○金山古墳群（月夜野町大字師）
○少林山台古墳群（高崎市鼻高町台）
○足門村西古墳群（群馬町）

〈B　須恵器出土の大形古墳〉（主に「副葬された器　古墳出土の須恵器」高崎市観音塚考古資料館図録、一九七九年、による）

○安中市梁瀬二子塚古墳（墳長約八〇メートル）
○前橋市前二子古墳（墳長約九二・七メートル）
○高崎市綿貫観音山古墳（墳長約九七メートル）
○高崎市八幡観音山古墳（墳長約九〇・六メートル）
○太田市今泉八幡山古墳（墳長約五〇メートル）
○玉村町小泉大塚越第3号墳（墳長約四六メートル）
○藤岡市平井地区1号墳（径約二四メートルの円墳）
○伊勢崎市高山1号墳（径約二〇メートルの円墳）
○前橋市中二子古墳（墳長約一一一メートル）
○前橋市後二子古墳（墳長約八五メートル）
○館林市淵の上古墳（径約三〇メートルの円墳）
○富岡市富岡5号墳（径約三〇メートルの円墳）
○高崎市上小塙稲荷山古墳（径約五〇メートルの円墳）
○伊勢崎市蟹沼東A号墳（径約一九メートルの円墳）
○前橋市今井町今井神社2号墳（径約四〇メートルの円墳）

第七章　毛野と吉備Ⅱ　横穴式石室をもつ前方後円墳と群小古墳

栃木県足利市（旧足利市と足利郡）には現在、前方後円墳が四三基知られています。幾つかは、壊されてなくなっているものもあります。これら足利市に所在するそうした前方後円墳には、とくに足利的な特徴とか下毛野《しもつけぬ》的な特徴があるかというと、今のところ私には指摘できません。四三基のうち、横穴式石室をもっている後期前方後円墳は、現在判っているかぎりでは一〇基です。後に申しますが、それでも相当大きなパーセンテージです。足利的な、あるいは下毛野的な特徴を何とか指摘できるようになるのは、足利に何十基、何百基の群小の後期古墳が造られる前後からであろうかと思います。そこでここでは、後期前方後円墳と群集墳との関係について、前々から感じていることを、お話申し上げたいと思います。

一　足利の群小古墳

昔と申しましても、五〇年あまり前の学生時分のことです。生まれ故郷の足利の古墳を盛んに歩いている頃からつくづく感じたのですが、どうして足利、当時の足利市と足利郡には、こんなに古墳がたくさんあるのだろうか、どこの山を訪れても三〇基、四〇基と群れをなしてあるのはどうしてか、と不思議でなりませんでした。しかも小さい古墳ばかりたくさんある、それがほとんど横穴式石室をもっている、つまり古墳としては新しい時期の後期古墳であります。横穴式石室をもつ小古墳というのは、同じ足利市小曽根町の浅間山《せんげんやま》古墳や藤本町の観音山古墳などの古い型式の前方後円墳とはまるで違います。浅間山古墳や観音山古墳が造られてから、一、三百年も経って築かれた古墳です。その間に世の中が変わり、人々の埋葬観念も変わっています。

横穴式石室は、韓＝朝鮮の影響から倭で造られるようになりましたが、初めは筑前（福岡県北部）の辺りで始まります。しばらくして大和など畿内地方にも及び、その後あちこちに、吉備で始まったり、北陸で造られたり、毛野国《けぬのくに》つまりこの辺りに及んでくるのでありますが……、それにしても足利にどうしてこんなにもたくさんあるのでしょうか。

これもだいぶ昔、丸山瓦全《がぜん》という先生が、足利市の通り五丁目辺りに住んでおられまして、栃木県というか北関東の考古学の草分けのような方で、私など前に座ると、口もきけないほど威厳のある先生でした。戦前戦中、先生が中心になって教員の方々が『足利市郡古墳調査誌』を作られ、それに約一六七三基の古墳が記録されました。その後一九七九年から一九八四年にかけての足利市総合調査では一二二五基となっていますが、古墳でないものや不明となっているもの、その後壊されてしまったものなどが除かれたのだと思います。郡を合併した今の足利市の面積は一七七・八二平方キロメートルですから、◯・一三四平方キロ当たり一基となります。その古墳数はすごく多いですよね。

私は、一九四九年に市郊外の大字朝倉にあった明神山前方後円墳の発掘に参加して、瓦全先生から大目玉を食らいました。それ以来、「破門」されてしまいまして、破門されても偉い先生は偉い先生なので、非常に尊敬していましたし、亡くなられた今でも尊敬いたしております。先生は、「考古学を勉強しているのだから発掘などはいかん。まして古墳はお墓であるからとくにいかん」、そういう立場の方でございます。先生はやはり古いものは大事に護っていくことに意味があるのだ、という旨を遵守されておられました。非常に偉い、栃木県の学者でもおそらく第一級の方だったのではないかと思います。

私は、先生とはちょっと考えが違いまして、保存するだけが能ではないだろう、ある重要な歴史の問題があってその問題が解決できそうなら、やはり発掘したほうがよいだろう、しかし発掘した後もそれは大事に、やはり発掘がすんだからといって壊しちゃいけない、その後もきちんと保存したほうがいい、とそういう立場をとっておりました。明神山古墳はその後十何年か経って、残念ながら住宅地の造成でいとも簡単に壊されてしまいましたが。瓦全先生のお考えとどちらがよいかは、個々の状況の違いもあって、なかなか難しいと思います。

今、いわき明星大学の教授をなさっている前沢輝政さんは、足利市東尋常小学校一級下の友人ですが、戦後間もない頃から、「古墳をめぐろう」ということでよく連れだって歩きました。毛野《けの》村・山辺《やまべ》村・名草《なぐさ》村とか、あちこち片っ端から、足利の古墳を歩きまして、実感として本当に千何百基もあるということが判りました。学生時分です。

その特徴は、第一に、群をなして存在するということです。ぽつんと一基あることは、まず非常に珍しい。もしあるとしたら、途方もなく大きな古墳か、周りをよく観察していなかったためかもしれません。それくらい群をなしているのが普通です。第二に、ほとんどが小さな円墳であります。径七、八メートルから十二、三メートルくらいでしょうか。前方後円墳は数少ない。方墳もあったかもしれませんが、気付きませんでした。第三に、埋葬施設はほとんどが横穴式石室で、なんとそのほとんどが盗掘されて、口を開けていました。第四に、これは発掘しないと判らないことですが、一つの石室の中に多数が埋葬されています。明神山古墳では五人以上です。ちょっと古墳名を忘れてしまいましたが、亡くなった早稲田大学の滝口宏先生や前沢さんとご一緒して発掘した市の西郊、西宮の円墳では、耳環だけで三〇個余が発見されました。三〇個余というと、一人が二個つけたとして、一五人以上です。遺体は重なっておりました。つぎつぎに埋葬が行なわれるので、前の埋葬遺体は奥壁のほうに片寄せられていて、その骨を掘らせていただく、骨といってももう柔らかく粉みたいになっていて、形が判らないほどでした。その骨の間から耳環が盛んに出てくるわけです。それを数えて三〇個余になったわけです。あるいはもっとあったかもしれません。これが多人数埋葬で、足利だけといわず、横穴式石室をもつ群小古墳の特徴の一つといってもよいと思います。

二　毛野と西国の比較

　これから、前方後円墳時代の後期、実年代はなかなか難しいのですが、敢えて申しますと六世紀でしょうか、横穴式石室が埋葬の施設としてごく普通になってきた頃の毛野と西国は、どこがどう違うのかを考えてみたいと思います。横穴式石室というのは、先ほどの説明や第六章の話で大体お判りになったかと思いますが、まだ説明不充分で、よく判らない方もおられるかもしれませんので、もう一度説明いたしますと、石を積んで部屋を造ります。大きな石で造る場合も、小さな石を積み上げて造る場合もあります。また、規模や石室の造りなどによる地域差・年代差・身分差などがいろいろ考えられますが、時間の関係もあって本日はそういう差の話は止めにいたします。

1　横穴式石室をもつ前方後円墳

　石室を造るには、初め整地をして比較的大きな石を置く、こういう風に（以下身振り）石を積んでいく。特別大きな石の場合は、地山を掘り込んで石の一部を埋め据える。そしてその上に石を積んでいきます。墳丘は、石を積むごとに、その石が倒れないように、土で引っ張るように、土を幾層にも締め固めながら盛っていきます。石は修羅《しゅら》で運ぶ場合もあったでしょうし、ころも盛んに使われたと思われます。埋葬の場である玄室の奥壁の辺りが、墳丘の中心にくるように造ってあることが多いようです。終わりに天井石で覆う。さらにその上に日張りの小石や粘土を置き、最後の盛土を積みます。玄室の構築と同時に、中に出入する羨道《せんどう》もほぼ同じ手順で造られます。羨道は外界に通じ、そこを通って埋葬が行なわれます。埋葬の折に当然何らかの祭祀《さいし》をやったと思います。で、埋葬が終わったら、羨道の入口を石や土で閉じます。たぶん閉じる前でしょうか、その入口の前で祀りをやったりします。旧来の竪穴式石槨《たてあなしきせっかく》のように、棺を据えてから棺側や棺上方に石を積み上げる原則一遺体埋葬のやり方ではなく、羨道を通ってつぎつぎと埋葬が行なわれます。その点でも成立時の古墳とはまるで変わってしまっています。そのたびに、羨道の入口は開けられ、また閉められます。一つの横穴式石室に埋葬される人達は、一世代ないし二世代ほどの親族だったと思われております。そのため家族墓などと呼ばれることもあります。

古墳そのものは、初め前方後円墳として地域々の集団の首長を祀るために誕生したのですが、その時分には農民や手工業民・塩民・鉄民・窯民などは、首長に従い時に前方後円墳築造に奉仕していました。しかし生産が高まり、民衆もおこぼれをいただいてかあるいは掠《かす》めるかして多少ゆとりができるにつれ、「小さくてもいいから俺たちも古墳を造ろう」ということで、家族ごとに、あるいは血のつながりをもつ人々ごとに小古墳を造り、それが集団ごとに群をなすほどになります。その墓室が横穴式石室で、先ほども述べましたように、もと韓＝朝鮮から入ってきて拡がったもののようです。本家は大陸です。

初めは倭の筑前や肥前、今のほぼ九州北部に入ってきます。筑前や肥前の人と韓南部の人は早くから、弥生時代、いや時には縄文時代から交流がありまして、仲も良かったと思われますし、話も一部では通じていたかも知れません。韓南部から九州北部やその近隣に横穴式石室が入ってきたといっても、いっぺんに九州中がこれになってしまうわけではありません。移行期があり、その移り変わりの時期に畿内その近隣や、さらにはその外回りの土地でも、昔の竪穴式石槨式の埋葬法から横穴式石室埋葬に変わっていきます。

2　毛野の場合

ところがよくよく観察してみますと、北関東つまり毛野では、一般に横穴式石室をもつ前方後円墳がたくさん造られ、私がいま住んでいる吉備の地方などではむしろ少ないことに気付きました。まずその点を、実際にこれまで各地の人達が調査された例で申し上げてまいりたいと思います。

さて、足利市の市民資料室によると、市の面積は一七七・八二平方キロメートルで、教育委員会文化財保護課によりますと、前方後円墳の総数は四三基ということです。そのうち、竪穴式石槨を含む竪穴系埋葬施設をもつ前方後円墳は、確実なものとしては五基しかわかっておりません。四三基ある足利の前方後円墳のうち、横穴式石室採用以前の築造とほぼ推定できる前方後円墳は五基で、まだ内容も時期も判っていない前方後円墳、それから盗掘・乱掘あるいは土木工事で消滅した内部不明の前方後円墳の数が合わせて二八基です。横穴式石室をもつ前方後円墳が一〇基です。そうすると四三基のうちの一〇基は約二三％です。不明な古墳のうち、かりに五分の一が横穴式石室をもつものとしますと約三五％は横穴式石室です。約三基に一基です。約三分の一です。実際にはこの比率は、おそらくもっと多いと思います。五〇％に近いのではないかと思います。「どうでしょうか」と、足利市教育委員会の大澤伸啓さんにお尋ねしましたら、「まあそんなものでしょう」ということでしたので、横穴式石室の比率は、少なめに見て足利ではおよそ三五％ほどです。

次に、栃木県つまり下毛野の前方後円墳の総数はどのくらいでしょうか。『前方後円墳集成』東北・関東編によると約二四六基です。二基か三基は数え違いをしているかも知れません。横穴式石室をもつ前方後円墳は幾つかというと約五七基です。可能性のある古墳が約六基です。その半数三基を入れると約六〇基です。横穴式石室を持つ前方後円墳が、栃木県全体で約六〇基、つまり全前方後円墳の約二四％です。足利の二三％におそろしく似ていますね。で、下毛野でも未発掘やわけの判らない前方後円墳がいっぱいあって、その中でどうも横穴式石室らしいというものを考慮すると、おそらく三〇％を越えると思います。やはりほぼ三基に一基で、相当な数です。それでは群馬県つまり上毛野ではどうでしょうか。『前方後円墳集成』東北・関東編（山川出版社、一九九四年）からざっと数えただけで恐縮ですが、前方後円墳総数約三八四基として、横穴式石室をもつもの約一三六基で約三五％となります。かなり似た在り方、少なくとも下毛野よりも割合が少しばかり高い在り方をしていますね。その点で、毛野として一括して扱ってもよいかと思います。

3　吉備の場合

こんどは、西日本の山陽筋の吉備の備前《びぜん》を見ていただきます。岡山県東部は備前と申します。備前の前方後円墳の総数は約六〇基とされております。足利市よりやや多いだけです。備前は、奈良時代の国制によりますと、下毛野とほぼ同じ上国です。それでも、かつて造られた前方後円墳の数は、総数二四六基の下毛野の四分の一くらいしかありません。そのうち、横穴式石室をもつ前方後円墳の数は約六基しか知られておりません。約一〇%です。ですから前方後円墳における横穴式石室の比率は、下野に較べますと三分の一くらいです。備前と一部備中《びっちゅう》にまたがる岡山市の例を挙げてみましょう。市の面積は五一三・二八平方キロメートル、古墳総数は約一六三〇基です。面積は足利市の約三倍ですが、古墳総数は足利市の一三二五基の古墳総数の約一・二倍にすぎません。うち前方後円墳約四〇基、前方後方墳約一九基、計約五九基です。そのほとんどが前期・中期などの古い古墳です。横穴式石室をもつ前方後円墳は、現在のところ一基も知られておりません（岡山市教育委員会出宮徳尚・神谷正義お二人の調べによる）。

備中はどうかと申しますと、前方後円墳総数は約五四基とされ、横穴式石室をもつものは約三基ということでありま す。そうすると約五%です。それから備前の北部は美作と申しました。その美作の前方後円墳総数は五五基で、うち横穴式石室をもつものは約五基、約九%です。美作の中心の津山市は面積一八五・七二平方キロメートルで、足利市と大差ありません。古墳総数は六四一基、うち前方後円墳（後方墳も含む）一七基、その中で横穴式石室をもつ前方後円墳は、不確実な一基を入れて三基です（津山弥生の里文化財センター中山俊紀・平岡正宏お二人の調べによる）。足利市に較べ、古墳総数で約二分の一、前方後円墳数で約二・五分の一、横穴式石室をもつ前方後円墳となると、約五分の一です。

備前・備中・美作の前方後円墳の数は、約六〇基・約五四基・約五五基とほとんど同じで、前方後円墳の数で国を分けたような感じさえします。それから備後、広島県の東半部ですが、その備後の前方後円墳総数は約九〇基、横穴式石室をもつものが約一三基、約一四％でやや多いわけです。この備後の中心の三次市には、帆立貝形古墳と呼ばれ、円墳に小形の前方部または造出を設けた古墳が多く造られていて、その一部が前方後円墳として報告されている可能性もありますので、割り引いて考えてみなければなりません。その備前・備中・美作・備後を合わせて、昔は吉備と呼ばれていたようですが、七世紀頃に大和の勢力によって「国」別に解体支配されてしまいます。もともと弥生時代後期の頃から、吉備というのは非常に強い勢力をもっていたところでしたが、解体されて備前・備中・美作・備後にされ、大和政権にすっかり従属してしまいました。

さて吉備全体を合わせて前方後円墳の総数は、備後の帆立貝形古墳も入れて約二五九基です。ほぼ下野と匹敵します。下野の前方後円墳は総数二四六基です。吉備の総数約二五九基のうち横穴式石室をもつものは約二七基、約一〇％です。下野の場合は約三〇％、やはり三倍です。上野の前方後円墳を合わせると、毛野で約六三〇基で、横穴式石室をもつ前方後円墳は推定をまじえて約二一〇基、約三三％となります。吉備と較べるだけでは不充分ということで、少しばかり他の地域とも較べてみました。

4　その他地域の場合

まず毛野と吉備の中間の駿河・遠江・三河です。駿河は、静岡県のほぼ中央部です。横穴式石室をもつ前方後円墳は、『前方後円墳集成』には一基も挙がっておりません。今のところ知られていないということです。なぜでしょうか。これ自身、大きな課題になると思いますが、ここでは立ち入りません。次は、静岡県の西半分の遠江です。遠江は約八三基の前方後円墳のうち、約五基が横穴式石室で、これは備中とだいたい同じ比率です。約六％です。次は三河、愛知県の東側で、約五〇基のうち約七基、約一四％です。大体備後に並びます。そういう中間の地域も、だいたいにおいて吉備のあちこちに近いパーセンテージです。もっとも各地とも『前方後円墳集成』で判っているかぎりということでして、すべての数に「約」を入れておきました。

それでは、肝心の前方後円墳そのものの本家である大和（奈良県）はどうか、ということになります。前方後円墳の総数は約二五二基といわれております。吉備の約二五九基、下毛野の約二四六基と似たような数です。大和では横穴式石室をもつと判明している前方後円墳の数は約三〇基です。これは多いですね。可能性があるのが約一〇基、そのうちの半分として五基を入れると、約三五基で約一三・八％になる。これは伯耆以西の山陰や北部九州を除く西日本では、先の備後とともにもっとも多いほうです。

『前方後円墳集成』によりますと、大和では8期に横穴式石室が始まります。しかし北部九州ではもっと早く、多くが小形の単室で、後円部頂下に前方部方向に入口と羨道をもつように築かれた古式の横穴式石室が、4期の頃に前方後円墳に採用され始まるといわれていますが、九州の問題を入れると、ちょっと複雑になってしまうので、九州については本日は申し上げません。全土的に見て前方後円墳に横穴式石室がもっとも普及する10期には、大和ではもう前方後円墳が築かれなくなりつつあります。9期には、大部分が横穴式石室で占められています。10期に入りますと、有名な橿原市見瀬丸山《みせまるやま》古墳があり、その横穴式石室の長さは抜群で約二八メートルといわれ、また大和で最後または最後に近い前方後円墳であるとされております。墳長が約三一〇メートルの大前方後円墳であります。それから墳長約六一メートルの平群町烏土塚《うとづか》古墳です。この二基と新庄町二塚《ふたつか》古墳（墳長約六〇メートル）が10期の横穴式石室で、墳長約一四〇メートルの明日香村平田梅山《ひらたうめやま》古墳もそうだろうといわれています。しかし9期か10期か不明の横穴式石室をもつ小形前方後円墳となると十数基あり、横穴式石室ではないかと思われる前方後円墳も一〇基余ありますので、全体としては8期・9期・10期を合わせると、先に述べましたように、約三五基ですか、三〇基余になるようです。

次に、河内・山城・摂津と取り上げてみます。これらは大和の西と北に位置する畿内の諸国であります。河内は大阪の東部で約一〇五基中約五基で、約五％。山城では約六二基中約八基で、約一三％です。次は大阪の西と兵庫の東を合わせた摂津です。これが約七一基中約五基で、約七%。河内と摂津は、ほとんど吉備の備前や備中と同じ状況ですね。これは、横穴式石室をもつ前方後円墳だけが少ないのではなく、後期古墳のうち、先ほどの10期区分の9期・10期の前方後円墳自身が全体として少なくなっていることの反映かと思います。この時期、畿内も吉備も前方後円墳は少なくなってきていますが、それに対して下毛野と上毛野では、次第にか急速にかはよく判りませんが、むしろ増えているのではないかということを、ここで考えておきたいわけです。今日お話する大きな課題の一つです。その典型が足利地域にあります。

三　足利地域での横穴式石室をもつ前方後円墳

図34　明神山古墳群分布図

ここでは、足利で横穴式石室をもつ前方後円墳はどういう在り方をしているかについて述べたいと思います。以下に一〇基挙げております。これは横穴式石室をもつことが明らかな前方後円墳であって、すでに破壊されたり未調査のものもありますので、横穴式石室をもっていた、あるいはもっているはずの前方後円墳をことごとく含んでいるわけではありません。以下、肝心な所だけ説明いたします。

菅田《すげた》44号墳（足利市名草下町）は墳長約二四メートル。ここには書いてありませんが、付近に現存約五〇基の群小古墳を伴っております。それから機神山《はたがみやま》山頂古墳（本城）ですが、これは墳長約三六メートル、付近の尾根や斜面に約二十数基の群小古墳が従うように築かれております。つまり、

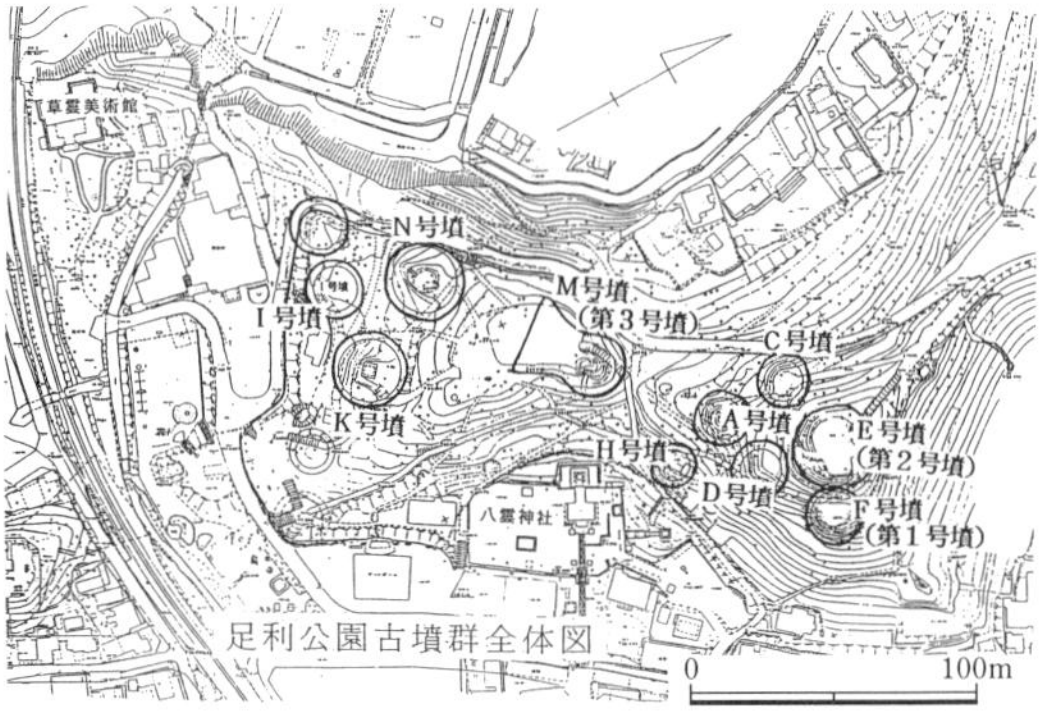

図35　足利公園古墳群分布図

前方後円墳の周りに群小古墳が造られております。それから先に第六章の一節でやや詳しく述べた墳長約三一メートルの**明神山古墳**《みょうじんやま》（朝倉）も、付近に二十数基の小墳を伴っています（図34）。もとは、もっとたくさんあったかもしれませんし、群の一番高いところに造られたかなり大きな方墳も、ある時期にはこの群の中核的な位置を占めていたと思います。

足利公園Ｍ号墳（緑町）、これは坪井正五郎先生が覗いた古墳で、やはり第六章の二節で触れた坪井第三号墳のことです。足利市教育委員会の方が足利公園Ｍ号墳と新しい名をお付けになりました。これは斜面には現存約一〇基の群小古墳を従えております（図35）。**水道山山頂古墳**（緑町）もことによると、関係の一部かも知れません。あるいは水道山山頂古墳にはもと別に群小古墳が伴っていて、それはすでに破壊され消失したのかもしれません。

次は、**文選**《もんぜん》**第11号墳**（上渋垂）です。昨日この古墳まで行って見てまいりましたが、幅二～三メートル、長さ五～六メートルの古墳盛土の残骸がちょっと見えるだけでした。もとは前方後円墳、それも前方部の短い前方後円墳であったのではなかろうかと、市教育委員会の市橋一郎さん達から説明をお聞きしました。これも周りに一〇基ほどの群小古墳が取り巻いております。福居の渋垂《しぶたれ》にございます。

それから**永宝寺裏古墳**（小曽根町）というのがありますが、これは墳長約四八メートルで、やや大きいですね。時期がよく判らない小古墳が辺りに約九基ありますが、それらが永宝寺裏古墳に伴うのかどうかということはよく判らないようです。なぜかと申しますと、その付近に古い型式の前方後円墳の小曽根浅間山《せんげんやま》古墳などがありますので、それに伴うものかも知れません。この辺りになってまいりますと、もう山麓ではありませんから、ずっと前に開墾され崩されて、跡形もなく消滅してしまった古墳群があった可能性があります。

それから勢至堂裏《せいしどううら》古墳と淵《ふち》の上《かみ》古墳という二基（新宿町）が相隣してあります。勢至堂裏古墳は墳長約三〇メートルです。淵の上古墳は約六四メートル、かなり大きいですね。付近に相当多数の一〇〇基以上の矢場川《やばがわ》古墳群という群小古墳群を伴っていたようですが、現在ほとんど全滅に近い状態といいます。

最後に先にも述べました正善寺《しょうぜんじ》古墳（常見町）でありますが、非常に大きい。墳長約一〇三メートルで、中にお寺があります。現在、付近の平地に群小古墳は一基も知られておりません。単独の立地で、おそらくもとからそうであったろう、と考えられております。つまり桁違いに大規模な後期前方後円墳は、直接に群小古墳を従えていないようです。群小古墳を従える小形前方後円墳のさらに上にあるわけですから、群小古墳に取り巻かれる必要はなかったのかもしれません。そういう古墳が、この正善寺古墳だったのであろうかと思います。

四　群小古墳に囲まれる前方後円墳

前方後円墳の終末、あるいは最後の前方後円墳と申しましょうか、足利を含む毛野と西日本ではその在り方がずいぶん違うように思われます。畿内では、やや早く前方後円墳に横穴式石室を取り入れますが、六世紀が終わる頃か少し前には前方後円墳は造られなくなっていました。吉備でも、山陽・山陰や四国・九州、駿河・遠江・三河などの東海地方でも、ほぼ同じように造られなくなります。その後横穴式石室をもつ円墳あるいは方墳、畿内中枢などでは時に八角形の古墳などが造られますが、前方後円墳は造られなくなってしまいます。前方後円墳の時代は六世紀いっぱいで終わってしまいます。毛野も含めその他の多くの地域も、僅かな遅速はありますが、ほぼ同じ足並みのようです。

もう一つ重要なことは、西日本の地域の後期前方後円墳には、僅かな例外はありますが、群小古墳があまり取り巻かない、前方後円墳が群小古墳を寄せ付けていないことがしばしばです。吉備の例で申しますと、邑久郡牛窓町の双塚《ふたつか》古墳や赤坂町の鳥取上高塚《とっとりかみたかつか》古墳、総社市のこうもり塚古墳あるいは同じく江崎《えざき》古墳がそれです。ただし、例えば真庭郡落合町ムスビ山古墳（墳長約一八メートル）などのごく小さな前方後円墳は別のようです。それに対して、この下毛野では、特別に大きな前方後円墳は別として、並みの前方後円墳の多くは群小古墳に取り巻かれるように、あるいはそれらに近接して造られることが多いのであります。上毛野もおよそ下毛野に近くほぼ同様と思いますが、多くについて調べたわけではありません。

足利を見ても、先ほど説明いたしました通り、群小古墳に取り巻かれていないのは、約一〇〇メートルを越える正善寺前方後円墳ただ一基です。このことは、毛野の他のすべての地域について検討したわけではありませんが、どうやら当てはまるようです。他はほとんどが十数基ないし数十の群小古墳に取り巻かれた中に、あるいは群小古墳を付近に伴って、横穴式石室をもつ小形前方後円墳が築造されております。これは一体どういうことでしょうか。前方後円墳が消えていく最後の最後まで群小の円墳に取り巻かれています。群小古墳に取り巻かれる中で最後の小形前方後円墳が築かれるという、他の地域と違った前方後円墳時代の最後の姿が出ているのではなかろうかと考えます。

これは、少なくとも足利を含む下毛野、さらに上毛野を含む毛野においては、中小の首長達にとって、同族の集団の成員が葬られる群小古墳に囲まれるようにして前方後円墳を築いていくことが、なお配下集団の支配に有効である、と考えられていたためではないでしょうか。というよりも、前方後円墳の築造単位が西方諸地域に較べて狭く小さかった、つまり集団成員となお強い紐帯で結びついていた小首長までもが前方後円墳を築造したのではないか、と思えてなりません。大和政権の支配者達もそのことを認識してそれを容認し、その関係を利用していたのではないかと思われます。

この点については、甘粕健・小宮まゆみのお二人は、すでに早く一九七六年に、関東では「前方後円墳を核にして群集墳が形成される例がしばしばあることが注目される」とし、「大前方後円墳の被葬者の支配領域内に散在する群集墳の中核に中・小規模の前方後円墳が分布しているのが一般的なあり方ではないか」と指摘されています。それを北関東ないし毛野の後進性つまり遅れと評価するか、あるいはその独自性と考えるかは、それぞれの立場によって違うのかもしれませんが、前者の評価と後者の考えは絡み合っていると思います。前方後円墳はその終末に際し、毛野・畿内・山陽その他の各地域の間で、それぞれ少しずつ違った運命をたどったのだと思います。ここで、もう一度毛野の近隣の地域について眺め、考えてみたいと思います。

五　毛野の近隣はどうか

1　南隣と西隣

毛野の南側は武蔵ですが、その北半分（ほぼ埼玉県）は、毛野とよく似た歩みをします。南半分（ほぼ東京都と神奈川県北部）は前方後円墳自体が二五基と少なくなりますが、横穴式石室をもつ前方後円墳は二基、八％です。ほぼ横浜市よりも南、神奈川県のほぼ南側が相模《さがみ》です。前方後円墳一六基のうち二基が後期前方後円墳と推定されていますが、それが横穴式石室かどうかは判っていないようです。つまり確かな横穴式石室は一基も知られていません。東京湾を隔てて相模と相対する千葉県南部にあたる安房《あわ》でも、前方後円墳五基が知られているにすぎず、うち横穴式石室は一基も知られていないようです。相模の西に続くのが、先ほど触れました駿河です。それから遠江、三河と続きます。西のほうから申しますと、少なくとも相模までは後期前方後円墳、とくに横穴式石室をもつ前方後円墳の築造は、甚だ低い比率でできています。

このように南関東は、その意味ではまさに吉備的というか西日本的な歩みをしています。ですから、前方後円墳が終わる頃の東国の中での一つの大きな境界線は、武蔵の真ん中辺り、つまり東京都と埼玉県の境辺りから、安房と上総の境つまり千葉県南部の辺りに引かれる可能性があります。これは関東の古墳研究者の間では常識なのかもしれませんが。

西から上毛野に接する辺りの信濃と南西の甲斐は、前方後円墳で横穴式石室をもつものは非常に少ないか、ほとんど見られないかです。ただ信濃南部の伊那谷では非常に多くなっています。伊那地域は後期前方後円墳ないし横穴式石室をもつ前方後円墳に関するかぎり、なぜか一種毛野的な様相をもちます。信濃・甲斐などの首長層の動きに関わってくると思います。ですから、前方後円墳における東と西という問題も、なかなか一筋縄ではいかないようです。

2　東隣と北隣

それでは、次に関東東部はどうかを検討してみようと思います。『前方後円墳集成』が刊行されてから、西日本の人達にもよく知られるようになったことですが、関東東部つまり常陸《ひたち》・下総《しもふさ》・上総《かずさ》、およそ茨城県から千葉県北部・中部は、群馬県や栃木県と同様、いやそれにも増して、前方後円墳が突出して数多く造られた地域です。『集成』東北・関東編（一九九四年刊）によりますと、常陸約三九三基、下総約四二七基、上総約二九七基が列挙されています。茨城県・千葉県だけで一一〇〇基を越える数の前方後円墳が造られています。ところが、横穴式石室をもつ前方後円墳は、そこでの前方後円墳総数に較べて、甚だ少ないことが知られております。やはり『集成』によりますと、ただし未確定のものがずいぶんとありますので、およそにしてもその数はさらに増えると思いますが、常陸に約一七基（約四・三％）、下総に約一九基（約四・四％）、上総に約二〇基（約六・七％）が記載されております。これは上毛野・下毛野・北武蔵に較べ、甚だしく少ない数字です。これについては、横穴式石室の導入あるいは採用の時期の差であろうという考えも出されているようです。どうでしょうか。

そこでもう少し立ち入って検討してみますと、これらの地域では、前方後円墳の多くは規模も小形で、さらに埋葬施設や副葬品も知られていない場合が多いとのことです。『前方後円墳集成』の常陸の概要を担当された佐藤政則・鹿志村育男のお二人は、「この時期（10期――近藤）に造営された小形前方後円墳が数多いという特徴」（『前方後円墳集成』東北・関東編、六九頁）を指摘され、下総の概要を執筆された車崎正彦さんは、「第五段階（10期）になると、前方後円墳の造営は激増する。とくに太平洋沿岸・利根川下流域・印旛沼周辺の三地域では古墳群ごとに数基から十数基……小形前方後円墳が造営され、有力家長層のほとんどが前方後円墳に葬られたかにさえ思える」（同一一二頁）と述べ、上総を担当された小沢洋さんは、「後期後半には小規模前方後円墳の絶対数も増加し、地域勢力の安定が下部勢力の序列化を促進した結果として捉える見方もできよう」（同一一三頁）とされています。つまりこれら研究者は、小形前方後円墳築造の時期を10期あるいは「後期後半」に想定され、この時期にそれが激増すると考えておられます。時期についてのお考えはおそらく、一般に墳長約二〇～四〇メートル前後と小規模であること、数が多くしばしば群在すること、時に知られる須恵器・土師器の特徴などによるものと思われますが、妥当な意見であろうと考えます。

しかしそこでは、下毛野や上毛野で盛んに造られた横穴式石室は、なぜかほとんどあるいはあまり報告されておりません。先にちょっと触れました横穴式石室導入の時期差、つまり東関東では横穴式石室の採用が遅れたからではないかという甘粕健さん、久保哲三さん達の意見があります。そのため前方後円墳時代後期になっても、箱式石棺や土壙に数体が納められることがしばしばあったといわれています。しかしまた、横穴式石室の築造数がこの地で甚だ少ないことの理由の一つに、適した石材の入手の困難なことを挙げることができるようにも思います。一基ずつ検討すればよいのでしょうが、すぐにはそれも叶いませんので、これも『前方後円墳集成』に頼ろうと思います。常陸の状況はよく判らないので、上総・下総について検討してみたいと思います。

『前方後円墳集成』東北・関東編によりますと、下総では横穴式石室をもつ前方後円墳、九基のうち、破壊消失しているらしい五基ほどを除きますと、石室石材を「軟質砂岩」とするもの四基、「軟質砂岩切石積み」とするもの一基、

「凝灰岩質砂岩」（いわゆる磯石）とするもの一基、「砂岩」とするもの一基、「切石積み」とするもの一基、石材の石質の記載のないもの六基となります。すべてについて確たることは判りませんが、ここで「軟質砂岩」とされる石質の横穴式石室の実物を、かれこれ四〇年ほど前に西嶋定生先生と甘粕健さんご夫妻のご案内をえて我孫子市で見学したことがあります。それは一見きわめて加工容易な「泥岩」状のものに見え、かなりな脆弱さを感じました。もちろんすぐに崩壊するようなものではないそうです。

上総では二〇基の石室のうち、石材が「軟質（脆弱）砂岩」のもの四基、「凝灰岩質砂岩」（磯石）のもの二基、「切石積み」のもの三基、「自然石」のもの五基、石質の記載のないもの五基、石室かどうかやや疑わしいもの一基と『集成』にあります。うち自然石とあるものは、割石と併用された例がありますので、円礫ないし河原石と見てよいかと思います。上総でも加工容易な石材あるいは円礫など手近に利用できる石材を使っていると見てよいかと思われます。

ということは、毛野などで通常使われている石材がまったくないというわけではないのでしょうが、ここではその入手は相当に困難で、代わりに加工容易な「凝灰岩」「軟質砂岩」「凝灰岩質砂岩」「砂岩」を使っているということのようです。久保哲三さんは、この点について「房総半島は石なし丘陵といわれるほど、良質の石材に乏しい土地である」と、一九八六年の論文の中で指摘されておりますが、そこではとくに下総では、関東ローム層といわれる火山灰の厚い層が地表を覆っております。

墳長約八〇メートルの茨城県勝田市黄金塚《こがねづか》古墳は、馬具・金環・直刀・玉類の出土が伝えられますが、石室の石材は凝灰岩切石です。墳長約九五メートルで多数の優れた副葬品を出土し、上総でも著名な前方後円墳の一つ木更津市金鈴塚《きんれいづか》古墳にしても、石室の石材は扁平に剝離する凝灰質砂岩（磯石）の持ち送り積みです。これら地域では、石材入手が困難だったため、横穴式石室の築造が相当に困難で、ところによってはほとんど不可能であったに違いありません。しかしそれにもかかわらず察するにこの土地の研究者の多くも、久保さんと同じようにそうお考えなのかもしれません。

ず、先に引用しました三名の方の発言のように、多数の「後期後半」ないし10期の小形前方後円墳が、その多くは横穴式石室をもつことなしに、箱式石棺や土壙を「代用として」、その地に築造されたことが事実であるとすれば、ただ横穴式石室を造るに相応《ふさわ》しい石材に恵まれなかったことに主要原因があったと考えざるをえないようです。言い換えれば横穴式石室を築かずに前方後円墳を造ったこと、あるいは造らざるをえなかったこと、さらに極端にいえば土を積むだけで前方後円墳のあらかたを造ることができ、あとは先に列挙した石材で箱式石棺を組むか土壙を掘って木棺直葬を行なうという点で、毛野との違いがあったとみたらどうでしょうか。

　としますと、そこでは小形前方後円墳の築造単位が、車崎正彦さんが「家父長単位か」と述べられたほど、毛野に較べてさえ狭く小さかったためと理解するか、あるいは二〜三基ないし四〜五基の小形前方後円墳の群が、毛野での横穴式石室をもつ前方後円墳一基に相当したためと考えるか、ということになろうと思います。しかし「家父長単位」として考えますと、さらにたくさんあるに違いない小円墳との関係が問題となってまいりますし、首長、ここでは多くは小首長でしょうが、それと集団成員との関係の問題も出てまいります。それでは、これら小前方後円墳は小円墳群とどのような関係にあったかを、木更津市・富津市・我孫子市・下総町など幾つかの地域について検討しますと、随伴する小円墳は、平均的にみて前方後円墳一基につき、数基からおよそ二〇〜三〇基という幅をもっていて、小形前方後円墳の異常な多さはあるにしても、先ほどの足利地域の理解を適用すれば、その被葬者は集団の成員と強く深く結ばれていたことを想像させます。

　東北はどうかと申しますと、『前方後円墳集成』によるかぎり、宮城県と山形県、それに福島県の会津盆地には、横穴式石室をもつ前方後円墳は知られておりません。というより、横穴式石室が及ぶ前に、前方後円墳はほとんど造られなくなってしまったのかもしれません。ですから、首長と集団の関係は前方後円墳から追求できそうにありません。福島県は前方後円墳の総数約五七基、横穴式石室をもつものは会津盆地にはなく、浜通り・中通り合わせて六基ほどで、うち石材の記載のある三基のうち二基が「砂岩」切石と「凝灰岩」切石、一基が自然石で、茨城県や千葉県と類する状況にあるようです。しかし前方後円墳総数との比では中通りで二一基中四基で約一九％、浜通りで一〇基中二基で二〇％です。どちらかというと、毛野と東関東の中間に近い在り方と申したらよいのでしょうか。

3　むすび

以上を大づかみに総括いたしますと、⑴畿内や吉備など西日本的な在り方、⑵毛野や常陸・総など東日本的な在り方、となるようです。両者の境界は武蔵のほぼ中ほどということでしょうか。⑴では横穴式石室に代表的に示される後期前方後円墳は数も少なく、群小古墳に囲まれる割合も少なく、⑵では⒜横穴式石室をもつ後期前方後円墳が数多い毛野や北武蔵と、⒝横穴式石室はごく少ないけれど後期小形前方後円墳が数多く造られた常陸や下総・上総とがあり、ともに小形前方後円墳はしばしば群小古墳を従えています。こう申しても、すでに幾つか指摘しましたように、西日本にも東日本にも地域による「小異」「小差」があります。また宮城県や会津盆地、北陸のかなりの地域、大隅などのような横穴式石室をもつ前方後円墳が見られない地域もあります。これを⑶としても、その意味付けは別途考えなければならないと思います。

ここに申し上げたさまざまな問題は、今のところ解決のめどは簡単には立てられそうにありません。九州から東北まで、地域の取り方も吟味して、再度挑戦しようかとも考えております。このような不充分な状態のままここにまいりまして、まさに竜頭蛇尾となってしまいました。時間が超過したうえ、判る人にもよく判らず、判らない人にはまったく判らない話になってしまい、申し訳ないことになりましたが、これで話を終わらせていただきたいと思います。ご清聴を感謝申します。

一九九八年一〇月四日、「史跡足利学校」公開講座での講演の記録「古墳の話」の一部を、一九九九年一一月二五日と二〇〇〇年七月七日・八日、および八月二四日に補訂加筆いたしました。講演準備および補訂加筆にあたり、足利市教育委員会市橋一郎・大澤伸啓・足立佳代、栃木県埋蔵文化事業団埋蔵文化財センターの小森哲也・内山敏行、千葉県埋蔵文化財センターの雨宮龍太郎、岡山県古代吉備文化財センターの中野雅美、岡山市教育委員会文化財課の出宮徳尚・神谷正義、津山弥生の里文化財センターの中山俊紀・平岡正宏、新潟大学名誉教授甘粕健の皆さん、「史跡足利学校」管理事務局の皆さんの援助を得ました。とくに甘粕さんは草稿の一部に目を通され貴重な教示を下さいました。ここに記して各位に感謝の意を表します。

〔参考・引用文献〕

足利市郡教育会『足利市郡古墳調査誌』足利市郡教育会、一九四二年。

足利市教育委員会『足利市遺跡地図』足利市教育委員会文化財保護課、一九八八年。

大澤伸啓「古墳時代（古墳）」『足利市文化財総合調査総括報告書』足利市教育委員会、一九八八年。

『前方後円墳集成』東北・関東編、山川出版社、一九九四年。

『前方後円墳集成』中部編、山川出版社、一九九二年。

『前方後円墳集成』近畿編、山川出版社、一九九二年。

『前方後円墳集成』中国・四国編、山川出版社、一九九一年。

『前方後円墳集成』九州編、山川出版社、一九九二年。

菅田44号墳・足利公園M号墳・文選第11号墳などについては、第六章の注を参照下さい。

前沢輝政「足利の原始・古代」『近代足利市史』第三巻、一九七九年。

前沢輝政・市橋一郎・柏瀬順一・足立佳代「正善寺古墳第一次発掘調査」一九八九年。

前沢輝政・市橋一郎・柏瀬順一「正善寺古墳第二次発掘調査」『足利市埋蔵文化財発掘調査年報』足利市教育委員会、一九九〇年。

甘粕健・久保哲三〈横穴式石室の出現と後期古墳の多様性〉「関東」『日本の考古学』Ⅳ・古墳時代上、河出書房新社、一九六六年。

甘粕健・小宮まゆみ「前方後円墳の消滅」『考古学研究』二三―一、一九七六年。

久保哲三「古墳時代における毛野・総」『岩波講座日本考古学』五、岩波書店、一九八六年。

千葉県文化財センター編『千葉県埋蔵文化財分布地図』一〜四、千葉県文化財センター、一九九七〜二〇〇〇年。

第八章　古式前方後円墳と信濃森将軍塚古墳

昨日と今朝、森将軍塚古墳をくまなく見学いたしました。大変周到で立派な調査が行なわれていることと、もう一つは、古墳のもつすさまじいまでの迫力の双方に押されっぱなしであります。非常な興奮をおぼえて、何をお話してよいか判らないような状態です。しかし、一つだけ救われていることがあります。本日、佐久の方で長野県考古学会が開かれて、口の煩い連中はみんなそちらへ行ってしまっているということであります（笑い）。

古墳と申しましても、円墳とか、方墳とか、前方後方墳とか、いろいろなものがあります。しかし、一番典型的で代表的なものは前方後円墳であります。こういう観点から、森将軍塚古墳に多少ともこと寄せながら、その前方後円墳の話をいたします。まず初めに、前方後円墳はどうして生まれたのかについて、常日頃考えている一つの見通しを述べさせていただこうと思います。

ご当地長野県考古学会会長の森嶋稔さんの談話でありますが、「森将軍塚古墳は前方後円墳という様式の信濃の最初の首長の墓」であると、こう述べておられます。まったくその通りだと思います。次いで首長の説明として、「県知事のようなひと」とされておられますが、いかに長野県の知事でもあんな大きな墓は造らない、長さ一〇〇メートルもあるような大きな墓は造ってもらえません。江戸時代の将軍や大名の墓も、平安時代や奈良時代の天皇や貴族の墓もそんなに大きなものではありません。墓をこんなに大きく、一〇〇メートルもある大きな墓を造る時代は、日本では前方後円墳時代だけでした。そうすると、あんな大きなお墓を造るんだから、権力は非常に強かったんだろう、こういうふうに普通はお考えになるかもしれません。しかし、奈良時代の天皇や国司の権力のほうが遥かに大きかった、鎌倉時代の将軍や守護の権力のほうが遥かに強かったかもしれません。それにもかかわらず、墓はごく小さなものです。これは一体どういうことでしょうか。つまり、権力の内容や性質は、考えや信仰などもそうですが、時代によっていろいろと違うわけです。

現代の総理大臣の権力と森将軍塚の主人公の権力は、その内容と表現において明らかに違います。これまでの多くの日本の総理大臣の権力は、主に金力によって裏付けされ財界に支えられた権力ですが、森将軍塚に葬られた人の権力、権力と申してよいかどうかは問題で、むしろ権威と権力を合わせもっていた人物、一種の信望であり、あるいはいろいろなことを指揮する能力をもっている、あるいは神と話のできる、そういう能力ももっている、そういうことに裏付けされた権力であろうかと思います。もちろんその頃には、私的な欲望の追求という面での権力の萌芽も出てきています。ですから、権力といっても時代によっていろいろ変化してまいります。簡単には比較できません。

前方後円墳の時代というのは、日本の歴史のうえで墓を大きく造った最初のそして最後の時代であります。それでは、そうした古墳の中の代表かつ典型である前方後円墳は、どういう特色をもっているか、ということをまず考えてみなければならないと思います。

一　森将軍塚古墳の特徴

まず森将軍塚をおおづかみにまとめてみたいと思います。前方後円墳時代は、その開始と終末の細かい確かな年代は僕には判りませんが、およそ三〇〇年間ほど、人によるともっと長く続いたとされています。三〇〇年間というと、子供と両親の差がだいたい二〇歳から二五歳とみて一〇〇年間に四代か五代、三〇〇年間というと一二代から一五代、ごく単純にみてそのくらいの長い期間にわたって日本各地で大きな墓が造られております。ですから、初めの頃の前方後円墳、中頃の前方後円墳、終わりの頃の前方後円墳は、同じ前方後円墳と申しましても、ずいぶん変化してまいります。生産も進歩しますし、政治の仕組みも少しは変化します。人々の考えも、住いの在り方も、戦いの仕方も変化します。さらに外との関係、大陸や韓半島との関係も変化します。

同じ前方後円墳時代といってもどんどん変わっているわけです。ですから、「前方後円墳とは何か」を考える場合、そもそも生まれた頃の前方後円墳はどういう特徴をもっていたか、これを押さえ、それからそれがどう変化していったかを考えなくてはなりません。森将軍塚は古式の前方後円墳の一つですので、まず森将軍塚から、前方後円墳とはどういう特徴をもっているのかという点を考え、古式の前方後円墳のイメージを皆さん方にもっていただければと思います。

前方後円墳時代のもう一つ前の時代は弥生時代で、まだ前方後円墳が生まれる前の時代です。その時代に、後に前方後円墳になるような素地が出てきているのか、あるいは突然前方後円墳が出てきたのか、突然出てきたというのは少々おかしいですよね。天から降ってきたわけではないとしても、果たして大陸や韓＝朝鮮半島から、当時倭といわれた列島に人がやって来て前方後円墳を伝えたのかどうか。そこで、古式の前方後円墳の特徴を少しまとめてみたいと思います。前方後円墳を考える場合、幾つかの項目に分けて考えることがよいと思います。ここでは九項目について取り上げ、その中で森将軍塚古墳を含む古式の前方後円墳の特色を見ていきます。

1　墳　丘

墳というのは地面が隆起するという意味だそうですが、盛り上げたり削ったりした大きな墳丘をもっていることが、前方後円墳の第一の特徴です。小形のものでも長さ二〇～三〇メートルぐらいあり、大形になると二〇〇メートルを越える大きさです。前方後円墳時代の終わり頃のものになりますと、径が七～八メートルとか、一二～一三メートルとかの小円墳が多くなりますが、しかし古式の前方後円墳は、ご当地で申しますと数十メートルないし一〇〇メートル前後の大きさをもっています。わが森将軍塚は墳長九八メートルとも一〇〇メートルともいわれ、信濃最大の規模をもっております。

2　墳形

平面形で、前が台形、後が円形、これが普通の前方後円墳の形であります。森将軍塚古墳は、非常に難しい形をしていて、かなり臍曲りの人達が築いた格好をしております（笑い）。まず普通は前方後円墳の頂部の真中に縦方向で線を引きますと、前方部の真中から後円部の真中を通ります。ところが森将軍塚の場合は、前方部の真中に引いた線と後円部の真中に引いた線とが二〇度ばかり違います。いびつになっているわけです。これは次の立地と関係してまいります。前方部の左右の張り出し方も違い、向かって右側からのほうが前方部の頂に出やすいですね。

3　墳形と立地

立地と申しますのは、古墳が所在する場所のもとの地形のことでありますが、森将軍塚古墳に登ってご覧になりますと、尾根が少し曲がっていることが判ります。尾根の両側とも勾配が相当にきつい急な斜面になっています。ですから、あそこにきちんとした円を造るのは非常に困難だろうと思います。これが中軸線が真直ぐに通っていない技術的な理由の一つだろうと誰しも思います。しかし、前方部は整然とした形をしておりまして、誰が見ても前方後円墳であるということは疑いのないところであります。ただ、たとえ尾根がそこで曲がっていても、どうして後の部分をきちんと円形に造りださなかったのかと、こういう問題は残ります。

図36で明らかなように、角のような箇所がありますが、これがどうして後円部になるのか、後方部なのではないか、ということになるかもしれませんね。この形だったら円とも四角ともつかない、いびつな格好をした後円部であります。

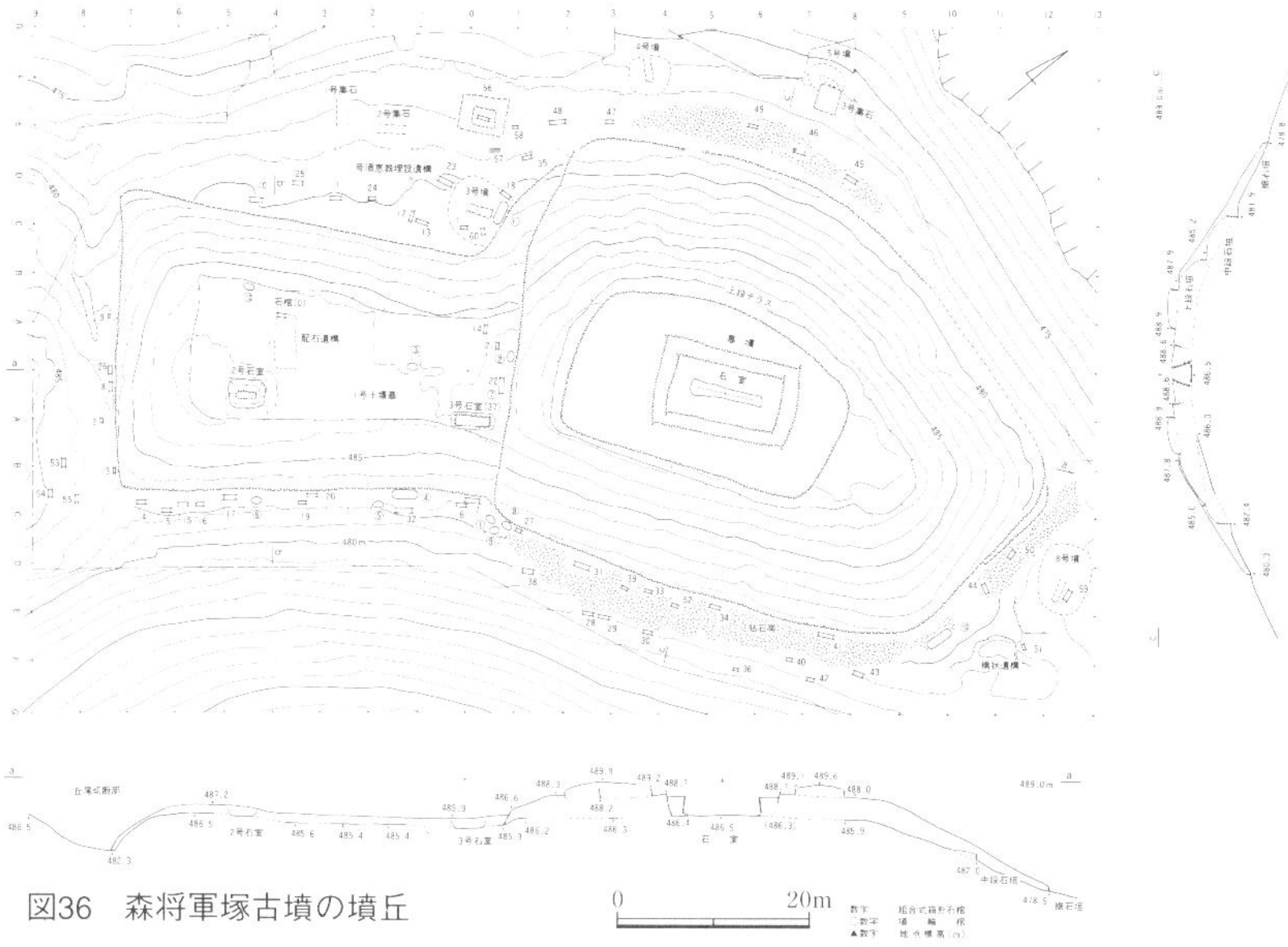

図36　森将軍塚古墳の墳丘

直線的な部分もありますね。南側は直線気味で、北側はむしろ緩やかな丸みをもっています。だから考古学者の中には、これは前方後円墳ではなくて前方後方墳だろう、前も四角、後ろも四角な古墳だろう、前方後方墳の変形ではないか、こういう意見をもつ方もおられます。

前方後方墳というのは前方後円墳の一つの「変形」でありますが、規模・内容から申して前方後円墳にかなり格落ちすると考えてよいものです。それに、多くの地域で前方後円墳が続いているうちに、前方後方墳は造られなくなってしまいます。ですから、前方後方墳は前方後円墳に較べると、二次的な意味と役割をもっていたことはまず間違いありません。したがって、森将軍塚が前方後方墳であるか前方後円墳であるかということは、非常に重大な問題となります。そのことを私がここで議論することは控えますが、調査団長の筑波大学の岩崎卓也さん、あるいは地元長野県の森嶋稔さん、ご当地更埴《こうしょく》市教育委員会の矢島宏雄さんのご意見では、前方後円墳というお考えです。僕も前方後円墳の変形だろうと考えております。

すぐ横が急な斜面になっていますから、円くする代わりに後のほうを長くしてしまったのかもしれません。それによって古墳の長さというか、巨大さをかろうじて保った、そういう状況だったのではないでしょうか。もっとも、これを築造する時の設計者が、設計を誤ってこんなふうにしたのかもしれません。ここに前方後円墳を造るぞと設計して実際に造り始めたら岩盤が堅すぎて造れなくなった、そのためこのようないびつな格好になってしまった、と理解することもできるかもしれません。

ともかく、後をきちんと円にできなかった、円にしなかったという点に森将軍塚の一つの特徴があろうかと思います。前方後円墳の発祥地の大和でしたら、おそらくこういうことにはならなかったに違いありません。やはり前方後円墳が波及してきた地域の一つの在り方を示しているのだろうと考えます。

さて森将軍塚古墳の立地でありますが、尾根が曲がり、また痩せておりますので、なかなかちゃんとした前方後円墳は造れなかったという話をいたしましたが、一般に古式の前方後円墳は丘や山の高い部分にしばしば造られます。それは、平地の田畑・水路や低い丘の集落など、住民の営みを避けたためかもしれません。ご当地でも、その他の土地でも、平地や山麓を避けると、前方後円墳を造れるような土地は山頂やなだらかな尾根に多くが限られてまいります。そういう立地は、住民を見おろすようなところに、見おろすのが主意であるのか、見上げるほうが主意であるのか判りませんが、見上げるというのは、山の上にわれわれの守り神たる亡き首長の霊が鎮座しているというような感じの言葉でありますす。そのように同じ高さでも、いろいろ考える仕方があると思います。

付近の平地から、この更埴市には条里がずっとありますね。森将軍塚古墳はあの田んぼの面からすると、一三〇メートルから一四〇メートルの高いところにあります。田畑や集落を避け、河川や水路を避け、沼地や湿地を避けて、狭い山頂や急な尾根を避け、墓道を確保し、しかも更級《さらしな》の平野の住民から見える場所を選んだ結果だと思いますが、また神意や占いも影響したかもしれませんね。

4　葺　石

古式古墳にはほんの僅かな例外を除いて、古墳の斜面に葺石といって石を葺き並べております。これは岡山でもご当地でも同じであります。古墳の土盛りが崩れないようにと考えたためと思います。この森将軍塚の場合は、非常に丹念に葺石を葺いております。しかも下のほうはほとんど垂直に近いように、石垣のように積んでおります。ただその後の崩壊がひどかったために、残っていない箇所がかなり多いですね。ここでは保存がよく整然と残っているくびれの部分を図37に示しました。たいていの古式古墳の場合には墳の裾にやや大形の根石を置いて、そこからずうっと斜面上方に葺いていく。ですから、同じ葺石と申しましても、この森将軍塚の葺石は独特な葺き方をしていて、大きな個性といいますか、特色の一つであろうかと思います。

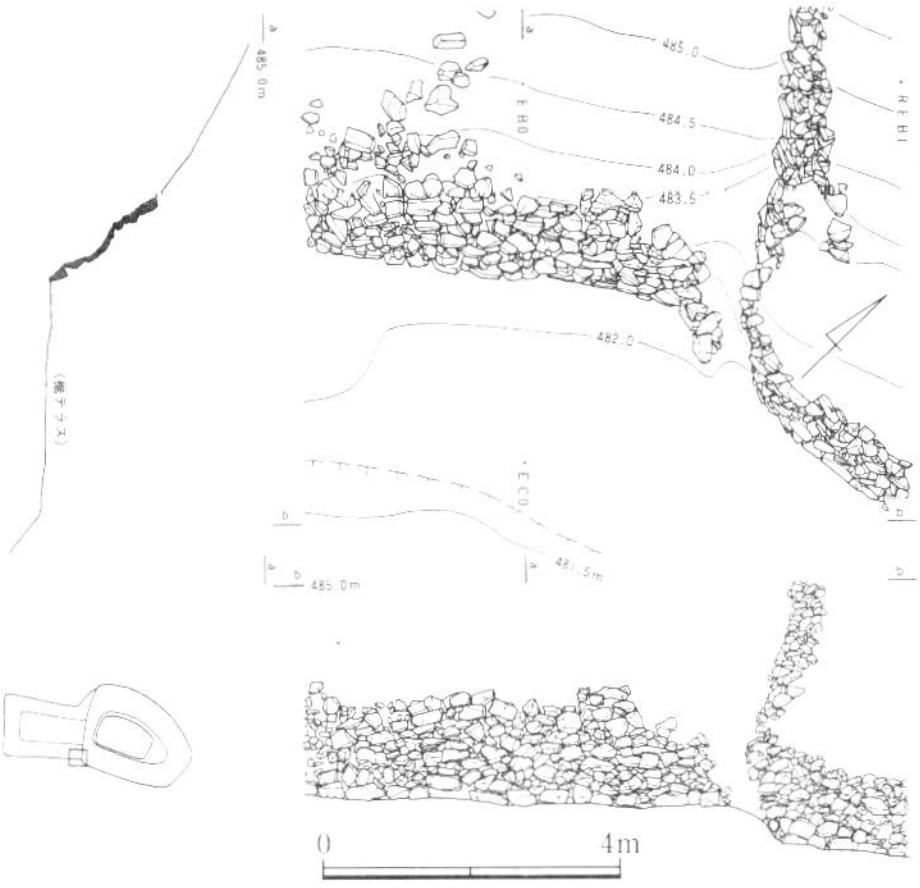

図37　森将軍塚古墳の葺石　右上：平面図　右下：側面図　左上：断面図　左下：位置図

5　埴　輪

森将軍塚ではたくさんの埴輪が発見されておりますが、形の判る埴輪は大体において円筒埴輪で、しかも墳裾で棺に使われたものが多いようです。埴輪にもいろいろな種類がございまして、よく図録に出てきて皆さんご存知の武人だとか踊る人だとか、あるいは飾り馬・犬・鶏・鹿の埴輪もあります。ここではそういう動物や人の埴輪は一切見られません。このことも森将軍塚が古い前方後円墳である証拠です。円筒埴輪というのは、本来、弥生時代の壺を乗せる器台から始まりました。酒などを入れた壺を載せて埋葬の時のお祀りに使う、そういう道具から出てまいりました。

ちょっとその辺だけ先にお話申します。図38を見て下さい。すべて森将軍塚出土の埴輪です。次に二六頁の図5を見ていただきます。岡山県と広島県東部で出土した壺とそれを載せる台です。しかも、普通、各自の家で使う台や壺ではなくて、首長を葬ったお墓の祀りに使う台と壺であります。長いほうは器台と申しますが、筒が長く文様で盛んに飾られており、特殊器台と呼ばれています。壺のほうもよく飾られ、特殊壺と呼ばれております。弥生時代の終わり頃に初めて岡山県の南部で現れます。

広島県の半分と岡山県を含めた地域はその頃吉備と呼ばれていたようで、前方後円墳時代には畿内に次いで大きな勢力をもっていたところであります。その吉備は、弥生時代から栄えたところで、瀬戸内海の交通の要衝を占め、鉄器を作る、塩を産する、というふうないろいろな産業に恵まれ、さらに台風の被害が少ない地域です。また、農業基盤が丘や湿地帯や川や山によって小平野に分かれて、ちょうど更級郡くらいの平野が一〇か二〇か点々と開けていました。そんなところからも吉備は、前方後円墳時代に畿内中枢に次いで発達していたようです。

その前方後円墳時代よりもちょっと前、弥生時代の終わる頃、吉備では部族の首長の埋葬の祀りにこういう大きな器台を使っておりました。上に載せる壺も飾られています。何を入れたかは正確には判りませんが、酒を入れたに違いないと考えております。首長が亡くなるとお祀りをする、埋葬というのは一種のお祀りです。首長が亡くなると、誰が中心となってお祀りの世話をするかというと、次に首長になる候補者がやる。必ずしも伜とは限らない、前の首長の血族の中で適齢で信望のある者が次の首長となるのかもしれない。その首長が中心となって前の首長を弔《とむら》うわけです。弔う時に、次の首長は、前の首長のもっていた権威、神にお祈りできる力、神の言葉を民衆に伝え民衆の願いを神に伝える力、そういういろいろな権威や能力を自分でつくり出さなければならない、身につけなければなりません。

そういうこともあって、埋葬の祀りというのは単に敬意と惜別をもって遺骸を埋めてしまうだけでなく、前の首長の権威や能力を次の首長が受け継ごうとする儀式でもあるわけです。そう理解したほうが、いろいろなことを解釈しやすくなるようです。それで、図5に示しましたようなこういうふうな壺を載せた器台は、吉備の弥生時代後期のものです。図2の③は岡山市の都月坂《とつきざか》1号墳から出土したものですが、奈良県の箸中山古墳など、そういう最古型式の古墳にも置かれました。この③の出現が、埴輪の開始です。壺形と器台形の埴輪であります。つまり埴輪は、吉備において弥生時代の特殊器台から変わっていって、それが前方後円墳に採用されていきました。ですから最初の埴輪は、変化しながらも伝統的な文様はちゃんともっております。それから、埴輪の口の部分にまだ受けがあって、いかにも特殊器台の面影を残しております。壺のほうは、胴部がすっかり円くなっています。それで、森将軍塚の図38の①・②の壺と③・④の円筒埴輪を見ていただくと、口の開きといい胴の脹らみといい、吉備のものとよく似ております。埴輪はこういうふうにして森将軍塚に及んできたのであります。

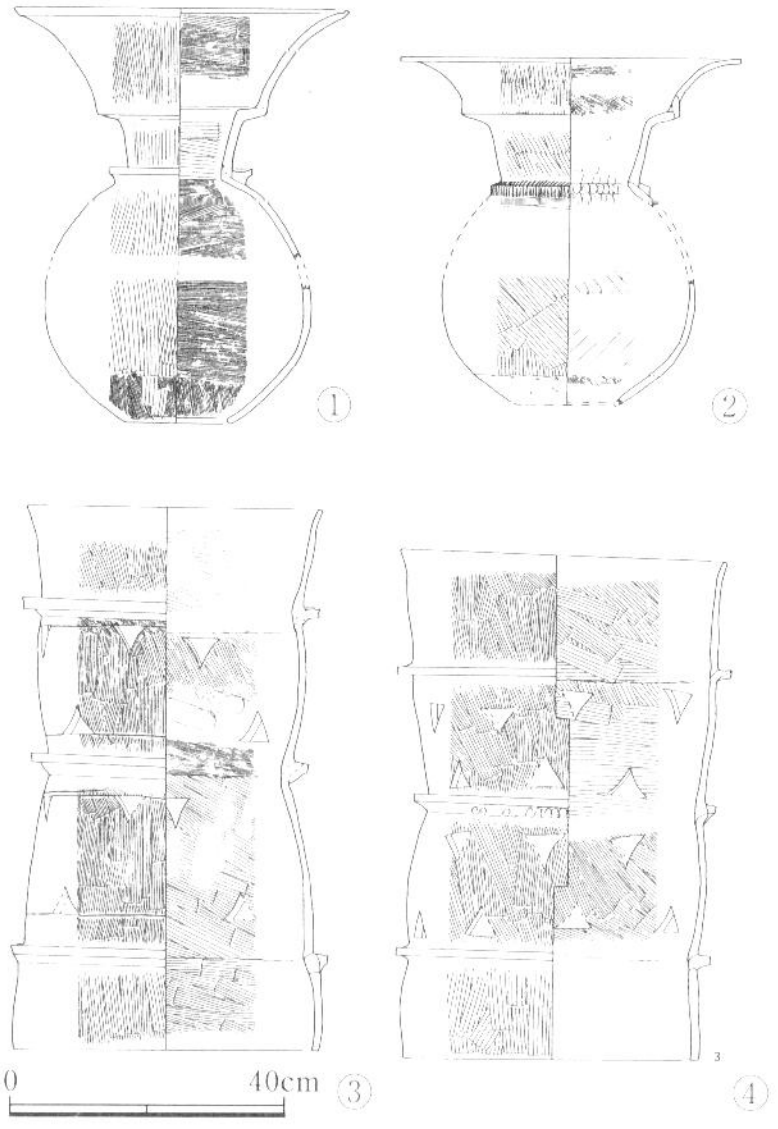

図38　森将軍塚古墳の埴輪
①②壺形　③④円筒

古式の埴輪には壺の埴輪と器台の形をした埴輪があり、器台の形をした埴輪が円筒埴輪の先祖です。壺形埴輪と円筒埴輪とがくっついてしまったのが朝顔形埴輪です。どれも実用を離れています。実用を離れていることは、壺形埴輪の底が抜けていることから判ります。土器として焼く前に底を抜いています。森将軍塚の①・②の壺形埴輪も底が抜けています。焼く前に抜いている。これは「儀式だけに使うものですよ」という壺です。

ところが図5の①・②・③の弥生時代後期の特殊壺は決してそうではありません。実際に酒なり粥《かゆ》なりを入れて、みんなで亡くなった首長の霊と一緒に酒を飲み、一緒に食事をとる中で、新しい首長が亡くなった首長から霊の力を受け継ぐ儀式を行なったものです。ところが図2の③・④・⑤の壺は、これらはもう前方後円墳時代のものですが、焼く前に初めから底に穴をあけています。つまり、弥生時代には実用であったものが、前方後円墳時代になると象徴となってきます。一般に儀式とは象徴化であり、形式化です。

森将軍塚には、この器台形に発した埴輪つまり円筒埴輪と、壺と結合した朝顔形埴輪、壺そのものの埴輪と、三種類があります。人や馬の埴輪は見られません。人や馬の埴輪はもっと後に、前方後円墳時代の中頃を過ぎる頃に初めて出てきて、後期に盛んになります。馬や人の埴輪は、何か原形があって埴輪になったに違いないという考え、そういう立場をとれば、あるいは殉死した人間がいたかもしれません、殉死ではなくとも、意に反して古墳の裾に埋められるような人もあって、そういう人の代わりに人物埴輪を作り樹てたかもしれない、あるいは当時参列した人々を形どっただけのものかもしれません。この問題はまだ決着がついておりません。

森将軍塚には一つだけ変わった埴輪があります。最初の調査報告を見ると、異形の埴輪であろうという表現で記述されているもので、昨日その埴輪を見学しました。さらに今回の調査で、その種類の埴輪はたくさん出てまいりましたが、それを見ても私にはよく判りませんでした。やはり異形埴輪です。しかし仮に推定して申しますと、家の格好をした埴輪かもしれません。そうだとしますと、森将軍塚は、家の格好をした埴輪をもっていることになります。あとはすべて弥生時代からの伝統的な器台と壺から引き継いだ埴輪です。その点でも森将軍塚は古式前方後円墳の特徴を備えていると考えてよいと思います。森将軍塚の円筒埴輪を見ますと孔があいていますね。三角形の透し孔がございますね。この三角形の透し孔をたどっていきますと、弥生時代に到達します。弥生時代の長い筒形の特殊器台には、しばしば三角形の透し孔が、上下にすこしずれながら向かい合ってあけられております。そういう点からも、弥生時代のものから森将軍塚に至る動きは明らかであります。

6　墓壙

古墳は亡くなった首長の霊力を引き継ぐ場と申しましても、もちろん現実には埋葬するわけです。そのため古式古墳の場合は、例えば長辺で約一〇メートルの、小さいものでも七、八メートルといった非常に大きな墓壙を掘削《くっさく》します。普通僕達の場合は、身体が入るだけの一メートル八〇センチくらいで幅五〇〜六〇センチほどの小さな墓壙を掘ればよいわけですが、途方もない大きさの墓壙を掘っています。森将軍塚の場合は長さ十数メートル、幅も七〜八メートル強の大きな墓壙を後円部の頂上に掘っています。これも古式前方後円墳の特徴の一つであります。しかも非常に深く掘っています。深さ二・六メートルといわれています。一般に古い前方後円墳の墓壙は、しばしばもとの自然の地山に達するまで掘っています。そういう点も、森将軍塚が古式古墳であることの一つの証拠であるかもしれません。なぜそんな大形の墓壙を掘るのか、そしてその掘った穴にどういう装置をするか、石垣にするか、木組みを置くか、ベンガラを塗るか、あらゆることが埋葬儀式の一つ一つの進行にかかわってくるはずであります。しかし、何よりもこの大形の墓壙を掘った大きな理由は、棺が長大で、したがってそれを覆い保護する石槨はさらに長大であったからであります。

7　棺と槨

棺を長く大きくするのも、古式の古墳の大きな特徴の一つです。残念なことに森将軍塚の場合は棺は残っていません。もと木棺があって、それが腐ってなくなったと考えられます。棺を納め棺を保護するための石の施設、石槨は残っています。それでは森将軍塚の木棺はどのくらい長かったと推定されるのでしょうか。図39にみるように森将軍塚の竪穴式石槨の内側の長さは七メートル六六センチであります。昔の人が途方もなく背が高かったというようなことは無論なかったことで、私達よりも背は低いくらいであります。木棺だけが長い。石槨の長さが七メートル六六センチでありますから、おそらく木棺の長さは七メートル前後と考えてよいと思います。七メートル前後の棺といったら、えらく長いで

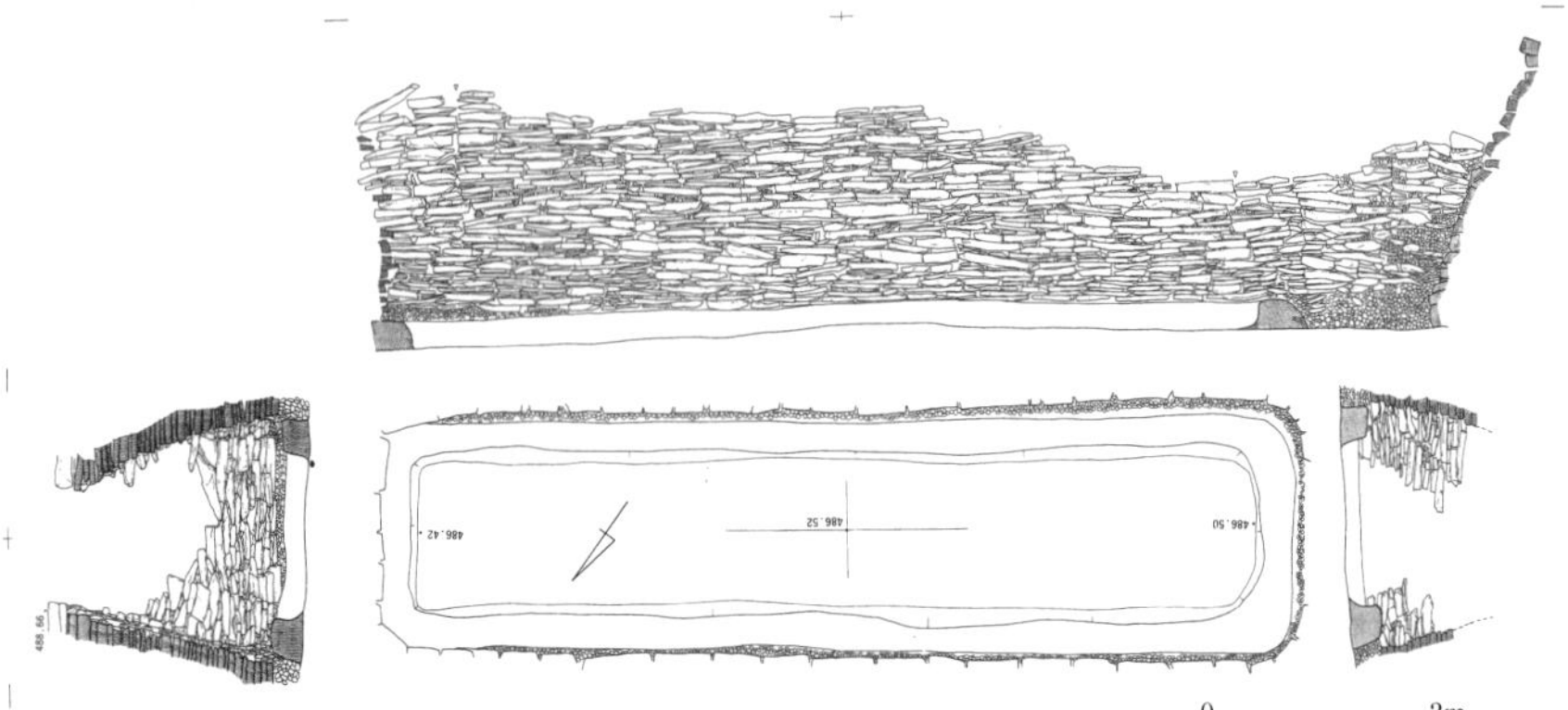

図39　森将軍塚古墳の木棺痕跡と石槨

すね。棺材は何か判りませんが、たいていは高野槙《こうやまき》という丈夫な材が使われます。木棺が残っている古式古墳の場合を調べるとほとんどが高野槙です。ですから、棺材に高野槙を使うということが当時の前方後円墳の一つの約束ごとになっていたようです。しかし、森将軍塚は今まで何回も盗掘が行なわれたためでしょう、残っておりません。

高野槙を伐り出してきて二つに割る。半々に割ったか、三対二に割ったか判りませんが、ともかく割って中をえぐります。丸木舟みたいな感じになり、それが割竹形木棺といわれるものです。そうした木棺に納めて、さらにその廻りを石槨で囲んで保護しています。二メートル以上もある深い石槨です。石槨の内面は赤色に塗っています。それは朱《しゅ》つまり硫化水銀とされていますが、塗られている範囲がずいぶん広いので、あるいは丹《に》つまり酸化鉄も含まれているかもしれません。弥生時代にも朱や丹は埋葬に盛んに使っています。前方後円墳時代にも引き続き埋葬の場に撒くとか、あるいは置くとか、塗るとかしています。森将軍塚の場合には石槨に塗っていたようです。おそらく木棺の中も塗られていたに違いありませんが、もはや証明することは難しい。そうした長大な木棺と、それを囲う石槨、これも古式古墳の特徴であります。時期が下るにつれ、棺は小さくなっていきます。前方後円墳時代の中頃になりますと七メートルも八メートルもある棺はほとんど使わなくなってまいります。ですから、前方後円墳の始まりの頃は、非常に長い棺を使っているのが特徴です。なぜ棺を長くしたかについてはよく判りません。一ついえることは、当時の一般の人はせいぜい長さが一メートル八〇センチとか一メートル五〇センチくらいの木棺しか使っておりません。そうすると棺の大きさ、長さによって権威や格を表現しようとした、そういうことの現れではなかろうか、というのが僕の考えであります。そういう権威の違い、格の違いを棺の大きさで現そうとする、大きさだったら幅を大きくしたらよいではないか、しかし幅を大きくすることは非常に困難なことであります。径二メートルの木棺を作るのは非常に困難でありまして、したがって長くなる、ということで理解したらどうでしょうか、というのが一つの説明です。

8　副葬品

副葬品の問題に入ります。古式の前方後円墳の副葬品としては鏡と剣と玉が普通だろう、とお考えの方も多いかと思いますが、必ずしもそうではありません。墳長約一八〇メートルにも達する京都府南部の山城町椿井大塚山《つばいおおつかやま》古墳では玉は出土しておりません。かつて戦前戦中、鏡・剣・玉を「三種の神器」と申しました。前方後円墳時代の始まりに鏡・剣・玉を必ず入れておいたということになりますと、三種の神器の起源は前方後円墳時代の始まりの頃にあるのではないか、こういうふうにお考えになる方も出ていらっしゃるかもしれません。そういうことを書いている方もおりますが、そんなことはありません。先ほど挙げた京都府の椿井大塚山古墳では大陸鏡が三六面以上発見され、うち三二面がご存知の三角縁神獣鏡とされております。武器は鎧《よろい》・刀・剣・鏃、そのほか工具や農具・漁具も副葬されています。古式の大形前方後円墳の代表の一つです。それから岡山の備前車塚古墳、かつて盗掘で鏡が一三面以上、うち三角縁神獣鏡一一面が知られています。それに若干の武器や生産用具も出ています。しかし、玉は一個も出ておりません。ですから古い前方後円墳には必ず鏡・剣・玉があるという考えは成り立たないようです。

ところが、森将軍塚では全部そろっています。森将軍塚は何回も乱掘されて、遺物は残片しかございませんが、鏡がありあます。大陸渡来といわれる三角縁神獣鏡もあります。破片ですが、もとはもっとあったかもしれません。例えば長野市篠ノ井の川柳《せんりゅう》将軍塚古墳は、言い伝えによると、四〇面以上もの鏡が出たとされています。昭和初年の調査によっても二十数面、現存するもの八面といわれております。言い伝えの真偽のほどは不明ですが、こういうふうにたくさんの鏡が川柳将軍塚から出たとされております。川柳とほとんど時期的に前後する森将軍塚に一面の鏡だけとはちょっと考えられません。もう少し鏡はあったに相違ありませんが、どこかに散逸してしまったのだと思います。今残っている破片は白銅の良質なものであります。

さらに刀・剣や切先の尖った槍か剣のようなものが出ております。鉄製の鏃も出ています。細工をするための刀子、それから農業を象徴するような鎌も出ています。仮に鎌が農業や農民を象徴するとしたら、刀子は大工道具を象徴するかもしれません。そして鉄鏃は、武装する配下の集団の仲間達を意味するのかもしれません。それに加えて玉が出ています。翡翠《ひすい》で作った高級な玉です。翡翠の勾玉、碧玉の管玉があります。これらは身分を示す装身具だろうと思います。したがって鏡と玉、武器とさらには生産用具と、そろって出ております。これは先ほど申しましたように、古式の前方後円墳には玉が副葬されない場合がしばしばあるけれども、副葬される場合もあることの一つの例であります。このように副葬品を見ましても、森将軍塚は古式の前方後円墳の特色をもっています。盗掘されているので、新しい要素のものがあったかどうかについては証明できませんが、少なくとも現存する副葬品に関しましては、古い前方後円墳の特色を明らかにもっております。

森将軍塚と川柳将軍塚を較べてみて、どちらが古いかという場合に、川柳将軍塚が車輪石を副葬されているので、信濃最古式の前方後円墳ではなくて、その次くらいであろうといわれることがありますが、乱掘が繰り返された森将軍塚に、それがもともとなかったとは申しにくい。川柳将軍塚よりやや古いかもしれないし、あるいはやや新しいかほぼ同じ時期かもしれない、という程度のことしかいえません。

古式の前方後円墳では、できるだけ多くの鏡を副葬しようとしたようです。たくさんの鏡を一緒に副葬するという性質をもっています。ですから、京都府椿井大塚山古墳が三六面以上、岡山市の備前車塚古墳が一三面以上、僅か墳長三〇メートルほどの長さしかない兵庫県の吉島《よしま》古墳でも六面以上、みんな大陸鏡とされ、倭鏡は含まれていないとされています。したがって、古い前方後円墳には大陸鏡をたくさん埋葬するという特色が見られます。

９　分　布

さて、前方後円墳というのは、日本のどこかの一つの地域にだけ特徴的なものではありません。長野県にもあれば山梨県にもある、静岡県にもある、鹿児島県東部から岩手県の南部まで分布しています。つまり、北海道・東北北部・沖縄を除くある時期の日本のほぼ全土にわたる普遍的な墓制であります。前方後円墳は、おそらく大和の土地で初めて創られ、それが直ちに西日本に拡がり、次にほぼ全土で造られるというように、普遍的な性質をもった墓制だったと思います。地域々々で特色をもった弥生時代の墓と決定的に違う点です。今まで古い前方後円墳の話を森将軍塚を参照しながら申し上げてまいりましたが、これからしばらく、前方後円墳が生まれてくる前の墓はどんな墓であったかということを検討し、前方後円墳との相違点と共通点を考えていきたいと思います。

前方後円墳が出てくる直前の墓の研究は、実は山陰・山陽で盛んに行なわれております。九州や四国、また北陸でも若干行なわれておりますが、今のところ弥生時代末の墓の研究の中心は山陰と山陽の地域であります。ここに例として挙げるのは主に山陰・山陽、とくに山陽地方、僕の住む吉備についてのものであります。しかし、この更埴地方、あるいは千曲川の西岸、川柳将軍塚のある更級の平地でも、やや高い微高地に弥生時代の墓が幾つか発見されています。はっきり決められないようですが、更埴市にも一基だけ発見されているとのことです。研究はこれからと思いますが、溝を巡らしたり、土を盛ったりして外界と遮断した墓が、この地域にも弥生時代の終わり頃には造られているという事実は、今後のこの地域の古墳成立について考える場合に、非常に大切なことと考えられます。

二　弥生墳丘墓と前方後円墳とくに森将軍塚古墳との対比

1　弥生墳丘墓との対比

さて、古式前方後円墳の説明をした項目の順番にしたがって、弥生墳丘墓との対比的な説明を駆け足で行ないたいと思います。

まず、墳丘です。弥生墳丘墓の場合も、もちろん土を積んでおります。森将軍塚の場合、あれは墳裾から全部積んだのではなくて、自然の山を削ったり、それから低いところを埋めたり、あるいは後円部の上のほうは全面的に盛ったり、そういうふうにして丘を切ったり貼ったりして造っています。弥生墳丘墓の場合もまったくそれと同じであります。ただ大きさが全然違う。森将軍塚は墳長がおよそ一〇〇メートルもある。弥生墳丘墓のほうは、のちに少々説明いたします岡山県倉敷市にある楯築弥生墳丘墓その他二、三例を除きますと、あとはほとんどが規模の小さなものであります。普通の大きさは大体一辺または径が一〇メートルから一五メートルの方形または円形であります。その点、古式の前方後円墳の墳丘に較べ格段に小さい。つまり前方後円墳の時代になりますと、墳丘は急速に大形化するということであります。ただ楯築の弥生墳丘墓の場合は、非常に大形で、円丘部の径は約四〇メートルほどあります。しかも突出部が北東と南西の方向に二つ伸びております。その突出部を入れますと、墳長約八〇メートルほどになります。南西側の突出部の長さだけで二二メートルございます。つまり弥生時代にも、森将軍塚古墳よりは小さいけれども、かなりの規模の墳丘をもつものが出てきております。弥生時代の終わりには、もう着々と古墳に近づいているのであります。ただし残念ながら、楯築弥生墳丘墓の突出部は誤った判断による工事によってあらかた壊されてしまいました。

次は墳形であります。楯築弥生墳丘墓の場合には突出部は二つ、四隅突出型弥生墳丘墓では突出部は四つあります。これは山陰地方に特有な弥生墳丘墓の形態であります。弥生墳丘墓の形は大体方形を基調としておりますが、真四角はほとんどなく、長方形とかいびつな四角です。それから丸いものも少しありますが、いびつな丸が多く、きちんとした丸はほとんどありません。それから突出部がある場合も一つある場合、二つある場合、四つある場合とあります。ですから、前方後円墳のようにきちんと形が決まっていないんですね。前方後円墳は前方部は台形、後円部は多くはきちんと円形に、一部は森将軍塚古墳などやや凸凹しておりますが、ほとんどは形がぴしゃっと決まっています。ところが弥生の墳形はまちまちです。山陰と山陰に近い備後北部の山地では、四隅が突出しているのが特徴でして、これは近畿や四国・九州には見られません。つまり、主に山陰地方の特徴であります。それから先ほど申しました特殊器台・特殊壺という祭祀の道具立ては、吉備地方以外には作られていません。畿内でも、海を越えた四国、山を越えた山陰でも、吉備の西隣りの安芸でも、東隣りの播磨でも作られていないようです。つまり弥生時代の終わり頃には、地域々々で独自の埋葬の祀りをやっております。しかも墳丘はでき、葺石のようなものも生まれ、棺も高野槙の棺を使っており、短いながら木槨や石槨も造られている。古墳への動きが着々と進んでいます。しかも、それにもかかわらず地域性を抜けきれておりません。長野県の弥生時代の終わり頃、前方後円墳が出てくる直前の、長野県独自の、山梨県も含めてかまいませんが、この地域の墳墓祭祀の独自性はまだつかめておりません。これはいろいろな条件があってそうなのでありまして、研究は今後の課題だと思います。

このような弥生墳丘墓の調査は、兵庫県の一部と吉備と山陰でかなり前から始まっています。それから関東や東海、北陸や四国・九州でもその他の地域でも、今盛んに研究が進められています。そういうふうに弥生時代の終わりには地域々で個性的な墓がそれぞれありながら、全体として古墳への動きを徐々に強めてきているのです。葺石がそうですし、立地もそうです。小高い丘の上に造られるようになります。それより前は、集落の付近に集合墓地を造ることが多かった、ところが弥生時代の終わり頃になると、山陰でも九州でも北陸でも岡山でも集落を離れた低い山や、丘の上に墓を造るようになります。

葺石もそうですね。山陰の弥生後期の四隅突出型弥生墳丘墓（図22・23・27）では斜面などに葺かれた石を貼石《はりいし》と呼んでいます。森将軍塚の葺石と較べてみると面白いと思います。

埴輪については、もう説明の要はありませんね。弥生時代の器台から特殊器台へ、さらに都月《とつき》型円筒埴輪を経て、円筒埴輪・朝顔形埴輪へと移行した事実はもはや確実です。

大形墓壙、先ほど大きさについて説明いたしました。楯築弥生墳丘墓では、森将軍塚の墓壙には到底及びませんが、長さ九メートル、幅五・五メートル、深さ一・八メートルの大きな墓壙が掘られています。しかし、棺は小さい。長大な棺、これは弥生時代には知られていません。弥生時代の棺は普通二メートル未満の大きさで、長くて三メートル。したがって棺を覆う石槨も木槨も小さい。

次は鏡ですが、古式前方後円墳には鏡をたくさん副葬しようという性質があります。もっとも、力及ばずして一面しか埋めていない前方後円墳もありましょう。しかし鏡をたくさん副葬しようという指向を古式前方後円墳はもっています。しかし時期の新しい古墳からは鏡はあまり出てまいりません。出ても多くありません。弥生時代後期の墓にも鏡をたくさん入れるという思想はあまり見られません。北部九州の弥生中期甕棺の前漢鏡などの副葬の場合とは違います。あの現象は途中で衰えてしまいますから。九州でさえも弥生時代の後期には鏡の副葬は激減してしまいます。鏡の入っていない墓のほうがはるかに多い。

こういうふうに共通点と相違点が今や明確になりつつあります。そのうちのもっとも大きな相違点は、もうすでに申し上げましたが、前方後円墳は普遍的な墓制として岩手県南部から鹿児島県東部まで、一つ一つの前方後円墳は違うけれども、前方後円形、葺石、長大な棺と石槨、鏡の大量副葬指向、生産用具と武器の副葬という幾つかの点で共通する普遍的な墓制として拡がります。弥生時代の墓はそうではなくて、山陰は山陰の独自性をもっている。吉備は吉備の独自性をもっている。北陸は北陸の独自性をもっている。そうしますと、最後に残った問題は、それではどうして前方後円墳などという途方もないものが現れてきたのか、ということであります。まさに不思議なことで、それに対して一つの仮説を申し上げたいと思います。

２　前方後円墳の創出

弥生時代が終わる頃、各地で独自な墓制が発達してきます。畿内で判っていないのは大変残念でありますが、畿内では、行政的な調査が余りにも忙しくて、弥生墳丘墓や前方後円墳についての自主的な発掘調査が、おそらく立ち遅れていることが一つの原因であろうし、あるいはことによると、弥生時代の墓が気付かれないような形でどこかに眠っている可能性もあります。それもこれからの研究の問題であります。しかし、畿内の問題が解決されるまでわれわれの研究を中断させて待っていなければならぬかというとそうではありません。

僕達は、今持ち合わせの資料から、つまり北陸や山陰や九州や吉備、それにもちろん近畿など各地の状況から前方後円墳の成立を考えようと思っています。そこで一つの考えを申し述べます。吉備、瀬戸内沿岸、山陰、北部九州、近畿、東海、さらに東の方はどこまでか判りませんが、今申しましたような各地の部族が寄りより集まっての連合が、有力部族集団を軸にできたのではないかという考えです。あるいはその軸の中心に吉備の有力集団がいたかもしれません。弥生時代の終わりにその連合に参加した首長が、おそらく畿内中枢や吉備などの有力大首長を中心に、共通の墳墓型式すなわち前方後円墳という首長の霊力継承儀礼の型式を創出し、各地の部族は連合に加わる証《あかし》として、前方後円墳を築くという約束ができあがった、その約束のもとに吉備では特殊器台をやめて都月型円筒埴輪を作る、山陰では四隅突出墓を造らなくなる、おしなべて各地は前方後円墳、前方後方墳、円墳、方墳の世界になってしまいます。

このように各地の、東日本はどこまでか判りませんが、各地の部族が集まって共通の墓の型式を創出したのだと思います。創出するに際して、各地にもともとあった、それぞれの土地の墓制の特徴の幾つかを採用する。吉備・播磨・山陰・北陸に特徴的に造られた突出部は変形巨大化した前方部として採用され、吉備の特殊器台・特殊壺は埴輪として採用されたし、山陰地方の貼石は葺石として、九州の貝製腕輪は碧玉《へきぎょく》製の鍬形石・石釧・車輪石として採用されたわけです。その頃渡来していた大陸製の鏡も各地の首長へ配布されました。このようにして、弥生時代の終わり頃の各地の墓制の統合のうえに立って、新しい墓の型式が創り出されました。これが前方後円墳であろうと思います。したがって、各地が寄りより持ち寄って創られた墳墓型式ということもあって、連合に加わってくる各地の集団にかなり速やかに、また円滑に及んでいったものと思われます。

信濃における前方後円墳の波及の最初の一つが、この地の森将軍塚古墳であったことはほとんど確かであろうと考える次第であります。だいぶ端折りながらいろいろとお話をいたしまして、お判りにくいことが多々あったと思いますが、ご清聴いただきまして有難うございました。

小文は、一九八三年一〇月二三日、長野県文化財保護協会主催の文化財保護研修「更埴大会」での講演で、『信濃文化財』一一巻二号に掲載されたものでありますが、項目割りをはじめ、講演の趣旨を損なわない範囲での削除・追加・訂正を行ないましたほか、当日上映した写真スライドとその説明部分は省略させていただきました。

本書への掲載にあたり、発掘に尽力された調査団長岩崎卓也さんはじめ地元内外の各位に心から敬意を表します。なお、森将軍塚古墳に関する教示のほか、一九九二年版の図面コピーを提供下さった更埴市教育委員会の矢島宏雄さん、講演のテープ起こしに尽力された長野県文化財保護協会の編集者各位に厚く御礼申し上げます。

なおその後、森将軍塚古墳（更埴市大字森字大穴山）の山麓に「森将軍塚古墳館」（電話〇二六一二七四一三四〇〇）が開館し、発掘時の状況や出土遺物の適切な展示が行なわれております。

第九章　前方後円墳時代と安芸三ツ城古墳

一九五二年のことです。「三《み》ツ城《じょう》古墳の発掘の手伝いに出ていらっしゃい」という広島大学松崎寿和《ひさかず》先生の呼び出しを受け、ご当地にまいりました。西条《さいじょう》の駅から歩いてこちらへ参りました。ちょうど僕の宿舎になったのは、さる有名な造り酒屋の二階の床の間つきの部屋でありまして、そこで二晩美味しいお酒を呑んで過ごしました。三ツ城古墳の記憶はほとんどないのでありますが、西条のお酒はこんなにうまいのかということだけは記憶して岡山へ戻りまして四二年経ったら、「三ツ城古墳の話をしろ」というお呼びがかかって大変びっくりいたしました。それから鋭意勉強いたしまして、本日ようやくこの壇上で皆様方にお目にかかることができるようになった次第であります。「そんなことといっても発表要旨は一枚じゃないか」と思われるかもしれませんが、しかし、これを一枚作るのにも大変な時間がかかって、三週間ほどかけまして五回ほど書き直しました。ですから、他の先生方の三〇枚分くらいにあたるかもしれません（笑い）。前置きはさておきまして、私は「前方後円墳時代と安芸三ツ城古墳」ということでお話をすることになりました。というよりも、こういう題名を東広島市教育委員会の方が用意されておりましたので、まあよかろうということになりました。なお、三ツ城古墳の所在地は東広島市西条御薗宇《みそのう》で、いまは古墳公園となっております。

一　なぜ前方後円墳時代か

普通皆さんは、古墳時代と呼んでおられますね。前方後円墳時代という名称はあまり馴染みのない時代名だと思います。なぜ前方後円墳時代か、なぜ古墳時代と呼ばないかということであります。これについてはすでに五つぐらい文章を書いておりますので、ご希望の方は、この名称をお使い下さった東広島市教育委員会の皆さんにお聞きするか、あるいは僕に直接、どういう文章があるかを聞いていただきたいと思います。しかし、要旨にこう書いてしまったために、多少とも説明しなきゃなりませんので、簡単に申し上げます。

1　前方後円墳は古墳の代表かつ典型である

前方後円墳というのは、古墳といわれるものの中でも、代表であり典型的なものであります。その他の古墳は、あえて申しますと、全部ではありませんが、ほとんどは二級品であります。しかしこの名称は、単に前方後円墳が造られた時代というだけじゃなくて、前方後円墳を頂点とする墓の秩序が作られ維持された時代であることを示しております。墓の秩序の頂点が前方後円墳、次が前方後方墳、三番・四番が円墳・方墳であります。「方墳の方が円墳より上じゃないか」、「七世紀ぐらいになると方墳の大きいのが出てきて、円墳などは小さいのがたくさん造られているだけじゃないか」とお考えの方もいらっしゃるかもしれませんが、七世紀は、僕はもはや前方後円墳時代の中に入れておりません（笑い）。

ほぼ全土的に六世紀の終わり頃から七世紀の初頭、だいたい推古朝《すいこちょう》に前方後円墳は造られなくなっていきます。日本中から姿を消してまいります。したがって、七世紀は前方後円墳時代から外れてしまいます。そうすると、古墳時代のほうが名前がいいんじゃないか、とこういう意見が出てまいりますが、皆さんは「古墳とは何か」ということをどうお考えになり、どう規定されておられますか。「古墳とは何か」ということをちゃんと規定できて、そしてその古墳が造られた時代を古墳時代とする、そういうことであれば、古墳時代という名称をどうぞお使い下さい。

しかし、今日ここに来られた方々は、普段はあれこれのお仕事をして、あるいは年金をもらって暮らしている方も多いようでありますが、普段ではなくても、月に一度ぐらい「古墳でも見に行こうか」ということもありますよね。そうした折、「古墳とは何か」ということをあまり考えないで見に行かれる方も、「一つ俺なりに考えてみよう」とそう思って古墳を巡って観察しておられる方もいらっしゃると思います。しかし、古墳を定義しようと思っても非常に難しい。これは、昔からですね、明治大学の後藤守一先生とか、京都大学の小林行雄先生とか、もう亡くなられましたが、古墳研究の神様のような偉い先生がですね、一生懸命古墳を定義しようとなさってもできなかったんです。もっとも僕の学生時代の先生の梅原末治先生は、そういうことに興味をお持ちでなかったのか、はなから諦められていらっしゃったのか、先生から定義めいたことはついぞお聞きしたことはございません。

「古墳とは、高く土を盛って造った古代の墓である」、それが後藤・小林その他の先生方にほぼ共通した定義でございます。そういう偉い先生、あるいはあまり偉くない先生も含めて、「高い墳丘である」と申されます。高いとは、どのくらい高いのか。一〇センチと五〇センチは五〇センチのほうが高いんだ、皆さん方だって土葬の時には埋めた上に、五〇センチぐらいは土盛りしますよね。あれは古墳でしょうか、もちろん違いますね。高いとは何か、高いとは一メートル、二メートル以上あるというふうな意味でしょうけれど、何に較べて高いかは問題ですよね。高さ一メートル未満の低小古墳から高さ三五メートルという山のような前方後円墳までありますので、高さだけではとうていすまされませんね。しかし実はここで一番の問題は、「古代の墓」のほうです。「古墳時代」の墓、古墳は「古墳時代の墓」であるといったら可笑しいですよね。自分は「自分」であると定義しているようなものですよね（笑い）。たいていの方は、先に申しましたように「高い盛り土をもった古代の墓」と定義しております。

それでは古代とはいつのことか、古代とは何か、縄文時代は古代であるか、奈良時代は古代であるか、弥生時代は古代か、「古墳時代」は古代かという問題です。いいですか、鎌倉時代は古代であるか、が続けられています。昔といってもここ四、五十年くらいのことですが。といいましても大体の勝負はついております。それは、学者達の間で昔から議論けれど、弥生時代も古代じゃないかなんていっている人もまだおりますが。考古学者の中の半分ぐらいの人は、「古墳時代」は古代だと思っているようです。僕は思っていないほうです。前方後円墳時代は弥生時代の続きで、大きくとると原始時代だと思っております。原始時代の最後の頃だと思っております。

古代は七世紀あたりからだと思っております。そのへんになると、あやふやになって僕自身よく判らないことが多いのですけれど、少なくとも八世紀の奈良時代は古代であるとほとんどの学者は一致しております。古代天皇制とか、古代国家とか普通にいう場合には、もう奈良時代、だいたい奈良時代前後からです。もうちょっと飛鳥まで遡らせてもいいんじゃないかというのが僕の考えですけれど、大方の文献の方々はどうお考えなのでしょうかね。今日は古代史家の門脇禎二さんがいらっしゃっていますから、後からお話をお聞きするなり質問なりをされたらよろしいかと思いますが、私は前方後円墳時代は古代に入れていません。自慢しているわけではありませんが、この意見に賛成する人が少しずつ増えております（笑い）。

2　前方後円墳時代は前方後円墳の成立とともに始まり消失とともに終わる

弥生時代は、僕のいう前方後円墳時代の前です。そのくらいのことは、本日ご出席の皆様方はよくご存知のことと思います。その弥生時代の終わり頃には、径約四〇メートル、突出部を入れた墳長つまり墳墓全体の長さ推定八〇メートル、高さ四メートル以上もの墓が造られております。倉敷市楯築《たてつき》弥生墳丘墓がそれであります。これは広島県や岡山県に普通に見られる小円墳よりはるかに大きいですよ。そうすると弥生時代も「古墳時代」に入れてしまおうか、という

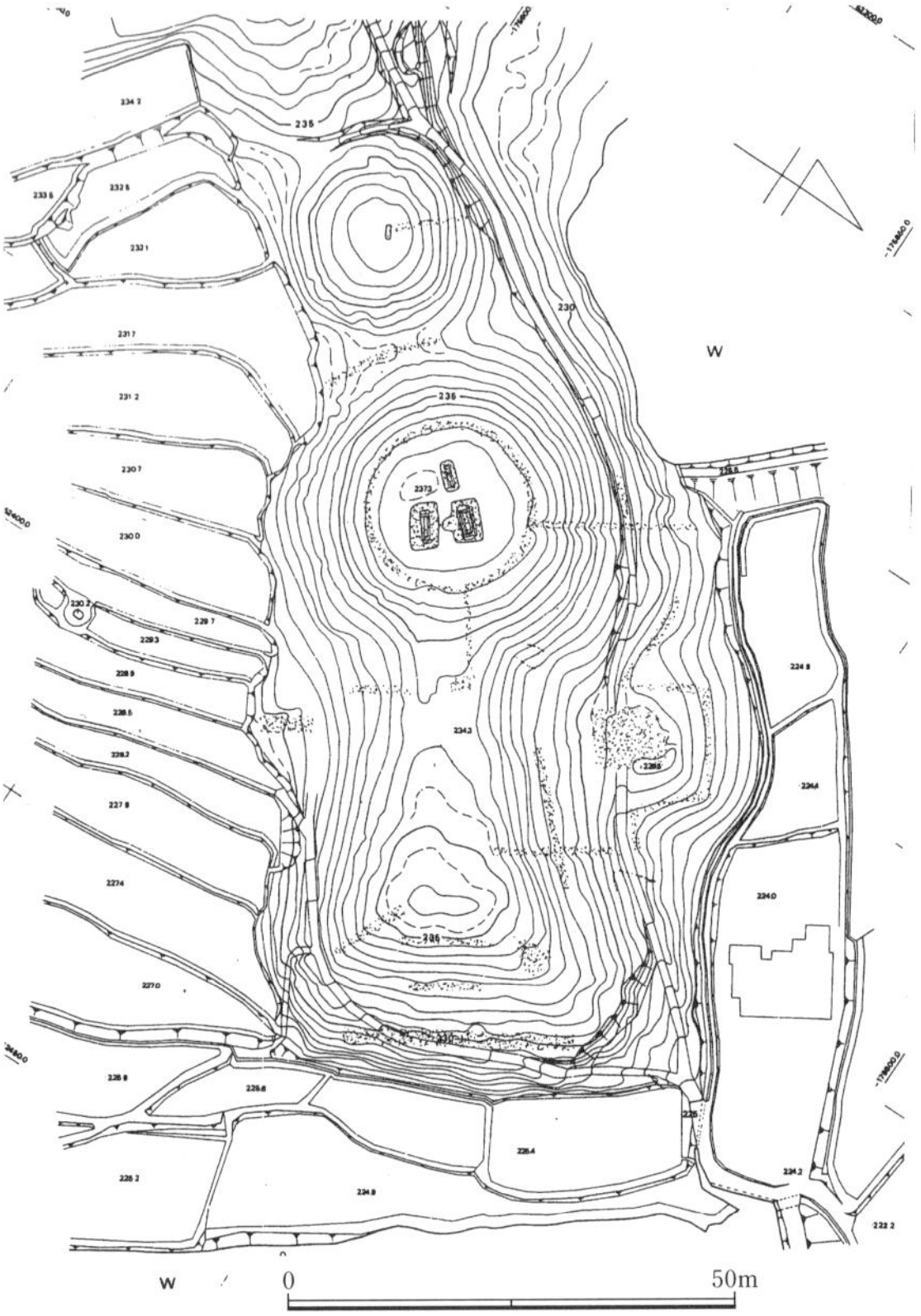

図40　三ツ城古墳の墳丘

勇ましい人も現れました。そんなことをしたら、混乱して皆さんも僕も困ってしまいます。やはり、「古墳時代」というのは、前方後円墳を頂点として作られた一つの墓制、墓の秩序が形成された時代であると、そういうふうに理解します。そうすれば、当然前方後円墳時代がもっとも適切な時代名となりますよね。幸いにして前方後円墳は倭=日本列島で誕生したもので、大陸や韓=朝鮮半島で生まれたものではありません。それに対して、古墳あるいは古墳に似た墳丘は世界各地に見られます。

前方後円墳を頂点とした秩序が崩壊した時期をもって、前方後円墳時代は終わるのであります。大きな拍手をいただきましてどうも、お一人だけのようですが（笑い）。前方後円墳を頂点とするその秩序は、まず最初に、前方後円墳時代を10期に区分した場合の5期の頃に、部分的に綻《ほころ》びてまいります。前方後方墳が多くの地域で造られなくなってしまいます。前方後円墳秩序の最初の破綻《はたん》が生じたのです。そして10期の終わりには、今度は秩序の頂点にあった前方後円墳が消えてなくなるんです。残るのは円墳と方墳です。つまり、前方後円墳秩序がなくなってしまったら前方後円墳時代もなくなるわけです。そういうことで、前方後円墳時代というのは、前方後円墳を頂点とする秩序が始まって、その秩序が崩壊した時期をもって終わるというふうに考えております。

では、その期間はいつからいつまでか。その開始の時期は三世紀とも四世紀ともいわれておりますが、前方後円墳が出現した年代が三世紀の半ばとか三世紀の七〇年代とか申しあげる勇気を、僕は持ち合わせておりません。弥生時代発見の銘文をもつ大陸鏡などから推定して、大まかには三世紀のうちだろうとは思っております。前方後円墳の築造が終わるほうは、これはだいたい文献なども合わせ考えて、六世紀の終わり頃、東国では七世紀の初頭にかかる頃だろうと考えております。そうすると、前方後円墳が盛大になったのは、いわれるように五世紀頃だろうということになります。三ツ城古墳が造られた頃であります。

二　三ツ城古墳はなぜこれほど大きく造られて、盛大な祀りが行なわれたか

なにも三ツ城古墳だけが大きく造られたわけじゃなくて、他の土地でも一般に前方後円墳は大きいものです。前方後円墳時代には、大きな墳墓が各地で造られたわけです。どうしてこんな大きい墳墓を造ったのでしょうか。「昔の人は墓造りが大変好きだったからだ」というのでは答えになりませんよね。「偉い人を祀るために造った」というのも、あまり答えになりません。総理大臣でも、村山首相などでもこんな大きな墓を造ってもらえないと思いますよね。

江戸時代の大名の墓を掘った人もおりますが、ささやかなものだそうです。東京で将軍の墓を発掘した人もおります。区画整理なんかで発掘したんでしょうね。ごく小さな古墳にもあたらないようなものだそうです。それから平安時代や奈良時代の天皇、貴族、昇殿を許されたような人も、三ツ城古墳のようなこんな大きいものを造ってもらっていない。もっともっと小さい墓です。そうすると、三ツ城古墳の頃はどうしてこれほど大きな墓を造ったのか、疑問のあるとこ

ろだと思います。そのことを考える手掛かりはいろいろありますが、本日私に与えられた時間は四〇分少々でありますので、とても全部について系統的にお話することは能力的にもできそうにありません。そこで、二つだけ手掛かりを取り出して考えてみようと思います。

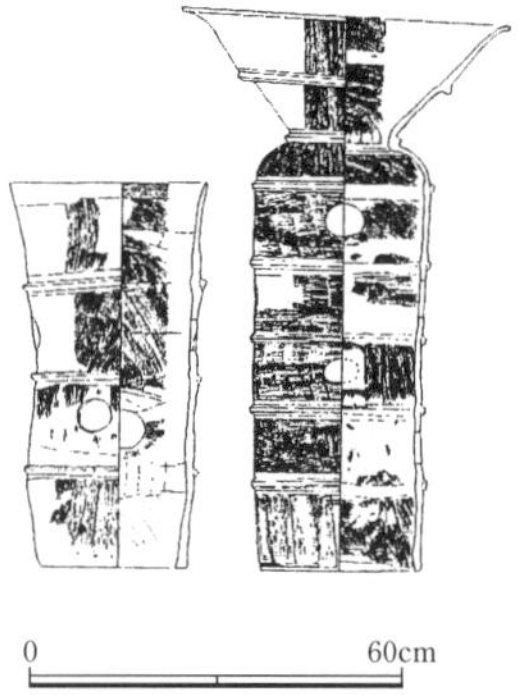

図41　三ツ城古墳の埴輪
左：円筒　右：朝顔

1 埴輪

一つは埴輪であります。先ほども東広島市教育委員会の石井隆博さんから三ツ城古墳の埴輪の説明がありましたね。僕が話に使います三ツ城古墳の埴輪は図41に掲げました。右側が朝顔形埴輪です。赤く丹塗りされています。左側は円筒形埴輪と呼んでおります。これには丹塗りのものもあるし、塗っていないものもあります。右側のほうはちょっと変な格好をしていますね。多分江戸時代か明治時代の方でしょうか、これを見て朝顔形埴輪などという名前を付けました。当時の方は、勝手な、しかし言いえて妙な名前を盛んに付けています。肉も切れない石包丁、石包丁と聞くと何か肉か大根を切る石の包丁を想像してしまいますが、本当は稲の穂を摘む道具ですね。縄文時代に石匙などと呼ばれる石器がありますが、あの匙でどうやって食事をするのでしょうか。実は動物の毛皮を剝いだり、骨から肉などをはずしたりする一種のナイフです。だいたい縄文時代に匙など使っているわけはありませんよね。江戸時代末頃の人が勝手に付けた名前です。この埴輪も朝顔なんて名前が付けられてしまいました。古い名称がその後の研究者を規制することはあまりありませんが、これは朝顔の花を真似て作られたわけではなく、朝顔の花のように開いているというので付けられた名前です。

朝顔形埴輪は上下二つに分けて考える必要があります。壺の格好をした上と、筒の格好をした下と、これが結合して一つになったんです。つまり、壺と筒形の台が結びついて一つのものに変形、象徴化されてしまったものです。台の上に壺を載せてお祀りしたものが、一つのものに作られてしまいました。壺形のほうの底はありませんから、実用品ではなくて、まったくの象徴品ですね。左側の埴輪は筒状の台だけです。つまり埴輪というものの基本は、この筒形の台と壺です。決して、馬や人や武器やその類ではありません。それらは埴輪の中では新しい埴輪で、形象《けいしょう》埴輪と呼ばれています。

a　特殊器台と特殊壺　埴輪は、壺と台という形で初めて古墳に現れます。前方後円墳の出現とほぼ同時くらいに現れます。その源流は、弥生時代の後期の終わり頃まで遡ります。弥生時代の後期には先ほども申しましたが、径約四〇メートルもの大きな墓も造られています。径あるいは一辺一五メートル、一〇メートルなんていうのも時々造られています。専門の方の中にも、間違えて古墳だと思っている方もいらっしゃいます。しかし、皆さん方はどうぞ間違えないように、よく事実を知り、それぞれの時代を示すものの本質を見極めていただきたいと思います。弥生時代にこういう壺と台を使ってお祀りしているのは、旧国名でいうと備前・美作・備中・備後です。

前方後円墳時代やその直前に「吉備というまとまり」がありました。この頃でも吉備路風土記の丘というようないい加減な名前を考え出して、観光宣伝をやっているわけですが、吉備というのはそういうものではありません。吉備というのは大昔の一つの政治的なまとまりで、それは弥生時代の終わり頃に成立して、前方後円墳時代には早くも没落の道を歩み始めた政治的・祭祀的なまとまりを申します。前方後円墳時代には、もう大和を中心に住みついた勢力が圧倒的な勢力ですから、吉備の人々はそんなにふんぞり返っていられませんでした。しかし弥生時代では別ですよ。

弥生時代の終わり頃、吉備は非常に独自な勢力と独自な文化をもっておりました。独自な祀りの形態をもっておりました。どういうふうに祀りをしていたかと申しますと、首長が亡くなりますと、高さ一メートルもある筒状の土器を作ります。僕達はそれを特殊《とくしゅ》器《き》台《だい》と呼んでいます。長大な筒状の器台です。小さいので高さ八〇センチくらい、大きいのは一メートル一五センチ、背の高いものです。それに高さ五〇センチあるいは六〇センチの特殊壺といわれるものを載せます。壺の中には何が入っていたか、もう酒に違いない、西条に来ているからそういうことをいっているんじゃなくて（笑い）、水でお祭りする人は聞いたことないですよね。器台も壺も非常に飾られております。文様がいろいろと付けられ、突帯が付けられ、線画きが入ったりですね。やはり丹《に》つまりベンガラといわれる酸化鉄が塗られています。朱はどこにでもあるものでなく貴重品ですから、土器や埴輪などには滅多には塗らない。その飾られた長大な筒形の器台に、やはり飾られた壺が置かれます。置かれた途端に中の酒は神聖な酒になってしまいそうな感じです。

b　共飲共食＝相嘗の儀礼　この器台に載せた壺中の酒をですね、その首長の葬儀をとりしきる後継の首長、その血族や村人やことによると親族関係にあった近隣の首長達も集まって、みんなして飲むわけです。亡くなった首長の霊の前で飲みます。埋葬する以前か、埋葬しながら飲むのか判りませんし、埋葬した後にも飲むのかもしれませんが、とにかく亡くなった首長の霊魂を前にして、後継の首長と村人たちは、酒を飲み交わしたと思います。これを古くは相嘗《あいなめ》あるいは直会《なおらい》、今様にいうと共飲共食の儀礼と申しましょうか、一緒に飲んで一緒に食べる。食べたり飲んだりした実物はなかなか発見できません。先ほど触れた倉敷市の楯築という大きな弥生の墓、弥生時代の後期後葉の墓ですが、小形の高坏がその埋葬箇所の上から約五〇個も出てきました。全部掘ったわけではありませんので、もとはもっとたくさんの数だったと思います。つまり、多数の人がやって来て、亡くなった首長の前で酒を一緒に飲んだり、粥をすすったりしたことはほとんど確かです。なぜそんなことをしたのでしょうか。一緒に飲み、一緒に食べることによって、死んだ首長の霊の力を残された村人や後継の首長が引き継ごうとした祀りではないか、と僕達は考えるわけです。

そういう祀りに使われた特殊器台・特殊壺といった弥生土器がですね、前方後円墳時代を迎えて間もない頃に、壺形・円筒形・朝顔形の埴輪になってしまいます。しかし、これらの埴輪は実用的には役立たずです。この埴輪の壺は初めから底抜けに作られていますから、酒でも粥でも入れたら、どんどん下に流れ落ちていってしまいます。だから酒を入れても粥を入れても意味がありません。初めから底一杯に穴をあけております。

前方後円墳時代に移る直前、それまで地域ごとに別な、しかし基本は今述べたような首長霊継承の埋葬の祀りを行なってきた各地の有力首長が大和のほうに集まり、全体に通じる祭祀の「決まり」として、前方後円墳という埋葬儀式を創り出したわけです。そのためか、できたものの巨大さもあって、省略化と同時に形式化・象徴化が行なわれます。そこで、特殊器台と特殊壺を使って行なってきた吉備の儀式の象徴として、埴輪を作って古墳の周りに置く。そういうことになったわけです。したがってそのことは、前方後円墳時代になってもなお、昔の共飲共食を行なう中で亡き首長の霊力を引き継ぐ儀式は、象徴だけの形になったけれども大規模に残ったことを示しています。数はべらぼうにたくさんで、先ほど石井さんは三ツ城古墳で約一八〇〇本といわれましたが、村人との共飲共食儀礼を形式だけ盛大に行なっているように見せるために、それだけの数のものを前方後円墳のぐるりに配置したと考えられます。そうなりますと、被葬者の威力をさらに大きくするためには、いっそう多くの埴輪を並べるようになります。これが第一点であります。墓をできるだけ大きくしようという考え方も、一つにはそういうところから出てきたようです。もちろん、それだけではありませんが。

2　朱

そこで次に朱の問題が出てまいります。朱は三ツ城古墳後円部の一号埋葬と、二号埋葬で見られます。中でも二号埋葬には、朱がふんだんに使われています。しかし、一九五一年・五二年の発掘の折には、一号埋葬にも朱が残っておりました。それがいつの間にか長年月のうちに流れてしまったり、あるいは掻き回されたりして、朱の痕跡がなくなってしまったのだと思います（図42）。

なぜ朱を埋葬と一緒に置くのか。一つの説でありますが、これは昔の学者の中のどなたかもおそらくお考えになっているかと思いますけれど、朱というのは霊魂を生き生きと復活させる役割を果たすと信じられて、僕が信じているんじ

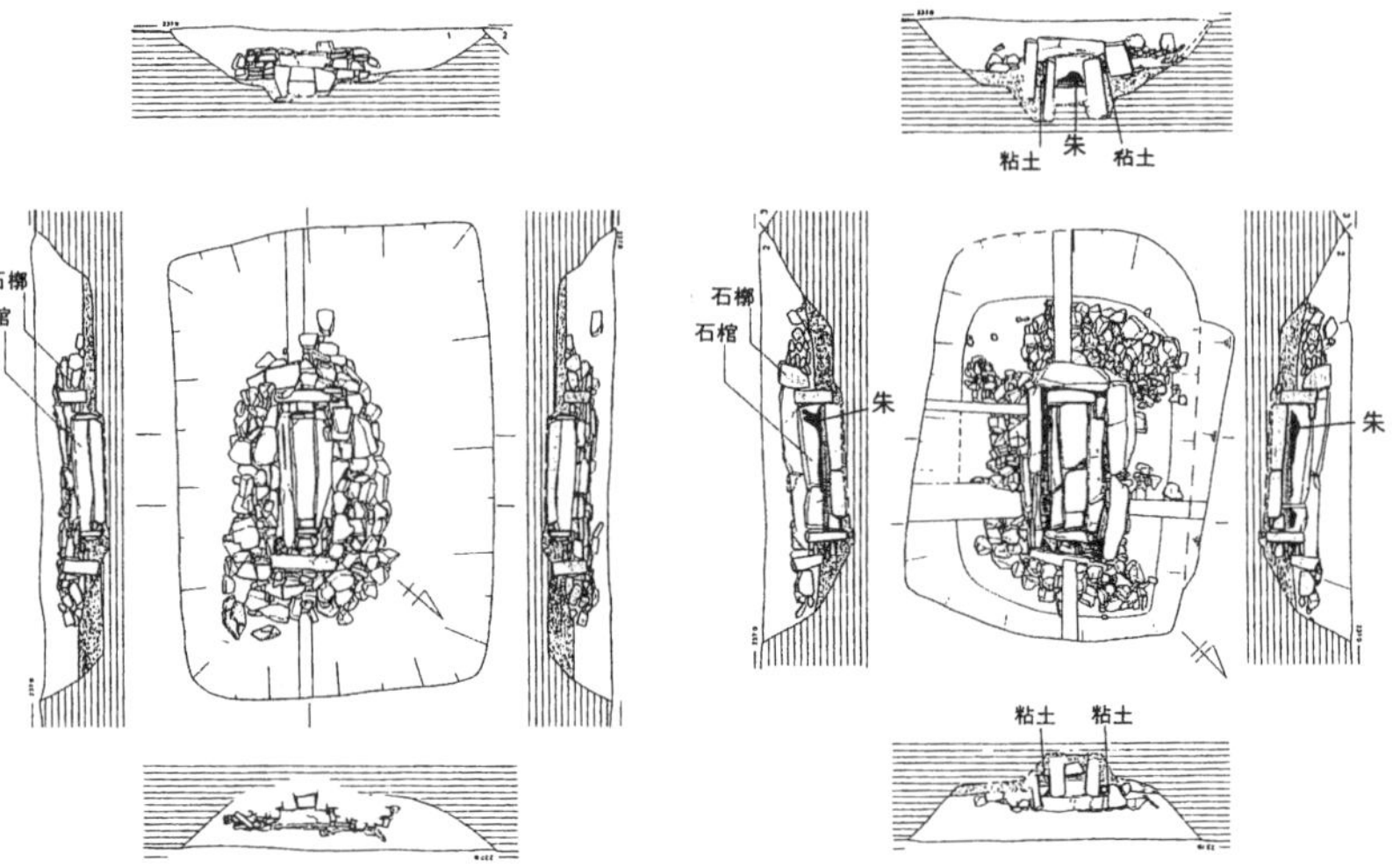

図42　三ツ城古墳の埋葬施設　各々中央は平面図，左右・上下は側面図。
左：1号　右：2号

ゃないですよ（笑い）、昔の人はそう信じていたんじゃないかと僕が考えているということです。俗によくいわれるような道教思想の仙薬などではないと思います。そして、朱を大量に、できるだけ大量に置くことによって、復活したその霊の威力は増していく、そういうことを念じて朱を置いたに違いない。朱というのはそういう作用を果たすと、前方後円墳時代の人々や弥生時代の人々は考えていたのじゃないかと僕は考えております。なぜそんなことをするかと申しますと、亡き首長の霊前で共飲共食つまり相嘗をして、霊力を引き継ごうとしている、村人も霊力のお裾分けにあずかれるかもと思っている、だからその霊力は強ければ強いほどよい、そのためには霊魂が生き生きと復活しなきゃだめだ、復活させて、それを強める、そのための儀式として朱をかける、あるいは置く。ですから要旨に書きましたように、「前方後円墳は単なる埋葬の場ではない」ということがお判りいただけたかと思います。単なる埋葬でしたら、村山首相に三ツ城古墳の三倍ぐらいの墳丘を造って差しあげたらいいですよ。村山首相が偉かったかどうかとは別に、そんなことはしないですよね。なぜしないかは、皆さんすでによくお判りのことと思います。

ですから、単なる埋葬の場ではなくて、亡き首長の霊、霊力を継承する祀りを盛大にすべく、古墳を盛大に造る、賑々しく造る。そのことによって、引き継ぐべき首長の霊も、引き継いだほうの首長の霊力も大きくなっていく、こういうことを念じたからこそ、こういう大きなものを造ったと考えております。よろしいでしょうか、弥生時代なり前方後円墳時代なりその頃の人々の観念はそうであったろうと、当時の祀りのさまざまな道具立てから考えただけのことでありまして、僕とて霊魂や霊力を見たわけではありません。

3　力量と評価の接点

それでは古墳は無限に大きくなるのか、形式となった共飲共食の儀礼と朱の使用によって、引き継ぐべき首長の霊はだんだん大きくなるのか、そうするとこれの一〇〇倍ぐらいの前方後円墳を造って、いっそう盛大に霊魂を引き継ぐ儀式の場とすることができる、ここにある朱の一〇〇倍ぐらいの朱を集めてくれば、霊力はもっと大きく強くなるだろうというふうに、考えられるかもしれませんが、必ずしもそうではないですね。どういうことかと申しますと、一つには、三ツ城古墳の主、後継ぎの主、それを支える集団の力量ですね。経済力・政治力、それから祭祀能力、そういうふうなさまざまな能力の総体としての力量が問題となります。もう一つは、それに対して大和政権がどう評価していたかという、この内なる力量と外なる評価の接点に、この古墳の大きさと形が決まってきます。観念あるいは願望の世界と現実の世界とはおのずから違ってまいります。

現実には、三ツ城古墳の主の力量と大和政権の中での位置付けが相まって、これこれしかじかの前方後円墳になったと思われます。大きさも九二メートルでしたか、大体その程度のものを造ったらいいと、大体の大きさが決まったと思います。ごく簡単な、おそらく点と線だけのものであるにせよ、そうした設計図が使われた可能性があります。なぜそんなことがいえるかと申しますと、大和の大形前方後円墳の約半分、あるいは約半分の半分という大きさの前方後円墳が、地域によって造られているそうですから、これは設計図と長さの基準がなければ、できない相談ですね。目見当ではとてもできるものではありません。こんなふうにしておそらく三ツ城古墳のこの約九〇メートル、公称九二メートルでありますが、もっと小さくなるか、大きくなるか判りませんけれども、約九〇メートルの墳丘の大きさと形、それからどこでいつどう決まるのか判りませんが、埴輪・葺石・埋葬構造・副葬品等々の内容や数が決まってくる、と考えるわけであります。その場合、どこからどこまでが大和勢力の規制によるものか、どこが三ツ城古墳の主と集団の力量になるものかは、重要な検討課題かと思います。

三　三ツ城古墳は安芸最大の前方後円墳である

この問題については、このすぐあとで広島大学の古瀬清秀さんがお話をして下さいますので、ごくごく手短にいたしたいと思います。考えられることはいくつかございます。太田川の左岸や右岸の流域のあちこちの小首長達も、やはり小さいながらも前方後円墳を造っておりますが、そういう群小の首長達の統括が、この三ツ城古墳の主の下で進んだのかどうか、それが一つ考えられます。直ちに専制的首長になったかどうかはまったく判りませんが、他の首長達との連合というか結合ができてその上に乗ったという考えです。もう一つは、大和政権の政治力が直接的にここに及んだ結果という考え、つまり大和政権が三ツ城古墳の主の力量を評価し、何らかの利用のために後楯になったことの結果かとも考えておかなければならないと思います。

あるいはそうではなく、安芸の東方、備後を隔てた隣の強力な隣国、備中からの圧力も、考えておかなければと思います。備中南部には、長さにして三ツ城古墳の四倍、底面積にしておよそ一六倍、体積は複雑で僕にはとても計算できませんが、べらぼうに大きな前方後円墳が続いて二基築かれています。墳長約三六〇メートルの岡山市造山《ぞうざん》古墳と墳長約二八六メートルの総社市作山《さくざん》古墳ですが、そのうち作山古墳のほうが三ツ城古墳に近い時期に造られたようです。当時の備中南部は吉備の中枢勢力の土地で、また弥生末の吉備の末裔の土地でもありますが、なお強力でありました。それに対する対抗関係として、安芸は結集しなければ、というふうな事態が生じたのかもしれません。よく判りませんが、一つは大和政権による後楯、もう一つは、いま吉備を挙げましたが、そうした外部勢力との対抗関係があって、安芸自体の首長達が結集した、そういうことになろうかと思いますが、甚だ頼りないことになりました。大和政権による評価・後楯、そうであるかもしれない、そうすると三ツ城古墳の後に、匹敵するような規模の前方後円墳が造られないのはなぜか、という問題も生じます。

　これも僕には直ぐに答えを出せませんが、先の「何が起こったか」の裏返しを考えてみたらいいんじゃないかと思います。大和政権の後楯といっても結局は圧力だと思いますので、もはやこんな大きな墳墓を築くことはできなくなってしまった、あるいは吉備からの圧力、三ツ城古墳当時の吉備はすでに衰え始めていたようですが、その圧力もあったかも知れません。さらに、三ツ城古墳の後継者を含めた安芸自体における各首長の動き、そこから起こる政治的な変動があったかもしれません。なかなか考古学というのは、まどろっこしい学問で、そのうちのどれか、ということを直接の証拠をもって決めることは非常に難しいんです。例えば寿陵《じゅりょう》という問題がありますね。寿陵というのは被葬者の首長がまだ生きているうちに三ツ城古墳を造る、という考え方であります。しかし寿陵は考古学的に証明されたことは一度もありません。「なんだ、そんなことも判らないのか」といわれるぐらい、考古学は情けないのであります。次に四に移ります。

四　最大の前方後円墳が造られる時期は地域によって異なる

地域をどうとるかが問題でありますが、ここでは律令制下の国郡の国をとりました。例えば、安芸国というのをとりました。東は備後で西側は周防であります。北のほうは出雲・石見であります。そういう奈良時代に通用していたような地域区分を採用いたしました。しかし、これが妥当かどうかは当の僕にもまだよく判りません。郡を単位に考えたほうがいいかもしれないし、あるいは河川水系を単位に、あるいは平野を単位に考えたほうがいいのかもしれません。こうしたことは、実は一般的にも必ずしも解決されておりません。ですから、一番いいのは、国単位でまず考えて、それから郡単位で考えて、同時に、今度は視点を変えて平野と河川水系を単位に考えて、そのすべてを合わせ考える努力をしていくようにしたらよいと思うんですが、今日はそういうふうな話はとても時間がなく、用意もしておりませんので、思い切って国をとりあげて考えたらどうなるか、ということにいたします。

土地々々で最大の前方後円墳を造る時期には、三つの型があります。一つは前期型です。備後《びんご》・美作《みまさか》型とでも称しましょうか、この付近の名称でとったわけでありますが、東北や北陸などには前期型がわりとあります。それから中期型が安芸・周防型であります。後期型は出雲・筑後型。後期型というのは少ないので、九州から筑後をもってまいりました（図43）。

前期型をみますと、一つは備後の辰《たつ》の口《くち》古墳（図43の①）であります。備後は北と南とで相当に違いがありまして、本当は分けたほうがいいと思いますが、押し並べて見ますと、墳丘の長さでは北の辰の口古墳がもっとも長い、墳長約七七メートルであります。南にはよく判らない墳長約七〇メートルの黒崎山古墳というのがありましたが、これは前期というより中期に入るようです。破壊されて消えてしまいました。それから美作では植月寺山《うえつきてらやま》古墳が墳長約九二メート

図43　各期の前方後円墳
①前期型の備後辰の口古墳　②中期型の備中造山古墳　③後期型の筑後岩戸山古墳

ル。三ツ城古墳とほぼ同じ規模のものですが、さらに古い時期の築造と考えられております。美作は備後北部と同様の小さな山国で、和銅何年かに備前から分かれました。河川水系とか、小平野別に見ると、美作各地の最大の前方後円（方）墳は、ほとんど前期の古墳です。例えば、津山市西部にある美和山胴塚《どうづか》古墳は墳長約八〇メートルであります。それに対応するように、津山市の東部に日上天王山《ひかみてんのうやま》古墳というのがあります。これは、この春、津山市教育委員会と僕達とで発掘いたしましたが、墳長約五六メートルです。というふうに、かなり大きい前方後円墳が、前期に造られています。そういう前期型であります。

　中期型としては、ご当地では三ツ城古墳、それから隣の備中では先に挙げました造山古墳（図43の②）と作山古墳の二基があります。それから周防《すおう》ですね。山口県の白鳥《しらとり》古墳。こういうものが中期型でありまして、日本全体として見ましても、中国・四国地方全体として見ましても、中期型が圧倒的に多いんです。中期に多くの土地で最大の古墳が造られます。中期の初め・

中頃・終わり頃という時期差がありますが、しばしば最大の古墳が造られます。

後期型は、中国・四国では、出雲市大念寺《だいねんじ》古墳と松江市山代二子塚《やましろふたごづか》古墳があります。後期古墳で、墳長は約九一メートルと九二メートルであります。どちらも横穴式石室をもっております。長門《ながと》の上《うえ》の山《やま》古墳は墳長約一〇八メートルといわれていますが、正体不明でよく判りません。将来の研究によって、もっと大きくなるか、もっと小さくなるかが決まると思いますので、あまり考慮に入れないでおいていただきたいと思います。それから飛んで九州筑後の岩戸山《いわとやま》古墳ですね（図43の③）。磐井《いわい》の墓という言い伝えのある岩戸山古墳は、墳長約一三八メートルという大きな前方後円墳です。後期型の国も前期型と同様に、あまり多くありません。各地域最大の古墳は、多くは中期型として造られているようです。

それに対して近畿はどうか、近畿地方とくに畿内中枢としての大和・河内はどうかであります。ここでは、各地域に卓越する最大の古墳がずっと続いております。『前方後円墳集成』という書物の時期区分1期から10期を採用して申しますと、畿内で最大規模に達するのは、6期とされる羽曳野市誉田山《こんだやま》古墳と7期とされる堺市大山《だいせん》古墳の二基でありますが、その前はもちろんのこと、その後も依然として各時期とも全土的に最大の前方後円墳が造られております。この点に前方後円墳時代における畿内中枢の強力さとともに、その持続性とがうかがわれるのであります。

時間が超過し、尻切れトンボとなり、大変恐縮でございました。また、早口でいろんな問題を欲張って喋ろうとしたために、お判りにくかったことと思いますが、これで終わらせていただきます。ご清聴どうもありがとうございました。

小文は、一九九四年一一月三日に行なわれた'94まなびメッセ広島inひがしひろしま実行委員会主催の三ツ城古墳シンポジウム『大型古墳の出現と謎の五世紀』の基調講演「前方後円墳時代と三ツ城古墳」の記録で、一九九五年三月刊行の同名の冊子の中の一文ですが、本書に再録するにあたり主意を損じない範囲で改定いたしました。シンポジウム運営の実務と冊子の編集にあたられた東広島市教育委員会各位、なかでも石井隆博さんに心から感謝申し上げます。なお、出土遺物および関係資料は東広島市立中央図書館内三ツ城古墳ガイダンスコーナーで見学できます。

小文を一九五一・五二年の三ツ城古墳発掘を指導された広島大学教授故松崎寿和先生に捧げます。

第一〇章　日上天王山古墳と美作東部諸首長の動向

一　築造時期について

日上天王山古墳《ひかみてんのうやま》（岡山県津山市日上）が築造された年代つまり考古学でいう時期について、主に次の四つの要素から考えていこうと思います。1は墳丘、2は埋葬施設、3は副葬品、4は伴出の土器です（図44）。

1　墳　丘

墳長は五六・九メートルの前方後円墳であります。規模は必ずしも時期を決める材料になりませんので、ここでは墳形を問題にします。まず前方部頂に較べて後円部頂が際立って高いこと、これは古式前方後円墳の特徴です。次に前方部が前面に向かって撥形に拡がっている点です。これは古式のうちでも古いほうの前方後円（方）墳に多く見られる特徴の一つです。ここでいう「古式」とは後に述べる「前期」とほぼ同じ内容です。

東京都立大学の澤田秀実さんは、本墳について最古型式の前方後円墳と考えられる奈良県桜井市箸中山《はしなかやま》古墳や、最古型式に近い岡山市浦間《うらま》茶臼山古墳と墳形の比較を行なっていますが、三者の形態はよく似ています。しかし撥形型式の前方部には若干の変異があり、また一定期間持続していたと見られますので、日上天王山古墳を直ちに最古型式前方後円墳と決めることは難しい、あえていえば、前方後円墳（以下特別な場合を除き前方後方墳を含める）を10期に区分し

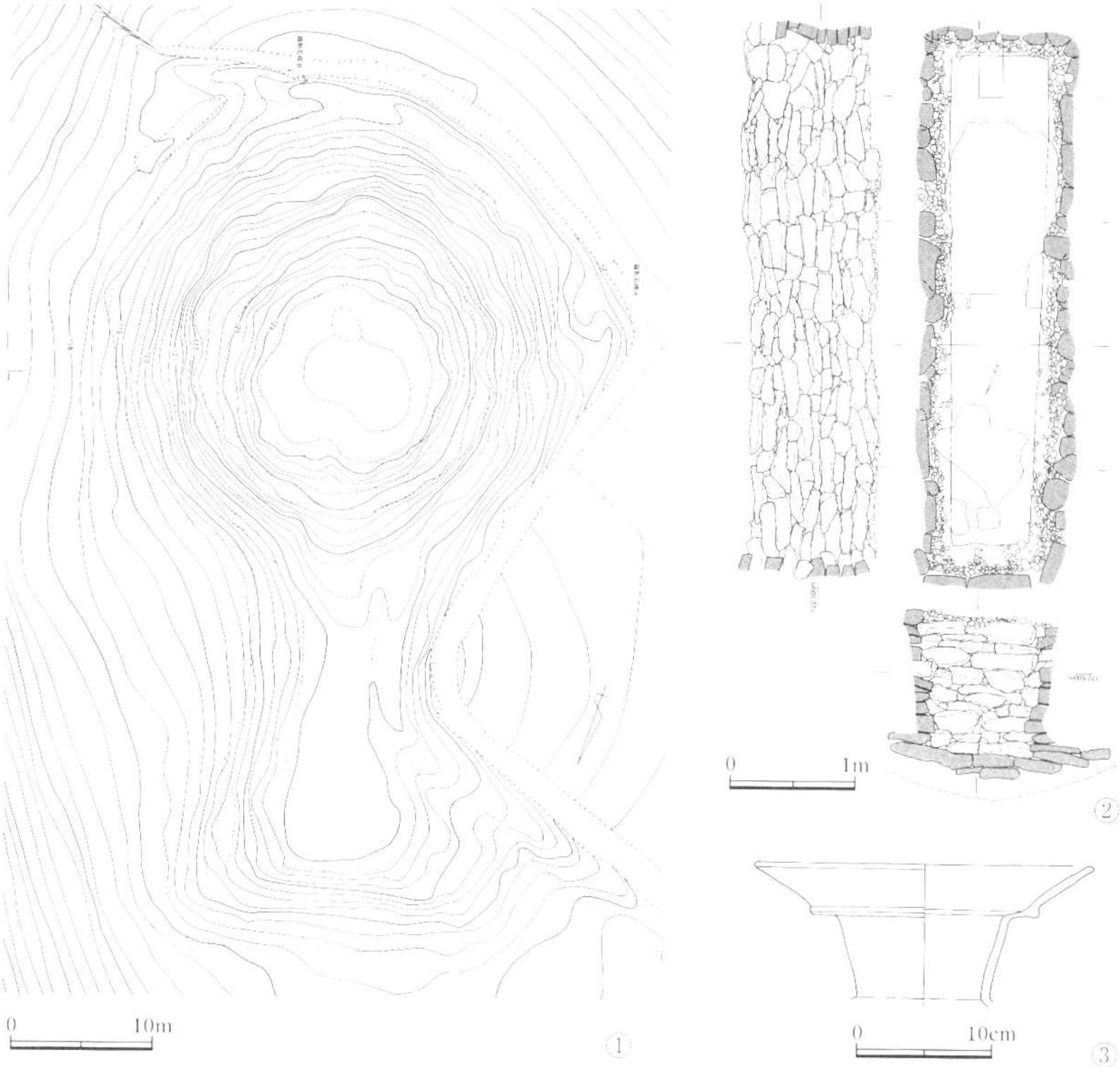

図44　日上天王山古墳　①墳丘　②竪穴式石槨　③土器

た場合の1期後半に属するとみたいと思います。なおここでは1期前半を最古型式とし、後半を含め最古群と呼ぶことにします。またここでは10期区分のうち1～4期を前期または古式、5～7期を中期、8～10期を後期と仮称します。

2　埋葬施設

日上天王山古墳には後円部頂だけで埋葬施設が四つあります（前方部頂は発掘していません）。一つは墳表直下に造られた箱式棺で、ごく簡単なものです。この古墳の主人公のものとして最初に造られたのは中心埋葬なので、それが築造時期を考える手掛かりになると思います。その埋葬施設は木棺と竪穴式石槨《たてあなしきせっかく》（排水施設を含む）とからなっています。木棺は遺体を直接に納めるもの、石槨は棺を覆い保護する施設です。日上天王山古墳の場合もそうですが、多くの場合木棺は腐ってなくなっているので、規模や構造は一般には石槨で考えることになります。日上天王山古墳の中心石槨の内法の長さは四・二一メートルで、ずいぶん長いものです。これは痕跡から約三・九メートルと推定された木棺の長さを反映しています。もちろん遺体一人用ですが、このような長い棺・槨は、最古型式のものを含めて前期の埋葬の特徴の一つですが、中期の古墳にもしばしば見られます。例えば、10期区分で4期後半ないし5期初頭とみられる久米郡柵原町の月の輪古墳の中央棺の長さは約五・六五メートルです。

石槨の形や構造からの時期比定もかなり難しく、城西国際大学の倉林眞砂斗《まさと》さんが詳しく論じていますが、石槨の幅の広狭も、棺の形と関係する槨の底部の構造も、蓋石上の被覆形態も、棺・槨の方位も、時期を限定する材料には必ずしもなりません。したがって埋葬施設からみると、日上天王山古墳は前期と呼べる程度です。

3　副葬品

残念なことに中心埋葬が乱掘にあい、石槨内から副葬品の重要な部分が取り出されたと推定されますので、副葬品からの時期限定も甚だ困難です。ようやく僕達が発見できた副葬品は、刀・鏃・刀子・鉇《やりがんな》・斧・鋤先と思われる品といった鉄製品と、方一センチほどのごく薄い青銅破片三点です。鉄製品を大きく括ると、(1)武器と、(2)農具・工具などの生産用具となります。最古群前方後円墳の副葬品の主な組合せは、大陸鏡・武器・生産用具の三者ですが、もし三点の青銅破片が大陸鏡の残片を示すと仮定するならば（おそらくそうと思われますが）、副葬品の組合せは日上天王山古墳を最古群前方後円墳と考えることと矛盾しません。しかも最古群前方後円墳にはしばしば玉類が見られず、日上天王山古墳の中心埋葬にも玉類は見られませんでした。このように残存した副葬品には、この古墳が最古群であることを否定する材料は認められません。第二埋葬の副葬品については早稲田大学の水野敏典さんが別に詳しく述べておりますが、その埋葬施設は中心埋葬の後に造られていますので、ここでは触れません。

4　土　器

日上天王山古墳では、東側括れ部で墳丘築造時または直後に置かれたと考えられる土器片一括が出土しています。津山弥生の里文化財センターの中山俊紀さんが述べていますように、それは途中に段がつき、外方に張り出した口縁をもつ、いわゆる二重口縁の壺形土器です。類例は奈良県桜井市茶臼山古墳、(注1)先に撥形前方部の例としてあげた桜井市箸中山古墳、(注2)三八面の大陸鏡を出土し、古式前方後円墳の代表例とされた京都府山城町椿井《つばい》大塚山古墳(注3)などで知られています。大陸鏡一三面が発見され、これまた古式前方後方墳とされた岡山市竜《たつ》の口《くち》・湯迫《ゆば》の備前車塚古墳にも、小破片のため確定しがたいですが、類例が知られています。(注4)日上天王山古墳の二重口縁の壺形土器が、これらの仲間であることはほぼ確かです。しかし二重口縁の壺形土器にも2期に下る形態が知られていますので、それを伴う古墳が前期前葉であることは確かであるにしても、直ちに最古群の前方後円墳とみなすことはできません。その点、日上天王山古墳出土の二重口縁壺形土器は、形態から見て2期に下るとは考えがたいと思います。

ついでに述べますと、桜井市箸中山古墳の後円部頂から、これら二重口縁壺形土器よりも明らかに古い型式の宮山《みややま》型特殊器台と呼ばれる土器が発見されており、(注5)上記したその他の古墳よりもその点で最古型式（1期前半）の前方後円墳としてやや早く築造されたと見てよいと考えます。(注6)吉備で申しますと、同じ宮山型特殊器台・特殊壺を出土した総社市三輪の宮山古墳、(注7)やや異なりますが宮山型とほぼ同時期と見られる特殊器台・特殊壺を出土した岡山市花尻の矢藤治山《やとうじやま》古墳(注8)が最古型式前方後円墳となります。奈良県では宮山型特殊器台を出土した前方後円墳など大形古墳は他に三基ほど知られています。(注9)

このように日上天王山古墳出土の二重口縁壺形土器は、通常1期後半の古墳に伴う型式の範囲に入ると考えられます。(注10)宮山型特殊器台・特殊壺を出土する前方後円墳は、美作では知られておりませんので、「美作における」という限定をつければ、日上天王山古墳を最古型式前方後円墳と呼んでもよいし、それは、墳形、棺・槨、副葬品の組合せなどの年代観と矛盾することはなく、むしろそれを支持していると考えられます。

二 日上天王山古墳をめぐる情勢

1 美作東部の首長達

a 五つの政治圏 日上天王山古墳は墳長五六・九メートルを測る規模の前方後円墳でありますが、前方後円墳時代前期に美作東部一帯に君臨した大首長の墓であるとはいいがたいのであります。当時、美作東部はいうまでもなく美作全域も吉備全域も、政治的「まとまり」ともいうべき幾つもの地域に分かれており、それぞれの「まとまり」ごとに統率する首長がいて、勢力を競うように大小の前方後円墳、前方後方墳、大形円墳を築造しておりました。この「まとまり」をここでは「政治圏」と呼ぶことにしたいと思います。

前方後円墳・前方後方墳・大形円墳の分布から見ますと、美作東部は南から、(1)吉井川・吉野川の合流点付近（およそ柵原町・吉井町・英田町）を中心とする政治圏（以下圏と呼ぶ）、(2)吉野川を遡りその東流の梶並川下流域（およそ美作町）を中心とする圏、(3)西流の滝川下流域（およそ勝央町南部）を中心とする圏、(4)滝川中流域（およそ勝央町北部）を中心とする圏、(5)吉井川と加茂川との合流点から北東地域（およそ津山市北東部）の圏などに区分できます。(注11)もっとも梶並川上流域（およそ勝田町）が、ある時期には(2)と分離していたかもしれませんし、また那岐山麓の開析扇状地（およそ勝北町・奈義町）にも今後政治圏が認められるかもしれません。しかしここでは研究の現状を踏まえて五つの圏として話を進めます。図45をご参考にして下さい。

これら各圏では前方後円墳時代前期に、数基ずつの前方後円墳または前方後方墳あるいは大形円墳が築造されました。うち最大の古墳は⑷圏の墳長約九一・五メートルの植月寺山古墳（前方後方墳）で、次に大きい墳長約六七メートルの美野《みの》高塚古墳（前方後方墳）も⑷圏に属します。その他二〇基弱の前方後円墳・前方後方墳の大部分は墳長四十数メートルから五十数メートルです。そのうち日上天王山古墳に匹敵する古墳をあげますと、⑵の楢原寺山《ならはらてらやま》古墳（墳長五〇ないし五五メートル、前方後方墳）、⑶圏の岡高塚《おかのたかつか》古墳（墳長約五五メートル、前方後方墳）、⑷圏の美野中塚古墳（墳長約五五メートル、前方後方墳）、⑸圏の正仙塚《しょうせんつか》古墳（墳長約五五・五メートル、前方後円墳）の五基で、植月寺山古墳を第一、美野高塚古墳を第二とした場合の第三の規模をもつグループです。

b　「どんぐりの背くらべ」　この五基は、墳長だけでなく、後円・後方の違いはありますが、墳形とくに前方部の形の点でも、埴輪がない点でもよく似ています。だからといって同時または同時期に造られたとは考えがたく、⑷圏では美野中塚古墳が上記した植月寺山古墳と初現を競い合い、⑸圏では日上天王山古墳と正仙塚古墳とが競い合ったのかもしれません。いま直ちにそれらの前後関係を決定するにはやや材料不足ですが、推測を交じえてあえて述べれば、⑷圏では明らかな撥形前方部の形状から見て初現の古墳は植月寺山古墳、⑸圏では組合せ式石棺を埋葬施設とする正仙塚古墳に先立つ初現の古墳は日上天王山古墳とみられ、⑶圏では撥形前方部をもつ岡高塚古墳が、⑵圏では楢原寺山古墳が、⑴圏では柵原町王子《おうじ》中墳または上墳が初現の有力候補となります。

以上のような次第からすれば、日上天王山古墳に葬られた主人公は、美作に前方後円墳築造の風が及んだ初期に（おそらく1期の内に）、吉井川・加茂川合流点の北東地域、つまり⑸圏を基盤とする勢力の頂点に立った人物であると考えてよいと思います。彼を含む美作東部の幾つかの政治圏の首長達は、その時期、その間に、勢力の多少の強弱と推移[注12]はあっても互いに競合しつつ、あるいは争いあるいは結束して併存していた、あえていえば「どんぐりの背くらべ」の状況にあった、と考えられるのであります。

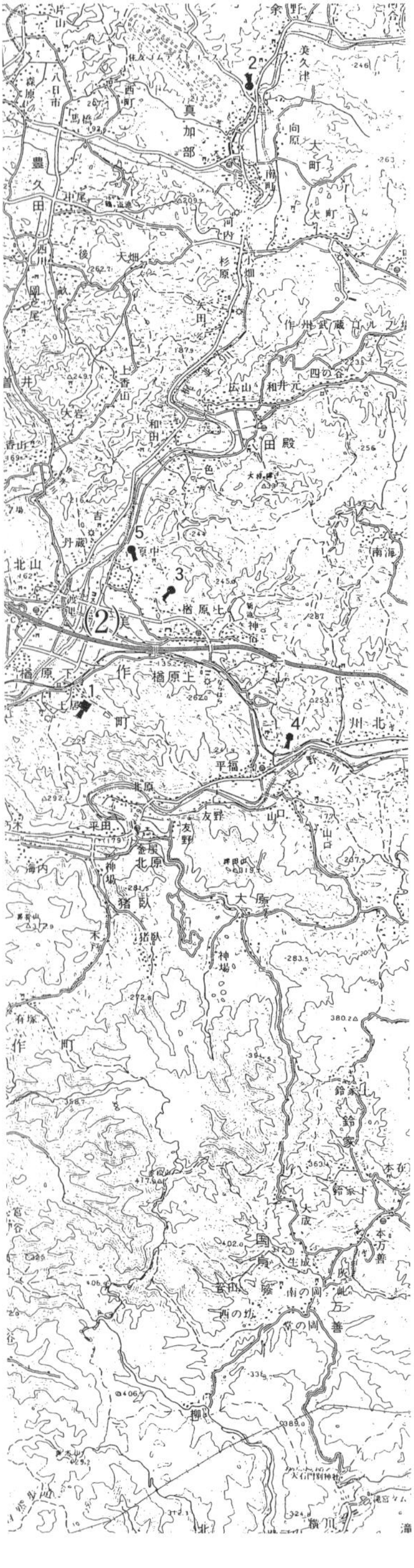

図45　美作東部各政治圏における前方後円墳・前方後方墳・大形円墳の分布

⑴圏　1：王子上墳　2：王子中墳
3：王子下墳　4：月の輪古墳
5：釜の上古墳　6：伊勢山古墳
⑵圏　1：楢原寺山古墳　2：観音堂古墳
3：上経塚2号墳　4：緑青塚古墳
5：金焼山古墳
⑶圏　1：岡高塚古墳　2：琴平山古墳
3：殿塚古墳　4：よつみ岨古墳
5：鍛冶屋峪古墳　6：上相中塚古墳
7：上相東塚古墳　8：愛宕山古墳
⑷圏　1：植月寺山古墳　2：美野中塚古墳
3：西ノ宮古墳　4：田井高塚古墳
5：美野高塚古墳
⑸圏　1：日上天王山古墳　2：正仙塚古墳
3：近長四ツ塚2号墳　4：セウ田1号墳
5：一貫東古墳　6：茶山古墳
7：玉琳大塚古墳　8：畝山80号墳

(1)
(3)
(4)
(5)
高野本郷
植月
勝間田
宮山
飯岡

2　各政治圏の墳形の特色

a　前方後円墳と前方後方墳と大形円墳　これら五圏の初現ないし初現候補の古墳の形状をあらためて見てみますと、⑴圏では大形円墳、⑵・⑶・⑷の各圏では前方後方墳、⑸圏では前方後円墳と、一定しておりません。前方後円墳と前方後方墳との間の格差は、地域を広くとれば、例えば大和北部とか吉備南東部といった地域では明らかで、前方後円墳の優位は動きません。

しかし美作東部では、すでに見たように最大の古墳は⑷圏の前方後方墳の植月寺山古墳であり、次に大きい美野高塚も基壇は前方後方墳で⑷圏に築造され、またその⑷圏では五基の大形古墳のすべてが前方後方墳であります。こうしてみると、美作東部にあって⑷圏は異色といえます。つまり⑷圏は一貫して前方後方墳を築造しながら規模の優位も見せているわけです。

それに対して⑶圏は、前方後方墳一基と前方後円墳五基（別に所属圏不明ながらこの圏の東端に入る可能性が強い二基があります）、⑵圏は前方後方墳一基と前方後円墳三基（北方にかなり離れているが同水系の真加部観音堂古墳を入れれば四基）、⑴圏は王子の少なくとも二基、月の輪古墳・釜の上古墳・伊勢山古墳と一貫して円墳です。日上天王山古墳の⑸圏では、知られている八基すべてが前方後円墳です。こうしてみると⑴圏も⑸圏も相当に異色です。⑴圏は一貫して円墳を築造し、やや小さい伊勢山古墳と墳形が必ずしも定かでない王子下墳を除くと、円墳の径は大きく、とくに月の輪古墳や釜の上古墳では径六〇メートル前後もあります。その径は、美作東部最大の植月寺山古墳の後方部の一辺よりかなり大きい。それに対して⑸圏は、一貫して前方後円墳を築造しています。ということになりますと、⑵圏・⑶圏も前方後方墳一基で、他は前方後円墳という点で異色といえばいえないこともありません。つまり美作東部は、政治圏ごとに継続して築かれた大形古墳の墳形に差をもち、それぞれ「個性的」でさえあります。

しかし、それは各政治圏が自分で決めた「個性」というより、当時の最大の政治勢力であった大和勢力との関係で決められたと考えるべきでありましょう。もっとも、吉備中枢の勢力がその間に介在していたこともありえたと考えられます。

b　美作東部最初の前方後円墳は日上天王山古墳　古墳の代表かつ典型が前方後円墳であることは早くからよく知られ、前方後円墳体制や前方後円墳秩序という表現もそこから生まれてきました。つまり前方後円墳→前方後方墳→円墳→方墳の墓制の格の階層化であります。その意味で前方後円墳が造られた時代は、単に古墳時代とするよりも前方後円墳時代と呼んだほうが相応しいと考えます。つまり前方後円墳を頂点とする墓制が政治秩序のもっとも重要な表現であったからです(注13)。としますと、一貫して前方後円墳の築造を続けた⑸圏の首長達が大和勢力からもっとも重視されていた可能性が高いということになります。

墳形以外の要素、墳丘の規模、埴輪の樹立、埋葬施設の構造、副葬品の種類と量などがどのような基準あるいは規制の内にあったかは、議論のあるところでありましょうが、大和勢力との関係以外の要素、例えば介在する勢力、ここでは吉備中枢勢力の動向、また各政治圏の首長勢力自体の力量やその消長も関係した可能性が強いと思われます。⑷圏の古墳が墳形としては一貫して前方後方形をとりながら、規模の大形さをある期間保持したことの背景も、このようにして理解できると思います。

この意見が認められるならば、日上天王山古墳の主は、美作東部において大和勢力からもっとも重要視された政治圏において、最初に前方後円墳の築造を認められた首長ということになります。

3　埋葬施設の差異

a　竪穴式石槨四例　墳丘の形態から見た日上天王山古墳は上記のように考えられますが、埋葬施設ではどうでしょうか。しかし埋葬施設の調査が何ほどかでもなされたことのある前期の前方後円墳・前方後方墳・大形円墳は美作東部においてはきわめて少なく、計五、六基にすぎません。そのうち日上天王山古墳のものと比較できそうな竪穴式石槨は、⑴圏の王子中墳、⑵圏の楢原寺山古墳、⑶圏の岡高塚古墳の三基です。いま副葬品を含めてその概略を列挙してみましょう。

王子中墳は径約四〇メートルの中形円墳で、石槨は長さ約三・四メートル、幅約一・四メートル、高さ約一・三メートル余の割石積み、床面は平らで箱形の木棺が想定されます。明治期の乱掘の際、刀の破片と大陸鏡（円座鈕半肉彫《えんざちゅうはんにくぼり》獣帯鏡《じゅうたいきょう》）とが出土したといわれています。いま東京大学総合研究資料館に保管されている鏡がそれといいます。また墳頂からガラス小玉数個が採集されています。

楢原寺山古墳は墳長五〇ないし五五メートル（略測）の前方後方墳で、石槨は偏平な粘板岩の横積みで、長さ約三・八メートル、幅約〇・八五メートル、高さ約〇・八五ないし〇・九メートルで、床面は緩いカーヴをもち、割竹形木棺が想定されます。副葬品として倭鏡（半円方形帯《はんえんほうけいたい》四獣鏡）・刀・剣・鏃・鎌・斧・勾玉・甕などが知られています。そのうち甕は前方後円墳時代1期末か2期と見られます。(注14)

岡高塚古墳の石槨は山石の割石積みで、長さ四・八八メートル、幅約〇・八五ないし〇・九五メートル、高さ約〇・九メートルで、楢原寺山古墳と同様、割竹形木棺が想定されます。副葬品として倭製とされる四獣鏡、剣、細身の筒形銅器が知られています。

それに対して日上天王山古墳の中心石槨は、最下部に置かれた円礫（丸石）を除くと、尼子石《あまこいし》と呼ばれる付近の山の溶結凝灰岩《ようけつぎょうかいがん》の割石を横長に積み、長さ四・二一メートル、幅約〇・九二ないし一・一メートル、高さ約一・〇メートルで、床面はほぼ平坦で箱形木棺が置かれたと見られます。副葬品については先に見ました。

b　日上天王山古墳の石槨　これらのうち、王子中墳の石槨は長さに対し幅が広く丈も高く、箱形木棺を思わせる平坦な床面をもち、大陸製の中形鏡の副葬も想定され、他と相当に異なる性格の古墳と思われます。その他の三基の石槨は、岡高塚古墳のそれがやや長い点を除きますと、幅・高さ・壁体の構造とも大差なく、むしろよく似ているといってよいと思います。そのかぎりでは先に二節1で触れた「競合」状況と矛盾することはありません。ただ他の二基の石槨が割竹形と考えられる木棺を納めているのに対し、日上天王山古墳の石槨が納める木棺は箱形と推定されます。

割竹形木棺と箱形木棺との間に格差があるかどうかは厳密には不明というほかありませんが、大形・中形の前期古墳では割竹形木棺が通例です。したがって日上天王山古墳の木棺が確かに箱形であるといたしますと、一貫して前方後円墳を築造した政治圏の最初の前方後円墳の主であったにもかかわらず、なぜか割竹形木棺に葬られなかったことは、棺の形態・構造の基準ないし規制が墳形とは別な原理によるものであるか、あるいは規制そのものがごく緩いかなかったことを思わせます。

4　月の輪古墳の出現と日上天王山古墳

a　吉井吉野の水路の「平和的利用」　以上述べた美作東部の諸首長勢力は、この時期に美作に孤立していたわけではありません。陸路を東にとり播磨に至る道もありますが、強いつながりは、吉井吉野の両河川水路（あるいは一部川沿いに開かれた路）による備前とのそれを措いて他にないと思います。おそらく山地の間道は著しく困難であったと思われます。もっとも美作の中部・西部を経て旭川を上下する水路も考えられますが、それは美作西部の首長勢力の下にあったと考えるのが自然でありましょう。とすれば、東部の首長達のうち⑴圏と⑸圏の首長は吉井川を航行し、他は（滝川？・梶並川？）吉野川、続いて吉井川を上下して人員と物資を運んだに違いありません。[注15] 岡山県東部に属する吉井川下流域には邑久《おく》の平野、上道《じょうどう》の平野が拡がり、墳長約一四〇メートルの岡山市浦間《うらま》茶臼山古墳をはじめ、幾つかの前期の大形・中形前方後円墳が築造され、それらが示す大首長・中首長は、牛窓などの津を基地とし瀬戸内航路によって近畿中枢をはじめその他各地と関係をもっていたに違いありません。

美作東部の首長勢力の間に甚だしい格差があり、優勢な首長がこれら河川航行を独占的ないし優位的に利用していたとするならば、それは当然大形古墳の墳丘規模その他に反映するはずです。すでに見たように墳丘規模では⑷圏が優勢で、とくに植月寺山古墳と美野高塚古墳は美作東部の一位・二位を占めますが、実はこの⑷圏は吉野川支流の滝川の中流域で、舟運路としては、もっとも不利不便な位置にあります。当時どのような条件が加わっていたかは察しがたいのですが、この点だけを取り上げて考えるなら、河川交通における独占的あるいは優位的利用はほとんどなかった蓋然性が高いと考えられます。各首長勢力は競合的ではあっても「平和的」に吉井吉野の水路を利用して備前南部の勢力、さらに察するに、より大きな東方の勢力との関係を保持していたものと思われます。

b　⑴圏における月の輪・釜の上の抬頭　前方後円墳時代4期末ないし5期初頭に大きな変化が訪れます。それは、⑴圏における月の輪古墳・釜《かま》の上《うえ》古墳の二つの大形円墳の築造であり、それが示すその地の首長勢力の急速な進展であります。前方後円墳秩序の中では一般に前方後円墳や前方後方墳のほうが円墳より上位にあることは明らかですが、個々のそれを較べる場合、墳丘規模、埴輪などの外表施設、埋葬構造、副葬品などにおいて必ずしもその通りでない場合があることもよく知られています。前方後円墳の播磨吉島《よしま》古墳よりも前方後方墳の播磨権現山51号墳のほうが規模が大きいが、石槨では吉島古墳のほうが幅広く長い。また、備前車塚古墳は前方後方墳でありますが、前方後円墳の吉島古墳よりも多くの三角縁神獣鏡などの大陸鏡が収められていた、というが如くです。こうした点については、先に二節の2においても美作東部の事象に関連して触れました。

月の輪古墳は、北に幅・長さとも約一〇メートルの低い造出をもつ円墳ですが、円丘部の径は約六〇メートル、墳頂平坦部の径は約一五×一六メートル、高さ約一〇メートルです。これを美作東部の前方後円墳・前方後方墳と較べるとどうなるか。前方後円墳・前方後方墳の主要部分かつ主要埋葬部が、後円部であり後方部であることはいうまでもありません。最大の植月寺山古墳の後方部の辺は四一メートル強、高さ約八・五メートル。次に大きい美野高塚古墳後方部の辺は約三四メートル、高さ約五メートル。日上天王山古墳の後円部は径約三二・四メートル、墳頂平坦部の径は約一三メートル、高さ約六・四メートルであります。厳密には、これに成形のための土量・足場・立地などを考慮して総合的に検討しなければならないのでしょうが、その場合でも月の輪古墳の円丘部の優位は動かないと思われます。それに加えて月の輪古墳には、その広い斜面に推定八万個の葺石が葺かれ、墳裾・段上・頂縁には推定総計およそ八〇〇本前後の円筒形埴輪と朝顔形埴輪が立てられ、墳頂には家形一〇個以上、楯形六個、靫《ゆき》形二個、甲《よろい》形三個、蓋《きぬがさ》形五個などの形象《けいしょう》埴輪群が所狭しとばかりに置かれていました。墳頂中央の木棺の推定長は約五・六五メートル、副葬品としては倭鏡一面、勾玉・管玉からなる頸飾り一連、刀剣一六口、槍一口、矢鏃五束、短甲一領、工具一六丁が添えられていました。武器・武具がとくに顕著で、形象埴輪での武器・武具形の優位に符合します。これらは全体として、その勢力を誇示する側面が顕著であります。やや離れて築造された釜の上古墳は、未発掘ですが、墳丘の規模は月の輪古墳に優るとも劣らず、また頂から月の輪古墳出土品と相通ずる家形埴輪が採集されています。

c　月の輪以後の各圏の凋落　月の輪古墳が築造されたのは4期末ないし5期初頭と考えられますが、この頃から以降になりますと、美作東部の各政治圏では全体として古墳の様子が変わってまいります。前方後円墳や前方後方墳が造られなくなったり、小形化したりしてきます。月の輪古墳のある(1)圏を除けば、もちろん大形円墳も造られません。

(2)圏では月の輪古墳と同時期と見られる前方後円墳は指摘されていませんが、月の輪古墳以前の楢原寺山古墳と梶並川上流の勝田町真加部の観音堂古墳を除く三基のうち、楢原上の上経塚《かみきょうづか》2号墳は時期不明、平福の緑青塚《りょくしょうづか》古墳と楢原中の金焼山《きんやけやま》古墳は月の輪古墳以後の前方後円墳と見られ、ともに墳長約二六メートルです。この二基は7期または8期と推定されますが、以後大形の古墳は知られておりません。

(3)圏では岡の殿塚古墳と岡の琴平山《ことひらやま》古墳の二つの前方後円墳は、月の輪古墳以前と見られ、ともに墳長約五〇メートル、そのほか時期不詳の岡のよつみ乢《たわ》古墳（墳長約二三メートル）、上相《かみや》の鍛冶屋峪《ざこ》古墳（墳長約二四メートル）、植月中の愛宕山古墳（墳長約二八メートル）がありますが、いずれも小形です。またおそらく⑶圏に属すると思われますが、確かでない上相中塚古墳と上相東塚古墳は、前方部が短く時期不詳で小形、前者は墳長約二二メートル、後者は墳長約二四メートルです。このように、月の輪古墳以後の大形古墳は知られておりません。

⑷圏では五基の前方後方墳はすべて月の輪古墳以前と見られ、月の輪古墳の時期以降には少なくとも美野平野の周辺には前方後円墳・前方後方墳を含め大形古墳は認められていません。かつて美作東部最大の植月寺山古墳を生んだこの地域は、その後の勢力を著しく弱めたと考えられます。

⑸圏では、日上天王山古墳の後裔はどうでしょうか。吉井川と加茂川との合流点から加茂川流域にかけてのこの地域は、日上天王山古墳に続くと見られる墳長約五五・五メートルの高野山西の正仙塚古墳、時期不詳の近長の四ツ塚2号墳（墳長約四五メートル）と金井の一貫東《いっかんひがし》古墳（墳長約三一メートル）、河辺のセウ田1号墳(注16)（前方後円墳とすれば墳長約三八メートル）を除きますと、明らかに月の輪古墳以後は瓜生原の茶山古墳（墳長約二一メートル）、川崎の玉琳《ぎょくりん》大塚古墳（墳長推定三〇ないし三五メートル）、日上畝山《ひかみうねやま》80号墳（墳長約三一メートル）で、依然、前方後円形を保っていますが規模は小さくなります。これら三基は前方後円墳時代の7～9期と推定されますが、以後の前方後円墳は知られておりません。「新興」の勢力は津山市西郊の佐良山などに移ったようです。

d　月の輪の主による舟運の優位的把握

このように見てまいりますと、他の政治圏の凋落を尻目に、前方後円墳時代4期末ないし5期初頭から墳丘を大形化させ、勢威を増してくるのは⑴圏だけであることが判明します。しかも月の輪古墳で見るかぎり、墳丘規模だけでなく筒形埴輪・壺形埴輪・形象埴輪が盛行し、副葬品に武器が卓越してきます。この大形古墳の優位は、この時点でこの地の首長勢力が吉井川・吉野川の舟運を独占的に、少なくとも優位的に握るに至ったことを物語るものと思われます。しかしそれにもかかわらず、方形造出をもつとはいえ円墳の形を保持していることは、その地の首長の勢威ないし格付けが依然として大和勢力によって前方後円墳、あるいは前方後方墳による埋葬祭祀に相応しいと見られていなかったことを示しているかのようであります。しかし吉井川・吉野川の合流点に位置しているとはいえ、舟運の優位的把握がこの地の首長勢力だけの力によってなされたかどうかは一考を要します。

かつて月の輪古墳出土の埴輪の胎土（土質）の分析的研究を行なった岡本明郎さんは、その埴輪と備前南部の大形前方後円墳金蔵山《かなくらやま》古墳（岡山市沢田、墳長約一六五メートル）の埴輪とが密接な関係をもつことを突き止め、両者の関係を考えました。(注17) それに加え山頂立地、墳丘の大形化、筒形埴輪の三段囲繞、副葬品における武器と生産用具の卓越などの点、中でもとくに形象埴輪の種類・形や文様の特徴において月の輪古墳と金蔵山古墳とは類似を示し、月の輪古墳・釜の上古墳の隆盛は備前南部の大首長勢力のもつ利害関係によって強く支えられていたことが推定できるようになりました。

日上天王山古墳の主の後裔をはじめ、(1)圏の北方に位置した諸首長勢力の凋落の原因の大きな一つは、以上のように推定されます。しかしそれにもかかわらず、空白期間の有無はなお不明としても、少なくとも(2)圏・(5)圏において、小形前方後円墳の築造がある期間続けられたことは特筆に値します。

5　日上天王山古墳と日上畝山古墳群

a　畝山1号墳と畝山80号墳　なお日上天王山古墳の北方・西方に蝟集《いしゅう》する畝山古墳群については、日上天王山古墳と対極の位置にある北端の畝山1号墳と天王山古墳にほど近い小形の同35号墳が、一九九六年に津山市教育委員会によって発掘されたので、それを含め簡単に触れておくことにしましょう。(注18) 現存は五六基ですが、日上一帯に眼を拡げ、さらに破壊され消失したものを考慮に入れますと、畝山丘陵およびその西にかけてもと一〇〇基に近い小古墳が築かれていたと推定されます。いうまでもなく丘陵南端に位置する日上天王山古墳が初めに築造されましたが、以後歴代にわたってこれら小墳の築造が続けられたかどうかは証明されていません。

他の群在する小墳から離れて北端のかすかな高みに築造された畝山1号墳は、一部に葺石の根石の並びが残り、埋葬施設として竪穴式石槨と箱形石棺が天王山古墳後円部でのようにT字型をなして見られました。その点では日上天王山古墳と似ていますが、墳丘は一四・五メートル×一七メートルの方形小形墳で、石槨は加茂の川原で採取したとみられる円礫で構築され、また副葬品や土器類も知られないなど、日上天王山古墳との直接の関係をたどることは困難であります。畝山80号墳は一九六七年の今井堯さん・渡辺健治さんらの調査時、墳丘はすでに削平され、周溝だけが残っていた墳長約三一メートルの前方後円墳で、円筒形埴輪、人形・馬形の埴輪や鏡片・土器類などが採集され、それらから前方後円墳時代後期前半の古墳と推定されています。

b　天王山古墳は畝山古墳の始祖か　群小の五六基の古墳のほとんどは径約一五メートルないし一〇メートル、とくに小さいものは七～八メートルの円墳で、それぞれが一家族体を示す一〇群ほどに区分できそうな一族の共同墓地である可能性が高いと思われます。これまでにたまたま知られた例や最近の35号墳の発掘成果によりますと、これらの少なくとも大部分は前方後円墳時代後期初頭（8期）を中心に前後する時期に築造されたものと考えられます。畝山80号前方後円墳はそのある時期の盟主であったと推定されます。さらに推定を遡らせれば、北端の畝山1号墳は群小の古墳と日上天王山古墳とを少なくとも間接的につなぐ役割をもつものであったかもしれません。とすれば日上天王山古墳はおよそ二〇〇〇年を経過してなおこの地の人々によって集団の始祖の墓と信じられ、意識されていたのかもしれませんが、果たしてそうであるかどうかは今後の研究と調査の如何にかかっていると思います。

本文に登場する美作東部の古墳については、とくに注などで言及のない場合は『前方後円墳集成』中国・四国編（山川出版社、一九九一年）、近藤義郎編『月の輪古墳』（同刊行会、一九六〇年）、今井堯「原始社会から古代国家の成立へ」『津山市史』第一巻（津山市役所、一九七二年）並びに『日上天王山古墳』（津山市教育委員会、一九九七年）の第四章「考察」の澤田秀実および倉林眞砂斗の考察論文によります。

〔注〕

(1) 上田宏範・中村春寿『桜井茶臼山古墳』奈良県教育委員会、一九六一年。
(2) 中村一郎・笠野毅「大市墓の出土品」『書陵部紀要』二七、一九七五年。
(3) 春成秀爾「土師器」『京都府山城町椿井大塚山古墳』山城町教育委員会、一九八六年。
(4) 鎌木義昌「山陽における古墳の年代」『考古学ジャーナル』一六四、ニュー・サイエンス社、一九七九年。
(5) 丸山竜平「土師氏の基礎的研究――土師質陶棺の被葬者をめぐって――」『日本史論叢』二輯、一九七三年。
(6) 近藤義郎「大和の最古型式前方後円墳と宮山型特殊器台」『みずほ』一六号、一九九五年。
(7) 高橋護ほか「宮山墳墓群」『総社市史　考古資料編』総社市、一九八七年。
(8) 近藤義郎編『矢藤治山弥生墳丘墓』同発掘調査団、一九九五年。
(9) もちろん宮山型特殊器台をもたない最古型式前方後円墳の存在も否定できないが、今のところ認定が難しい。
(10) 1期前半における有無はなお不明である。
(11) 近藤義郎編『月の輪古墳』同刊行会、一九六〇年。
(12) 植月寺山古墳の存在が示すように、ある時期(4)圏が最有力であったことは否定できない。
(13) 近藤義郎「日本における考古学的時代区分」『前方後円墳と弥生墳丘墓』青木書店、一九九五年。
(14) 河本清「美作町楢原寺山古墳出土の土師器について」『古代吉備』一〇集、一九八八年。
(15) 今井堯「吉備における古墳被葬者の検討――金蔵山古墳南石室と月の輪古墳造出し粘土槨被葬者の検討――」『古代吉備』一〇集、一九八八年。近藤義郎「『月の輪地域の政治的統一』再考」『古代吉備』一六集、一九九四年。『古代吉備』二〇集、一九九八年。
(16) 小郷利幸「津山市セウ田古墳群墳丘測量調査報告」『年報津山弥生の里』一号、津山弥生の里文化財センター、一九九四年。

(17) 岡本明郎「形象埴輪の性格」「埴輪の土質・形成・焼成についての検討」『月の輪古墳』同刊行会、一九六〇年。

(18) 「日上畝山古墳群平成8年度調査現地説明会資料」津山市教育委員会、一九九六年。

『日上天王山古墳』(津山市教育委員会・日上天王山古墳発掘調査委員会、一九九七年)掲載の関係論文は、澤田秀実「墳丘形態からみた日上天王山古墳」、倉林眞砂斗「竪穴式石槨の特色と問題」、水野敏典「第2石槨の副葬品」、中山俊紀「壺型土器」。

〔追 記〕

近藤義郎『月の輪古墳』(吉備人出版、一九九八年)は、月の輪古墳についての平易な解説書で、本論に関連する箇所もあります。なお、日上天王山古墳の出土遺物は津山弥生の里文化財センター(津山市沼)に展示・収蔵されています。

小文は、『日上天王山古墳』(津山市教育委員会・日上天王山古墳発掘調査委員会、一九九七年)の「むすび」の全文を他と合わせようと、そのまま「ます」調に改めたもので、他章に較べ少々硬い文体になっていたり注が付けられているのはそのためです。また一九九七年一〇月二五日に行なわれた中国四国前方後円墳第三回研究会の同題名・同趣旨の研究発表会も合わせ参考にしました。その際、ごく僅かの補訂を行ない、また挿図を追加しました。(二〇〇〇年八月二九日記)

第一一章　韓国の前方後円形古墳

一　朝鮮南部に前方後円墳はあるか

一九九〇年四月五日、釜山大学校教授の金鐘圓さん、東義大学校副教授の林孝澤さん、釜山市立博物館の宋桂鉉さんたちが、僕と大阪大学の院生北條芳隆君のため一夕の宴を設けて下さいました。釜山のはるか手前から高速道が大変渋滞したため、運転してくれた慶星大学校助教授の申敬澈さんと僕達二人、それに釜山市立博物館の河仁秀さんの四名は予定より二時間以上も遅れて宴席に到着しました。同じ車に途中から乗りこんだ慶尚大学校副教授の趙栄濟さんはお気の毒にもようやく釜山市街に着いた途端、大学と御宅のある晋州への最終バス乗り場に向かわざるをえなくなりました。僕は前夜の深酒と、一日十時間近くの車の強行軍で疲れ果て、体調をくずしていましたが、お茶をいただき、お粥をひとすすりしたのち、請われてこの二日間の旅の「成果」を二〇分ほど話すことになりました。それというのも、僕と北條君は、それにおそらく僕らに触発されて申さんも河さんも、前方後円形の墳墓の見学に二日間を費やしてきました。以下その席での話を少々脚色して述べてみます。

1　馬塚古墳

申さんのオンボロ愛車現代号が釜山市街を出発したのが四日午前一一時、時に時速一二〇キロで木浦行き高速道をとばし、途中で地方道に入ってしばらく経った午後五時、目指す全羅南道海南郡龍頭里の馬塚の遠影が目に入りました。車を降り、畦道を通って近づくほどに前方後円形の墳丘が見えてきます。

低い丘の上にあり、ほとんど盛土と見られます。周りが畑で、ぐるりの墳裾が少しずつ削られているほか、「前方部」東側面が大きく削りとられ急斜面をなしています。葺石のようなものはありませんが、削られて赤土を見せる裾部から斜面にかけての盛土内に、人頭大ないしひとかかえほどの角礫があちこちで観察されました。採集された三片の陶質土器は、申さんによると五世紀頃のものだそうです。墳長約四〇メートルくらいで、岡山でいうと都月坂1号墳ほどの規模の印象です。現状では括れ部はそれほどシャープでなく、周堀らしい痕跡も見られません。

2 長鼓山古墳

次に山道をかなり走って夕方七時に近い頃、同じ海南郡北日面方山里の長鼓山に着きました。案内板や説明板には、「長鼓峯古墳」とあります。大変大きく高く堂々としたものですが、説明板には前方後円などとは書いていません。やはり丘の尾根の部分にあり、全体を盛って造った感じです。「円型墳丘」は径四四メートル、高さ九・七メートル、「方型墳丘」は辺（長）三八メートル、高さ八メートルとあります。公刊された姜仁求さんの実測図（それによると墳長約七七ないし七八メートルの前方後円墳）を思い浮かべながら歩いているうちに、幾つかの点に気付きました。まず段が見られないことです。これだけの墳丘なら、日本では二段または三段であるのが普通です。段がないためか、墳丘の傾斜がかなりきつくなっている印象です。よく知られている慶州古墳公園の双円墳や円墳群のそれを想起させます。なお前方部頂には近年の土葬墳が二つほど見られました。

ついで「円型墳丘」と「方型墳丘」との境付近の状況が、前方後円墳に較べてやや異形であることに気付きました。一つはその部分の頂がやや広すぎるような感じです。もう一つは、「円型墳丘」頂から、低い「方型墳丘」への移り方が、とりつくしまなくストンと落ちている点です。これほど大きい前方後円墳なら後円部頂から前方部へ（あるいは前方部から後円部頂へ）移る、やや緩やかな隆起が付けられているのが普通です。周堀はないようですが、「方型墳丘」の前面下方に幅数メートルの帯状にやや低くなった個所が見られました。丘上の前方後円墳によく見られる切断溝と同じものでしょうか。

夕暗の中を小一時間走り、海南邑に宿を求めてこの日は終わりました。

3　舞妓山古墳

翌五日は、全羅南道の某博物館の某氏が前方後円形といい、姜仁求さんもそれを支持しているという、長鼓峯にほど近い造山に向かいました。しかし、それはどう見ても私には自然の小丘のように思われました。

ついで釜山方面に後戻りし、慶尚大学校副教授の趙さんを拾って、慶尚南道固城郡固城邑の松鶴洞1号墳、別名舞妓山という墳墓にたどりつきました。それは、小さな独立丘の頂上にあります。長鼓峯といい、これといい、その立地はまことに眺望のよいところです。この松鶴洞1号墳はもう何年も前に、当時嶺南大学校教授だった姜仁求さんが最初に「前方後円墳」だと指摘した墳墓であり、その後の日本の何人かがそうだ、そうでない、判らないと盛んに議論した古墳であります。長鼓峯ほどでないが、かなり大きい。しかしやはり段は見えませんし、埴輪も見えません。「方型墳丘」の先端は、姜さんの実測図どおり円くなっていますが、今まで実測図から受けていた感じと異なって、双円墳には見えません。「方型墳丘」の両側は、前方後円墳前方部の側面によく似て、真直ぐ伸びています。また「円型墳丘」と「方型墳丘」とをつなぐ隆起も見られました。括れ部は一番しっかりしているように見うけられました。もし、仮にこれがもと双円墳だったとしたら、どうして側方を直線的に造ったのでしょうか、あるいはまたどうして後世側方を直線に変造してしまったのでしょうか。それよりも「方型墳丘」の前面を後世円く変造させてしまったと考えるほうがはるかに可能性が高いだろうと、北條君と話し合いました。

4　韓の前方後円形古墳

以上で観察の話を終わりました。韓国の考古学者が前方後円形の墳墓についてどれだけの関心をもっているかよく判りませんが、申さんも若手の河さんも、僕達と同様、初めて見たのです。宴を主催して下さった金さんも林さんもどうやら見ていないらしい。そこで最後の問題となりました。

あれらの古墳は前方後円墳か。僕は前から、前方後円墳とは墳形が前方後円形であるだけでなく、内部構造・副葬品という要素を合わせた統一物に与えられる概念であるという考えをもっています。時期によって諸要素は変化し、その組合せの姿・内容が異なってくることはいうまでもなく、例えば、古い型式の前方後円墳は、撥形前方部、葺石、長い割竹形木棺とそれを覆う竪穴式石槨、三角縁神獣鏡・武器類・生産用具類といった副葬品、これらの全部または一部の組合せで成っています。そんなことを話しながら、一九八八年六月に初めて訪韓した折、釜山大学校関係の方々が設けて下さった宴の席でしたか、あるいはその後のコーヒー店での団らんの折でしたか、釜山大学校副教授の鄭澄元さんが、韓国には前方後円墳といえるようなものはない、なにしろまだ一度も発掘されたことがないのだから、という趣旨の話をされ、同席の若い人達も一様にうなずいていたことを想い出しました。外形が似ているから直ちに前方後円墳といえないという鄭さんの考えは、おそらく正しいだろうと思います。それは、たとえ日本の前方後円墳の墳形が影響してそうなったとしても――僕はその可能性はきわめて高いと思います――内部構造や副葬品がまるっきり異なれば、前方後円墳とはとうていいえない、と鄭さんはいいたかったに違いありません。ぼくもこのたびの観察を経て、まったく同感の思いでした。

したがって、朝鮮南部に前方後円墳があるかどうかの問題は、韓国の考古学者にとって発掘をかけた今後の課題であろうと思いました。

同行して下さった申・河・趙・北條の皆さん、および馬塚実測図の文献を教示された亀田修一さんに感謝します。

〔参考文献〕

徐聲勳「栄山江流域甕棺墓の一考察」『三佛・金元龍教授停年退任祈念論叢――考古学篇』同刊行委員会、一九八七年。
長鼓山・松鶴洞1号については、姜仁求『韓國の前方後円墳　舞妓山と長鼓山測量調査報告』韓國精神文化研究院、一九八七年。

小文は、同じ題で『文化評論』三五三号（新日本出版社、一九九〇年）に掲載されたものを少しばかり補訂いたしました。

〈追　記〉　馬塚古墳の名称は、同行の申敬澈さんによりました。ほかに姜仁求さんはマルムドム古墳と、林永珍さんは龍頭里古墳と呼んでおります。本章三節の参考文献の(3)と(7)に拠りました。

二　隆起斜道

1　長鼓山古墳と舞妓山古墳

僕は最近、前方後円墳の重要な属性として、「隆起斜道」、ややこしくいうと後円部前面隆起斜道なるものを指摘しました。それは前方部から後円部へ達するために付設された土盛りの斜道で、従来から知られていましたが、属性とされるほど重要なものとは考えられていませんでした。僕がそれを重大なものかもしれないと意識したのは、実は韓国全羅南道の海南郡方山里で海南長鼓山（峯）古墳を見学をした折で、一九九〇年四月四日のことです。一行は申敬澈・河仁秀・北條芳隆の皆さんと僕の四人でした。説明板によると、「円型墳丘」「方型墳丘」とあり、見た目にも堂々たる前方後円形の古墳ですが、前方後円墳などとは書かれていません。測量された姜仁求さんによると墳長は約七七ないし七八メートルあります。

前の一節を繰り返すことになりますが、前方部左隅角の辺りからかなり急斜面を登り前方部頂上に着き、さて後円部頂に行こうとして僕達は、立ち止まってしまいました。そのままでは、まことに登りにくい。後円部頂へはほとんど取り付く島もありません。僕は「あれ、あれ」と思いましたが、まもなくそこに「緩やかな隆起」部分がないことに気がつきました。もしかすると、これは韓の前方後円形古墳の特徴の一つかもしれない、とする考えが一瞬ひらめきました。しかし、釜山への帰途立ち寄った慶尚南道の松鶴洞1号墳、またの名は舞妓山古墳で、前方部から後円部への「緩やかな隆起」を見ましたので、「やはり」と思いましたが、その後日本に戻ってからも、折に触れ、この「緩やかな隆起」つまり後円部墳頂に達する「道」に格別な注意を払うようになりました。

2　隆起斜道の話

一九九六年に撥形前方部誕生の説明として、前方部の頂に登るためには勾配が一番緩い隅角（当時は接線などと呼んでいました）からが最適で、それを撥形にすればさらに緩勾配となることを述べましたが（本書第三章）、そのついでに、この「緩やかな隆起」――その折は「突出状隆起」「突出状斜面」などと呼び、最近では、冒頭に記したように「隆起斜道」と呼んでいます――を後円部頂への移動を容易にする工夫と捉え、古い前方後円墳だけでなく後の前方後円墳にも見られると述べました。その眼でよくよく見ますと、この「隆起斜道」は、なるほど東北南部から南九州に至る各地の前方後円墳（もちろん前方後方墳にも）の多くに認められるし、大前方後円墳にも小前方後円墳にも、成立時の前方後円墳にも終末期の前方後円墳にも見られることが判りました。今日それが認められない前方後円墳はたいていの場合、後世変形されたか測量の都合などのためと考えています。なお、大形・中形の前方後円墳では「隆起斜道」は途中から勾配が急になることが多くありますが、そこにはかつて堅田直さんが考えられたように、墓壙に達する掘割の墓道が作られているに違いないと考えています。

3　隆起斜道と撥形前方部

さて、それでは海南長鼓山古墳で僕が早とちりした韓の前方後円形古墳ではどうでしょうか。韓の前方後円形古墳のうち僕の手もとに図面があるのは一〇基ほどですが、前方部と後円部の境が後世壊されていることが明らかな明花洞古墳（全羅南道光州市光山区）と月桂洞2号墳（同光山区）、それに初めに記した長鼓山古墳の三基を除きますと、すべて「隆起斜道」を備えているかのようであります。「ようであります」というのは、僕がすべてについて自身できちんと検討したわけでないからです。しかしその中には、後円部に竪穴式石槨をもつもの、横穴式石室が築かれたものがありますから、倭の場合と同様、ある一時期の現象ではないことはほぼ確かといえるでしょう。また一方それだけをもって、韓の前方後円形古墳の故地を直ちに倭と決めるわけにはいかないことも確かなことでしょう。

なお「隆起斜道」と合わせ論じた「撥形」前方部に関しては、実測図によるかぎりでは、月桂洞1号墳と咸平長鼓山古墳（全羅南道咸平郡孫仏面竹岩里）がまず確かな例として挙げられますが、おそらく松鶴洞1号墳も復原すればそうなるであろうと思われます。

〔参考文献〕

堅田直「前期古墳の造り方」『古墳』（『グラフティ・日本謎事典』二）光文社、一九九三年。
近藤義郎「前方部の誕生」『みずほ』一九号、大和弥生文化の会、一九九六年（本書第三章に補訂再録）。

小文は、「東アジアの歴史と文化」懇話会の会誌『ASIAN LETTER』六号に掲載されたものを「ます」調に改めての再録です。

三　倭韓の比較

1　韓の前方後円形古墳の各部勾配の計測

二節で、韓の前方後円形古墳の中に隆起斜道をもつものが少なからずあることを指摘しましたが、その後倭の前方後円墳について各部の勾配の計測を行なってから、韓の前方後円形古墳についても墳丘各斜面の計測を行ないました。韓の前方後円形古墳は数も少なく、また破壊され変形したものが目立ち、計測できた数は七基にとどまりました。しかも所期の箇所すべての計測ができた例は、さらに少なくなりました。それでも倭の前方後円墳と対比できるかもしれないと思い、ここに報告したいと筆をとった次第です（図46・表1）。用語が不慣れな方もおられると思いますので、参考文献の(9)にそれに関する小著を示しました。また表には略号を使っておりますので、表下の凡例をご覧下さい。

〈韓の前方後円形古墳所在地一覧〉

1　舞妓山古墳（松鶴洞1号墳）　慶尚南道固城郡固城邑松鶴洞
2　海南長鼓山古墳　全羅南道海南郡北日面方山里
3　馬塚古墳　〃　海南郡三山面龍頭里
4　チャラボン古墳　〃　霊岩郡始終面泰澗里

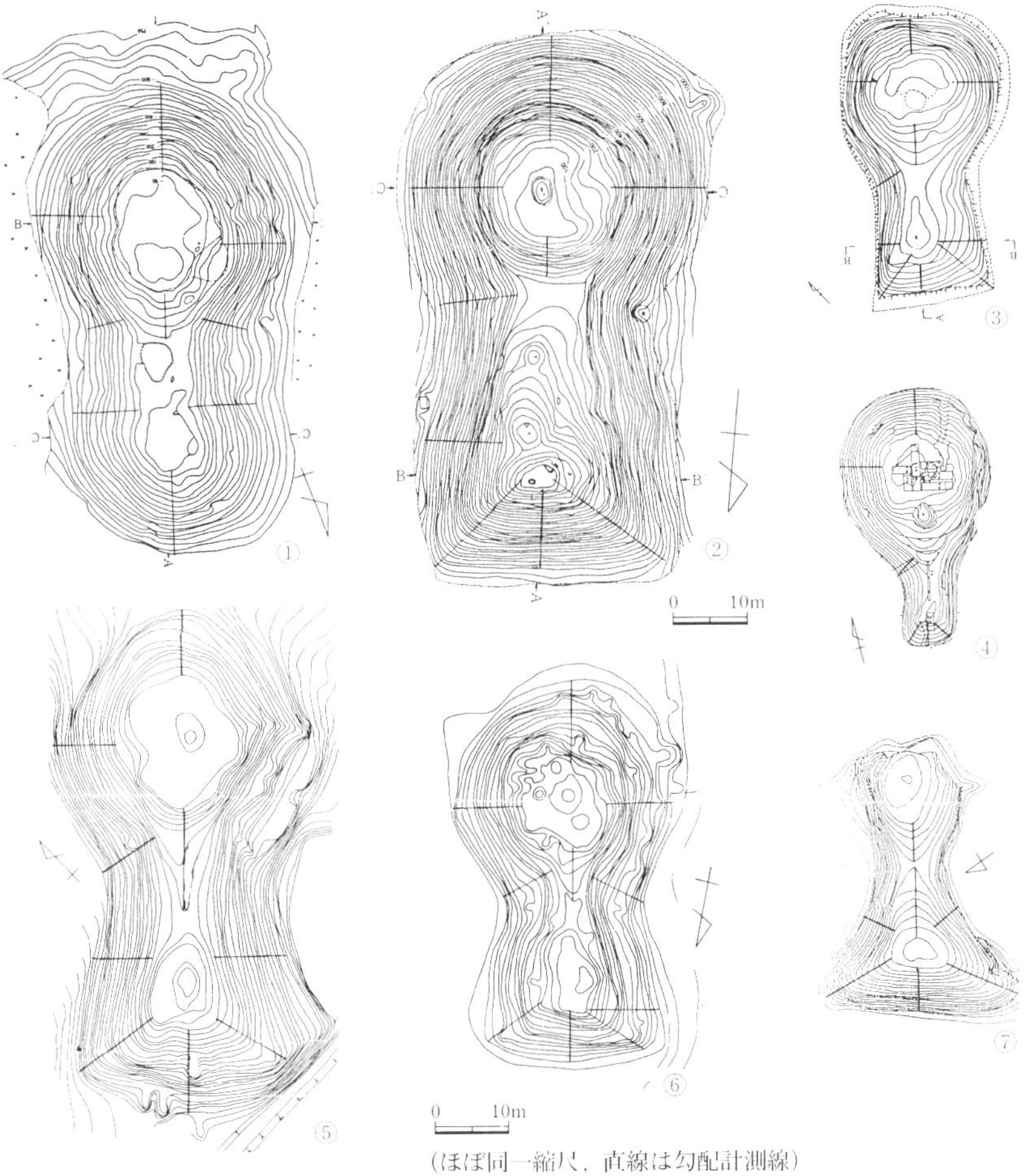

（ほぼ同一縮尺，直線は勾配計測線）

図46　韓国前方後円形古墳と墳丘勾配計測箇所図
①舞妓山古墳　②海南長鼓山古墳　③馬塚古墳　④チャラボン古墳
⑤咸平長鼓山古墳　⑥新徳古墳　⑦月桂洞１号墳

表1　韓の前方後円形古墳の各部の勾配（数字は勾配＝傾斜度，すべて約）

墳名	墳長m	後左	後右	後後	括左	括右	前左	前右	前面	左隅	右隅	隆斜
舞妓山	66m	24.5	26	29.5	22	27	18	20	22	——	——	11
海南長鼓山	77m	32	33	30	26.5	——	30.5	——	34.5	25	22	(25)
馬塚	40.5m	34.5	26.5	37	27	——	34	17.5	21	19	17	10
チャラボン	35.6m	30	——	32	31	——	——	——	28	21.5	22.5	17
月桂洞1	36.6m	——	——	——	——	——	35	32	37	23	22	前* (9)
新徳	51m	23	25	——	20	20	——	21	25.5	18	18.5	6
咸平長鼓山	70m	26	——	22	26.5	——	28	24	24	24	14(上方)	**

凡例と注　後＝後円部　左＝左側　右＝右側　後後＝後円部後背　括＝括れ部　前＝前方部側面
前面＝前方部前面　隅＝隅角　隆斜＝隆起斜道　前*＝前方部隆起斜道
**＝隆起斜道全体の勾配約7.5度，推定掘割墓道箇所の勾配約22度，——＝計測せず，
海南長鼓山の隆起斜道相当箇所25度は現状，なお墳長mは参考文献から。

5　月桂洞1号墳　全羅南道光州市光山区月桂洞
6　新徳古墳　〃　咸平郡月也面礼徳里
7　咸平長鼓山古墳　〃　咸平郡孫仏面竹岩里

2　倭の前方後円墳の勾配計測

対比するため倭のほぼ同規模の前方後円墳の勾配計測を表2に挙げてみます。日本には韓国に較べ、絶対数で非常に多数の前方後円墳があるため、勾配計測にあたり省略部分を多くしたため、表が虫食い状となっています。詳しくは参考文献の(9)を参照下さい。

3　比　較

まず後円部の勾配ですが、倭の例ではほとんど二五度ないしそれ以上です。韓の例も二五度以上が大部分ですが、咸平長鼓山古墳の後円部後背と新徳古墳の後円部左側が緩くなっているのは、封土の崩れがあったからとみられます。二五度ないしそれ以上の勾配は、登り至難の傾斜で、とくに障害者や老人、重いものをもった人には大層困難と思われます。別なところでも述べたことがありますが、当時の古墳表面には草も樹木も生えていなかったと考えられますので、つかまる所はありません。

表２　倭の前方後円形古墳の各部の勾配（数字は勾配＝傾斜度，すべて約）

墳名（県）	墳長m	後左	後右	後後	括左	括右	前面	左隅角	右隅角
堂ケ作山（福島県）	84m	26	29	29	24	——	——	22	27
六呂瀬山１（福井県）	140m	25	25以上	25以上	——	——	26	22	30
弁天山Ｂ１（大阪府）	100m	——	——	25	24.5	——	——	14.5	20.5
赤峪（岡山県）	45m	——	——	24	——	21.5	——	27	19.5
大西妙見山（愛媛県）	56m	25	——	——	——	——	——	23	14
新田原59号（宮崎県）	68m	——	——	29	——	——	——	21	15

凡例は表１を参照。

括れ部の勾配は、現状で倭・韓とも二〇度以上です。倭の赤峪《あかさこ》古墳の右側括れ部の上方は封土の若干の流れが見られ、もとは二三〜二四度あったと推定されます。韓の新徳古墳でも封土の部分的流失が見られ、もとは今よりもやや傾斜が強かったと思われます。

前方部左右の側面は、舞妓山古墳の左側と馬塚古墳の右側が緩い傾斜を示すほかは、すべて二〇度以上で、中には三〇度を越える例もあります。前方部前面は、舞妓山古墳と馬塚古墳の約二二度と約二一度を最緩とし、韓・倭ともすべてそれ以上で、二四〜二五度ないし三〇度を越えるものが過半を占めております。しかし月桂洞1号墳の前面は明らかに削られていますので、もとは二〇度台だと思います。

隅角は勾配一〇度台がもっとも多くなりますし、左右のどちらかが約二二度以下の「登り隅角」である点、倭・韓同様です。倭では堂ケ作山古墳と六呂瀬山1号墳、韓では海南長鼓山古墳と月桂洞1号墳です。うち月桂洞1号墳は前方部の先端部分が削られているためと思われます。一〇度台の緩い勾配は韓で三例、倭で四例で、隅角の緩いほうの勾配が、墳丘その他の斜面の勾配よりもかなり緩いことが判明します。同様に勾配の緩い箇所は隆起斜道です。倭の例は示しておりませんが、韓では海南長鼓山古墳を除いてすべて一〇度台ないしそれ以下です。海南長鼓山古墳の約二五度と咸平長鼓山古墳の上方の約二二度（凡例＊＊）は、二節の2ではやや曖昧でしたが、隆起斜道上方の掘割墓道の埋め土の勾配である

う と思われます。

つまり韓の前方後円形古墳は、後円部頂に埋葬するに際し、葬列は登り隅角から前方部頂に達し、前方部頂を後円部方向に下り、緩やかな隆起斜道を経て、場合によっては途中から掘削された墓道を通って墓壙に至ったと思われ、その点からも、倭の前方後円墳との関係は緊密であったに違いありません。

（二〇〇〇年六月一三日記）

〔参考文献〕

（1）姜仁求『三国時代墳丘墓研究』嶺南大学校出版部、一九八四年。
（2）同『舞妓山と長鼓山古墳測量調査報告』韓国精神文化研究院、一九八七年。
（3）同「海南マルムドム古墳調査概要」『三佛・金元龍教授停年退任記念論叢Ⅰ』一志社、一九八七年。
（4）同「前方後円墳起源と関連の一検討――楯築墳丘墓を中心に――」『古代韓日文化交流研究』韓国精神文化研究院、一九九〇年。
（5）同『チャラボン古墳』韓国精神文化研究院、一九九二年。
（6）成洛俊「全南地方長鼓形古墳の築造企画について」『歴史学研究』一二、一九九三年。
（7）林永珍「光州月桂洞の長鼓墳二基」『韓国考古学報』三一輯、一九九四年（橋本博文さんの訳文あり。『古文化談叢』三四、一九九五年）。
（以上はハングル文）
（8）岡内三眞編『韓国の前方後円形墳』雄山閣、一九九六年。
（9）近藤義郎『前方後円墳観察への招待』青木書店、二〇〇〇年（隅角・隆起斜道・掘割墓道などの解説あり）。

小文は、二節に引き続き、『ASIAN LETTER』七号に掲載されたものの再録です。会編集部の佐々木幹雄さん・太田博之さんに感謝申し上げます。

第三部　前方後円墳とは何か

第一二章　前方後円墳とは何か

このたび九州前方後円墳研究会にお招きいただき、前方後円墳について会員の皆様に日頃の考えをお話できることを心から喜びといたします。古墳の最大の特徴を典型的かつ代表的に表している前方後円墳について取り上げ、皆さんのご意見をお聞かせいただこうと思って参りました。

さて前方後円墳は、単に墳丘が前方後円形をしているだけでなく、ご存知のように祭祀用の土器、埴輪樹《た》て物《もの》、封土固めの葺石、棺槨あるいは棺室などの埋葬施設、副葬品などの諸要素の総体からなっております。しかし、その諸要素のうち、前方後円墳をまさに前方後円墳たらしめている最大の要素は墳丘の形であります。外表施設・埋葬施設・副葬品は、種類や程度の違いはあっても円墳・方墳にも見られ、また種族・文化・地域による違いはあっても倭＝日本以外にもかなり普遍的に見られます。前方後円墳、いうまでもなく前方後方墳も含みますが、それに見られる倭的＝日本的な特質は、やはりその墳丘の形にもっともよくうかがうことができるのではないかと考えます。ですからここでは、演題にやや羊頭狗肉の感がありますが、前方後円形の墳丘の誕生・特質・変化・衰亡について皆さんとともに検討してみたいと思います。

一　前方後円墳とは何か

1　後円部から登ってよいか

前方後円墳という奇妙な墳形をもつ墳墓の中で、もっとも大切な、つまり中心となる場所は、いうまでもなく後円部であります。中心となる埋葬が、そこになされているからであります。この点は、どなたもお疑いのないことと思います。しかし東国などでは、後円部に埋葬の痕跡が見られず、括《くび》れ部《ぶ》や前方部に埋葬があったりする前方後円墳の例が、栃木県の小森哲也さんによりますと、例えば栃木県石橋町石橋横塚《よこつか》古墳（前方部）、同壬生町上原《かみはら》1号墳（前方部）、千葉県芝山町山田宝馬《やまだほうま》65号墳（右括れ前方部寄り）など主に関東地方で報告されております。それらはある時期ある地域の性質なり個性なりとして、別途に研究の対象になるとしても、前方後円墳成立の初期には、そしてその後も、後円部に中心埋葬を納めるという大勢は原則として動いておりません。

さてその後円部は、頂上は狭いけれど平坦をなしていて、その下方の土中に主人公の埋葬を行なうのに都合のよい形に造られております。一般に平面形は円く、裾から頂までは高く造られています。頂までの丈を高くすれば、斜面の勾配が強くなります。前方後円墳の後円部の斜面は、後世壊されていないかぎり、ほとんどにおいて強い傾斜をもっています。その後円部は、古い時分から通常三段三斜面に築造されています。下・中・上の斜面ごとに多少傾斜が違う例も少なくありませんが、大づかみに申してどれも強い傾斜をもつのが普通です。畿内や吉備の大形前方後円墳の後円部の勾配を、図面の上で計測したことがありますが（表1参照）、ほとんどが二二～二三度以上で、平均的には二五～二六度、とくに強い例では三〇度前後もあります。

表1　畿内・吉備の前方後円墳の勾配計測

墳　名	時期	勾配（角度，数字四捨五入）			
		隅　角	前方部前面	括れ部	後円部
箸中山	1	左全　17.5	下　18	左全　23	左下1　30
		右全　17	上　26		2　27
					中3　30
					上4　26
					5　19
西殿塚	1	左下　17	—	左下　11	左下　32
		中　20		上　25	中　33
		上　17			上　27
		右中　14			
		上　15			
中山大塚	1	右全　23.5	—	左全　35.5	左下　35
					上　34
					右下　37
					上　36
渋谷向山	3	右下　19	下　35	右　—	左下　28
		中　20	中　32	中　31	中　28
		上　18	上　28	上　31	上　26
		左下　23			
		中　20			
		上　22			
佐紀陵山	3	左下　12	下　13	左下　18	後下　21
		上　20	上　22	上　20	上　23
		右下　12		右下　23	左上　21
		上　19		上　24	
仲津山	5	右下　14	下　22	左中　20	左下　22
		中　12	中　25	上　22	中　26
		上　14	上　22	右中　20	上　24
				上　22	
石津ヶ丘	5	左下　17	下　20	右下　—	左中　20
		中　14	中　19		上　24
		上　13	上　20	中　17.2	右中　17
		全　14		上　20.5	上　24
		右下　18			後中　22
		中　16			上　24
		上　16			
		全　14.5			

大山	7	左中 14 右中 13 上 12.5	下 — 中 19.5 上 17.5	右下 — 中 20 上 20	左(北)中 27 上(下方)27 右(南東)中21 中(下方)28
土師ニサンザイ	7	左中 12 上 14 右中 16 上 15	中 26 上 21	左中 21 上 28 右中 25 上 25	右中 30 上 28
ウワナリ塚	9	左下 31 上 21 右下 22 上 22	下 38 上 28	左上 30	左上 29
市尾墓山	9	左下 25.5 上 23 右下 24 上 22 (隅角についてはすべて推定復原)	下 38 上 29	左上 23 右上 21	後下 27 上 27
平田梅山	10	左下 11 上 17 左全 13 右下 13 上 18 右全 14	下 19 上 27	左下 10 上 23 右下 18 上 26	左下 20 上 27
造山	5	左下 19 中 18 上 16	上 25 — —	左下 24 中 19 上 34	左 — 中 25 上 28
作山	6	左下 — 中 11 上 15 右中 17 上 17	下 — 中 20 上 20	左下 — 中 — 上 20	後下 21 中 25 上 23
両宮山	7	左下 12 中 17	—	左全 23	左全 26 右全 28

凡例　時期＝10期区分　左＝後円部に向かって左　右＝後円部に向かって右
全＝全斜面　下＝下段斜面　中＝中段斜面　上＝上段斜面　後＝後円部後方
—＝計測なしまたは不能など
時期を示す数字は『前方後円墳集成』による。

ここにお集まりの皆さんも含めて、たいていの方は後円部から直《じか》に頂上へ登ったことがあると思います。長い間、僕もそうしていましたが、近頃になって「どうやら違うぞ」と思うようになってまいりました。墳長二〇～三〇メートル、後円部径一〇ないし一五メートルほどの小形前方後円墳ならどこから登ってもかなり容易に頂上に着けますが、それは距離が短いからでもあります。後円部径五〇～六〇メートルとなると、それほど容易には登れません。「いや、お茶の子さいさいで登れる」という元気な若者もいるかもしれません。しかし、三角縁神獣鏡を持たせて、「落としたり壊したりしないように登れ」などといわれますと、ひどく緊張するかもしれませんね。なにしろ造られた当時の古墳には、草木は生えていませんし、葺石などという歩きにくい石もしばしば葺かれています。「鏡くらい何んだ」という九州男児もいるかもしれませんが、それなら「棺を担いで登れ」といわれたらどうでしょうか。百歩譲って、何人かで急な後円部斜面を担ぎ上げたとしても、棺の中はそうとう酷いことになってしまうと思われます。それにしても、参列の爺さん婆さんはどうしたらよいでしょうか。障害者はどうしたらよいでしょうか。

後円部斜面を登るにはこういう困難があります。それでは括れ部から登ったらよいではないか、という意見を出される方もいます。また前方部の側面や前面から登ったらどうだろう、とお考えの方もいらっしゃるかもしれません。そこで、括れ部や前方部前面の勾配も測ってみました。するとどうでしょう、後円部に優るとも劣らぬ傾斜をもっているではありませんか。中には部分的に少々傾斜の弱い括れ部や前方部前面の斜面もあるにはありますが、少し登ると上方斜面が急になったり、下方斜面がたいそう急であったりします。こうなると、前方後円墳はどこからも登れないように造られたということになってしまいます。もちろんそんなことはありません。一つだけ頂に達する道があります。それは、石部・田中・宮川・堀田の大阪グループの方々が隅角《すみかど》と呼ばれた、前方部の左右どちらかの角の部分です。そこは、頂上部を除いた前方後円墳各斜面のうち、もっとも緩やかな勾配であります。ほとんどの前方後円墳では、左右どちらかの隅角の勾配が二〇度以下で、一五度前後が多いようです。中には稀に、福島県会津若松市堂ケ作山《とうがさくやま》古墳や福井県丸岡町六呂瀬山《ろくろせやま》1号墳のように、緩いほうで約二二度という隅角もあります。その場合強いほうの隅角は、堂ケ作山古墳で約二七度、六呂瀬山1号墳で約三〇度前後あります。また一〇度前後というごく緩やかな隅角も、熊本県山鹿市ひょうたんびら（銭亀塚）古墳や千葉県芝山町小池大塚古墳などに見られます。つまり斜面全体の中では隅角のどちらか一方が、その勾配の程度はさまざまではあっても、もっとも緩い傾斜部分として前方後円墳への立ち入り、つまり登り降りに使われたのではないかと考えられます。

それぞれにご経験がおありかと思いますが、勾配一〇度というのは水平距離一〇メートルで高さ約一・七メートルの斜面＝二〇メートルで高さ約三・四メートルの斜面、勾配二〇度は水平距離一〇メートルで高さ約三・七メートル＝二〇メートルで高さ約七・四メートル、勾配三〇度は水平距離一〇メートルで高さ約五・七メートル＝二〇メートルで高さ約一一・四メートルの斜面ということです。これをもってすれば、二五〜二六度以上という古墳斜面の勾配が、どれほどすさまじいことかがお判りいただけるかと思います。前方後円墳は、多少の緩急や古墳差はありますが、現状の限りではおよそ二三〜二四度から二五〜二六度の斜面勾配で取り巻かれています。これを僕は「禁忌」された墳丘、あるいは「禁忌」の状態の墳丘と表現したいと思います。まあ、「登ることは慎め」「登らぬように」という意味合いです。

径一〇メートル前後、高さ一メートル前後の俗に「座蒲団」とも呼ばれるごく低墳丘の小形円墳・小形方墳の類ではなお不明ですが、前方後円墳は、そして前方後方墳も、さらに大形・中形の円墳・方墳も、ほぼ同様な「禁忌」の状態にあったと申してよいと思います。だいぶ前の計測ですが、四七年前に発掘しました岡山県柵原《やなはら》町飯岡《ゆうか》の径約六〇メートルの円墳・月《つき》の輪《わ》古墳では、段上斜面は平均値で約二四度、段下斜面は平均値で二二・五度でした。当時若者だった僕は、段から斜距離約一六メートル、高さ約七メートルの頂上まで日に二〇〜三〇回登り降りをしましたが、そのたびに「やれやれ」という思いでした。

このように前方後円墳は、前方部隅角おそらくその一つを除き、「禁忌」の状態に築造されています。しかしそれなら、円墳は前方部をもたないからすべて「禁忌」されているのではないか、円墳のほうが「禁忌」は徹底しているのではないかという考えも出てまいります。ある意味では確かにその通りですが、前方部をもたずにどのように埋葬がなされたかの問題にかかわってまいりますので、後ほど少し触れたいと思います。そこで問題を前方部に移します。

2　前方部の起源と役割

前方部の説明あるいは解釈として、宮車の轅《ながえ》・茶臼の挽き手・銚子の口・瓢《ひさご》の前部・壺の口頸などの物の形からきたとする連想、天神・将軍・勅使・唐人・仙人などの偉人・巨人の墓とする想像、方墳円墳結合・主墳陪塚結合・丘尾切断・礼拝場・後円部引き立て・漢墓模倣・祭壇などの遺跡説明ないし解釈があります。前二者は明治期以前の古代的・中世的な擬物説や擬人説で、遺跡遺構に即した説明ではありません。驚いたことに壺起源説が最近になって主に道教の神仙思想との関連で復活しているようでありますが、そういうことを唱えられる方には、それなら、道教や神仙思想がもっとも理解され流行した中国の何処かで、壺形の前方後円墳を探してみる努力をなさったうえでのことでしょうか、とお尋ねしたいと思います。もっとも、その地では造られているのかもしれませんが、仮に造られたとしても、僕達のいう前方後円墳とはまるで違うものであろうと思います。

後者は明治期以来現れた古墳遺跡の考古学的解釈で、先人の解明への努力をよく示しています。中には祭壇説のように今日なお多少とも影響力をもっているものもあります。しかしそれらすべては、弥生墳丘墓の研究が進んだ一九六〇年代以前の説で、今日では学史研究の対象でしかないと思います。

今では前方部は、弥生時代後期の墳丘墓の突出部が整備され大形化したものと理解されています。弥生墳丘墓の突出部には、兵庫県加古川市西条《さいじょう》52号弥生墳丘墓のように一つのもの、岡山県倉敷市楯築《たてつき》弥生墳丘墓や兵庫県揖保川町養久《やく》山《やま》5号弥生墳丘墓のように二つあるもの、島根県安来市仲仙寺《ちゅうせんじ》9号四隅突出型墳丘墓や出雲市西谷《にしだに》3号四隅突出型墳丘墓のように四つあるものがあります。それらは主埋葬箇所に達するための「整えられた道」であり、どれも左右の側面が石列で画されています。中には前面が堀（大溝）と石列で画されている楯築弥生墳丘墓のような例もありますし、多くの四隅突出型弥生墳丘墓のように石列の外が浅い堀で画されている例もあります。

　この弥生墳丘墓の突出部は、前方後円墳の出現とともに一つの大形突出部つまり前方部に転じました。別な言葉で表現しますと、それが前方部として円形墳丘に取り付いて初めて前方後円墳が誕生した、ということです。弥生墳丘墓の突出部が前方部の祖形であることは、もはや確かなことであると思いますが、もちろん両者は同じものではありません。両者の違いについては、何回か述べたことがありますので、ここでは先を急ぐことにいたします。

　このように弥生時代後期の「整えられた道」である突出部が、前方部に転じたとする考えに立つならば、前方部もまた「道」であります。「大仰に整えられた道」であります。先に述べましたように、前方部の左右どちらかの隅角の勾配が、他のあらゆる斜面に較べて緩く作られているのは、まさにそのためです。築造の最中はともかく、墳丘の大略《おおよそ》の完成後における墳頂への登り降りは、特別な場合を除いて、原則として前方部の緩いほうの隅角からなされたに違いありません。

　後円部頂での墓壙の掘削と埋葬施設の構築、それに埋葬の儀式自体のため、人々は墳頂に登らなくてはなりませんが、それは緩いほうの隅角からまず前方部頂に出て、そこから後円部頂の方向に向かいます。しかし、先に述べたように、後円部斜面はそのままでは前方部方向でも傾斜が強いので、それを緩隅角の勾配と同じ程度かそれ以下の傾斜にするためには、一つの工夫が必要とされます。その工夫とは、前方部と後円部を結びつける「隆起斜道《りゅうきしゃどう》」です。この隆起斜道の設置によって初めて、後円部頂は前方部頂につながります。それによって、後円部頂はそこに到達する「道」をえるわけです。しかし隆起斜道だけでは、後円部頂にも、頂下に掘削された墓壙にも達するのが難しい場合があります。これは、帝塚山大学におられた堅田直さんがかつて著書『古墳』で示されましたように、隆起斜道が勾配を増す箇所から掘割墓道を設けることで解決されます。掘割墓道は墓壙底ないしその付近に達するはずです。

弥生墳丘墓の「整えられた道」としての突出部は、このように前方後円墳の前方部として後円部に達するための「巨大な道」に転化したわけです。しかしそれは、単に「道」として大形化したというだけではありません。二つの隅角の一つを緩隅角つまり登り隅角とし、他を登り困難な急隅角、あるいは形式上の登り禁止ないし登り制約の隅角とすることによって、登り降りを制限し、決まりを作っていったと考えられます。どの程度に制限されたかについての具体的な説明はできませんが、小・中・大の前方後円墳が示す各ランクの被葬者＝首長の勢力範囲の、数百、数千、数万のすべての人々からなる葬列が緩隅角を登って埋葬儀式への参加を許されたとはとうてい考えがたいことであります。おそらく親族、部族集団の有力層などを主として、友好的な他集団の首長などの参列もあったかもしれません。どのように選ばれたかはなお不明ですが、そうした選ばれた人々の参列・立会いに限られたのではないでしょうか。そうでなければ、墳頂への参道はもっと広く、登り降りの容易な箇所として造られたと思います。そういう意味で、それは一般住民疎外の道であり、民衆を隔絶した道であったろうと考えられます。

先に保留した円墳・方墳の場合はどうでしょうか。前方部も隆起斜道もありませんので、墳頂への埋葬にあたっては、墓壙に至る掘割墓道を掘削し、その排土をもって斜道を形成し、埋葬祭祀が終われば斜道の土を墓道に埋め戻すという方法がとられたと思われます。そのことにつきましては、造出付古墳の問題を含めて、先に小著『前方後円墳観察への招待』などで詳しく述べましたので、そちらのほうをご参照願います。

そのことは早くも、前方後円墳誕生に前後して、前方後方墳やおそらくは円墳・方墳・無墳丘埋葬の間の格差だけでなく、前方後円墳自体に、大・中・小の格差が生じていることと関連すると思われます。つまり前方後円墳の誕生に際して、倭の世界は弥生時代にはるかに増して格差に彩られ、そのことが墓の形や規模や内容に表れたのであります。

二　変化する前方後円墳の墳丘

僕達のような者が何かいたしますと、たいていは多少の落度が生じますが、前方後円墳の墳丘はほとんど完璧に近い造形であろうかと思います。墳によっては、後円部が凸凹していたり歪んでいたり、前方部が長かったり短かったり開いていたり、隅角の傾斜が緩かったり強かったりすることがあり、実際にはさまざまな形の差異をもっていることはもちろん確かであります。しかし後にも述べたいと思いますが、後円部斜面や前方部前面・側面・括れ部などの斜面の勾配の強さが示す禁忌の状態、一方の隅角を緩傾斜にすることによる葬列の登り降りの道の確保、他方の隅角の急強傾斜などによる登りの禁止ないし制約、三段三斜面（小形や時期が下る前方後円墳ではしばしば二段二斜面）による築成の安定的企図・築造、全斜面への葺石の配置による盛土の崩れ防止つまり禁忌の永続的な保持指向など、前方後円墳の基本的精神は、ほぼ完璧に近いバランスの上にあります。これは東北から九州までを通じてうかがえることであります。当時の人々の首長埋葬にかけた並々ならぬ思いと、全土的に同質な墳墓築造への強い願望とある種の規制を感じます。

こう考えますと、前方後円墳の墳丘は誕生のそもそもから完体をなし、以後ほとんど変わっていないのかということになりますが、実は構造と形態の基本的思想は変わらないままに、個々の要素においてはさまざまに変化しています。その変化は、基本的思想に沿っての整備、あるいは基本的思想の実現へのいっそうの願いと申してもよいかと思います。もちろん変化する要素もあれば変化しない要素もあります。これからまず、変化する幾つかの点について考えてみたいと思います。

1　後円部頂の土壇が小さく低くなって消える

箸中山古墳　宮山型特殊器台が採集されていることで最古型式前方後円墳とみられる奈良県桜井市箸中山《はしなかやま》古墳（墳長約二八〇メートル、『前方後円墳集成』によると1期、以下『前方後円墳集成』によるという表現は略）では、後円部頂（第四段テラス）に径約四四～四六メートルで高さ四メートル強の壮大な円形の土壇があります。この壇の内に埋葬が行なわれたと考える人もおられるかと思いますが、その規模からみて無理のない考えかもしれません。しかし僕は、第四段テラスを埋葬時の墳頂と考え、そこに墓壙が掘られ埋葬が行なわれ、その上に「墓印」あるいは「祭祀用土壇」として壮大な盛土がなされたと考えたいのです。どうやらそこに宮山型特殊器台が置かれていた気配で、最近の宮内庁書陵部の調査によっても、そこあるいはその付近で破片が採集されています。

次に、同じく宮山型特殊器台破片が採集されている奈良県天理市西殿塚《にしとのつか》古墳を見てみましょう。なお前方後円墳の頂とくに後円部頂の壇については、すでに今尾文昭さんが墳頂平坦面の整備と変遷を扱った一九九四年の論文の中で触れておられますが、僕と同様の趣旨の部分とそうでない部分とがあります。

西殿塚古墳　西殿塚古墳（墳長約二一九メートル、1期）の後円部にも、土壇が見られます。箸中山古墳の壇と違って方形で、しかも小さく低いものです。後円部頂の壇は、高さ一・一メートル弱、縦横約二三×約二六メートルほどです。しかしこの古墳では、前方部頂にも同じ形ながらやや小さい壇が造られています。高さは一・一メートル弱ないし約二メートルです。宮内庁の方は両者とも二メートル強とされていますが、僕は立ち入ることができないので、旧帝室林野局の実測図（複製）コピーから測りました。このことは前方部頂にも埋葬がなされていることを暗示しています。その埋葬の次第は、後円部埋葬が終わって後、それまであまり高くなかった前方部頂に、長辺約五五メートル、短辺約三〇メートル、中軸約四一メートル、高さ約三メートル強の台形の盛土を行ない、そこにも埋葬し、その上に「標識の」方形壇

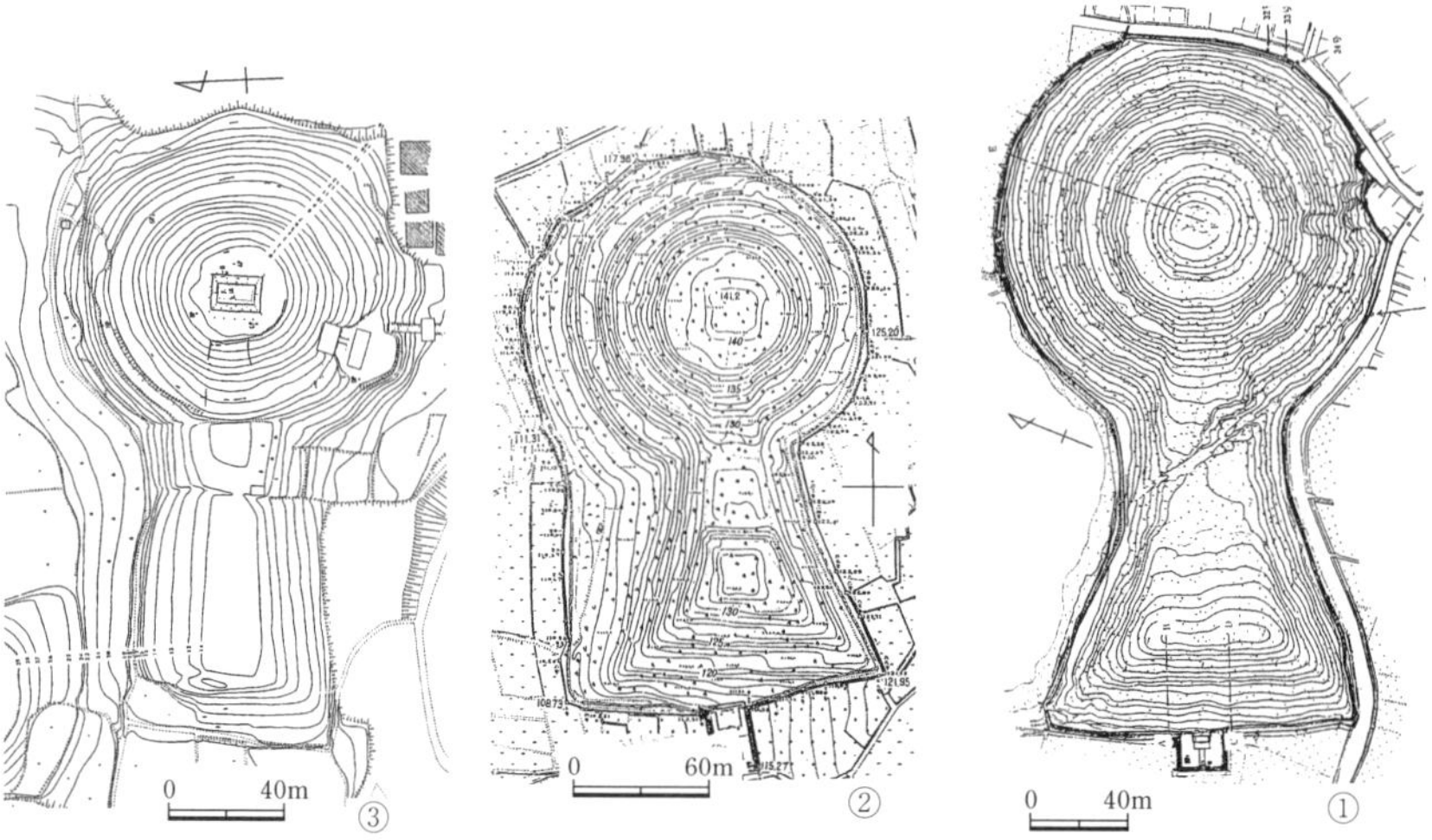

図47－1　前方後円墳の墳丘(1)　①箸中山古墳　②西殿塚古墳　③メスリ山古墳

を造ったと考えられます。実は西殿塚古墳でこのことに気付いてから、箸中山古墳の後円部頂の円形壇の役割を思いついたわけです。写真や図面など確たる根拠があるわけではありません。箸中山古墳の前方部頂は横長で芋虫のようになっていて、埋葬の有無などとうてい判りません。

桜井茶臼山古墳　桜井市にある桜井茶臼山古墳（墳長約二〇七メートル、2期）では、報告書によると、後円部頂に高さ二メートル弱と推定される一辺九・七五×一二・五メートルの貼石のある矩形壇が知られています。この壇の中でなくその下方に、長さ六・七メートルの竪穴式石槨が築かれています。有名な二重口縁の壺形土器は、壇の裾まわりに巡らされていました。

メスリ山古墳　同じく桜井市のメスリ山古墳（墳長推定二五〇メートル、3期）では、報告書の記述に意味のよく判らない箇所がありますが、それによりますと、竪穴式石槨「の上に厚く粘土を被覆し、上部にそれを囲った石垣で方格をつくり、礫を充塡し盛上げ、それを囲んで埴輪が立て並べられてい」たといいます。礫で盛り上げられたその箇所は長辺約一一・三メートル、短辺約四・八メートル、想定された高さは一メートルを下らない長方形の壇です。どうやら頂上の壇は、箸中山古墳の円形→西殿塚古墳の方形→桜井茶臼山古墳の矩形→メスリ山古墳の長方形と変化しているようです。

佐紀陵山古墳　奈良盆地南東部の他の大形前方後円墳の行燈山《あんどんやま》古墳と渋谷向山《しぶたにむかいやま》古墳では、低いものはあるのかもしれませんが、少なくとも図面上では壇状の高まりを確かめることはできません。ところが奈良盆地北部の佐紀盾列《さきたたなみ》古墳群の奈良市佐紀陵山《さきみささぎやま》古墳（墳長約二〇六メートル、3期ないし4期）では、どうやら方形の壇が造られていたようです。関係の資料を詳しく検討された梅原末治先生の復原と石田茂輔さんの考察によりますと、偏平な割石《わりいし》を小口積《こぐちづ》みにした高さ約七〇センチの石垣を矩形に巡らして内に粘土を詰めた壇で、その範囲は、「復旧工事実測図」（明治以後に旧宮内省諸陵寮が作成、実物は関東大震災で焼失）では東西一五・七五メートル、南北一六・五一メートルと想定されています。しかし、この「想定の根拠と思われるような遺構は図に表されていない」（石田）とのことです。

問題は石槨と壇との関係です。先の桜井茶臼山古墳やメスリ山古墳でも、竪穴式石槨への埋葬の後、その上に土壇を築き、その裾に壺なり埴輪なりを巡らしていますが、この佐紀陵山古墳では「石垣と埴輪の基底部と、石室の北側底石の下面は殆ど同一平面上にあ」りますので、墳頂表面を約四〇センチほど掘り込んで石槨を「構築して盛土をしたと云う異例の構造を持」（石田）っています。石田茂輔さんはこの点を根拠にして、この古墳が桜井茶臼山古墳などに先行するのではないかと考えます。その点につきましては、埴輪や副葬品などから直ちには賛同できませんが、西殿塚古墳や箸中山古墳の埋葬施設と壇の関係に問題を投げかけています。つまり、西殿塚古墳や箸中山古墳でも、埋葬施設の大部分少なくとも一部分は壇の下方に築かれても、その他の部分、例えば蓋石の部分が壇の中に顔を出しているのではないか、という問題です。それでも壇についての先の僕の意見は差し支えないのですが、両者とも残念ながら「陵墓」であるため、発掘もボーリングも直接観察も妨げられていて、ここ当分解決できそうにありません。佐紀陵山古墳は、壇を造り出すように石槨自体が盛土された稀有《けう》の例と見ておきましょう。

そこで佐紀陵山古墳の隆起斜道の勾配について、下方から墳頂の縁約一メートル下の線までの全体を測りますと、約一四度で、ずいぶん緩い傾斜です。上方の等高線四本間を測ってみましても約一六度で、これまたさほどの勾配ではありません。ですから「努力」すれば掘割墓道なしに、有名な「屋根形石」や蓋石を含め石材の搬入は充分に可能ですし、実際に「墓壙」の深さも上記の通りであるとすれば、約四〇センチにすぎません。

大形前方後円墳の場合、普通は隆起斜道のうち傾斜の強い上方箇所には、埋葬材の運搬や葬列のため掘割墓道が掘削されると考えられますが、時により場合によって佐紀陵山古墳のように隆起斜道全体を緩く設ける、また墳表に幾分かの凹みを造りそこに埋葬の石槨を築き、盛土で覆うという方法をとることもあったし、またすでに兵庫県揖保川町養久《やく》山《やま》1号墳など主に小形前方後円墳で例が知られているように、浅い墓壙を掘るか、または掘ることなしに地山を整え、あるいは堅固な土層をつき固め、その上に直接石槨を構築し、併行してあるいは後に封土で覆い整えることもあった、とみるべきでしょう。その場合でも前方部との間に隆起斜道を設け、墳頂への小形埋葬や墳頂での祭祀に便を供していたと思われます。

佐紀陵山古墳以後　とくに『前方後円墳集成』の10期区分の5期以降は、顕著な壇をもつ古墳は減少するかなくなるかしていきます。奈良県御所市室大墓《むろのおおばか》古墳（墳長約二三八メートル、5期）、大阪府美原町黒姫山古墳（墳長約一一六メートル、5期ないし6期）、岡山市金蔵山《かなくらやま》古墳（墳長約一六五メートル、4期）、円墳では岡山県柵原《やなはら》町月の輪古墳（径約六〇メートル、4期ないし5期）などでは、しばしば石列で区画されたごく低い壇が、埋葬箇所の「標識」の名残のように造られております。しかしこの頃には、墳長二〇〇メートルを越えるような、例えば岡山市造山《つくりやま》古墳（墳長約三六〇メートル、5期）や総社市作山《つくりやま》古墳（墳長約二八六メートル、6期）などの大古墳のほとんどからも、壇は姿を消しているようです。

2　後円部斜面とくに上斜面の長化と勾配の強化

箸中山古墳　最古型式とみられる箸中山古墳と西殿塚古墳の図を見ていきましょう。桜井市箸中山古墳の後円部を北からみると、五段五斜面に見えます。一番上の斜面と頂は、先に述べた土壇ですので、そう思う方は除いて、そう思わない方は入れて見て下さい。ここでは計測は、仮に五段五斜面として行なっています。一番下の斜面と段を第一斜面・第一段と呼びます。そこから始めて一メートル等高線の数をかぞえますと、五～六本、五～六本、七本、七本、五本で、斜距離は約六・二メートル、約九メートル、約一二・一メートル、約一四メートル、約一二・六メートルです。次に勾配です。これは測る位置で少々違ってまいりますので、およそのことになりますが、下からほぼ三〇度、二七度、三〇度、二六度、一九度となりました。斜面の斜距離も水平距離も、第三斜面と第四斜面がやや長いけれど、とくに長さが目立つほどではありません。しかしそれでも、第四斜面の斜距離の長さは第一・第二斜面の倍ほどもあります。勾配は第五斜面が他よりもかなり緩く、また第二・第四斜面もやや緩くなっています。段の幅は、第一段と第二段でほぼ三～四メートル、第三段で約五メートル程度、第四段で約七～八メートルです。これらの計測はすべて縮尺されたコピー図面の上ですので、細部までは保証しかねます。それにしても、第四段の幅は円形壇を囲み格別の広さです。

第一段と第一斜面は、後円部の後方から南東方向にかけてではほとんど見えません。ある程度は東方からの流土に埋もれているかもしれません。また、北側でも括れ部から先の前方部は第二斜面に吸収されています。こうなると、箸中山古墳を五段五斜面とも四段四斜面とも三段三斜面とも呼ぶことができます。しかし僕は、最上段を埋葬後の壇として除き、少し半端な四段四斜面と見ていこうと思います。

西殿塚古墳　次に天理市西殿塚古墳ですが、一番上の低い方形は先に触れましたように土壇と見られるので除きますと、後円部は三段三斜面となります。東の山側では、第一（下）斜面が少し埋もれているらしいところなど、箸中山古

表２　行燈山古墳の各所計測（斜距離はm，他は角度）

後北東	同斜距離	後北西	左括れ	右括れ	前左側	前前	左隅角	右隅角
下32.5	7m	下27	下28	ー	〔下44	下41	下37	ー〕
中33	10.9m	中32	上30.5	上32	〔中35	中45	中20	中24〕
上30.5	19.6m	上26	ー	ー	〔上44	上34	上24	上30〕
						（推定復原）		

凡例　下＝下斜面　後＝後円部　前＝前方部　前側＝前方部側面　前前＝前方部前面
〔　　〕は近世・近代の改変の結果と推定

表３　渋谷向山古墳の各所計測（斜距離はm，他は角度）

後北	同斜距離	左括れ	右括れ	前左側	前前	左隅角	右隅角
下28	11m	ー	下31	下ー	下35	下23	下19
中28	8.6 m	ー	上31	中25.5	中32	中20	中20
上26	27m			上22.5	上28	上22	上18

凡例　下＝下斜面　後＝後円部　前＝前方部　前側＝前方部側面　前前＝前方部前面

墳とちょっと似ています。後円部西側を下斜面から測ります。一メートル等高線の数は五〜六本、六〜七本、九本、斜距離は約九・八メートル、約一二・九メートル、約一八メートルです。東側では中斜面で四〜五本、上斜面で七〜八本、斜距離は約五・八メートル、約一三・二メートルです。箸中山古墳と較べると、上斜面の長さの割合がやや大きくなって、西側では下斜面の、東斜面では中斜面の約二倍です。勾配は西側でおよそ三二度、三三度、二三度となりますが、上斜面が箸中山古墳の第四斜面と同様緩い勾配を示しています。段の幅は箸中山古墳より少し広めに造られたようで、下段も中段もおよそ六〜六・八メートルありますが、上段は広い部分で幅一一メートルを越え、箸中山古墳と同様な趣です。全体として箸中山古墳との差は、個別差であるとともに順序差であろうかと思います。

行燈山古墳　箸中山古墳と西殿塚古墳の間にある天理市行燈山《あんどんやま》古墳（墳長約二四二メートル、３期）では、後円部北東側で測りますが、下斜面の等高線の数は五本、中斜面は七本、上斜面は一一本、斜距離は下斜面で約七・五メートル、中斜面で一〇・九メートル、上斜面で一九・六メートル、勾配は下斜

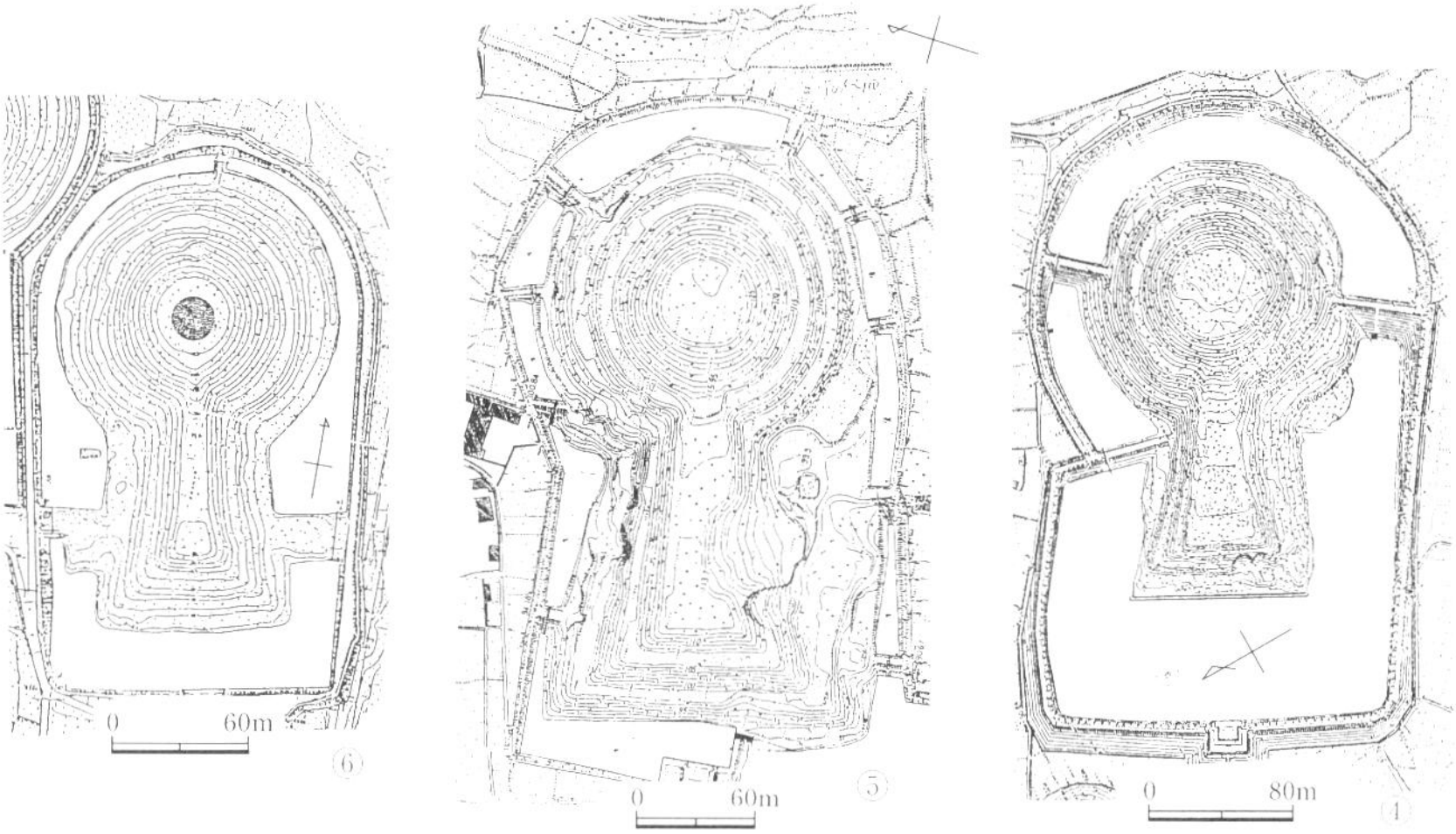

図47－2　前方後円墳の墳丘(2)　④行燈山古墳　⑤渋谷向山古墳　⑥佐紀陵山古墳

面で三二・五度、中斜面で三三度、上斜面で三〇・五度で、上斜面が二・五倍ほど長く、勾配も相対的には強くなります。この前方後円墳は、このたび初めて各所の勾配を計測しましたが、多くが三〇度を越えるような急な作りとなっていて、おそらくその全体的な急傾斜に引きずられる形で、前方部隅角もこれまで計測した大形前方後円墳としては勾配の強いものであり、多少とも崩れ損じている天理市中山大塚古墳の右隅角の二三・五度が辛うじて匹敵します。しかし、隅角を含め前方部の前半部の各斜面は、他の箇所に較べいかにも整然とし、後世とくに近世・近代の改変を示すものと思われますので、ここでは比較しませんし、一般にも使用しないほうがよいと思います。

渋谷向山古墳　行燈山古墳と西殿塚古墳との間にある天理市渋谷《しぶたに》向山《むかいやま》古墳（墳長約三〇〇メートル、3期）は、前期古墳としては最大の前方後円墳ですが、後円部北側で測りますと、下斜面は一メートル等高線六本で斜距離約一一メートル、中斜面は五本で斜距離約八・六メートル、上斜面は一三本で斜距離約二七メートル、上斜面が著しく長くなり、下・中の斜面の二倍半ないし三倍ほどに達します。勾配は下斜面・中斜面でともに約二八度、上斜面で約二六度で、上斜面が相対的には次第にきつくなる気配です。それに対して前方部前面では、等高線は下斜面と中斜面ともに八本、上斜面七本で、ほぼ同じと申してよいでしょう。しかしその勾配は下斜面三五度、中斜面三二度、上斜面二八度です。この前方後円墳も、隅角と前方部左側面の前寄り以外は、至難の勾配をもっております。右隅角はすべて二〇度以下で、左隅角に較べると緩隅角となっています。

佐紀陵山古墳　奈良市佐紀陵山古墳（3期ないし4期）は、奈良盆地北々西の佐紀盾列《さきたたなみ》古墳群の一つで、端正な形を保持しています。一見三段三斜面築成にも二段二斜面築成にも見えますが、後円部右（東）側斜面を測りますと、中（下）斜面の一メートル等高線は四本、斜距離約八メートル、勾配約二一・四度、上斜面の等高線は一一本、斜距離約二六・九メートル、勾配約二二・五度、下斜面（？）の周湟面より上の等高線は一本か二本で、ペシャンコの形で、図面からは斜距離・勾配ともに計測困難です。上斜面の長さは中斜面の約三・四倍にも達します。勾配は小異で、上斜面がやや強くなります。

石津ケ丘古墳　次に大阪府古市《ふるいち》古墳群に出て、百舌鳥《もず》古墳群の堺市石津ケ丘《いしづがおか》古墳（墳長約三六〇メートル、5期）を見てみましょう。後円部の左（北西）側面では、下斜面は測定困難、中斜面は一メートル等高線六本、斜距離約一五メートル、勾配約一九・五度、上斜面は等高線一九本、斜距離約四四・五メートル、勾配約二四度となります。上斜面の斜距離は中斜面のほぼ三倍となり、勾配は上斜面が五度近くも強くなります。この辺りが、前方後円墳の形態整備の一つの頂点であろうと思います。上斜面の斜距離は極端に強調され、その点では最古型式前方後円墳とされる箸中山古墳や西殿塚古墳とはずいぶん違ってまいりました。

誉田山古墳　古市古墳群の羽曳野市誉田山《こんだやま》古墳（墳長約四二五メートル、6期）では、後円部の左（東）側面を測りますと、下斜面の一メートル等高線は七本、斜距離約一八メートル、勾配約二〇度、中斜面では等高線七本、斜距離約一六メートル、勾配約二二度、上斜面では等高線二一本、斜距離約五〇メートル、勾配約二四度となります。上斜面の長さは、中斜面や下斜面のおよそ三倍となり、勾配は上斜面ほど強くなり、それは後円部右手前（西）や右奥（南西）

もほぼ同じです。以上のうち上段斜面の長化の傾向については、すでにどなたかが指摘されておられるかと思いますが……。

3　中段が前方部を巡るにいたる

箸中山古墳の後円部第二段・第三段と西殿塚古墳・メスリ山古墳・行燈山古墳・渋谷向山古墳の後円部中段（上段は墳頂、念のため）は、前方部方向で隆起斜道に行き当たり、前方部をめぐって一巡することはありません。それは隆起斜道によってのみ前方部と結びつきますので、旧文の「前方部とは何か」（『古代吉備』二一）でこの部分を後円部円丘と呼び、埋葬中枢の墳丘と考え、後円部中の最重要箇所と考えました。しかしやがて中段は、前方部をも包括して巡るようになります。そのこと自体はどなたが先に指摘されたかは存じませんが、最近では澤田秀実さん、岸本直文さんなどによって問題とされております。それは、奈良盆地において大形前方後円墳が、奈良市佐紀の地に移る頃に始まったようであります。その地の大形前方後円墳はやや離れて立地する宝来山《ほうらいさん》古墳を含め、ウワナベ古墳・ヒシアゲ古墳・コナベ古墳・五社神《ごさし》古墳・佐紀石塚山古墳・佐紀陵山古墳・市庭《いちにわ》古墳（破壊され、痕跡のみ）の八基ですが、前方部が痕跡のみの市庭古墳を除き、すべて中段が前方部を囲い込む式のものです。これは佐紀の前方後円墳群と盆地南東部の前方後円墳群を見事に画しているようです。うち五社神古墳は、外方から詳しく観察した澤田秀実さんによると、僕が図面の上で上斜面と見ていた斜面にやや狭い段があって、それは後円部で完結するということです。そうであるとすると、五社神古墳はやや特殊で古調なものとなり、八基から除いて考えるべきかと思います。

その点と関係するかどうか理由はわかりませんが、これら八基の多くでは、下段あるいは下斜面の形成が、少なくとも図の上では、先に佐紀陵山古墳についてペシャンコと表現しましたように、充分な高さでなされていないように見えます。あたかも中斜面より上の「前方後円墳」が載る単なる「上台」のようにさえ見えます。奈良盆地南東の最古型式・古型式の前方後円墳には見られなかったところですが、その点はことによると、周湟との関係があるかもしれませんし、また後世の改変によるのかもしれませんので、ここでは断定を避けておきたいと思います。

しかし中段が前方部を巡ることは、同時に上斜面が隆起斜道のすべてを抱え込むことでありますので、これによって後円部に対する禁忌が、少なくとも考え（思想）のうえで前方部にもきびしく及んだと見ることができます。両者の重さの差はあるにせよ、前方部の後円部との一体化が、名実ともに進んだと見たらどうでしょうか。動きの速度や方向としては、それは完全には連動しておりませんが、後円部上斜面の長化と関係すると考えられます。

4　撥形前方部の衰退

衰退という表現は不適当かもしれませんが、箸中山古墳で典型的な形で見られ、西殿塚古墳や行燈山古墳で微かにも見られた撥形前方部は、少なくとも佐紀の大形前方後円墳ではその度合いが著しく減じています。中には宝来山古墳や五社神古墳などのように、撥形をとらず直線的拡がりをなす例も少なくありません。しかし撥形前方部が消えてなくなったわけではありません。その後も、横穴式石室をもつ後期前方後円墳にさえ知られています。

箸中山古墳に見られたその本来的な意味が、どのくらい記憶され保持されていたかどうかは判りませんが、そうした後期前方後円墳にも後円部頂と前方部頂をつなぐ隆起斜道が設けられていることを考えれば、隅角から墳頂への登りと墳頂での祭祀儀礼の実施は継続して行なわれていたか、あるいは時に蘇《よみがえ》ってなされることもあったに違いありません。ただ先の宝来山古墳や五社神古墳以後の古市古墳群や百舌鳥古墳群では、撥形の度合いはますます減じたように思われます。これは、とくに大形前方後円墳において前方部隅角線の伸長＝前面幅の増大＝前方部頂の高化（大形化）とかかわることのように思われます。

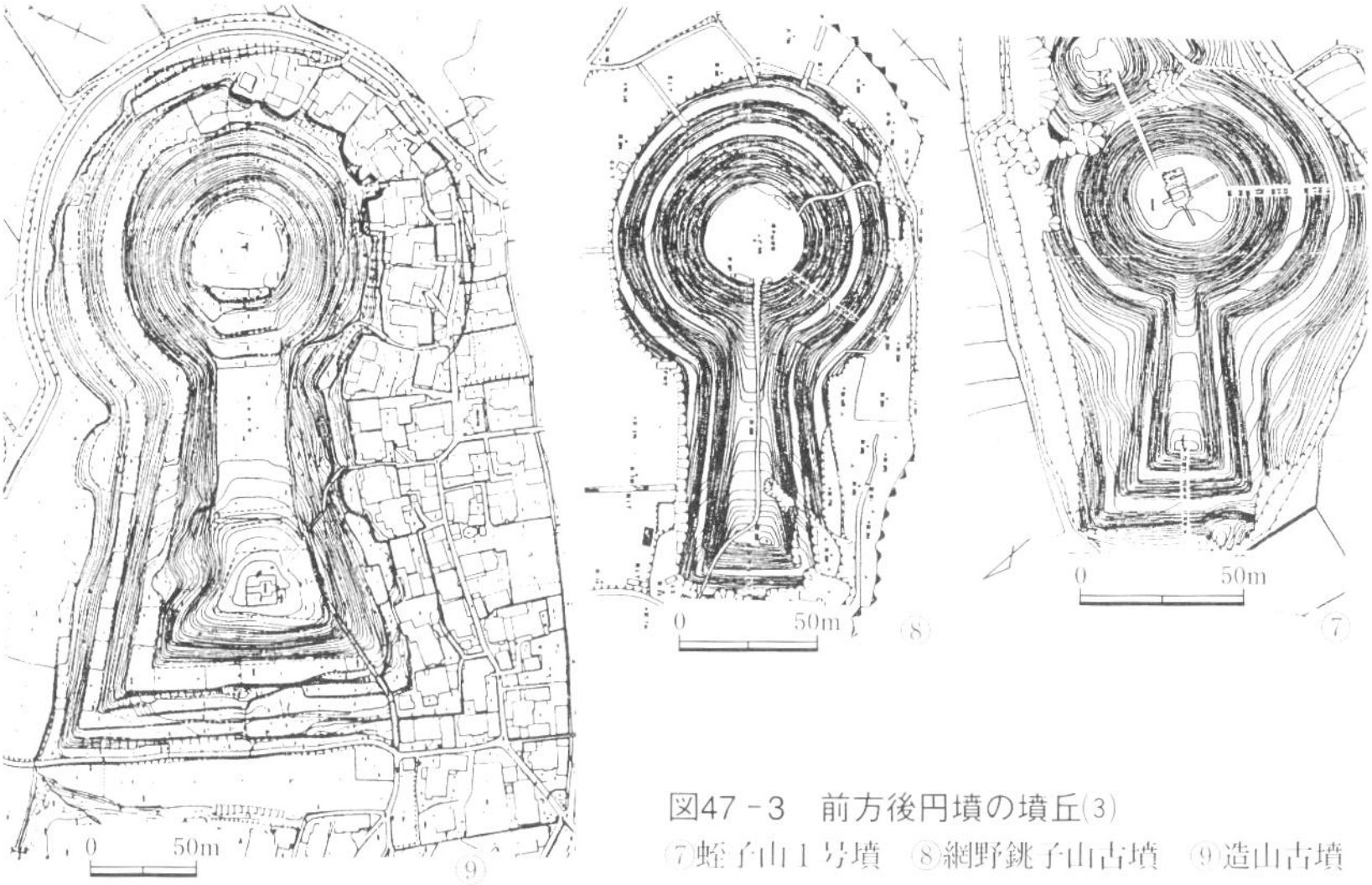

図47－3　前方後円墳の墳丘(3)
⑦蛭子山1号墳　⑧網野銚子山古墳　⑨造山古墳

5　前方部方向の段面が高くなる

造山古墳　過日岡山市新庄下《しんじょうしも》の造山《つくりやま》古墳（墳長約三六〇メートル、5期）の墳丘観察を行なっている折、段の高さが後円部から前方部へと次第に高くなっていることに気付きました。それは下段だけでなく中段、それに上段ともいうべき前方部頂にも認められました。各段はすべてほぼ平坦に造られていますが、前後に傾斜をもっているのです。後円部から前方部をぐるり巡るのは下段と中段ですが、造山古墳の航空測量の図面によりますと、下段では後円部の左（北）側で標高一〇・一メートル、左側括れ部付近で一一・五メートル、前方部左側方のほぼ中央辺りで一三・四メートル、左隅角辺りで一四・三メートルとなっています。その差は四・二メートルもありました。何かの間違いではないかと思いながら現地に立って中段を眺めるに及んで、これは確かだと感じました。なお造山古墳の右側（南側）の一帯には集落が形成され、原状をほとんど保っておりません。

中段では、後円部左（北）側で標高一六・四メートル、左側括れ部付近で一六・六メートル、前方部左側方で一七・二メートル、左隅角近くで一九・四メートル、左隅角で二〇・一五メートル、その差は三・七五メートルあります。上段つまり前方部頂では、頂先端に台形の埋葬施設が造られ、しかもそれが大きく破壊されていて復原がやや困難ですが、後円部の推定隆起斜道の端辺りから前方部先端方向へ緩やかな上向きの傾斜があり、現状でその高さの差は三〜四メートルと見られます。この差は下段や中段の場合に優に匹敵します。これらの傾向は、当然のことでしょうが、段の上面だけでなく上斜面の下端、中斜面・下斜面の下端と上端でもうかがわれます。

作山古墳　こういうことで、早速段の保存が比較的よい他の大形前方後円墳を調べてみました。まず同じ岡山県総社市の作山古墳（墳長約二八六メートル、6期）、そこでも後円部後方から前方部前面へ下段で約三メートル、中段で約一・六メートルほど高くなるように造られています。

そこで造山古墳と規模がほとんど同じ大阪府堺市の石津ケ丘古墳も図上で検討してみました。

石津ケ丘古墳　左側の下段で約二メートル、中段で約四メートルの差で前方部前面方向が高くなっています。ところでこれら三基の前方後円墳の立地地形をみると、前方部方向が後円部方向に較べて二〜三メートルから四〜五メートル高いことが判ります。おそらく古墳が築かれた頃もそれに近い地形だったと思います。とすれば、地形に合わせて前方部を、したがって段も高くなるように築いたのではないか、という問題となってしまいます。

そこでさらに畿内の大形前方後円墳、主に陵墓古墳の幾つかについて、大まかな時期順に検討してみることにしました。中形・小形前方後円墳の場合は、段の残りが悪かったり、測量の手が墳ごとに違っていたりなので、ここでも旧帝室林野局など作成の大形前方後円墳の図面を使うことにいたします。

箸中山古墳　まず桜井市箸中山古墳です。先にもお話をいたしましたように、測量図面からは前方部側面に段ははっきりとは認められないようですので、後円部だけを問題にいたします。その後円部でも図の上で段の位置をたどっていくのがなかなか難しいので、推定の概算にすぎませんが、第一段の左（北）側では後円部背後（東）に較べ前方部寄りが約二メートルほど低く、第二段では左側で約一メートル、右側で約二メートルほど同じく前方部寄りが低く、第三段では左右両側ともほぼ同じないし約一メートル足らず低いことになります。実はこの箸中山古墳は、早く白石太一郎さん達が調査し、段について「後円部の第1段上のテラスでは前方部よりの部分と後円部の後よりの部分では約2ｍ、第2段上では約1.5ｍ、第3段上では約1ｍほど、いずれも前方部よりの部分が低くなっている」と一九八四年に述べています。僕はこれを追認しただけです。先の三墳とまるで違いますが、箸中山古墳は前方部方向に低い地形に立地していますので、これもまた元の地形のためなのでしょうか。

西殿塚古墳　この古墳は、緩い山裾の斜面にほぼ直交して横たわる形で築成されていますが、後円部左側下段では後円部背後に較べ前方部寄りが約二メートル低く、右側ではほとんど同じ、つまりほぼ水平です。直接はつながらないので問題にできないかもしれませんが、対応すると見られる前方部前面下段は後円部左側下段の前方部寄りに較べさらに二～三メートル低くなっています。後円部中段では左側はほぼ水平ですが、右側は前方部寄りで約一メートルほど高くなっています。概して前方部寄りが低い傾向にありますが、一部でも高くなっている点が注目できるとすると、箸中山古墳よりも先の三墳に近寄った感じがしないでもありません。

なお主に大形前方後円墳で指摘できますが、前方部上段つまり頂部では、初めからその前端が高く造られている傾向があります。それは、箸中山古墳では括れ部上段から高さ約六メートルに達します。ですから後円部で前方部寄りが低く造られているからといって、前方部がひどく軽視されていたわけではないと思います。

行燈山古墳と渋谷向山古墳　先の両前方後円墳の間に位置し、相継いで築かれたとみられる前方後円墳に天理市行燈山古墳と同渋谷向山古墳があります。行燈山古墳は、後円部左側の中段では隆起斜道に近接した箇所で、後円部背後に較べ二～三メートルほど低くなります。その他の箇所は対応ないし計測困難です。渋谷向山古墳は、右側下段では後円部背後に較べ前方部寄りは約二メートル低く、対応すると見られる前方部前面中段ではさらに約一メートルほど低くなります。後円部中段では左右とも前方部寄りが約一メートル低くなっています。

この両墳はともに地形は、箸中山古墳と同様前方部方向に低くなっていますので、その影響も多少あったかもしれませんが、現在の地形で行燈山古墳で前方部方向に一一〜二〇メートル、渋谷向山古墳で一三〜一七メートルも下降していますので、段での二〜三メートルの差はどのように問題にしたらよいのでしょうか。むしろそういう傾斜地形にもかかわらず、前方部方向への段の下降がこの程度に押さえられたところにこそ、前方部の重視があったことを思わなければならないのかもしれません。そのことに関して、3期の桜井市メスリ山古墳が、ほとんど平坦な低丘陵に立地し、後円部の中段がほぼ水平であるのはいかにも象徴的です。しかし、その段は前方部を巡らないようですし、また下段は計測困難です。

佐紀陵山古墳・コナベ古墳・ウワナベ古墳　次に奈良市の佐紀盾列《さきたたなみ》古墳群の三基です。まず佐紀陵山古墳は、段の捉え方が難しいのですが、中段で一〜二メートルほど前方部寄りが低いようです。この古墳の立地地形も前方部方向に低い丘陵です。奈良市コナベ古墳（墳長約二〇四メートル、5期）、同ウワナベ古墳（墳長約二七〇メートル、6期）はともにほぼ平坦な立地地形で、コナベ古墳の中段はほとんど水平、ウワナベ古墳の中段は前方部方向に二メートル強高くなります。平坦地形のところで、ようやく中段が前方部端に向けて高くなります。因みに先の岡山の造山古墳は5期、作山古墳は6期とされています。

蛭子山1号墳と銚子山古墳　ここで場所を変えて京都府丹後の二基の大形前方後円墳を見てみます。一つは加悦町蛭《えび》子山《すやま》1号墳（墳長約一四五メートル、3期）で、中段では左右とも前方部方向に約二メートルほど低くなっています。この古墳は後円部方向に数メートル高い低丘陵で、下段は後円部側面で外方に流れています。網野町銚子山《ちょうしやま》古墳（墳長約一九八メートル、4期）は、後円部中段と前方部中段はつながりませんが、対応はしています。図では後円部の段はほとんど水平ですが、前方部の段は左側で約二・五メートル、右側で約三メートルほど前面に向けて高くなっています。

仲津山古墳・掖上鑵子塚古墳・土師ニサンザイ古墳・太田茶臼山古墳　再び畿内に戻り、藤井寺市仲津山《なかつやま》古墳（墳長

表4　段の前後への傾斜

古墳名	時期	立地地形	段	要点（数字はすべて約）	
箸中山	1	前方部へ下降	一段	左前寄り	2 m低
			二段	左前寄り	1 m低　右前寄り　2 m低
			三段	左右前寄り	1 m低
西殿塚	1	前方部へ下降	下段	左前寄り	2 m低　対応前方部下段さらに2～3 m低
				右側	水平
			中段	左	水平
				右前寄り	1 m高
行燈山	3	前方部へ下降	中段	左前寄り	2～3 m低
渋谷向山	3	前方部へ下降	下段	右前寄り	2 m低　対応前面中段さらに1 m低
			中段	左右前寄り	1 m低
メスリ山	3	ほぼ平坦	中段	左右とも	水平
陵山	3	前方部へ下降	中段	前方部先	1～2 m低
蛭子山	3	前方部へ下降	中段	前方部先	2 m低
銚子山	4	ほぼ　平坦	中段	前方部先	左　2.5 m高
					右　3 m高
コナベ	5	ほぼ　平坦	中段		水平
石津ケ丘	5	後円部へ下降	下段	前方部先左	2 m高
			中段	左	4 m高
仲津山	5	ほぼ　平坦	下段	前方部先	2～3 m高
			中段		2 m高
造山	5	後円部へ下降	下段	前方部先	4.2 m高
			中段		3.75 m高
誉田山	6	前方部へ下降	下段		水平
			中段	前方部先	2.7 m高
作山	6	後円部へ下降	下段	前方部先	3 m高
			中段		1.6 m高
ウワナベ	6	ほぼ　平坦	中段	前方部先	2 m高
鑵子塚	6	後円部へ下降	中段	前方部先	4 m高
土師ニサンザイ	7	ほぼ　平坦	下段	前方部先	1 m高
			中段		2 m高
太田茶臼山	7	前方部へ下降	下段		水平
			中段		水平

凡例　前方部へ下降＝前方部方向へ下降　　後円部へ下降＝後円部方向へ下降

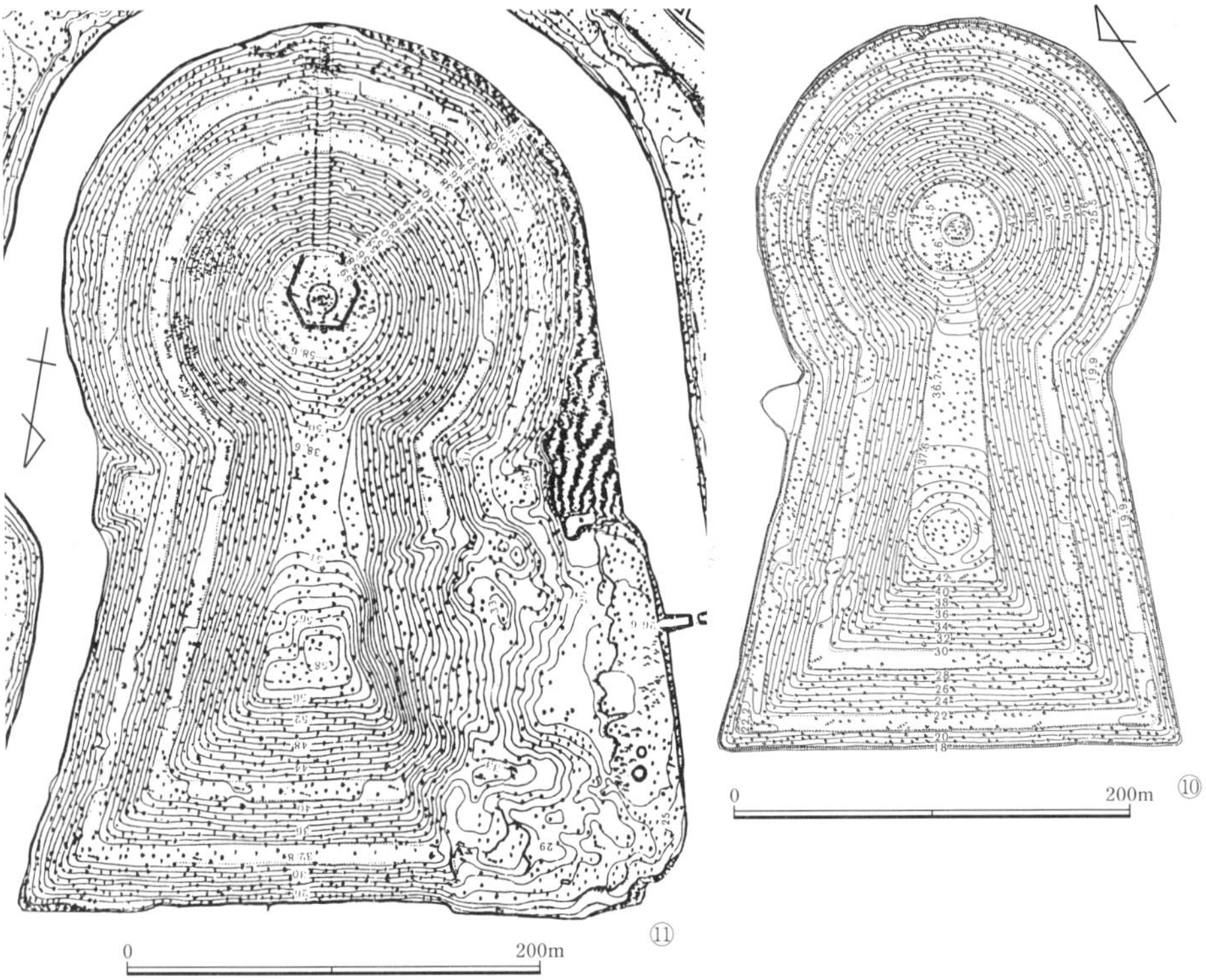

図47－4　前方後円墳の墳丘(4)　⑩石津ケ丘古墳　⑪誉田山古墳

約二九〇メートル、5期）は、ほとんど平坦な段丘に立地し、下段で二～三メートル、中段で約二メートルほど前方部方向が高くなります。堺市にある5期の石津ケ丘古墳はすでに触れました。奈良県御所市の掖上《わきがみ》鑵子塚《かんすづか》古墳（墳長約一四九メートル、6期）は、前方部方向が僅かに高い立地で、中段で前方部方向が四メートル弱高くなります。また堺市土師《はじ》ニサンザイ古墳（墳長約二九〇メートル、7期）は、ほぼ平坦な低丘陵上に立地し、下段で約一メートル、中段で約二メートル前方部方向に高くなります。茨木市太田茶臼山古墳（墳長約二二六メートル、7期）は、後円部外方が約二・三メートルほど高い、つまり前方部方向が低い低丘陵に立地していますが、下段・中段ともほとんど高低差がありません。

表と総括　以上を表にしてみます。なお時期比定については主に『前方後円墳集成』

の各執筆者の意見をできる限り尊重しましたが、なかには小見を記したものもあり、前方後円墳研究会の統一見解ではありません。

この表4のかぎりでは、3期と4期の間に変化が見られます。4期の銚子山古墳では前方部先が前方部後端に較べて高くなります。しかし直接に続かないので後円部との対比はできません。しかし5期になりますと、その変化はほとんど決定的になるようです。下段・中段の前方部先が高くなるのが普通となって、立地地形との関係がなくなる、少なくとも関係が薄くなります。それは、後円部方向へ下降あるいはほぼ平坦な地形への立地が一般的になることと関係し、また前方部方向へ下降する地形に立地してもなお下段・中段をほぼ水平に造っている太田茶臼山古墳の例、あるいは前方部方向へ下降する地形において前方部頂を高く造る誉田山《こんだやま》古墳の例などの現象をもたらします。これらのことは、現象としては前方部の絶対高と広さ、つまり壮大さを増すことによって、奥にひかえる後円部の存在を強調し、前方後円墳全体を際立たせることにつながるのではないかと思います。

6　造出

今日までのところ、最古型式と考えられる前方後円墳には造出は認められておりません。『前方後円墳集成』の奈良県を見ますと、1期から3期までの前方後円墳に造出は見られません。ただ一つ天理市櫟本《いちのもと》町の赤土山《あかつちやま》古墳という前方後方墳は、墳長約一〇五〜一一〇メートルで3期とされ、後方部背後に方形壇状の造出が付いています。時期比定が誤りでないとすれば、奈良盆地で最初の造出となるのでしょうが、『集成』の筆者の岡田直樹さんのいわれるように、同じ天理市の墳長約一五〇メートルで4期とされる櫛山《くしやま》古墳のような前後に長短二つの前方部をもつ類であるかもしれませんし、ここでは保留しておきます。

墳長二〇〇メートルを越えるような大形前方後円墳の括れ部裾に造出が設けられるのは、『集成』で申しますと、4期以後のようです。奈良市佐紀石塚山古墳（墳長約二一八メートル、4期）、広陵町巣山古墳（墳長約二〇四メートル、4期）を皮切りに、佐紀盾列古墳群の大形前方後円墳（5～6期）、馬見《まみ》古墳群など奈良盆地西方の幾つかの大形前方後円墳（5期）、さらに大阪府古市古墳群と百舌鳥古墳群を中心として主に5～7期の大形前方後円墳と中形前方後円墳に設けられます。それらのほとんどは墳長一〇〇メートル以上の古墳で、二〇〇メートルを越える前方後円墳ではその大部分に設けられます。しかし中には6期ないし7期とされる墳長約一九三メートルの奈良県河合町川合大塚山《かわいおおつかやま》古墳のように、造出が認められない例もあります。8～10期の後期前方後円墳になると、一般には造出を設ける例は少なくなりますが、中形と小形の前方後円墳にときに認められます。これらの時期には一般的に墳丘が縮小しますが、墳長三〇〇メートルを越える10期の橿原市見瀬丸山古墳や9期とされている大阪府羽曳野《はびきの》市河内大塚古墳では、破壊がひどいためか、また充分な調査が行なわれていないためもあってか、残念ながら造出の有無は不明のままのようです。

前方後円墳の造出には、埋葬が行なわれている例がしばしば知られておりますが、その場合でも、あるいは埋葬が見られない場合でも、埴輪列を立て並べたり、形象埴輪を置いたり、土器類を供えたりして、いかにも墳頂祭祀の略式再現を思わせるような痕跡が多く見られます。その好例は、兵庫県加古川市行者塚《ぎょうじゃづか》古墳の造出などにうかがえます。祭祀にしろ追葬にしろ、後円部や前方部の墳頂でなく、下方の括れ部裾部付近になされていることは、祭祀自体の重要度やそこに埋葬された者の身分もかかわっていると思いますが、その時点で登り隅角はすでに閉鎖され禁忌されていたとすれば、そのことも造出が墳裾に設けられることとかかわったのでないかと考えられます。

前方後円墳の後円部頂の祭祀ないし墳頂追葬が、どのくらいの時期にわたって行なわれたかについては、全体としても個々にも判りにくいのですが、祭祀用の埴輪を含めた土器類が二型式ないし三型式続くように思われる例もあります。古い前方後円墳の例としては箸中山古墳・西殿塚古墳・中山大塚古墳などが挙げられます。また畿外でも岡山市造山古墳などが挙げられるようです。またその一方、非常に長期的に連続的追葬や継続的祭祀がなされた例を寡聞にして知り

表5　前方後円墳の墳丘変化の大略（8～10期は略）

	1期	2期	3期	4期	5期	6期	7期
墳頂壇の消失	――	――	――	――	- - -	- - -	
上斜面の長化と勾配の強化	- - -	- - -	- - -	――	――	――	――
中段の前方部囲繞			- - -	――	――	――	――
撥形前方部の衰退	――	- - -	- - -	- - -	- - -	- - -	- - -
段の前方向への隆起				- - -	――	――	――
造出				- - -	――	――	――

ません。一定期間の後に追葬や祭祀は停止するものと思われます。周濠をもつ前方後円墳ではどうするのか、例えば水をたたえている際には舟を使うのかというような未解決な問題もありますが、墳丘での追葬や祭祀が終わる時期に、主に大形前方後円墳に造出が付設され、そこで祭祀や追葬がなされるようになった、と考えてはどうでしょうか。

7　その他

さて4期を境として以後しばらくの間、大形前方後円墳を中心に、造出は盛んに設けられますが、その時期は、2に挙げた墳斜面の長化、3の中段の前方部囲繞、4の撥形前方部の衰退とそれに代わる前方部幅の増大＝頂の高化、5の段面の前方部方向への高化などの変化、総じて前方後円墳がいっそう巨大化・形式化する時期にあたり、「禁忌」の思想の徹底化が図られた時期と見たいと思います。そうした中で、周濠と外堤の大形化、輪郭形から盾形への規格化、周庭帯と二重濠が、これまた大形前方後円墳を軸に進んでまいります。

ここでは墳丘に終始して述べておりますので、蛇足のようなことになりますが、葺石・埴輪、中でも埴輪の変化は、上記の墳丘の諸要素より急速のようです。葺石も初め箸中山古墳や中山大塚古墳のような積石ともいうべき部厚い葺石から、二、三重ないし一、二重の葺石に変わります。これは封土築成の安定化が進んだことを示しているようです。

埴輪は粘土の焼きものからするそれ自体の変化とは別に、宮山型特殊器台から都月型円筒埴輪、さらに器台形円筒埴輪、普通の円筒埴輪・朝顔形円筒埴輪、または壺形埴輪へと劇的に変化し、また樹立の規格化や段ごとの樹立＝三段配列も行なわれるようになってまいります。厳密さを無視して、以上を仮に表示してみますと、ほぼ表5のようになります。4期から5期に主な変化が出揃います。

三　基本的に変わらない前方後円墳墳丘の特徴

前方後円墳の墳丘は以上述べましたように、誕生以来目まぐるしく変化してまいりました。その変化そのものを捉えて時期別に分けたり、変化の遅速や現れ方の違いを捉えて地域性を考えたりしますが、先にもちょっと触れましたように、基本的にほとんど変わらない部分がありますので、次にちょっと見ると、幾つかの面で変化を促進したかのように思える横穴式石室採用との関連で、それに触れてみたいと思います。

1　墳丘斜面とくに後円部斜面の強い勾配＝墳丘禁忌の存在

墳丘の斜面の勾配が強くて、ごく小形の類を除くと、後円部はもとより括れ部・前方部側面・同前面の斜面からの登りは困難です。これは墳裾や段に開口する横穴式石室が採用されてからも続きます。横穴式石室の導入によって埋葬祭祀の場が大きく変わり、また盛土自体の性格や工法も変化しますが、依然、墳丘の勾配は変わらないか、あるいはいっそうきつくなります。奈良県の例を二、三挙げれば、天理市ウワナリ塚古墳（墳長約一一五メートル、9期）の後円部左側上斜面で約二九度、高取町市尾墓山《いちおはかやま》古墳（墳長約六六メートル、9期）の後円部後背上斜面で約二七度、明日香村平田梅山《ひらたうめやま》古墳（墳長約一四〇メートル、10期）の後円部左側上斜面で約二七度、いずれも墳頂への登りは至難です。うち平田梅山古墳は未発掘ですが、他の二基と同じく、誰しも横穴式石室の存在を予想しています。

2　登り隅角＝前方部頂への登り道

後円部墳側の下段や裾に開口する横穴式石室が採用されますと、前方部頂に、まして後円部頂に登る必要はなくなるはずと普通は考えられます。しかし、少々きつくなるものもありますが、登り隅角の比較的緩い勾配は意図的に設けられているようです。先のウワナリ塚古墳では右隅角が下斜面・上斜面とも約二二度、平田梅山古墳では左隅角の下斜面が一一度、上斜面が一七度です。市尾墓山古墳は右隅角が大破し左隅角も変形していて、以前の小文「前方部とは何か」では、左隅角を変形のまま測り、隅角としては異常に急な数字の勾配を表に記録し、窮余の一策として石造出付近からの登りを考え、それを公表したことがありますが、やはり造出からでは具合悪かろうと思い直し、大破と変形の両隅角を推定復原して、今ではそのどちらかが登り隅角だったろうと考えています。それでも、ずいぶん勾配は強いようです。後期前方後円墳の時期になっても、どうして隅角にそんなにこだわるのかとお思いかもしれませんが、実は横穴式石室を採用してからも墳頂部で須恵器などを使った祭祀が行なわれた実例があるからです。例えば後円部に横穴式石室をもつ京都府向日市の物集女《もずめ》車塚古墳では、前方部頂・括れ部頂・後円部頂で装飾須恵器や壺・高坏などが発見されています。調査例はなお少ないようですが、そのほかにも、括れ部頂などでまとまって須恵器などが発見される例を幾つか挙げることができます。つまり遺骸が副葬品とともに安置される横穴式石室内部とは別に、墳頂での祭祀は、土器や個々の器物の多少の変化はあっても、ある期間続いていたものと思われます。

3　隆起斜道の存在＝墳頂祭祀

2の登り隅角と関係しますが、横穴式石室が後円部墳側の下段や墳裾に開口しているような前方後円墳にも隆起斜道が備わっている例を、少なからず指摘できます。物集女車塚古墳は不明ですが、ウワナリ塚古墳・市尾墓山古墳・平田梅山古墳など先の三基には、一部はやや変形しているにしても備わっています。ですから、隆起斜道は、前方部頂を後円部頂ないし墓壙底に接合させるものとして、箸中山古墳以来保持されているとみてよいでしょう。もっとも後円部頂から横穴式石室の中に入ることはできませんので、その場合はどうしても頂部での祭祀あるいは後円部盛り土の最終段階に使われたことを思わざるをえません。後者の場合でも、2に挙げた物集女車塚の例がありますので、それだけに限られたとはいえません。九州で幾つか挙げるとすれば、福岡県行橋市隼人塚《はやとづか》古墳（墳長約四二メートル、10期）、福岡県宇美町正籠《しょうごもり》3号墳（墳長推定約二三メートル、9期）などですが、ともにごく小形の前方後円墳です。

やや規模の大きい福岡市鋤崎《すきざき》古墳（墳長約六六メートル、4期）にも隆起斜道はよく残っていますが、これは後円部頂の古式の小形横穴式石室が前方部方向に開口して見られますので、墳側開口の横穴式石室の場合とはおのずから違います。有名な福岡市老司《ろうじ》古墳（墳長約七五メートル、4期）や福岡県苅田町の御所山《ごしょやま》古墳（墳長約一一八メートル、6～7期）もこの仲間です。

なお、時期は古くなりますが、最初の中心的埋葬が、整えられた地山ないし整地層に直接またはやや掘り込みを加えて造られ、それを封土で被覆する過程で、前方部を含む墳丘を形成している前方後円墳があります。その場合も続いて墳頂から墓壙が掘り込まれた併葬ないし陪葬的小埋葬の設置作業と祭祀の葬列のために、隆起斜道を設けている例が知られています。

4　後円部頂の相対的狭さ＝中心埋葬

弥生墳丘墓は、高さや墳裾の規模に対する墳頂平坦部の規模の比が大きく、頂での多数埋葬とともにその特徴となっています。それに対して前方後円墳の後円部頂は、高さや墳裾での規模に較べて甚だ狭く造られています。最古型式の箸中山古墳や西殿塚古墳ではなお広さを保ち、その上に大きな土壇を設けたほどですが、その後は相対的な狭さをもちつづけます。それは基本的に後円部＝首長埋葬＝一棺一槨（副次葬や陪葬をまったく否定するわけではありませんが）という考えと後円部斜面勾配の禁忌性によるものと思いますが、横穴式石室を埋葬施設とする後期前方後円墳にも、この後円部頂の相対的な狭さの示す禁忌性は、直接の関連の有無・次第はよく判りませんが、引き継がれています。

5　前方部の見掛けの左右類似形

これは説明の必要はないと思います。左右の隅角が長さや勾配で少々あるいは甚だ異なる例や、前方部側面の左右の形や傾斜が違う例はさまざまにあり、また省略型の短い前方部も現れ、よく類似する例はあってもまったく同じ形態の例は一つとして知られておりませんが、それでも前方部が三角形に尖っていたり、後円部が星形になったりする甚だしく逸脱した例は、ご存知のように皆無であります。すべて見掛けは左右類似形を保っております。もちろんこのことは、前方後円形という大枠は常に守られたということです。

6　後円部の長い上斜面

すでに二節の2で述べましたように、誕生後まもなく前方後円墳後円部の上斜面は、期を追ってぐんぐん延びてまいりました。それは、後円部に対する禁忌の思想の熟成にかかわってくると思いますが、横穴式石室を墳側に開口する時期にも、その伝統は急勾配とともに続いています。

こうして挙げてまいりますと、変化するといってもどこがどう変化するのかを指摘することが困難にさえなってまいりますが、それはつまり、二節で挙げた変化は、本節に記した基本的な思想の熟成といった方向への変化であったわけです。しかしそれにしても、このような鈍くかつ不動のような原則部分と、先のような顕著かつ急速な変化箇所との絡み合いを押さえておくことは、大切なことであろうと思います。

四　前方後円墳の衰退

1　はじめに――横穴式石室のこと――

二節と三節で、前方後円墳の「動く姿」と「動かない姿」を検討してまいりましたが、すでによくご存知のように、やがて前方後円墳は歴史の舞台から消えてしまいます。突然消えるようにも見えますが、やはり衰退してから消えていくのだと思います。衰退は二つの点で視覚的にも顕著な形で現れるようです。その一つは墳丘の「縮小化」で、他の一つは横穴式石室の導入と普及であろうと考えます。ここではまず、後者についてごく一般論を述べ、続いて墳丘縮小の問題に移りたいと思います。

横穴式石室は、死者に広い空間を与え、しかも他の幾人かの血族ないし親族の死者を同じ空間に近接して葬るという点で、それまでの葬法とは甚だ違います。それまでは後円部の中心に用意された竪穴式石槨の下方石積みの中に一人首長が木棺に納め置かれ、ついで石槨上方が積み足され、蓋石をもって覆われる葬法で、その後の「異国」からの渡来の横穴式葬法とは甚だ異なります。それは埋葬思想の変化であり、埋葬施設の変化ですが、同時に封土と埋葬施設の関係の仕方や封土自体の積み上げ法の変化をもたらします。

そもそも封土（盛土）は、先に「禁忌」という言葉で表現しましたように、首長埋葬箇所への接近を忌避しそれを保護するため、墳丘斜面に長さと急な勾配を与えるものとして生まれ発達してきました。威力・霊力が強大と信じられていた首長に対するほど、いっそう長い斜面が要請され――高さと勾配は築造技法からいって、それにかならずしもきちんとは比例しなかったようですが――、墳丘の大形化に寄与したと考えられます。埋葬正面は、一つの典型で申しますと、まず登り隅角から前方部頂へ、そこから下って隆起斜道を登り、さらに掘割墓道を経て埋葬墓壙に至ります。したがって墓壙の中での棺槨の方向や方位とは別に、埋葬祭祀の正面はおのずから決まります。これらは、4期に導入されたといわれる福岡県の老司古墳や鋤崎古墳のような、後円部頂下に入口を前方部方向に向けて造られた古式の横穴式石室の場合にも、ある程度当てはまると思います。

しかしその後、早いところで7期・8期、多くの地域では9期以後に採用される、後円部の下段や墳裾に開口するいわば本格的な横穴式石室では、封土は石室を安定的に築造し、つまり石室の石と封土を力学的にうまく関連させながら築造し、石室完成後はその上面を覆うことがその第一の役割となります。ですから、合理性の観点だけでみると、横穴式石室の採用は直ちに封土の意義を変え、墳丘を全体として縮小させたと見られがちです。一般的には、少なくともそうした方向をもっていると考えられるものであります。

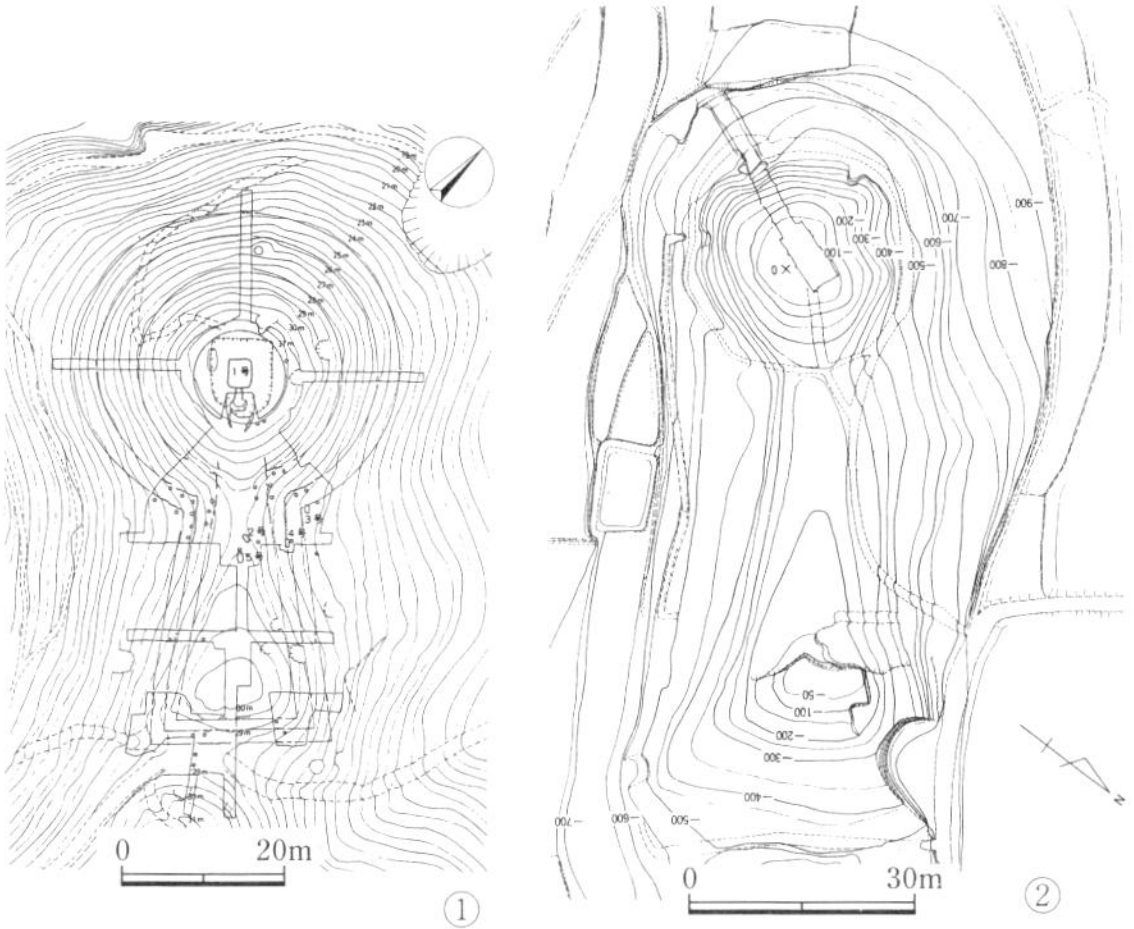

図48　横穴式石室をもつ前方後円墳　(等高線の数字はcm)
①古式横穴式石室をもつ福岡市鋤崎古墳
②「本格的」横穴式石室をもつ総社市こうもり塚古墳

また横穴式石室の採用は、一つの石室の中心として埋葬される死者と、その人と石室空間を共にする何人かの死者とで、一つの埋葬単位が形成されたことであり、そういう点では、そもそもの前方後円墳築成の思想と相いれないものでありましょうし、総体的には埋葬思想＝死生観の変化として現れるわけであります。これらのことも、どこかの時点で墳丘の縮小化とかかわってくると思いますが、横穴式石室の導入が直ちに墳丘縮小をもたらし、あるいは墳丘の縮小化が直ちに横穴式石室の採用を招来するとはいえないようです。

横穴式石室についてはさらにいろいろと論じることができると思いますが、本日の課題に即した部分についてのみこれまでの考えを紹介するにとどめ、ついで墳丘縮小の実体についていささか整理してみたいと思います。

2 縮小の実体

大和・河内（和泉）といった畿内中枢では、石津ケ丘古墳（墳長約三六〇メートル、5期）、誉田山古墳（墳長約四二五メートル、6期）、大山《だいせん》古墳（墳長約四八六メートル、7期）が墳丘規模の頂点です。これはこの時期に、特別な大首長の前方後円墳が群を抜いて巨大化したと言い換えてよいかもしれません。以後百舌鳥古墳群でも古市古墳群でも奈良盆地でも、最大で二〇〇メートル台と縮小し、やがて8～10期には大部分が一〇〇メートル台になってまいります。例外的に大阪府羽曳野市河内大塚古墳（墳長約三三五メートル、9期ないし10期）と奈良県橿原市見瀬丸山古墳（墳長約三一〇メートル、10期）が孤立的に存在するにすぎません。うち見瀬丸山古墳は長さ約二八メートルという横穴式石室を備えているといいます。河内大塚古墳のほうも見瀬丸山古墳と同様に横穴式石室をもつようですが、確かなところは判りません。

ついで、その他の地域について、最大規模に達する前方後円墳とその時期および縮小化の始まる時期について、主に『前方後円墳集成』の「地域の概要」と個別古墳の記載を参考として検討し、付表として文末に掲載いたしました。

その表からお判りのように、遅速や多少の例外はあっても、多くの地域ではほぼ中期（およそ5～7期）の内または直後に前方後円墳の縮小化が進み、後期（およそ8～10期）に入って決定的になるようであります。出雲や筑後のような例外的なところもあり、出雲では出雲市大念寺《だいねんじ》古墳（墳長約九一メートル、10期）と松江市山代二子塚《やましろふたごつか》古墳（墳長約九二メートル、9期）の二墳が、筑後では八女市岩戸山《いわとやま》古墳（墳長約一三八メートル、10期）が最大規模となります。最大といってもこの時期の畿内中枢の幾つかの前方後円墳に較べると、いささか小規模です。このように「例外的」な地域はありますが、前方後円墳時代後期において、畿内を含めて全般的な小規模化の傾向は明らかであります。

しかし相対的にみますと、縮小化といっても畿内中枢では、他の地域の全時期を通じての最大規模の前方後円墳よりも大形の規模を維持していて、常に第一位の座は揺らぐことはありませんでした。とくに石津ケ丘古墳・誉田山古墳・大山古墳の時期以後も、河内では岡ミサンザイ古墳（墳長約二四二メートル、8期）・河内大塚古墳（墳長約三三五メートル、9期ないし10期）、和泉では土師《はぜ》ニサンザイ古墳（墳長約二九〇メートル、7期）、大和では狐井城山《きついしろやま》古墳（墳長約一四〇メートル、8期）・見瀬丸山古墳（墳長約三一〇メートル、10期）など、抜群の位置を占めていたわけです。これは他の地域では見られないことであります。前方後円墳時代を通じてほぼ第二位の位置を保った吉備では、墳長約三六〇メートルの造山古墳（5期）、約二八六メートルの作山古墳（6期）、約二〇〇メートルの両宮山《りょうぐうさん》古墳（7期）が造られました。そのうち前二基について、畿内中枢勢力大首長の一時的移動の結果とみる意見もないことはありませんが、「陪塚」群が貧弱だったり（造山古墳）、なかったり（作山古墳）、そのうえ立地の点でも、また移動の必然性も考えられず、付近に後続の大形前方後円墳も築かれておりません。以後は畿内中枢との格差は決定的ともいえるものになります。このような一時の吉備を除くと、畿内中枢との間の格差は、先の後期での出雲と筑後をも含めても、知られているかぎり決定的に増大していったようであります。

墳丘の縮小化と申しましても、単に全体が縮小していったというのではなく、一つは二段築成の普遍化が進んだようです。少なくとも西殿塚古墳以来の三段築成から二段築成に変化していきます。見瀬丸山古墳のような巨大なものではなお三段築成のようですが、多くが二段あるいは一段（段築なし）になってまいります。それは下段ないし地表を横穴式石室の玄室床面や入口の高さに合わせただけでなく、かつて勾配の強さを求めて被葬者を高い位置に納めようとして築かれた墳丘が、石室の石組みを保持しそれを覆う封土となり、かつて築成作業のうえで発達してきた段が、そうした封土に相応しいものでなくなったためであろうと思います。

二段築成の幾つか例を畿内中枢で挙げますと、大阪府太子町奥城《おくしろ》古墳（墳長約一一三メートル、8期）、藤井寺市野中ボケ山古墳（墳長約一二二メートル、9期）、羽曳野市白髪山《しらがやま》古墳（墳長約一一五メートル、9期）、奈良県石上町ウワナリ塚古墳（墳長約一一五メートル、9期）、同石上大塚《いそのかみおおつか》古墳（墳長約一〇七メートル、9期）、同鳥屋町見三才《みさんざい》古墳（墳長約一三八メートル、9期）、同高取町市尾墓山《いちおはかやま》古墳（墳長約六六メートル、9期）などです。これらの前方後円墳は、その規模からみても、それぞれの時期において畿内中枢の中でも優勢な前方後円墳でありますが、もっと小規模の古墳や畿外の古墳では、同じことがさらに進んだようです。

また縮小化に合わせるかのように、前方部頂の相対的な高さが増し、前方部頂が後円部頂の高さを上回るかほぼ同じとなる例が多くなります。右に二段築成の例として挙げた畿内中枢の前方後円墳はすべてそのようです。そうした例では当然、前方部前面の幅が後円部の径を越えます。これはある意味では、二節5でも触れたように、4期ないし5期からの動きが行き着いた姿といってよいでしょう。こうなりますと、一見したところ全体の中で、後円部の位置が相対的に低下してきたことのようですが、そうではなく、埋葬正面としての前方部前面幅を広くしその頂を高くすること——前方部頂に副次埋葬の盛土がなされることがあったこともその原因かもしれませんが——によって「奥《おく》つ城《き》」としての後円部を中心とする禁忌を強めようとした動きの結果でもあった、と考えたらどうでしょうか。

3　墳丘縮小化と横穴式石室導入の問題

こうした墳丘の縮小化という変化に対して、横穴式石室が果たして影響を与えたのかどうかが次の問題となります。そこで先ほども申しましたが、『前方後円墳集成』をひもとき、各地ごとに横穴式石室はどの時期に導入され、どの時期に普及したかを、ごく大づかみに調べてみました。『前方後円墳集成』は目下「補遺編」を作成中で資料やその詳細はかなり動くと思われますが、今はこれに頼るほかありません。

ａ　九　州　横穴式石室がもっとも早く導入されるのは、筑前のようです。福岡市の老司《ろうじ》古墳や鋤崎《すきざき》古墳を4期としますと、先にも触れましたが、その頃から6期・7期までにかけての横穴式石室の多く、例えば先に挙げた豊前御所山古墳なども、後円部頂のほぼ中央下に竪穴式石槨の趣で造られ——そうでない例もあるようですが——、多くが前方部方向に開口します。それが、7期・8期以降ともなると、後円部側下方に開口する本格的な横穴式石室が一般となるようです。筑前周辺の地域、筑後・肥前・肥後・豊前・壱岐などでも、前方後円墳への横穴式石室の導入は、筑前でそれが後円部側方に開口する本格的横穴式石室が設置される7期ないし8期にどうやら始まるようです。

筑後は古式の前方後円墳が知られていないようですから、なんとも申せませんが、強いていえば、広川町の8期の石《せき》人山《じんやま》古墳（墳長約一二〇メートル）が古式横穴式石室をもつ古墳としては最初の一つで、その8期ないし9期には後円部側方に開口する本格的な横穴式石室も始まります。豊前では先に例示した苅田町の御所山古墳の古式の横穴式石室が6期ないし7期の導入と考えられております。石人山古墳・御所山古墳とも後円部頂に設けられた前方部方向に開口する単室です。苅田町では、8期ないし9期には番塚《ばんづか》古墳（墳長約五〇メートル）や鶴見古墳（墳長約三一メートル）などの前方後円墳に本格的な横穴式石室が築造されます。豊後北部・日向では9期前後に始まるといわれていますが、盛んになったとはいえないようです。豊後南部・大隅では前方後円墳自体が8期以降には見られないとされています。

ｂ　四国・中国　四国では、9期ないし10期に導入が始まるようです。山陽では、唐突かつ例外的に岡山市新庄下の千足《せんぞく》古墳に古式横穴式石室が5期ないし6期に導入されますが、続かない模様です。ほとんどの土地では、横穴式石室は9期ないし10期に始まりますが、その時期は四国ともども前方後円墳自体の絶対数が少なくなりますので、横穴式石室をもつ前方後円墳が盛んになることはありません。山陰でも9期・10期に導入されるようですが、ことに伯耆以西は四国や山陽と較べると、後期前方後円墳の数が多いので、それだけ盛んといえましょうか。

ｃ　近　畿　ここでは、播磨・但馬は9期、丹後は10期に導入されるとされています。摂津・和泉では9期、丹波は

8期ないし9期、近江・山城・河内・大和・紀伊では8期に始まるようですが、普及するのは9期からです。もっともこれらの土地では、後期前方後円墳の数が少なくなっているので、四国や山陽と同様、横穴式石室をもつ前方後円墳が盛んに造られたわけではありません。

d 中部 ここでも横穴式石室は、駿河・遠江・三河・美濃・伊勢・伊賀で9期に導入されるといわれています。尾張では8期に池下《いけした》古墳（名古屋市、墳長約四〇メートル）に設けられたとされていますが、僕には可否の判断はできません。これらの地域でも後期前方後円墳は少ないので、それだけ横穴式石室をもつ前方後円墳の数は多くありません。

北陸・甲信越では、信濃の飯田地域と能登では8期、若狭・越前・越中では9期、加賀・信濃の大半・甲斐では未見とされています。うち信濃の飯田地域では、なぜか横穴式石室をもつ前方後円墳が盛行していたようです。状況がたいそう入り込んでいますが、それには研究状況や発見状況などが絡んでいると思われますので、今後は多少とも動くこともあるでしょう。

e 関東・東北 関東では、常陸・下野・上野・上総・武蔵では9期に、下総では10期に導入されたとされています。うち下野・上野・北武蔵の北関東では横穴式石室をもつ前方後円墳の絶対数も多く、盛行します。それに対して南関東の相模・安房では現在一基も知られていないようです。また東関東の常陸・下総・上総でも横穴式石室をもつ前方後円墳の築造は、前方後円墳全体の数に較べると、かなり少ないということです。

東北では、陸奥中部と出羽には横穴式石室をもつ前方後円墳は知られていないようです。陸奥南部（福島県）では10期に中通りと浜通りに導入され、計六基、横穴式石室が一基も知られていない会津地方を除きますと、その地の前方後円墳の約二〇パーセントで、どちらかと申しますと、盛行のさまが下野・上野などにやや近いと見られます。越後（新潟県）では横穴式石室をもつと推定される菅原《すがはら》31号墳（清里村、墳長約二九メートル）が10期と見られています。

このように見てまいりますと、北部九州とくに筑前の位置が特別であることが判ります。しかしそこでも、横穴式石室の導入が引き金となって前方後円墳の墳丘の縮小が始まったのではないことは、ほぼ確かであります。4期以後、丸隈山《まるくまやま》古墳（墳長約八四・六メートル、5期）、津屋崎4号墳（墳長約九七メートル、7期）、山ノ神古墳（墳長約八〇メートル、8期）、在自剣塚《あらじつるぎづか》古墳（墳長約八五メートル、9期）と続きます。

f　縮小化と横穴式石室導入のズレ

ところで前々から、横穴式石室の採用や普及こそが、墳丘の縮小化を促進していったのではないか、とよくいわれてまいりました。僕も一九五〇年代・六〇年代にそうしたことを述べたり書いたりしてまいりました。しかしよくよく見ると、ここ九州についても、筑後の石人山古墳（墳長約一二〇メートル、8期）や豊前の御所山古墳（墳長約一一八メートル、6期ないし7期）などは、後円部頂下で前方部方向に開口する小形単室の横穴式石室を採用していますが、墳丘は依然としてその地最大級の前方後円墳として築かれています。これらの小形単室の横穴式石室は、さらに古式の老司古墳や鋤崎古墳の中心石室の「竪穴系横口式石室」と同様、その規模や後円部頂下という位置あるいは副葬品などは、旧来の竪穴式石槨葬法の伝統を色濃くとどめたものと見られますが、その構造などは横穴式石室の思想のうちにあると考えられます。

そこで問題を整理するため、墳丘大規模化の時期と縮小化に踏み出す時期について検討し、横穴式石室の導入時期と対比してみました。付表の右側部分です。それによりますと、ほとんどの土地で前方後円墳が最大規模になる時期あるいは規模縮小を始める時期と、横穴式石室の導入時期とにはズレ、しかもしばしば相当大きなズレがあることが判ります。多くは横穴式石室導入時期のほうが遅れます。

もっとも、横穴式石室の導入期と墳丘の縮小化の開始期とがほぼ同じという地域も、『前方後円墳集成』によるかぎりでは僅かながら認められます。関東の下野と武蔵北部、近畿の丹波・河内、中国の因幡、九州の肥前・豊前などです。しかし例えば、下野では横穴式石室が導入されたとされる9期の後に築造された10期の吾妻《あづま》古墳（墳長約一一七メートル）も、9期の摩利支天塚《まりしてんづか》古墳（墳長約一二一メートル）や琵琶塚《びわづか》古墳（墳長約一二三メートル）と数メートルしか違わない墳丘規模を保っています。武蔵北部もほぼ同じです。

また尾張や出雲、あるいは先に触れましたように筑後や豊前などでは、古式の横穴式石室が導入されたとほぼ同時ないしその後に、最大規模の墳丘をもつ前方後円墳、例えば筑後では岩戸山《いわとやま》古墳（墳長約一三八メートル）が造られております。河内では、確かではありませんが、河内への横穴式石室導入後の築造と見られる河内大塚古墳が、誉田山古墳に次いで河内第二の墳丘規模をもっております。筑前でも、4期に古式の横穴式石室が入ってきても、7期に墳裾に開口する「普通の」横穴式石室が普及しても、墳丘規模には目立った変化はありません。

ということで、前方後円墳にかぎって申しますと、古式の横穴式石室であれ「本格的な」横穴式石室であれ、横穴式石室が導入された結果、あるいは導入された後に墳丘が縮小したとは、とうていいえないようです。たいていの地域では墳丘の縮小はもっと前から進んでいたのです。そして一部の地域では、横穴式石室の導入の後も、墳丘の縮小化はなかなか進みません。土地々々でのある程度の相違や遅速が示すように、それは各地ごとの「前方後円墳の自己運動」であるのかもしれません。しかし、前方後円墳はなによりも、おしなべて当時の集団＝人々の思想の産物であり、集団労働の結果であります。したがって墳丘の縮小化については、その観点から理由を詰めていかなければならないようです。

4　おわりに――一つの見通し――

繰り返しになりますが、畿内中枢では、大和に成立した優勢な政治勢力は、血統とか血縁の問題はここでは別として、墳長約二〇〇メートルを越えるような大形前方後円墳群を奈良盆地東南部の扇状地から北部佐紀丘陵、さらに河内に出て古市丘陵・百舌鳥丘陵に、再び奈良盆地へと継起的に築造していきました。それは、二〇〇メートル台から出発し、三〇〇メートル台、続いて四〇〇メートル台二基を経て、再び二〇〇メートル台へ、ついで一〇〇メートル台へと変化しながら築造が続けられた点で――先に触れた三〇〇メートル台の河内大塚と見瀬丸山の二基の問題はもちろん残りますが――、7期の大山古墳《だいせん》以後着実に縮小化を続けてきたことが判ります。変化の頂点が縮小化への出発点となったようで、それは、横穴式石室の採用というようなことの故ではなく、むしろ変転する内的・外的な経済的・政治社会的諸関係の推移を反映しているかのようです。

それにもかかわらず、畿内中枢の前方後円墳が他地域に較べ、縮小化の時期になっても圧倒的な規模で造られたことも確かです。それは、前方後円墳が畿内中枢において誕生した時期におけるそもそもの政治勢力の関係が、それ以外の地域との間に初めから越えがたい格差を持続させてきた結果でもあろうと考えられますが、それにもかかわらず、四〇〇メートル台を頂点として二〇〇メートル台、さらにそれ以下へと半減どころか、墳丘体積つまり墳丘築造の所要労働の点で申しますと、何分の一、何十分の一、さらに何百分の一と減少していったことは、一体何を意味するのでしょうか。少なくともそれが始まった時期にはなお、封土築成にもまして質の高い技術と労働が要求される「本格的な」横穴式石室がなお採用されていなかった時期を、かなりに含んでいたと見られます。

前方後円墳築造への投下労働が減少することの原因については、内部的争乱による畿内中枢政治勢力の衰え、各地勢力の争乱への対処による政治勢力の分散、前方後円墳の呪的効果に対する期待の減少など、さまざまに考えることができるかもしれません。そのいずれも多少とも関係したかもしれません。しかしそのいずれかに一方的に原因を求めることは、その原因の拠ってくる事態を充分に説明することなしには難しいように思います。僕は、前方後円墳築造に費やされていた倭のもつ労働総量そのものがある時点から衰えたとは考えません。それは、前方後円墳の築造労働を割いてもよしとする分野の認識、それに振り向けざるをえない状況が出てきた、あるいはそういう状況が急速に増大してきたことを物語るのではないかと思います。

その第一の候補として僕は産業労働への振り向けを挙げたいと思います。誉田山古墳（6期）・大山古墳（7期）の頃を境として、倭の基幹的および二次的手工業生産は、韓の先進各地からの人々の渡来や影響からも、また自律的にも新たな進展の兆しを見せ、したがってそれを支える農業的諸生産と池溝開発など水利土木の発達、さらには人と物資の交通網の充実が強く要請されていたと考えられます。当時の韓半島および東アジア大陸での政治状況も、倭の首長達にそれを要請したに違いありません。このことにつきましては、甚だ不充分でしたが、二〇年足らず前に小著『前方後円墳の時代』の第十章「生産の発達と性格」の中で触れたことがあります。

墳丘巨大化の永久的とみまごうばかりの進行が止まり、築造に向けられた労働が激減してきた背後に、何かがあったとすれば、それはこのような動きだったのではないでしょうか。その契機が、やがて家族体の霊の拠点となっていく横穴式石室の採用でも、また社会全体の衰弱の結果でもないとしたら、この方向で考えないわけにはいかないのではないかと思います。それは当然なことに、首長を頂点とした社会に対して、生産の高揚や複雑化だけでなく精神の開明化をも徐々にもたらすことになったでしょう。ここで詳しく述べる能力も余裕もありませんが、それは、単に首長や大首長が上から、労働力の移動をそのように要求しただけではすまない問題が生じてまいります。当然なことだと思いますが、それは、これまで前方後円墳築造に動員されてきた配下の諸集団の間のいっそうの矛盾＝不均等を引き出し、同時に集団を構成する「家族体」＝「単位集団」相互の矛盾をも、首長間の争いをも引き起こしたに違いありません。

畿内中枢の外でも、事態はさまざまに展開していたようであります。付表の示す背後には、土地々々での前方後円墳大形化や縮小化の時期の差や、拮抗する勢力の関係が繰り広げるドラマさえうかがえるかのようです。一つだけ例を挙げますと、吉備では5期に造山古墳（墳長約三六〇メートル）、6期に作山古墳（墳長約二八六メートル）、7期に両宮山古墳（墳長約二〇〇メートル）が造られますが、その大きさからみて、吉備の政治的中枢の強大化を物語っています。しかも葛原克人さんが早くから指摘されているように、この時期に他の前方後円墳は著しく縮小するか、やや大形の円墳や方墳に変わります。労働の多くが吉備自体および畿内中枢における多様化した生産関連の部門に吸収されたに違いなく、それは、中枢勢力の後継者あるいは「新興勢力」とされる首長でさえ、墳長一〇〇メートルを越える前方後円墳をもはや造らなくなったことにも表れています。

ほぼ同じことは、安芸の三ツ城《みじょう》古墳（墳長約九一メートル、6期）以後、阿波の渋野丸山《しぶのまるやま》古墳（墳長約九〇メートル、4〜5期）以後、讃岐の富田茶臼山古墳（墳長約一三九メートル、5期）以後についてもいえると思います。これらは、ある意味で地域的展開の典型であろうかと思いますが、各地で形成される、こうした地域的中枢勢力による中小の諸首長に対する優勢ないし支配の進行が軸となり、それと畿内中枢勢力への従属関係が絡んで、それぞれの土地での前方後円墳の推移と衰亡を促していったのではないでしょうか。しかし墳丘巨大化・隔絶・禁忌という「整備」の頂点の後にみられる事態の最深部には、先に見た配下諸集団間、ひいては「家族体」間、つまり成員間の矛盾という底流が総体として各首長層と対立して進行していたことを物語ると見たいのであります。

衰退からさらに前方後円墳そのものが消滅していく道は、大和勢力の圧倒的強大化の進行と関連してそれ自体各地ごとに繰り広げられた一巻の物語であり、ここでかいつまんで述べることはとうていできません。ただそれには、一方には畿内中枢において成文法《せいぶんほう》的人民支配の体制が成立しようとしていたこと、他方には先に横穴式石室に関連して触れた埋葬単位が示すような「家族体」単位の個別的な成長によって各地の首長支配が動揺し、劣弱化を進めていたこと、この深く関連する二つの観点が必要になろうかと思います。その問題は、前方後円墳の寸法を測ったり後円部斜面の勾配を測ったりするような重要だが簡単な作業ですむようなことではなく、個々の地域について、事象の全面的かつ具体的な把握を通して追求していくほかはないと考えます。

いつものことですが、時間を超過し、しかも駆け足となったにもかかわらず、ご清聴をいただいたことに厚く感謝いたします。

付表　各地前方後円墳墳丘規模の増大期・縮小期と横穴式石室導入期一覧

旧国（およその府県）	最大規模の時期	頂点の前方後円墳（墳長約m）	墳丘縮小期 前増大期　後増大期	横穴式石室導入期
陸奥中部（宮城県）	4期	雷神山古墳 168	5期	未見
陸奥南部（福島県）	3～4期	亀ケ森古墳 127・玉山1号墳118	5期	10期
出羽（山形県）	4期	稲荷森古墳 96	4～5期	未見
越後（新潟県）	3期	菖蒲塚古墳 54	4期	10期
常陸（茨城県）	5期	舟塚山古墳 186	6期	9期
下野（栃木県）	8・9期	摩利支天塚古墳 121・琵琶塚古墳 123	10期	9期
上野（群馬県）	5期	太田天神山古墳 210	6期	9期
武蔵北部（埼玉県）	9期	二子山古墳 138	10期	9期
武蔵南部（東京都など）	3・4期	亀甲山古墳 104・宝来山古墳 100	5期	9期
下総（茨城県・千葉県）	5期	三之分目大塚山古墳 123	6期（10期）	10期
上総（千葉県）	6期	内裏塚古墳 144	7期	9期
信濃（長野県）	2期	森将軍塚古墳 99	3期	8期（飯田）
越中（富山県）	2期	勅使塚古墳 70	3期	9期
能登（石川県北部）	3期	徳田1号墳 85.5	4期	8期
加賀（石川県南部）	4期	秋葉山古墳 115	5期	未見
越前（福井県北東部）	4期	六呂瀬山1号墳 140	5期	9期
若狭（福井県西部）	7期	上之塚古墳 90	8期	9期
甲斐（山梨県）	4期	甲斐銚子塚古墳 169	5期（6期）	未見
駿河（静岡県東部）	3～4期	谷津山1号墳 110	4期	9期
遠江（静岡県西部）	3期	松林山古墳 116	4期（5期）	9期
三河（愛知県東部）	7期	船山1号墳 96	8期	9期
尾張（愛知県西部）	9期	断夫山古墳 151	（4期）10期	8期
美濃（岐阜県）	5期	昼飯大塚古墳 140	6期	9期
伊勢（三重県東部）	4期	宝塚1号墳 95	6期	9期
伊賀（三重県西部）	5期	御墓山古墳 188	7期	9期
近江（滋賀県）	3期	安土瓢箪山古墳 134	4期	8期
山城（京都府南部）	6期	久津川車塚古墳 180	（1期）7期	8期
丹後（京都府北部）	4期	網野銚子山古墳 198	5期	10期
摂津（大阪北・兵庫東）	7期	太田茶臼山古墳 226	8期	9期
丹波（兵庫県北東部）	7期	雲部車塚古墳 140	8期	8・9期
播磨（兵庫県南西部）	3期	五色塚古墳 194	4期	9期
但馬（兵庫県北西部）	5期	池田古墳 136	6期	9期
河内・和泉（大阪府）	6・7期	誉田山古墳 425・大山古墳 486	8期	8・9期
大和（奈良県）	3期	渋谷向山古墳 300	（4期）（10期）	8期
紀伊（和歌山県）	6期	車駕之古址古墳 83	（7期）（9期）	8期
因幡（鳥取県東部）	7～8期	桷間1号墳 92	9期	9～10期

伯耆（鳥取県西部）	5期	北山古墳110	6期	9～10期
出雲（島根県東部）	9・10期	山代二子塚古墳92・大念寺古墳91	——	9～10期
備前（岡山県南東部）	7期	両宮山古墳200	8期	9～10期
美作（岡山県北東部）	1期	植月寺山古墳92	2期	9～10期
備中（岡山県南西部）	5・6期	造山古墳360・作山古墳286	7期	9～10期
備後（広島県北東部）	1期	辰の口古墳77	2期	9～10期
（広島県南東部）	5期	黒崎山古墳70	6期	9～10期
安芸（広島県西部）	6期	三ツ城古墳91	7期	9～10期
周防（山口県東部）	5期	白鳥古墳120	6期	9～10期
長門（山口県西部）	5期	仁馬山古墳74	6期	9～10期
阿波（徳島県）	4～5期	渋野丸山古墳90	5期	9～10期
讃岐（香川県）	5期	富田茶臼山古墳139	6期	9～10期
伊予（愛媛県）	5期	櫛玉比売命神社古墳75	（2期）6期	9～10期
筑前（福岡県北部）	7期	津屋崎41号墳97	（3期）8期	4期（古式）～7期
筑後（福岡県南部）	10期	岩戸山古墳138	（8期）10期	7期（古式）～9期
肥前（佐賀県・長崎県）	7期	船塚古墳114	8期	7期（古式）～8期
肥後（熊本県）	4～5期	長目塚古墳111.5	6期	7期（古式）～8期
豊前（福岡県東部）	6～7期	御所山古墳118	（1期）6・7期	7期（古式）～8期
豊後（大分県）	4期	小熊山古墳120	5・6期	9期（北部）
日向（宮崎県）	5期	女狭穂塚古墳177	6期	9期
大隅（鹿児島県東部）	5期	唐仁1号墳140・横瀬古墳134	8期～	未見

小文は二〇〇〇年五月一三日に別府市別府大学三号館大講義室を会場として開催された第三回九州前方後円墳研究会における記念講演に準備していた草稿のほぼ全文です。当日は、話の脱線などの不手際があり、全容をお伝えできずに半分少々で終わってしまいました。ここに若干の補訂を行ない報告することにいたしました。九州前方後円墳研究会代表隈昭志さん・柳沢一男さん、およびご出席の会員諸氏、滞在中にお世話になった後藤一重・田中裕介のお二人に厚く感謝します。

〔参考・引用文献〕

『前方後円墳集成』各編とくに「地域の概要」と「集成」山川出版社、一九九〇～九四年。

今尾文昭「大形前方後円墳の墳頂平坦面の整備と変遷」『橿原考古学研究所論集』一一、吉川弘文館、一九九四年。

石田茂輔「日葉酢媛命御陵の資料について」『書陵部紀要』一九、宮内庁、一九六七年。

白石太一郎ほか「箸墓古墳の再検討　1箸墓古墳の墳丘（1）墳丘の形態」『国立歴史民俗博物館研究報告』三、一九八四年。

澤田秀実「墳丘からみた権現山50・51号墳」『権現山51号墳』同刊行会、一九九一年。

岸本直文「三大古墳の築造企画」『日本海三大古墳がなぜ丹後につくられたのか　その謎に迫る』加悦町・加悦町教育委員会、一九九七年。

安藤輝行「北部九州における横穴式石室の展開」『九州における横穴式石室の導入と展開（第Ⅱ分冊）』九州前方後円墳研究会、一九九九年。

葛原克人「吉備の大古墳」『えとのす』二五、新日本教育図書株式会社、一九八四年。

なお個々の古墳報告文献は省かせていただきました。

挿図出典一覧

図1　古式前方後円墳の墳丘　①箸中山古墳：末永雅雄『古墳の航空大観』学生社、一九七五年。②西殿塚古墳：図1の①に同じ。③浦間茶臼山古墳：宇垣匡雅「吉備の前期古墳――Ⅰ浦間茶臼山古墳」『古代吉備』9、一九八六年。④七つ丸1号墳：近藤義郎・高井健司編『七つ丸古墳群』同発掘調査団、一九八七年。

図2　宮山型特殊器台・特殊壺と都月型円筒埴輪と壺など　①宮山古墳出土：高橋護・鎌木義昌・近藤義郎「宮山型墳墓群」『総社市史　考古資料編』一九八七年。②箸中山古墳採集・左上：丸山竜平「巨大古墳の発生」『東アジアの古代文化』五二、一九八七年、その他：近藤義郎「大和の最古型式前方後円墳と宮山型特殊器台」『みずほ』一六、一九九五年。③都月坂1号墳出土：近藤義郎・春成秀爾「埴輪の起源」『考古学研究』一三―三、一九六七年。④七つ丸1号墳出土：図1の④に同じ。⑤箸中山古墳出土：中村一郎・笠野毅「大市墓の出土品」『書陵部紀要』二七、宮内庁、一九七五年。

図3　竪穴式石槨　①紫金山古墳：『紫金山古墳と石山古墳』京都大学文学部博物館、一九九三年。②養久山1号墳：近藤義郎「養久山1号墳」『養久山墳墓群』揖保川町教育委員会、一九八五年。

図4　弥生墳丘墓の墳丘　①都月坂2号弥生墳丘墓：近藤義郎「都月坂2号弥生墳丘墓『岡山県史　考古資料』一九八六年。②養久山5号弥生墳丘墓：松本正信「養久山5号弥生墳丘墓」『養久山墳墓群』揖保川町教育委員会、一九八五年。③楯築弥生墳丘墓：近藤義郎編著『楯築弥生墳丘墓の研究』同刊行会、一九九二年。④西谷3号四隅突出型弥生墳丘墓：渡辺貞幸「西谷墳墓群の調査（Ⅰ）」『山陰地方における弥生墳丘墓の研究』島根大学法文学部考古学研究室、一九九二年。⑤阿弥大寺1号四隅突出型弥生墳丘墓：真田広幸・森下哲哉『上米積遺跡群発掘調査報告Ⅱ』倉吉市教育委員会、一九八〇年。

図5　特殊器台と特殊壺の変遷　①楯築弥生墳丘墓：図4の③に同じ。②立坂弥生墳丘墓：近藤義郎『前方後円墳の成立』（図29）岩波書店、一九九八年。③中山集合墓地：山磨康平『中山遺跡』落合町教育委員会、一九七八年。④矢谷弥生墳丘墓：金井亀喜・小都隆編『松ケ迫遺跡群発掘調査報告』広島県教育委員会、一九八一年。

図6　弥生墳丘墓の木棺木槨・木棺石槨　①楯築弥生墳丘墓（上・中は模式図）：図4の③に同じ。②井原市金敷寺裏山弥

生墳丘墓：間壁忠彦・間壁葭子「岡山県井原市金敷寺裏山古墳」倉敷考古館研究集報五、一九六八年。③真備町黒宮大塚弥生墳丘墓：間壁忠彦・間壁葭子・藤田憲司「岡山県真備町黒宮大塚古墳」倉敷考古館研究集報一三、一九七七年。

図7　吉備の器台と壺の変遷：『岡山県埋蔵文化財発掘調査報告』一六・五一・五六・八六・九四・一〇四の各冊、大橋雅也作成提供、二〇〇〇年。

図8　伝世弧帯文石の上面模様図：図4の③に同じ（小野昭・写真おこし）。

図9－1　特殊器台筒部文様帯の文様展開図　①楯築弥生墳丘墓：図4の③に同じ。②立坂弥生墳丘墓：『新本立坂』総社市文化振興財団、一九九六年。③④⑤中山集合墓地：図5の3に同じ。⑥〜⑩矢谷弥生墳丘墓：図5の④に同じ。

図9－2　特殊器台と都月型円筒埴輪の筒部文様帯の文様展開図　⑪柳坪弥生墳丘墓：高橋護「柳坪遺跡」『総社市史　考古資料編』、一九八七年。⑫向木見遺跡：高橋護「児島市向木見遺跡発見の二、三の遺物」『考古学手帖』一二、一九六〇年。⑬⑭西山遺跡：正岡睦夫・山磨康平・平井勝『西山遺跡』真備町教育委員会、一九七九年。⑮〜⑲西江遺跡：正岡睦夫・田中満雄・二宮治夫「西江遺跡」『岡山県埋蔵文化財発掘調査報告』二〇、一九七七年。⑳矢藤治山古墳：近藤義郎編『矢藤治山弥生墳丘墓』一九九五年。㉑宮山古墳：図2の①に同じ。㉒箸中山古墳：図2の⑤に同じ。㉓権現山51号墳：近藤義郎編『権現山51号墳』同刊行会、一九九一年。㉔都月坂1号墳：図2の③に同じ。㉕元稲荷古墳：都出比呂志「京都向日丘陵の前期古墳群の調査四　元稲荷古墳前方部墳丘の調査」『史林』五四―六。以上のうち㉒〜㉕は安川満「特殊器台形埴輪の地域的動向」『権現山51号墳』同刊行会、一九九一年、による。

図10　楯築弥生墳丘墓出土の特殊器台：図4の③に同じ。

図11　終末型特殊器台と特殊壺　①宮山古墳：図2の①に同じ。②矢藤治山古墳　図9の⑳に同じ。

図12　埴輪の変遷　①都月型、都月坂1号墳：図2の③に同じ。②器台型、メスリ山古墳：伊達宗泰・小島俊次『メスリ山古墳』奈良県教育委員会、一九七七年。③円筒、メスリ山古墳：②に同じ。④朝顔形と円筒、月の輪古墳：近藤義郎編『月の輪古墳』同刊行会、一九六〇年。⑤壺形と円筒、四つ塚13号墳：近藤義郎『蒜山原四つ塚古墳群』（改定版）真庭郡八束村、一九九二年。

図13　宮山型特殊器台出土の前方後円墳　①中山大塚古墳：東潮「中山大塚古墳」『磯城・磐余地域の前方後円墳』奈良県、

一九八一年。②宮山古墳：図2の①に同じ。③矢藤治山古墳：図9の⑳に同じ。
図14　大和の前方後円墳発見の都月型円筒埴輪など　①西殿塚古墳：福尾正彦「衾田陵の墳丘調査」『書陵部紀要』四二、宮内庁、一九九一年。②箸中山古墳：図2の⑤に同じ。
図15　大和の前方後円墳発見の宮山型特殊器台　①中山大塚古墳：田中英夫・奥田尚「奈良県中山大塚古墳の特殊器台形土器」『古代学研究』一〇九、一九八五年。②西殿塚古墳：図14の①に同じ、他。③弁天塚：橿原考古学研究所「弁天塚発掘調査記者発表資料」一九八九年。
図16　古式前方後円（方）墳　①吉島古墳：近藤義郎『吉島古墳』新宮町教育委員会、一九八三年。②養久山1号墳：図3の②に同じ。③備前車塚古墳：鎌木義昌「備前車塚古墳」『岡山市史　古代編』岡山市、一九六二年（ただし墳丘輪郭は近藤加筆）。
図17　一九六〇年代の前方後円（方）墳墳形変遷図　①椿井大塚山古墳・②紫金山古墳・③石山古墳：小林行雄「古墳の変遷」『世界考古学大系　日本3』平凡社、一九五九年。④墳形変遷模式図：近藤義郎「前方後円墳の成立と変遷」『考古学研究』一五―一、一九六八年。
図18　倉敷市楯築弥生墳丘墓付近地形と突出部の想定復原：近藤義郎『前方後円墳観察への招待』青木書店、二〇〇〇年。
図19　楯築弥生墳丘墓：図4の③に同じ。
図20　兵庫県揖保川町養久山5号弥生墳丘墓と伴出弥生土器：図4の②に同じ。
図21　加古川市西条52号弥生墳丘墓の復原模式図と伴出弥生土器　復原模式図：近藤義郎。土器：日野「西条52号墳　西条山手」『加古川市史』四、一九九六年。
図22　三次市殿山38号四隅突出型弥生墳丘墓：道上康仁『大判・上定・殿山』広島県埋蔵文化財調査センター、一九八七年。
図23　出雲市西谷3号四隅突出型弥生墳丘墓の想定復原：渡辺貞幸「西谷3号墓の調査について」『四隅突出型墳丘墓の謎に迫る』出雲市教育委員会、一九九五年。
図24　安来市宮山Ⅳ号四隅突出型弥生墳丘墓：安来市教育委員会編『宮山古墳群』島根県文化財保護協会、一九七四年。
図25　前方後円墳模式図と各部名称：近藤義郎「前方部の誕生」『みずほ』一九、大和文化の会、一九九六年。

図26　低い前方部・長い棺槨・大陸製の三角縁神獣鏡　①紫金山古墳：図3の①に同じ。②桜井茶臼山古墳：末永雅雄・上田宏範・中村春寿『桜井茶臼山古墳』奈良県教育委員会、一九六一年。③権現山51号墳の石槨：図9の㉓に同じ。④権現山51号墳の三角縁神獣鏡：図9の㉓に同じ。

図27　四隅突出型弥生墳丘墓　①三次市宗祐池西1号：「宗祐池西遺跡現地説明会資料」三次市教育委員会、一九八〇年。②阿弥大寺1号：図4の⑤に同じ。③宮山Ⅳ号：図24に同じ。④四隅突出型弥生墳丘墓の突出部の変遷：近藤義郎「四隅突出型墳丘墓二題」今井堯ほか編『竹田墳墓群』鏡野町教育委員会、一九八四年。

図28　撥形前方部をもつ前方後円墳　①養久山1号墳：図3の②に同じ。②浦間茶臼山古墳：図1の③に同じ。③椿井大塚山古墳：中島正『椿井大塚山古墳――第4次調査――』山城町教育委員会、一九九六年。④権現山51号墳：図9の㉓に同じ。

図29　宮山型と矢藤治山型の文様比較：近藤義郎「最古型式前方後円墳の追究」『垣間みた吉備の原始古代』吉備人出版、一九九七年。

図30　足利市明神山古墳　①横穴式石室床面、②同側壁、③同奥壁、④同入口石積、⑤発見の須恵器：近藤義郎「足利明神山古墳」『唐澤考古』一八、一九九九年。

図31　足利市物見13号墳の大甕出土状況復原模式図：足利市教育委員会文化財保護課「物見13号墳第1次発掘調査について」一九九九年。

図32　総社市緑山6号墳出土須恵器片の接合関係：近藤義郎・北條芳隆編『緑山古墳群』総社市教育委員会、一九八七年。

図33　岡山県山陽町岩田14号墳の木棺配置と須恵器の片づけと放置状態：神原英朗『岩田古墳群』山陽団地埋蔵文化財調査事務所、一九七六年。

図34　明神山古墳群分布図：前沢輝政・橋本勇『明神山古墳群』毛野古文化研究所ほか、一九八五年。

図35　足利公園古墳群分布図：足利市教育委員会文化財保護課作成。

図36　森将軍塚古墳の墳丘：森将軍塚古墳発掘調査委員会『森将軍塚古墳』更埴市教育委員会、一九九二年。

図37　森将軍塚古墳の葺石：図36に同じ。

図38　森将軍塚古墳の埴輪：①②壺形、③④円筒：図36に同じ。

図39　森将軍塚古墳の木棺痕跡と石槨：図36に同じ。

図40　三ツ城古墳の墳丘：東広島市教育委員会編『史跡三ツ城古墳整備事業報告書』一九九四年。

図41　三ツ城古墳の埴輪：三ツ城古墳シンポジウム『大形古墳の出現と謎の五世紀』東広島市教育委員会、一九九五年。

図42　三ツ城古墳の埋葬施設：図41に同じ。

図43　各期の前方後円墳　①前期型の備後辰の口古墳：図41に同じ（広島大学考古学研究室提供）。②中期型の備中造山古墳：『岡山県史　考古資料』一九八六年。③後期型の筑後岩戸山古墳：赤崎敏男「岩戸山古墳」（八女市教育委員会提供）『前方後円墳集成』九州編、一九九二年。

図44　日上天王山古墳　①墳丘、②竪穴式石槨、③土器：日上天王山古墳発掘調査委員会『日上天王山古墳』津山市教育委員会、一九九七年。

図45　美作東部各政治圏における前方後円墳・前方後方墳・大形円墳の分布：図44に同じ。

図46　韓国前方後円形古墳と墳丘勾配計測箇所図　①舞妓山古墳、②海南長鼓山古墳、③馬塚古墳、④チャラボン古墳、⑤咸平長鼓山古墳、⑥新徳古墳、⑦月桂洞1号墳：出典は本文参考文献に示す。

図47－1　前方後円墳の墳丘⑴　①箸中山古墳　図1の①に同じ。②西殿塚古墳　図1の②に同じ。③メスリ山古墳　図12の②に同じ。

図47－2　前方後円墳の墳丘⑵　④行燈山古墳、⑤渋谷向山古墳、⑥佐紀陵山古墳：図1の①に同じ。

図47－3　前方後円墳の墳丘⑶　⑦蛭子山古墳：佐藤晃一「蛭子山古墳発掘調査概要」『加悦町文化財調査概要』加悦町教育委員会、一九八五年。⑧網野銚子山古墳：三浦到『銚子山古墳　小銚子山古墳発掘調査概要』網野町教育委員会、一九八七年。⑨造山古墳：『岡山県史　考古資料』付図、一九八六年。

図47－4　前方後円墳の墳丘⑷　⑩石津ケ丘古墳、⑪誉田山古墳：図1の①に同じ。

図48　横穴式石室をもつ前方後円墳　①古式横穴式石室をもつ福岡市鋤崎古墳：柳沢一男・杉山富雄『鋤崎古墳一九八一～八三年調査概報』福岡市教育委員会、一九八四年。②「本格的」横穴式石室をもつ総社市こうもり塚古墳：近藤義郎「こ

うもり塚古墳」『総社市史　考古資料編』一九八七年。

あとがき

1　挿図は最小限にとどめ、また章ごとの重複はできるだけ避けました。そのため、図番号は通しで付けました。章によってはそうした分だけ読みにくいかもしれません。また、すべての図は外辺・縮尺・方位などの一部を削除・改変させていただきました。表は、章に固有なものが多いため、章ごとに番号を付けました。活用させていただいた図作成の各位に、この場をおかりして厚く感謝いたします。

二、三の章にわたって説明や考察に繰り返しと見られる箇所もありますが、その間に考えの変化があり、多少とも違いを読み取れるかもしれません。

2　編集が終わって読み返してみると、随分雑然としているのに吾ながら驚いています。まず、講演の内容要請がさまざまだったことが挙げられると思います。最古型式前方後円墳について話そうとすれば、今の僕には特殊器台を殊更くわしく述べるようになってしまいます（第二章）。前方後円墳成立にかかわる問題点が判るようにという声には、かなり多面的かつややこしく応えざるをえませんし（第四章）、その土地の代表的な前方後円墳の特徴や位置付けを中心にお話しないわけにはいかない場合（第六章・第八章・第九章）もあります。

時により場所により、聴いて下さる方々の違いもあります。古墳や前方後円墳について普段あまり関心のない方々が大部分の折は、用語の説明や考古学の思考の仕方の解説などに一生懸命になったりで、大変さわやかな気分で終わることも、落ち込んだ気分になることも経験しました。専門の方ばかり、あるいは大方がそうである場合は、歳も顧みずむきになったり、冷や汗の連続だったこともありました。

3　はしがきで「どこから読み始めても同じです」と書きましたが、それでも初めての方や初学の方に第五章から読んでいただくわけにはまいりませんので、読みやすいと思うものから挙げてみましょう。まず第一群として、第一章「前方後円墳の形成」、ついで第八章「古式前方後円墳と信濃森将軍塚古墳」、第九章「前方後円墳時代と安芸三ツ城古墳」でしょうか。次に第二群として、前方後円墳の誕生をめぐっての三編、第二章「特殊器台と最古型式前方後円墳」、第三章「前方部――撥形前方部――の誕生」、第四章「最古型式前方後円墳をめぐる諸問題」でしょうか。

第三群として個別の論題の三編、第六章「毛野と吉備Ⅰ　須恵器は供献か放置か」、第七章「毛野と吉備Ⅱ　横穴式石室をもつ前方後円墳と群小古墳」、第一〇章「日上天王山古墳と美作東部諸首長の動向」を挙げたいと思います。終わりの第四群として、第五章「吉備勢力「東進」説について」、第一一章「韓国の前方後円形古墳」、第一二章「前方後円墳とは何か」を挙げてみました。しかしこれは執筆者の僕の考えですので、お気にされぬよう願います。

4　前方後円墳にかぎらず古墳は、今でこそ草木に覆われ、時に社が建てられていて、その里山の風情は、往時とはまるで違った印象を僕達に与えています。その点、墳長二〇〇メートルを越えるような大形前方後円墳も、村々に造られた中形・小形の古墳もほとんど同じです。考古学は、頭の中で、あるいは実際に草木や堆積した土砂を取り除いて、白っぽい葺石と褐色の土からなる異様な構造物を露にしてから研究を始めます。僕もそのようにして仕事を始めて五〇年ほどになりました。その間、関心も移り変わり、見方や考え方も変わってきました。

一九五一年の津山市佐良山古墳群、五二年の岡山県蒜山原四つ塚古墳群、五三年の同柵原町月の輪古墳、さらに五四年からの香川県喜兵衛島古墳群など初期の調査では、群小古墳や中形・大形の円墳と取り組みましたが、前方後円墳との対比という意識がほとんど起こらないままに、一般的な古墳論、とくにその古墳の被葬者論に埋没してしまったように思います。その間に広島県三ツ城古墳や岡山県金蔵山古墳など幾つかの前方後円墳の発掘に加わったり見学したりしましたが、それを「古墳論」に取り込むことはなかなかできませんでした。

前方部とは何かを考えるきっかけとなったのは一九六〇年の岡山県鏡野町赤峪《あかざこ》古墳でしたが、結局は宝器類の収蔵施設か陪葬用かという程度に終わってしまいました。何故か。前方後円墳を含めたいていの事物は、その誕生の中に本質を垣間見せてくれるはずなのですが、当時の僕には、そのためには最古型式の前方後円墳の認定と、先立つ弥生後期の墳丘墓の解明が必要だ、という自覚がもてなかったからだと思います。一九六〇年代から今日までの僕を含めた多くの人達の努力は、まさしくそこに向けられました。その足跡は、本書のほとんどの章に散りばめられています。苦労をともにした数多《あまた》の学友に心から敬意と謝意を表しつつ、その面影を浮かべながらあとがきを閉じたいと思います。

二〇〇〇年一〇月九日

近藤義郎

追記　ホケノ山古墳のこと

第三部の講演の前後のことです。奈良県桜井市ホケノ山古墳の発掘が一段落し、盛んに新聞テレビの報道がなされ、相呼応するように発掘当事者の説明や著名な古墳研究者の感想めいた意見や論説が一斉に現れました。まことに不思議で驚いたことは、僕の目や耳に触れた限りの識者の意見・論説と新聞テレビのニュース・解説は、〈ホケノ山古墳は箸中山古墳よりも古い墳墓〉〈箸中山古墳に先行する最古の前方後円墳〉とする点で、ほぼ一致していたことです。しかも確たる根拠を示さないままにです。となると、誰かがひそかに箸中山古墳の埋葬施設に立ち入って観察や採集を行ない、それがまたひそかに人に伝えられていったからかもしれないと勘ぐられることになります。世間には万場一致もよくみられることですが、学問上の付和雷同はまことに困ります。

この問題は、本書では第一部をはじめ幾つかの章にかかわってまいりますし、その上現場も出土品も見ることのできなかった多くの人達から「あれでホントによいのか」と、質問を受けています。そこで「箸中山古墳では、墳丘で表面採集されその図面が公表された宮山型特殊器台・都月型埴輪・二重口縁壺などと周堀発見の土器破片以外は知られておらず、宮内庁管理下にある未発掘の「陵墓」として、とくに埋葬構造・副葬品・伴出土器その他は何も判っておりません。その一方ホケノ山古墳発見の副葬品や伴出土器は図面も未公表なので、比較のしようがないのではありませんか」と応えております。つまり「そうであるのかないのか」、また「そうであったらどうなのか」「そうでなかったらどうなるのか」は、箸中山古墳の発掘や評価を含めてこれからの問題です。（二〇〇〇年一一月五日記）

著者紹介――――――

1925年某月某日足利の機屋《はたや》の次男に生まれ，商業学校で４年と９カ月をぼんやりと過ごして後，ウルドウ語と英語を中途半端に習い，兵役に服し，敗戦でやれやれと，大学に入りこみ，当時としては人も驚く考古学を専攻した。数少ない友人に恵まれ，卒業後は院生と賀茂川縁《べり》の女学校教師の二足の草鞋《わらじ》を１年余り，丁度50年前，岡山の地に職をえた。まず医学部解剖学教室で首切り騒動に慌てふためき，次いで法文学部や文学部で学生や元学生や同僚やらの諸君に悩まされ，かくてもっぱら山野に潜み発掘に精を出し，あるいは遠く国外に避難し，また考古の会に力を尽くした。およそ10年ほど前，細腕に女房と伜をぶら下げたまま，晴れて隠居の身となった。あらためて前方後円墳の復習やら勉強やらを始めたり，数人の彼女や彼と古墳を訪ねたり，時折話をしたりするが，しだいに疲れが溜まり，はや事は終わったか，いやもう少しかと迷い悩んでいる最中である。


古墳や前方後円墳関係の仕事が幾つか本になっているので，以下に紹介したい。

『前方後円墳の時代』岩波書店，1983年。

『日本考古学研究序説』（1983年以前の古墳論文８編等）岩波書店，1985年。

『前方後円墳と弥生墳丘墓』青木書店，1995年。

『前方後円墳の成立』岩波書店，1998年。

『月の輪古墳』吉備人出版，1998年。

『前方後円墳観察への招待』青木書店，2000年。

加えて本書『前方後円墳に学ぶ』山川出版社，2001年。

また東北から九州までの200名を越える同志とともに下記の集成を作成した。

『前方後円墳集成』東北・関東編，中部編，近畿編，中国・四国編，九州編，補遺編の計６冊，山川出版社，1990～2000年。

前方後円墳《ぜんぽうこうえんふん》に学《まな》ぶ

2001年1月9日　第1版1刷印刷　　2001年1月22日　第1版1刷発行

著　者　近藤義郎《こんどうよしろう》

発行者　野澤伸平

発行所　株式会社　山川出版社

〒101-0047　東京都千代田区内神田1－13－13

電話　03(3293)8131(営業)　(3293)8134(編集)

振替　00120－9－43993　　http://www.yamakawa.co.jp/

製　作　山川図書出版株式会社

整　版　サンコー印刷株式会社

印　刷　明和印刷株式会社

製　本　山田製本印刷株式会社

装　幀　ワンダーワークス

 ISBN4－634－60490－6